AF707668

Kontaktadresse nach EU-Produktsicherheitsverordnung:
produktsicherheit@fischerverlage.de

Neben seinen großen Büchern hat der international bekannte Philosoph Giorgio Agamben kleinere Texte und Essays verfasst, die ebenso nachhaltig die jeweiligen Diskussionen beflügelt haben. Die wichtigsten aus den letzten 20 Jahren hat er in einem Buch versammelt, das nun zum ersten Mal vollständig auf Deutsch vorliegt. Darin begegnen uns alle Motive seines Denkens in überraschender, neuer Form: Ob es sich um die Auseinandersetzung mit Walter Benjamin, Aby Warburg, Max Kommerell oder Martin Heidegger handelt oder um Themen wie Ursprung und Vergessen, Bildlichkeit, Immanenz und Faktizität, immer geling es Agamben, seinem Gegenstand ungewöhnliche und überraschende Einsichten abzugewinnen – ein Meister auch der kleinen Form.

Giorgio Agamben, geboren 1942, lehrt heute als Professor für Ästhetik an der Facoltà di Design e Arti der Universität Iuav in Venedig, an der European Graduate School in Saas-Fee sowie am Collège International de Philosophie in Paris. Sein Werk ist in zahlreiche Sprachen übersetzt. Im S. Fischer Verlag sind zuletzt erschienen ›Nacktheiten‹ (2010), ›Höchste Armut. Ordensregeln und Lebensform‹ (2012) sowie gemeinsam mit Monica Ferrando ›Das unsagbare Mädchen. Mythos und Mysterium der Kore‹ (2012).

Giorgio Agamben

Die Macht des Denkens

Gesammelte Essays

Übersetzt von Francesca Raimondi

S. FISCHER

2. Auflage

© 2022 S. Fischer Verlag GmbH,
Hedderichstr. 114, 60596 Frankfurt am Main

© 2005 by Giorgio Agamben.
Originally published by Neri Pozza editore, Milano.
This agreement was negotiated through
Agnese Incisa Genzia Letteraria.
Druck und Bindung: BoD – Books on Demand GmbH,
Norderstedt, Germany
ISBN 978-3-596-37079-5

Inhalt

I. Sprache

II. Geschichte

III. Vermögen

I. Sprache

Die Sache selbst

Für Jacques Derrida im
Andenken an Giorgio Pasquali

Der Ausdruck »die Sache selbst«, *to pragma auto*, taucht am Anfang der sogenannten philosophischen Digression im Siebten platonischen Brief auf, ein Text, dessen Bedeutung für die Geschichte der abendländischen Philosophie bei weitem noch nicht vollständig erfasst wurde. Nachdem Bentley einen Fälschungsverdacht über die gesamte antike Epistolographie geäußert hatte und zuerst Meiners 1783, dann auch Karsten und Ast die platonischen Briefe für unecht erklärten, wurden diese – die stets als ein wesentlicher Bestandteil des Werkes galten – allmählich aus der philosophischen Geschichtsschreibung verbannt, und zwar gerade zu einer Zeit, als sich in der Historiographie besonders viel bewegte. Als sich in unserem Jahrhundert die Tendenz umzukehren begann und immer zahlreichere und angesehenere Kritiker die Echtheit der Briefe verbürgten (die inzwischen, zumindest für den uns hier interessierenden Brief, allgemein anerkannt ist), mussten die Philosophen und Forscher, die sich nun wieder mit ihnen befassten, für die mehr als ein Jahrhundert andauernde Isolierung der Briefe büßen. Was verlorenging, war die lebendige Verbindung zwischen dem Text und der nachfolgenden philosophischen Tradition. Daher erschien beispielsweise der Siebte Brief mit seinem dichten philosophischen *excursus* wie ein schweres, isoliertes Massiv, das jedem Versuch einer Durchdringung standhielt. Aber es stimmt natürlich auch, dass die lange Isolierung – wie das Meer den Körper von Alonso in

Ariels Lied – die Briefe in etwas Reiches und Sonderbares verwandelt hatte, dem deshalb, wie keinem der anderen großen platonischen Texte, unvoreingenommen begegnet werden konnte.

Das Szenario des Briefes ist bekannt: Platon, nunmehr alt – er ist fünfundsiebzig –, erinnert sich für Dions Freunde an seine Begegnungen mit Dionysios und an das abenteuerliche Scheitern seiner politischen Bemühungen in Sizilien. An der Stelle, die uns hier interessiert, erzählt er gerade den Anhängern Dions von seinem dritten Aufenthalt in Sizilien. Vom inständigen Drängen des Tyrannen gelockt, trifft er erneut in Syrakus ein und beschließt dort als Erstes, Dionysios auf die Probe zu stellen, ob er es denn in seinem Wunsch, Philosoph zu werden, ernst meine:

> Es gibt eine Art, dies auf die Probe zu stellen, die nicht niederträchtig ist – eine Weise, die sich sogar wunderbar für Tyrannen eignet, besonders, wenn sie voll mit Wissen aus zweiter Hand sind; und gleich bei meiner Ankunft merkte ich, dass dies eben Dionysios' Zustand war. (340 b 3–7)

Menschen wie diesen, so fährt er fort, müsse man sofort zeigen, was die ganze Sache ist (*hoti esti pan to pragma*), wie viele und welche Anstrengungen sie erfordert. Hört ein wahrer Philosoph zu und ist er der Sache gewachsen, dann wird er denken, von einem wunderbaren Weg gehört zu haben, den man unverzüglich einschlagen sollte, und nicht anders leben zu können. Jene dagegen, die keine wahren Philosophen sind und nur einen oberflächlichen Anstrich von Philosophie besitzen, so wie jemand, dessen Körper von der Sonne gebräunt ist, denken beim Einsatz, den die Sache verlangt, dass er viel zu schwer, sogar unmöglich sei, und geben sich der Überzeugung hin, bereits genug zu wissen und nichts weiter zu benötigen.

> Auf diese Weise sagte ich Dionysios damals, was ich ihm sagte, erklärte ihm aber nicht alles, noch bat mich Dionysios auch dar-

> um. Er nahm an, viele Sachen und gerade die bedeutendsten schon zu wissen und sie hinreichend zu beherrschen auf Grund der beiläufigen Erzählungen anderer. Später, so habe ich gehört, verfasste er auch eine Schrift über das, was er von mir gehört hatte, die er als sein Werk vorstellte und nicht als eine von mir gehörte Rede. Darüber weiß ich jedoch nichts. Ich weiß aber, dass auch andere diese Sachen geschrieben haben, doch dass jene, die dies getan haben, nicht einmal sich selbst kennen. Das zumindest kann ich wahrlich über alle sagen, die darüber geschrieben haben und noch in Zukunft schreiben werden: jene, die zu kennen behaupten, worüber ich mir Gedanken mache [*peri hōn egō spoudazō*], ob sie es nun von mir gehört oder von anderen oder ob sie es allein herausgefunden haben: Nun, es ist unmöglich, meiner Auffassung nach, dass sie von der Sache irgendwas verstanden haben. (341 a 7 – c 4)

An dieser Stelle taucht nun der Ausdruck *to pragma auto* auf, die Sache selbst – eine so prägnante Formulierung für die Sache des Denkens und für die eigentliche Aufgabe der Philosophie, dass wir ihr mehr als zweitausend Jahre später wie einer Losung wieder begegnen, die von Kant zu Hegel und von Husserl zu Heidegger weitergereicht wird:

> Über diese Sache gibt es keine Schrift von mir und kann es auch niemals eine geben. Sie lässt sich nämlich keineswegs in Worte fassen wie andere Lerngegenstände [*mathēmata*], sondern nur nachdem man viel gemeinsamen Umgang mit der Sache selbst [*peri to pragma auto*] gepflegt hat und aus vielem gemeinsamen Leben entsteht sie plötzlich in der Seele, wie ein Licht, das einem Feuer entsprungen ist, und nährt sich dann schon aus sich heraus weiter [*auto heauto ēdē trephei*]. (341 c 4 – d 2)

Dieser Passus ist unzählige Male als Beweis für die esoterischen Interpretationen Platons und für die Existenz einer ungeschriebenen Lehre zitiert worden. Dieser Interpretation zufolge enthielten die Dialoge, die sich unsere Kultur über Jahrhunderte als ehrwürdiges Erbe überliefert hat, nicht das, was Platon ernsthaft beschäftigte, denn dies sei einzig der mündlichen Tradierung vorbehalten gewesen! Wir möchten uns hier aber nicht so sehr zu diesem sicherlich wichtigen Problem positionieren, sondern vielmehr fragen, was jene »Sache selbst« ist, über die sich Platon Gedanken machte und von der Dionysios zu Unrecht annahm, sie verstanden zu haben. Was genau ist *die Sache des Denkens*?

Eine Antwort auf diese Frage kann nur durch eine aufmerksame Lektüre des darauffolgenden Passus erfolgen, den Platon als »eine Erzählung und ein Umherschweifen« [*mythos kai planos*] (344 d 3) kennzeichnet und zugleich als »eine wahre Rede, [die ich] auch früher schon oft dargestellt habe, aber die ich wohl jetzt noch einmal aussprechen muss« (342 a 3–7). Erst in der Interpretation dieses »sonderbaren Mythos« kann sich das Denken auf die Probe stellen und sich über seine »Sache« klarwerden. Versuchen wir also, den Mythos zu lesen:

> Für jedes Seiende gibt es drei, über die sich das Wissen einstellen muss, das Vierte ist das Wissen selbst, als Fünftes muss man das ansetzen, was erkennbar und das wahrhaft Seiende ist. Das Erste ist der Name, das Zweite die definitorische Rede [*logos*], das Dritte ist das Abbild, das Vierte ist das Wissen. Wenn Du das Gesagte verstehen willst, nimm Dir ein Beispiel und denk Dir, es verhalte sich bei allem so. Es gibt etwas, was wir Kreis nennen [*kyklos estin ti legomenon*], dessen Namen eben jener ist, den wir gerade aussprachen. Das Zweite ist sein *logos*, das aus Namen und Verben zusammengesetzt ist: »Das, was von seinen äußersten Punkten zur Mitte überall gleich entfernt ist«, das wäre der *logos* dessen, was den Namen Rund, Ring oder Kreis trägt. Das Dritte ist das, was gemalt und wieder ausgewischt, gedrechselt und wieder zerstört wird, aber von all dem erleidet der Kreis selbst [*autos ho kyklos*, hier Beispiel für die Sache selbst], um den es hier geht, nichts, denn er ist etwas anderes als das. Das Vierte ist das Wissen und der *nous* und die wahre Meinung über diese

> Sachen; und alles dies muss als eine einzige Sache gedacht werden, da es nicht in den Lauten [*en phōnais*] und nicht in den körperlichen Gestalten [*en sōmatōn schēmasin*], sondern in den Seelen [*en psychais*] ist; dadurch ist klar, dass es etwas anderes ist als die Natur des Kreises an sich und als die drei, von denen die Rede war. Von diesen kommt der *nous* aufgrund seiner Verwandtschaft und Ähnlichkeit dem Fünften am nächsten, die anderen bleiben weiter von ihm entfernt. Dasselbe gilt von der geraden wie der gebogenen Gestalt und von der Farbe, dem Guten und Schönen und Gerechten und von jedem angefertigten oder natürlich entstandenen Körper, vom Feuer, vom Wasser und allen derartigen Sachen, von jeglichem Lebewesen und vom *ēthos* in der Seele und von allen Erzeugnissen [*poiēmata*] und Leidenschaften [*pathēmata*]. Wenn man für jede Sache diese vier nicht erfasst hat, wird man niemals vollkommen am Wissen des Fünften teilhaben können. Außerdem verdeutlichen die ersten vier aufgrund der Schwäche der Sprache [*dia to tōn logōn asthenes*] sowohl die Eigenschaft [*to poion ti*] eines Gegenstandes als auch dessen Sein. Aus diesem Grund wird niemand, der Verstand hat, seine Gedanken der Sprache anvertrauen, umso mehr, wenn es sich um eine unbewegliche Rede wie jene in Buchstaben geschriebene handelt. (342 a 8–343 a 3)

Halten wir hier einen Augenblick an, um Luft zu holen. Angesichts dieses außerordentlichen *excursus*, der die letzte und deutlichste Darstellung der Ideenlehre enthält, können wir den Schaden ermessen, den der Fälschungsverdacht, der im letzten Jahrhundert über den platonischen Briefen lastete, in der philosophischen Geschichtsschreibung angerichtet hat. Es ist nicht meine Absicht, dieses unwegsame Massiv zu erklimmen. Gleichwohl lohnt sich der Versuch, ein erstes Lager an dessen Hang aufzuschlagen, um die Schwierigkeiten des Aufstiegs aufzuzeigen und um es innerhalb des ihn umgebenden Gebirges zu verorten.

Eine erste Beobachtung, die wir anstellen können (wie u.a. Pasquali es auch bereits getan hat), betrifft den Status der Unsagbarkeit, welchen die esoterische Lesart der Sache selbst zuschreibt. Bereits aus dem Kontext ergibt sich eine Abschwächung jenes Status in dem Sinne, als dass es sich bei der Sache selbst um nichts handelt, was die Sprache absolut transzendiert und von ihr vollkommen losgelöst ist. Platon behauptet vielmehr ausdrücklich, dass, »wenn man diese vier nicht aufnimmt« (die, wir erinnern uns, u.a. Name und *logos* umfassen), man niemals in der Lage sein wird, das Fünfte vollkommen zu erkennen. In einer anderen wichtigen Passage des Briefes schreibt er, dass sich die Erkenntnis der Sache selbst plötzlich entzündet, wenn »Namen, *logoi*, Bilder und Wahrnehmungen aneinander gerieben werden, und wenn sie in wohlwollenden Widerlegungen und in Diskussionen, die ohne Missgunst geführt werden, auf die Probe gestellt werden« (344 b 4–7).

Diese eindeutigen Aussagen entsprechen im Übrigen dem sehr engen Verhältnis zwischen Ideen und Sprache, wie es durch die platonischen Dialoge nahegelegt wird. Als Sokrates im *Phaidon* die Genese der Ideenlehre darlegt, sagt er: »Es schien mir demnach notwendig, zu den *logoi* meine Zuflucht zu nehmen, um in ihnen die Wahrheit des Seienden zu finden« (99 e 4–6); andernorts stellt er die Verachtung der *logoi*, die Misologie, als das schlimmste aller Übel (89 d 2) und den Verlust der Sprache als den Verlust der Philosophie (*Soph.*, 260 a 6–7) dar, während er im *Parmenides* die Ideen als das, »was man am ehesten mit *logos* erfaßt« (135 e 3), definiert. Und behauptet nicht auch Aristoteles in seiner historischen Rekonstruktion des platonischen Denkens am Anfang der *Metaphysik*, dass die Ideenlehre aus einer *skepsis en tois logois*, aus einer Untersuchung im Bereich der Sprache hervorgegangen sei (987 b 33)?

Die Sache selbst hat daher in der Sprache ihren eminenten Ort, obgleich die Sprache ihr, wie Platon sagt, aufgrund ihrer Schwäche auch nicht ohne weiteres angemessen ist. Man könnte, offensichtlich paradox, sagen, dass die Sache selbst, obwohl sie die Sprache in gewisser Weise transzendiert, nur in Sprache und durch Sprache möglich ist, dass also die Sache selbst eine Sache der Sprache ist. Wenn Platon sagt, dass das, was sein Denken umtreibt, nicht sagbar sei wie die anderen *mathēmata*, sollte man die Betonung auf Letzteres legen: Es ist nicht sagbar *wie die anderen Lerngegenstände* und deshalb auch nicht einfach nur unsagbar. Es sind eben ethische und nicht bloß logische Gründe, wie Platon unermüdlich wiederholt (*Ep.* VII, 341 e 1–5), die davon abhalten, die Sache selbst dem geschriebenen Wort anzuvertrauen. Die platonische Mystik – wenn es sie denn überhaupt gibt – ist, wie jede authentische Mystik, tief in die *logoi* verstrickt.

Nach dieser einleitenden Anmerkung können wir nun die Aufzählung näher betrachten, die in der Digression enthalten ist. Die Identifizierung der ersten vier Bestimmungen bereitet keine besonderen Schwierigkeiten: der Name, die Definition, das Abbild (das hier den sinnlichen Gegenstand bezeichnet) und schließlich das Wissen, dass sich durch jene einstellt. *Onoma*, der Name, ist in modernen Begriffen ausgedrückt – die übrigens auf die stoische Logik zurückführbar sind – der Signifikant; der *logos* ist das Signifikat bzw. die virtuelle Referenz; das Abbild ist das Denotat bzw. die aktuelle Referenz.

Die einzelnen Bestimmungen sind uns vertraut, auch wenn man nicht vergessen darf, dass erst in der Sophistik und bei Platon jene Reflexion über die Sprache ansetzt, die später zu den präzisen logisch-grammatischen Konstruktionen der Stoa und der hellenistischen Schulen führen wird. Wie im Buch X der *Nomoi* oder im letzten Teil des *Sophistes* stellt Platon auch hier eine Theorie der sprachlichen Bedeutung in ihrer Beziehung zur Erkenntnis dar. Die Schwierigkeit beginnt natürlich mit der fünften Bestimmung, durch die ein neues Element in die uns geläufigen Bedeutungstheorien eingeführt wird. Lesen wir die Passage daher noch einmal: »Für jedes Seiende gibt es drei, über die sich das Wissen einstellen muss, das Vierte ist das Wissen selbst, als Fünftes muss man das ansetzen, was erkennbar und das wahrhaft Seiende ist.« Mit dem »Fünften« scheint hier genau jenes Seiende gemeint zu sein, mit dem die Rede beginnt und von dem ausgesagt wird: »Für jedes Seiende gibt es drei …«. Die Sache selbst wäre demnach einfach der Gegenstand der Erkenntnis, was jene Interpretation des Platonismus (die schon bei Aristoteles am Werk ist) bestätigen würde, welche die Idee lediglich für ein überflüssiges Duplikat der Sache hält. Des Weiteren erwiese sich die Aufzählung als zirkulär, weil das, was hier an letzter Stelle genannt wird, in Wahrheit das Erstgenannte und somit die Voraussetzung ist, von der die gesamte Rede ihren Ausgang nimmt.

Vielleicht kann uns die philologische Achtsamkeit für die Details hier behilflich sein, in denen, wie jemand einmal gesagt hat, der liebe Gott steckt. In den modernen Ausgaben des griechischen Textes (in jener von Burnet, die exemplarisch für alle späteren ist, aber auch in jener neueren von Souilhé) lesen wir an dieser Stelle: *pempton d'auto tithenai dei ho dē gnōston te kai alethōs estin on*, »als Fünftes muss man das ansetzen, was erkennbar und das wahrhaft Seiende ist« (342 a–b). Aber die zwei wichtigsten Kodizes, auf die beide Gelehrten ihre Ausgaben stützen – der *Parisinus graecus 1807* und der *Vaticanus graecus 1* – enthalten einen anderen Text, in dem anstelle von *dei ho* (»muss man … was«) *dio* (»weshalb«) steht. Wenn wir die Lesart der Kodizes wiedergeben, oder besser: indem wir *di'ho* schreiben, dann lautet die Übersetzung: »Fünftens [ist] dasselbe [notwendig zu] setzen, weshalb [durch welches hindurch] es [jedes Seiende] erkennbar und wahr ist.«[1]

Am Rande dieses Textes hatte eine Hand aus dem 12. Jahrhundert als Verbesserung oder Lesart jenes *dei ho* notiert, an das sich die modernen Herausgeber gehalten haben. Aber der Kodex, den noch Marsilio Ficino für seine lateinische Übersetzung der platonischen Werke vor Augen hatte, enthielt die Lesart *dio.* Ficinos Übersetzung lautet wie folgt: »Quintum vero oportet ipsum ponere quo quid est cognoscibile, id est quod agnosci potest, atque vere existit.«[2]

Was also ändert sich, welche neuen Einsichten bringt uns die Wiedergabe des ursprünglichen Texts der Kodizes? Im Wesentlichen die folgende: Die Sache selbst ist nicht einfach mehr nur das Seiende in seiner Dunkelheit, der Gegenstand, der der Sprache und dem Erkenntnisprozess vorausgesetzt ist, sondern *auto di'ho gnōston estin*, das, *wodurch* es selbst erkennbar ist, *seine eigene Erkennbarkeit und Wahrheit.* Auch wenn sie irreführend sein kann, ist die Lesart am Rand, an die sich die modernen Herausgeber gehalten haben, nichtsdestotrotz nicht falsch: Die Hand, die sie notiert hat (und wir haben Grund zur Annahme, dass es sich dabei um keine unerfahrene Hand handelte), sah wahrscheinlich die Gefahr, dass die Erkennbarkeit selbst – die Idee – ihrerseits vorausgesetzt und wie ein Duplikat der Sache hinter oder jenseits der Sache als eine *andere Sache* substantiviert würde. Die Sache selbst – daher auch der Terminus *auto* als die technische Bezeichnung der Idee – ist keine andere Sache, sondern die Sache *selbst*; als solche ist sie jedoch nicht mehr dem Namen und dem *logos* unterstellt [*supposta*], als wäre sie eine reale dunkle Voraussetzung [*presupposto*] (ein *hypokeimenon*), sondern steht im Medium ihrer eigenen Erkennbarkeit, im reinen Licht ihrer Offenbarung und Verkündigung an die Erkenntnis.

Die »Schwäche« des *logos* liegt also genau in seiner Unfähigkeit, diese Erkennbarkeit und Selbigkeit zum Ausdruck zu bringen, und in dem Umstand, dass er die Sache selbst, um die es ihm geht, zu einer Voraussetzung (zu einer Hypo-these im etymologischen Sinn des Wortes, als *das, was zu Grunde gelegt ist*) zurückstuft.

Das ist der Sinn der Unterscheidung zwischen *on* und *poion*, zwischen dem wirklichen Sein und seiner Beschaffenheit, auf die Platon im Brief mehrmals beharrt (342 e 3; 343 b 8–c 1). Die Sprache – unsere Sprache – ist notwendigerweise voraussetzend [*presupponente*] und vergegenständlichend, und zwar in dem Sinne, dass sie in ihrem Vollzug die Sache selbst, die sich in ihr und nur in ihr ankündigt, in ein Sein, *über das gesprochen wird*, und in ein *poion*, eine Eigenschaft und Bestimmung, *die vom ihm gesagt wird*, zerlegt. Die Sprache unter-stellt [*sup-pone*] und verbirgt das, was sie ans Licht bringt, im selben Akt, in dem sie es ans Licht bringt. Die Sprache ist mithin immer, gemäß der von Aristoteles aufgegriffenen Definition (die auch Platon in *Soph.*, 262 e 6–7 schon geäußert hatte und die in der modernen Unterscheidung zwischen Sinn und Bedeutung noch implizit enthalten ist), *legein ti kata tinos*, etwas-über-etwas Sagen; sie ist daher immer vor-aus-setzend und unter-stellend [*pre-sup-ponente*] sowie vergegenständlichend. Die Voraussetzung ist die Form des sprachlichen Bedeutens als solchem: *kath' hypokeimenou*, etwas über ein Subjekt sagen.

Die Warnung, die Platon der Idee mitgibt, ist also, dass *die Sagbarkeit selbst in dem, was von und über etwas gesagt wird, ungesagt bleibt* und dass *die Erkennbarkeit selbst in dem, was von und über etwas erkannt wird, verlorengeht.*

Das spezifische Problem, um das es im Brief geht – welches notwendigerweise das Problem jeder menschlichen Rede ist, die das »Fünfte« ausdrücken möchte, die mithin das zum Thema macht, was nicht Thema sein kann –, ist daher: Wie ist es möglich zu sprechen, ohne dasjenige, wovon man spricht, zu unterstellen, zu hypo-thetisieren und zu unterwerfen [*soggettivare*]? Wie ist also möglich, *legein kath' hauto*, nicht über etwas Vorausgesetztes, sondern durch es selbst zu sprechen? Und da die Ebene der Namen für die Griechen wesentlich jene ist, die *kath' hauto* gesagt wird: Kann die Sprache das, was sie benennt, ergründen (*logon didonai*), kann sie *aussagen*, was der Name *genannt* hat?

Dass in diesem Problem so etwas wie ein Widerspruch enthalten war, haben bereits die ältesten Kommentatoren gesehen. Wir sind im Besitz der Glosse eines späten platonischen Scholiasten, die ungefähr Folgendes sagt: »Wie kommt es, dass der Meister im *Phaidros* die Schrift abwertet und dennoch, da er doch geschrieben hat, sein schriftliches Werk in gewisser Weise für wertvoll gehalten haben muss? Auch hierin«, antwortet der Scholiast, »ist er der Wahrheit gefolgt: So wie die Gottheit sowohl die unsichtbaren Dinge als auch jene geschaffen hat, die erblickt werden können, hat auch er einige Dinge ungeschrieben belassen, andere geschrieben.« Dieselbe Frage stellt sich sicherlich auch für den Siebten Brief. Indem er über das schreibt, worüber er sich Gedanken macht und dieses aber nicht geschrieben werden soll, scheint Platon die Schwäche des *logos* herauszufordern und seine eigenen Überlegungen zu widerrufen. Und es ist sicherlich kein eitler Scherz, wenn er in einem anderen Brief die Urheberschaft der Dialoge abstreitet, die unter seinem Namen zirkulierten, und behauptet, dass sie »von einem Sokrates stammen, der schöner und jünger geworden ist« (*Ep*. II, 314 c 3–4). Hier springt die Paradoxie des geschriebenen platonischen Werkes sofort ins Auge: In einem Brief – den die Modernen oft für apokryph gehalten haben – erklärt er seine Dialoge für nicht authentisch, um sie einem unmöglichen Autor zuzuschreiben: dem Protagonisten der Dialoge selbst, Sokrates, der schon seit vielen Jahren tot und begraben liegt. Die Figur, *über die* im Text gesprochen wird, nimmt hier die Stelle des Autors der Dialoge an, in denen sie selbst vorkommt. Bereits die antiken Kritiker, und gerade die scharfsinnigsten wie Demetrios und Dionysius, hatten bemerkt, wie der Stil Platons, der in den ersten Dialogen sehr klar ist, dunkel (*zophos*), geschwollen und parataktisch wird, wenn er

Themen in Angriff nimmt, die ihm besonders am Herzen liegen (*epirriptei allēlois ta kōla aph' heterou heteron*, »die Sätze werfen sich eins über das andere«, schreibt Demetrios).

Es ist eine kuriose Fügung, dass die Schwäche der Sprache, die der Vater der abendländischen Metaphysik vor zwei Jahrtausenden in diesem Brief festgestellt hat, jene in der metaphysischen Anlage unserer Sprache implizite Schwierigkeit prophetisch vorwegzunehmen scheint, die zäh über den Schriften des späten Heidegger liegt und zu ihrem inneren Stolperstein wird. Doch bei Platon verleiht die Schwäche des *logos* der Idee keinerlei mystischen Charakter, im Gegenteil ermöglicht sie jene Rede, die dem (geschriebenen) Wort zu Hilfe kommt (*logō boēthein*), was im *Phaidros* (278 c 6) zum Merkmal der authentischen philosophischen Darstellung erhoben wird. Hierbei besteht die Gefahr, dass die Nicht-Thematisierbarkeit der Sache ihrerseits thematisiert und vorausgesetzt wird, und zwar weiterhin in der Form eines *legein ti kata tinos*, also in Form eines Redens über das, was sich nicht sagen lässt. Die Sache selbst ist keine einfache Hypostase des Namens, etwas Unaussprechliches, das ungesagt bleiben soll und nur so, als Name, in der Sprache der Menschen aufbewahrt wird. Eine solche Konzeption, die im *Theaitetos* implizit widerlegt wird, nimmt die Sache selbst weiterhin als »Hypothese« an und unter-stellt sie. Diese – die Sache der Sprache – ist kein *quid*, das wie eine extreme Hypothese jenseits aller Hypothesen zu suchen wäre, ein letztes und absolutes Subjekt jenseits aller anderen Subjekte, das qualvoll oder selig in der Finsternis versenkt bleibt. Eine solche Sache, die ohne Bezug zur Sprache wäre, ein solches Nichtsprachliches können wir in Wahrheit nur in der Sprache denken, und zwar durch die Idee einer Sprache, die keinen Bezug zu den Sachen hat. Sie ist mithin eine Chimäre im spinozistischen Sinne des Wortes: ein rein sprachliches Sein. Die Sache selbst ist keine Sache – sie ist die Sagbarkeit, die

Offenheit selbst, um die es in der Sprache geht, die die Sprache selbst *ist* und die wir in der Sprache ständig unterstellen und vergessen, vielleicht weil sie selbst in ihrem Innersten ihre eigene Vergessenheit und Selbstaufgabe ist. In den Worten des *Phaidon* (76 d 8) ist sie das, was wir immer im Munde führen, wenn wir sprechen, was wir also ununterbrochen aussprechen und mitteilen und allerdings auch immer aus dem Blick verlieren. Die voraussetzende Struktur der Sprache ist als solche die Struktur der Überlieferung: Die Sache wird in der Sprache vorausgesetzt, tradiert und zugleich *verraten*, damit diese über etwas (*kata tinos*) sein kann. Das Zugrundegehen der Sache ist selbst der Grund, auf dem allein sich so etwas wie eine Überlieferung konstituieren kann.

Die Aufgabe der philosophischen Darstellung ist es, sprechend dem Sprechen beizukommen, damit im Sprechen das Sprechen selbst nicht unterstellt bleibt, sondern als Sprechen zur Sprache kommt. An dieser Stelle berührt die voraussetzende Macht der Sprache ihre Grenze und ihr Ende: Die Sprache sagt die Voraussetzungen als Voraussetzungen und gelangt auf diese Weise zu jenem nicht-voraussetzbaren und nicht-vorausgesetzten Prinzip (*archē anhypothetos*), das nur als solches eine authentische menschliche Gemeinschaft und Mitteilung konstituiert. Wie Platon in einem entscheidenden Passus eines Dialogs schreibt, der den »sonderbaren Mythos« des Siebten Briefes an mehr als einer Stelle berührt:

> Nun erfahre auch, was ich mit dem zweiten Abschnitt des Erkennbaren meine, den die Sprache selbst [*autos ho logos*] mit dem Vermögen der Auseinandersetzung berührt, indem sie die Hypothesen nicht für Anfänge [*archai*], sondern wirklich nur als Hypothesen, als Stützpunkte und Antriebe nimmt, um bis zum Nicht-Hypothetischen, zum Anfang von Allem vorzudringen, ihn zu berühren und dann wieder, sich an das haltend, was mit

> ihm verbunden ist, zum Ende zurückzukehren, ohne sich dabei irgendwie mit dem Sinnlichen zu beschäftigen, sondern mit Hilfe der Ideen, durch die Ideen, zu den Ideen, auch bei den Ideen endet. (*Resp.*, 511 b 3 – c 2)

Ich sehe ein, dass ich womöglich etwas über das Ziel hinausgeschossen bin, das ich mir gesetzt hatte, und mich in gewisser Weise für jene nicht göttliche, sondern menschliche Torheit (*Ep.*, VII, 344 d 1–2) verantwortlich gemacht habe, vor der der Mythos des Siebten Briefes eben warnen wollte: der Torheit, unachtsam die eigenen Gedanken über die Sache selbst einem geschriebenen Text anvertrauen zu wollen. Es ist daher angebracht, an dieser Stelle innezuhalten und mit größerer Achtsamkeit zu jener vorbereitenden historiographischen Aufgabe zurückzukehren, die ich mir gestellt hatte.

Die Digression des Siebten Briefes behandelt, so hatten wir gesehen, die Idee in ihrem Verhältnis zur Sprache. Die Sache selbst wird nämlich in enger Verbindung mit einer Theorie der sprachlichen Bedeutung bestimmt, die vielleicht die erste, wenn auch äußerst verdichtete, organische Darstellung dieses Gegenstandes ist. Sollte dies wahr sein, müssten wir ihre Spuren in der unmittelbar darauffolgenden griechischen Reflexion über die Sprache auffinden können. Man denkt hierbei sofort an den Text, der für Jahrhunderte die Reflexionen über Sprache in der antiken Welt geprägt hat, nämlich an Aristoteles' *De interpretatione*. Hier erörtert Aristoteles den Prozess des sprachlichen Bedeutens auf eine Weise, die dem ersten Anschein nach in keinerlei Beziehung zur platonischen Digression steht:

> Was in der Stimme ist [*ta en tē phōnē*], ist Zeichen für das, was unserer Seele [*en tē psychē*] widerfährt, und das Geschriebene ist wiederum Zeichen für das, was in unserer Stimme ist. Und wie die Buchstaben nicht für alle Menschen gleich sind, so sind es auch die Stimmen nicht; wovon sie aber in erster Linie Zei-

> chen sind, die seelischen Widerfahrnisse, diese sind für alle gleich; und auch die Sachen [*pragmata*], von denen die seelischen Widerfahrnisse Abbildungen sind, sind für alle dieselben. (*De Int.*, 16 a 3–7)

Bei aufmerksamer Prüfung zeigt sich jedoch eine genaue Entsprechung mit dem Text des *excursus*. Gerade die Dreiteilung, durch die Aristoteles die Bewegung der Bedeutung gliedert (*en tē phōnē, en tē psychē, pragmata*), zeichnet wortwörtlich die platonische Unterscheidung zwischen dem nach, was *en phōnais* (Name und *logos*), was *en psychais* (Wissen und Meinung) und was *en sōmatōn schēmasin* (der sinnliche Gegenstand) (342 c 6) ist. Umso bemerkenswerter erscheint dann aber das Verschwinden der Sache selbst. Mit Aristoteles wird die Sache selbst durch die *hermēneia*, durch den sprachlichen Prozess des Bedeutens getilgt; auch wenn sie flüchtig wieder auftauchen wird (etwa in der stoischen Logik), tut sie das nunmehr in einer von der ursprünglichen platonischen Absicht beinahe bis zur Unkenntlichkeit entfremdeten Gestalt.

Die aristotelische Bestimmung der *hērmeneia* entfaltet sich daher wie ein Kontrapunkt gegenüber der platonischen Aufzählung, die sie aufgreift und zugleich widerlegt. Der entscheidende Beweis dieses polemischen Kontrapunktes ist gerade die Einführung der *grammata*, der Buchstaben, im aristotelischen Text. Bereits die antiken Kommentatoren fragten sich, wo die auf den ersten Blick inkongruente Einführung dieses vierten Interpreten neben den anderen drei (Lauten, Begriffen, Sachen) herrührt. Bedenkt man, dass der platonische *excursus* ja gerade darauf ausgerichtet war, die Unmöglichkeit der Verschriftlichung der Sache selbst und im Allgemeinen die Unzuverlässigkeit jeder schriftlichen Rede für das Denken zu beweisen, wird der grundlegende Kontrapunkt beider Texte noch offensichtlicher.

Indem er die Sache selbst aus der Theorie der Bedeutung tilgt, spricht Aristoteles die Schrift von ihrer Schwäche frei. Anstelle der Sache selbst tritt in den *Kategorien* die *prōtē ousia*, die erste Substanz, die Aristoteles als das definiert, was nicht über ein Subjekt ausgesagt wird (*kath'hypokeimenou* »über ein Vorausgesetztes«) und auch nicht im Subjekt liegt. Was bedeutet diese Definition? Die erste Substanz wird nicht über ein Vorausgesetztes gesagt und hat keine Voraussetzungen, weil sie selbst die absolute Voraussetzung ist, auf die sich jede Rede und jede Erkenntnis gründet. Sie allein wird – als Name – *kath' hauto*, über sich selbst gesagt; sie allein – die in keinem Subjekt ist – zeigt sich mit Evidenz. In sich selbst allerdings, als ein *individuum*, ist sie unaussprechlich (*individuum ineffabile*, nach der mittelalterlichen aristotelischen Formulierung) und kann nicht in den Bereich des sprachlichen Bedeutens eintreten, dessen Grund sie ist – es sei denn, sie verlässt ihre deiktische Aktualität und wird universelle Prädikation. Das *ti* des Namens wird in der Rede als das *kata tinos* aufgenommen, als das Worüber der Rede. Sie – das *Was* und das *Über-was* – sind daher *dieselbe Sache*, die als *to ti ēn einai*, das Sein-*was*-etwas-war, erfasst werden kann. In diesem logisch-zeitlichen Prozess wird die platonische *Sache selbst* entzogen und erhalten oder vielmehr als Entzogene erhalten: e-liminiert.

Aus diesem Grund taucht in *De interpretatione* das *gramma*, der Buchstabe, auf. Eine genaue Prüfung zeigt nämlich, dass im hermeneutischen Zirkel von *De interpretatione* der Buchstabe als Interpret des Lautes selbst keines weiteren Interpreten bedarf. Er ist der letzte Interpret, jenseits dessen keine weitere *hērmeneia* möglich ist: ihr Limit. Daher sagten die antiken Grammatiker, die *De interpretatione* analysierten, dass der Buchstabe als Zeichen des Lautes zugleich auch dessen Element *stoicheion tēs phōnēs* ist. Als *Element dessen, wovon er ein Zeichen ist*, hat er den privilegierten Status eines *index sui*, einer Selbstanzeige: wie die *prōtē ousia*, deren sprachliche Chiffre er darstellt, zeigt er sich selbst, aber nur sofern er im Laut *war*, demnach immer schon als Vergangenheit.

Das *gramma* ist also die Form der Voraussetzung selbst und nichts anderes als das. Als solche nimmt es in jeder Mystik einen zentralen Platz ein, und als solche hat es auch eine entscheidende Bedeutung im Denken unserer Zeit, das weitaus aristotelischer und mystischer ist, als man gemeinhin glaubt. In diesem Sinne – und nur in diesem – ist Aristoteles und nicht Platon der Begründer der abendländischen Mystik, und es ist auf diesem Wege, dass der Neuplatonismus zu jener Eintracht zwischen Platon und Aristoteles gelangen konnte, welche die Grundlage der Lehre dieser Schule bildete.

Auf dieser Grundlage, sofern der Sprache selbst die ontologische Struktur der Voraussetzung eingeschrieben ist, kann das Denken unmittelbar Schrift werden, ohne sich mit der Sache selbst messen und ohne die eigene Voraussetzung verraten zu müssen. Der Philosoph ist sogar der Schreiber sowohl des Denkens als auch – vermittelt durch das Denken – der Sache und des Seins. Das spätbyzantinische Lexikon, das den Namen *Suda* trägt, vermerkt unter dem Stichwort Aristoteles: *Aristotelēs tēs physeōs grammateus ēn, ton kalamon apobrechōn eis noun,* »Aristoteles war der Schreiber der Natur, der das Schreibrohr in das Denken eintauchte«.

Viele Jahrhunderte später zitiert Hölderlin unerwartet diesen Satz der *Suda* an einer entscheidenden Stelle seiner *Anmerkungen** zur Übersetzung des *Oedipus Tyrannus* von Sophokles, und zwar während seiner Erläuterung des Sinns und der Natur der tragischen Darstellung*. Das Zitat enthält allerdings eine Abweichung, die auch die äußerst gewissenhafte Hölderlinphilologie nicht erklären konnte. Hölderlin schreibt: *Tēs physeōs grammateus ēn ton kalamon apobrechōn eunoun* (statt *eis noun*): »Er war der Schreiber der Natur, der das wohlgesinnte Schreibrohr eintauchte«. Es gibt kein Eintauchen des Schreibrohrs ins Denken: Das Schreibrohr – dieses einfache materielle Instrument der menschlichen Schrift – steht allein vor seiner Aufgabe, bewaffnet nur mit Wohlwollen. Der Sache selbst ihren Ort in der Sprache wiedergeben und zugleich die Schrift auf ihre Herausforderung zurückführen, ihrem poetischen Auftrag der Niederschrift – das ist die Aufgabe der kommenden Philosophie.

Anmerkungen

1 Unter den modernen Autoren hat nur Andreae in seiner Studie über die platonischen Briefe von 1923 (in: *Philologus* 78, S. 34 ff.) die Lesart der Kodizes wiedergegeben.

2 »Als Fünftes aber muss man das selbst ansetzen, wodurch etwas erkennbar ist, das heißt das, was erkannt werden kann und wahrhaft existiert.«

Die Idee der Sprache

Wer in einem christlichen oder jüdischen Umfeld erzogen wurde oder auch einfach nur gelebt hat, wird eine gewisse Vertrautheit mit dem Wort »Offenbarung« besitzen. Diese Vertrautheit impliziert aber noch lange nicht, dass der Betreffende dessen Bedeutung auch zu definieren vermag. Ich möchte meine Überlegungen mit dem Versuch einer solchen Definition beginnen. Ich bin der Überzeugung, dass eine angemessene Definition dieses Wortes nicht unwichtig für einen philosophischen Diskurs ist, der, wie bemerkt wurde, über alles sprechen kann, vorausgesetzt, er spricht zunächst über die Tatsache, dass er darüber spricht. Sämtliche Vorstellungen von der Offenbarung gehen von deren Heterogenität gegenüber der Vernunft aus. Damit ist, auch wenn die Kirchenväter auf diesem Punkt so sehr beharrt haben, nicht bloß gemeint, dass der Inhalt der Offenbarung der Vernunft notwendig absurd erscheinen muss. Der Unterschied, der hier angesprochen ist, ist weitaus radikaler, denn er betrifft die Ebene, auf der die Offenbarung angesiedelt ist und d.h. ihre eigene Struktur.

Wenn der Inhalt einer Offenbarung – mag dieser noch so absurd sein, wie etwa dass rosarote Esel im Venushimmel singen – von der menschlichen Vernunft und Sprache aus eigener Kraft erkannt und gesagt werden könnte, dann würde jene aus ebendiesem Grund aufhören, Offenbarung zu sein. Was uns die Offenbarung zu erkennen gibt, muss nicht nur etwas sein, das ohne sie nicht erkennbar gewesen wäre, sondern muss von solcher Art sein, dass es die Bedingung der Möglichkeit von Erkenntnis überhaupt betrifft.

Es ist diese radikale Differenz der Ebene der Offenbarung, welche christliche Theologen zum Ausdruck bringen, wenn sie sagen, dass der einzige Inhalt der Offenbarung Christus selbst, also das Wort Gottes, ist; eine Differenz, die auch von jüdischen Theologen bestätigt wird, wenn sie behaupten, dass sich die Offenbarung Gottes im Namen manifestiert. Wenn Paulus den Kolossern den ökonomischen Sinn der göttlichen Offenbarung erklären will, schreibt er: »Damit das Wort Gottes vollendet sei, das Geheimnis, das von den Weltzeiten und von den Geschlechtern verborgen war« (*Kol* 1,25–26). In diesem Satz ist »Geheimnis« [*to mystērion*] eine Apposition von »das Wort Gottes« [*ton logon tou theu*]. Das Geheimnis, das ehedem verborgen war und nunmehr offenbart wurde, betrifft nicht dieses oder jenes irdische oder überirdische Ereignis, sondern einfach nur das Wort Gottes.

Wenn die Offenbarung in der theologischen Tradition also immer als etwas verstanden wurde, das die menschliche Vernunft nicht aus sich heraus erkennen kann, dann kann dies nur eines heißen: Der Inhalt der Offenbarung ist keine Wahrheit, die kraft sprachlicher Aussagen über das Seiende (und sei dieses auch das höchste Seiende) ausgedrückt werden könnte, sondern vielmehr eine Wahrheit, die die Sprache selbst betrifft, die Tatsache als solche, dass es Sprache (und mithin Erkenntnis) gibt. Der Sinn der Offenbarung ist, dass der Mensch zwar das Seiende durch die Sprache offenbaren kann, nicht aber die Sprache selbst. Mit anderen Worten: Der Mensch sieht die Welt durch die Sprache, aber er sieht nicht die Sprache. Diese Unsichtbarkeit des Offenbarenden im Offenbarten ist Gottes Wort, ist die Offenbarung.

Daher sagen die Theologen, dass die Offenbarung Gottes zugleich auch seine Verborgenheit ist, oder auch, dass Gott sich im Wort unverständlich offenbart. Dabei handelt es sich nicht einfach nur um eine negative Bestimmung oder einen Mangel der Erkenntnis, sondern um eine wesentliche Bestimmung der göttlichen Offenbarung, die ein Theologe als von »höchst reinen Lichte [das] durch die dichtesten Finsternisse strahle«[1] und als eine »Offenbarung eines Unerkennbaren« beschrieb. Das kann nur heißen: Was hier offenbart wird, ist kein Gegenstand, über den es viel zu wissen gäbe, der jedoch aufgrund des Fehlens angemessener Erkenntnismittel nicht erkannt werden kann. Vielmehr ist es die Offenbarung selbst, die hier offenbart wird, das Faktum, dass es Weltoffenheit und Erkenntnis gibt.

In diesem Horizont erscheint die Konstruktion der trinitären Theologie als der rigoroseste und kohärenteste Versuch, jene paradoxe primordiale Verfasstheit des Wortes zu denken, den der Prolog des Johannesevangeliums durch folgende Formel zum Ausdruck bringt: *en archē ēn ho logos* »im Anfang war das Wort«. Die Dreieinigkeit Gottes, die uns durch das Nicäische Bekenntnis (»Credo in unum deum ...«, »Ich glaube an einen Gott ...«) vertraut ist, sagt nichts über die innerweltliche Wirklichkeit, sie hat keinerlei ontischen Inhalt, sondern bezeugt die neuartige Erfahrung des Wortes, die das Christentum in die Welt gebracht hat. Sie sagt, um Wittgensteins Terminologie zu verwenden, nichts darüber, *wie* die Welt ist; sie offenbart vielmehr, *dass* die Welt ist, dass Sprache ist. Das Wort, das absolut im Anfang ist, das also die absolute Voraussetzung ist, setzt nichts voraus außer sich selbst, hat nichts vor sich, das es erklären oder seinerseits enthüllen könnte (*für das Wort gibt es keine Worte*) und seine dreifaltige Struktur ist nichts anderes als die Bewegung seiner Selbstoffenbarung. Und diese Offenbarung des Wortes, dieses Nichts-Voraussetzen, das die einzige Voraussetzung ist, ist Gott: »Und das Wort war Gott« (*Joh 1,1*).

Der eigentliche Sinn der Offenbarung ist mithin zu zeigen, dass jedes Wort und jede Erkenntnis ihre Wurzeln und ihren Grund in einer Offenheit haben, die sie unendlich übersteigt; zugleich betrifft diese Offenheit aber nichts anderes als die Sprache selbst, ihre Möglichkeit und ihre Existenz. Wie der große jüdische Theologe und Hauptvertreter der neukantianischen Schule Hermann Cohen sagte: Der Sinn der Offenbarung Gottes ist nicht, dass er sich *in* etwas, sondern *an* etwas offenbart, und dass seine Offenbarung also nichts anderes als »die Schöpfung der Vernunft«*[2] ist. Offenbarung meint weder diese oder jene Aussage über die Welt noch das, was durch Sprache gesagt werden kann, sondern dass das Wort, dass die Sprache ist.

Was aber bedeutet solch eine Aussage wie: Die Sprache ist?

Ausgehend von dieser Perspektive, müssen wir uns dem *locus classicus* zuwenden, an dem sich das Problem des Verhältnisses zwischen Offenbarung und Vernunft gestellt hat, nämlich Anselm von Canterburys ontologischem Beweis. Wie Anselm unmittelbar entgegnet wurde, ist es nicht wahr, dass das bloße Aussprechen des Namens *Gott*, *[aliquid] quo maius cogitari nequit* – »über dem nichts Größeres gedacht werden kann« –, notwendig die Existenz Gottes impliziert. Ein Seiendes, dessen einfache sprachliche Benennung bereits seine Existenz impliziert, gibt es aber in der Tat, und dieses Seiende ist die Sprache. Die Tatsache, dass ich rede und jemand zuhört, impliziert die Existenz von nichts anderem außer der Sprache selbst. *Die Sprache ist das, was sich notwendig selbst voraussetzen muss*. Der ontologische Beweis zeigt demnach, dass, solange Menschen sprechen und es vernunftbegabte Tiere gibt, es auch ein göttliches Wort gibt, und zwar in dem Sinne, dass die Präexistenz der Bedeutungsfunktion und die Offenheit der Offenbarung immer schon vorausgesetzt sind (nur in diesem Sinne – also nur, wenn Gott der Name für die

Präexistenz der Sprache ist, für ihr Verweilen in der *archē* – weist der ontologische Beweis die Existenz Gottes nach). Aber diese Offenheit gehört im Gegensatz zu dem, was Anselm dachte, nicht der Sphäre der bedeutenden Rede zu, sie ist keine sinnvolle Aussage, sondern das reine Ereignis der Sprache diesseits oder jenseits jeder besonderen Bedeutung. Man tut gut daran, den Einwand, den ein großer verkannten Logiker, Gaunilo, gegen Anselms Beweis vorgebracht hat, vor diesem Hintergrund neu zu lesen. Gegen Anselms Behauptung, dass die Äußerung des Wortes *Gott* für jene, die es hören, notwendig die Existenz Gottes impliziere, stellt Gaunilo die Erfahrung eines Idioten oder eines Barbaren, der in Anbetracht einer bedeutenden Rede sicherlich versteht, dass da ein sprachlicher Vollzug statthat, dass es sich – so Gaunilo – um eine *vox*, um ein menschliches Wort handelt, obwohl er den Sinn der Äußerung gar nicht begreift. Ein solcher Idiot oder Barbar, so schreibt Gaunilo, denkt nicht

> die Stimme selbst, also den Klang der Silben und Buchstaben, der eine durchaus wirkliche Sache ist, [...] als vielmehr die Bedeutung der vernommenen Stimme; nicht jedoch so, wie sie von einem gedacht wird, der die gewöhnliche Bedeutung des Lautes kennt (und der sie also der Sache gemäß [*secundum rem*] denkt, auch wenn diese nur in Gedanken wirklich ist), sondern so, wie sie von jemandem gedacht wird, der sie nicht kennt und nur einem seelischen Widerfahrnis nach denkt, das sich die Wirkung und die Bedeutung des erfassten Lautes vorzustellen versucht.[3]

Nicht mehr bloßer Laut und *noch nicht* Bedeutung, dieses »Denken allein nach der Stimme« (»cogitatio [...] secundum vocem solam«, wie Gaunilo es nennt) erschließt dem Denken eine gleichsam originäre logische Dimension, in der sich die Sprache bar jedes determinierenden Bedeutungsereignisses ereignet und die damit auf die Möglichkeit eines Denkens jenseits der bedeutungsvollen Aussagen hinweist. Die ursprünglichste logische Dimension, um die es bei der Offenbarung geht, ist daher nicht jene des bedeutungsvollen Wortes, sondern die eines Wortes, das, ohne irgendetwas zu bedeuten, die Bedeutsamkeit selbst bedeutet. (In diesem Sinne müssen die Theorien jener Denker wie Roscelin verstanden werden, von denen gesagt wurde, sie hätten »die Bedeutung der Stimme« entdeckt, und die behaupteten, dass die Universalien nur *flautus vocis* seien. *Flautus vocis* ist hier nicht der bloße Laut, sondern, im eben dargelegten Sinn, die Stimme als reine Anzeige eines Sprachereignisses. Und diese Stimme fällt mit der universellsten Dimension der Bedeutung, mit dem Sein, zusammen.) Diese Gabe, eine Stimme für die Sprache zu sein, ist Gott, ist Gottes Wort. Der Name Gottes ist der Name, der die Sprache benennt, er ist daher (wie die mystische Tradition unermüdlich wiederholt hat) ein Wort ohne Bedeutung.

In Begriffen zeitgenössischer Logik ließe sich nun sagen, dass, sollte es eine Metasprache geben, der Sinn der Offenbarung keine bedeutungsvolle Rede, sondern reine bedeutungslose Stimme ist. Dass es Sprache gibt, ist ebenso gewiss wie unverständlich, und diese Unverständlichkeit und diese Gewissheit machen Glaube und Offenbarung aus.

Die größte Schwierigkeit, die einer philosophischen Darstellung inhärent ist, betrifft genau dieses Problemregister. Die Philosophie handelt nämlich nicht nur von dem, was uns durch die Sprache offenbart wird, sondern auch von der Offenbarung der Sprache selbst. Philosophisch ist mithin jene Darstellung, die, wovon auch immer sie sprechen mag, stets berücksichtigen muss, dass sie darüber spricht; es handelt sich demnach um eine Rede, die in jedem Gesagten vor allem die Sprache selbst sagt. (Daher die wesentliche Nähe – aber auch Distanz – zwischen Philosophie und Theologie, die mindestens genauso alt wie die aristotelische Definition der ersten Philosophie als *theologikē* ist.)

Man könnte dies auch durch die Behauptung ausdrücken, dass die Philosophie keine Weltanschauung ist, sondern eine Anschauung der Sprache, und in der Tat ist das zeitgenössische Denken diesem Weg allzu eifrig gefolgt. Denn die Schwierigkeit entsteht hierbei, weil es – wie Gaunilos Definition der Stimme impliziert – bei einer philosophischen Darstellung nicht einfach nur um eine Rede geht, die die Sprache zum Gegenstand hat, um eine Metasprache, die von der Sprache spricht. Die Stimme sagt nichts, sondern zeigt sich genauso wie die logische Form für Wittgenstein; sie kann daher nicht Thema einer Rede werden. Die Philosophie vermag das Denken bloß an die Grenze der Stimme zu führen; sie kann die Stimme selbst nicht sagen (so scheint es zumindest).

Das gegenwärtige Denken ist sich kurzerhand darüber bewusst geworden, dass es eine letzte und absolute Metasprache nicht gibt und dass jede Konstruktion einer Metasprache sich in einen infiniten Regress verstrickt. Die Paradoxie des reinen philosophischen Unterfangens liegt in einer Rede, die von der Sprache sprechen und ihre Grenzen darstellen muss, ohne über eine Metasprache zu verfügen. Auf diese Weise stößt sie genau auf das, was der wesentliche Inhalt der Offenbarung war: *logos en archē*, das Wort als absoluter Anfang, als absolute Voraussetzung (oder, wie Mallarmé einmal schrieb, das Wort als ein Prinzip, das sich durch die Negation jedes Prinzips entfaltet[4]). Und genau mit diesem Verweilen des Wortes im Anfang müssen sich Logik und Philosophie immer wieder auseinandersetzen, wenn sie sich ihrer Aufgabe bewusst sind.

Wenn es einen Moment der Übereinstimmung in den gegenwärtigen Philosophien gibt, dann liegt dieser in der Anerkennung ebenjener Voraussetzung. So nimmt die Hermeneutik die absolute Vorgängigkeit der Bedeutungsfunktion an, indem sie – gemäß dem Schleiermacher'schen Motto, das den dritten Teil von *Wahrheit und Methode* eröffnet – behauptet: »Alles Vorauszusetzende in der Hermeneutik ist nur Sprache.«[5] Oder indem sie, wie Apel, Wittgensteins Begriff des »Sprachspiels« im Sinne einer transzendentalen Bedingung jeder Erkenntnis interpretiert. Dieses Apriori ist für die Hermeneutik die absolute Voraussetzung, die rekonstruiert und zu Bewusstsein gebracht, nicht aber überschritten werden kann. Übereinstimmend mit diesen Prämissen, kann sich die Hermeneutik nur als Horizont einer unendlichen Überlieferung und Auslegung verstehen, deren letzter Sinn und Grund notwendigerweise ungesagt bleiben müssen. Sie kann sich fragen, wie sich Verstehen ereignet, aber dass es Verstehen gibt, ist das, was selbst ungedacht jedes Verstehen erst möglich macht. »Ein jedes Wort«, schreibt Gadamer, »läßt daher auch, als das Geschehen seines Augenblicks, das Ungesagte mit da sein, auf das es sich antwortend und winkend bezieht.«[6] (Es wird also deutlich, warum die Hermeneutik, die sich ja auf Hegel und Heidegger beruft, gerade jene Aspekte ihres Denkens im Schatten belässt, die jeweils das absolute Wissen und das Ende der Geschichte sowie das Ereignis* und das Ende der Seinsgeschichte, verkünden.)

In diesem Sinne stellt sich die Hermeneutik gegen jene Diskurse wie die Wissenschaft und die Ideologie – wenngleich nicht so radikal, wie es zunächst einmal erscheint –, die zwar mehr oder weniger bewusst von der Präexistenz der Bedeutungsbeziehung ausgehen, sie dann aber als Voraussetzung auch verdrängen, um deren Produktivität und auslöschende Macht hemmungslos arbeiten zu lassen. Es ist jedoch nicht wirklich zu sehen, in welcher Weise die Hermeneutik diese Diskurse überzeugen könnte, ihre Haltung, oder zumindest das nihilistische Bewusstsein der eigenen Unbegründetheit, aufzugeben. Wenn der Grund abermals unsagbar und irreduzibel bleibt, wenn er dem sprechenden Menschen immer schon vorausgegangen ist und ihn in eine epochale Geschichte und in ein epochales Schicksal wirft, dann ist ein Denken, das dieser Voraussetzung eingedenk Sorge um sie trägt, unter ethischen Gesichtspunkten jenem Denken ganz und gar gleichwertig, das sich seinem Schicksal überlässt und dessen Gewalt und Unbegründetheit bis zum Ende erfährt (wobei es ein Ende hier in Wirklichkeit gar nicht gibt).

Es ist daher kein Zufall, wenn eine einflussreiche Strömung des gegenwärtigen französischen Denkens die Sprache an den Anfang setzt, ihrem Verweilen in der *archē* allerdings die negative Struktur der Schrift und des *gramma* verleiht. Es gibt keine Stimme für die Sprache, sondern die Sprache ist vielmehr von Anfang an unendliche Spur und Selbsttranszendenz. Mit anderen Worten: Die Sprache, die im Anfang ist, ist ihre eigene Annullierung und der Aufschub ihrer selbst, und der Signifikant ist nichts anderes als die Chiffre dieser Grundlosigkeit.

Es ist sicherlich legitim zu fragen, ob sich die Aufgabe der Philosophie wirklich in der das gegenwärtige Denken charakterisierenden Anerkennung erschöpft, dass die Sprache als Voraussetzung zu betrachten sei. Das Denken, so könnte man sagen, scheint hier seine Aufgabe mit der Anerkennung dessen für beendet zu halten, was der ureigene Inhalt des Glaubens und der Offenbarung war: die Situiertheit des *logos* in der *archē*. Was die Theologie als für die Vernunft unverständlich erklärte, ist nun von der Vernunft als ihre eigene Voraussetzung anerkannt. Jedes Verstehen gründet auf dem Unverständlichen.

Bleibt auf diese Weise aber nicht genau das im Schatten, was die Aufgabe der Philosophie *par excellence* sein sollte, nämlich die Eliminierung und die »Absolution« der Voraussetzung? War nicht die Philosophie jener Diskurs, der sich von jeder Voraussetzung, selbst jener universellsten, die sich in der Formel »Es gibt Sprache« ausdrückt, frei wissen wollte? Geht es ihr nicht darum, das Unverständliche zu verstehen? Vielleicht sind die Schwierigkeiten der gegenwärtigen Philosophie darauf zurückzuführen, diese Aufgabe preisgegeben zu haben, welche die Magd zu einer Heirat mit ihrer theologischen Herrin verdammt – genauso wie das Problem des Glaubens mit dessen Akzeptanz durch die Vernunft zusammenfällt. Die Aufhebung der Grenzen zwischen Glauben und Vernunft kennzeichnet zugleich ihre Krise, d. h. ihr wechselseitiges Urteil.

Das gegenwärtige Denken hat sich jener Grenze genähert, jenseits deren eine neue religiös-epochale Enthüllung des Wortes nicht mehr möglich zu sein scheint. Dass der *logos* den Charakter einer *archē* hat, ist nunmehr gänzlich offenbart; keine neue Figur des Göttlichen, kein neues geschichtliches Schicksal kann nunmehr von der Sprache ausgehen. Wo sich die Sprache absolut in der *archē* situiert, enthüllt sie auch ihre absolute Anonymie. Es gibt keinen Namen für den Namen, keine Metasprache, nicht einmal in der Form einer bedeutungslosen Stimme. Wenn Gott der Name der Sprache war, kann »Gott ist tot« nur bedeuten, dass es keinen Namen für die Sprache gibt. Die vollendete Offenbarung der Sprache ist ein vollständig von Gott verlassenes Wort. Und der Mensch ist in die Sprache geworfen, ohne eine göttliche Stimme oder ein göttliches Wort zu haben, das ihm die Möglichkeit eines Fluchtwegs aus dem endlosen Spiel der bedeutungsvollen Sätze sicherstellt. Endlich sind wir also allein mit unseren Worten, zum ersten Mal allein mit der Sprache, von jeglichem Grund verlassen. Dies ist die kopernikanische Revolution, durch die unser Denken den Nihilismus beerbt: Wir sind die ersten Menschen, die sich der Sprache vollkommen bewusst geworden sind. Was die vergangenen Generationen als Gott, Sein, Geist, Unbewusstes gedacht haben, sehen wir zum ersten Mal klar als das, was sie sind: Namen für die Sprache.

Deswegen gehören für uns jede Philosophie, jede Religion und jedes Wissen, die von dieser Wende keine Kenntnis genommen haben, unausweichlich der Vergangenheit an. Die Schleier, die Theologie, Ontologie und Psychologie über den Menschen aufgespannt haben, sind nunmehr gelüftet, und wir bringen sie Stück für Stück an ihren jeweiligen Ort in der Sprache zurück. Unverhüllt schauen wir jetzt die Sprache an, die alles Göttliche, alles Unsagbare ausgeatmet hat: vollkommen offenbart, absolut im Anfang. Wie ein Dichter, der endlich das Gesicht seiner Muse erblickt, so schaut die Philosophie der Sprache ins Gesicht (weil die Muse die ursprünglichste Erfahrung der Sprache benennt, kann Platon sagen, dass die Philosophie »die höchste Musik« ist).

Der Nihilismus macht dieselbe Erfahrung eines von Gott verlassenen Wortes; aber er deutet die äußerste Offenbarung der Sprache so, dass es nichts zu offenbaren gibt, dass die Wahrheit der Sprache darin liegt, das Nichts aller Sachen zu enthüllen. Die Abwesenheit einer Metasprache wird so zur negativen Form der Voraussetzung und das Nichts zum letzten Schleier, zum letzten Namen der Sprache.

Wenn wir nun auf Wittgensteins Bild einer im Fliegenglas gefangenen Fliege zurückgreifen, könnten wir sagen, dass das gegenwärtige Denken schließlich die Unabdingbarkeit des Glases, das die Fliege gefangen hält, anerkannt hat. Die Präexistenz und Anonymie der Bedeutungsfunktion bilden die Voraussetzung, die dem sprechenden Menschen immer schon vorausgegangen ist und aus der es offenbar keinerlei Ausgang gibt. Die Menschen sind dazu verdammt, sich durch Sprache zu verständigen. Aber noch einmal: Was damit aufgegeben wird, ist das ursprüngliche Anliegen, das in jenes Bild eingelassen war, nämlich die Möglichkeit eines Auswegs aus dem Fliegenglas.

Die Aufgabe der Philosophie muss daher genau dort wiederaufgenommen werden, wo sich das gegenwärtige Denken von ihr abzuwenden scheint. Wenn es auch stimmt, dass die Fliege erst einmal anfangen muss, das Glas zu sehen, das sie einschließt, was kann eine solche Einsicht dann aber weiter bedeuten? (Das Fliegenglas ist für die Fliege nämlich keine Sache, sondern das, wodurch sie die Sachen sieht.) Ist ein Diskurs möglich, der keine Metasprache ist, aber auch nicht ins Unsagbare versinkt, sondern die Sprache selbst zum Ausdruck bringt und ihre Grenzen darstellt?

Eine antike Denktradition artikuliert diese Möglichkeit in Form einer Theorie der Ideen. Entgegen jener Deutung, die darin den unaussprechlichen Grund einer Metasprache erblickt, impliziert die Ideenlehre eine vorbehaltlose Akzeptanz der Anonymie der Sprache ebenso wie der Homonymie, die ihr Feld regiert (in diese Richtung müssen Platons Beharren auf der Homonymie von Idee und Sache sowie die sokratische Ablehnung jeglicher Misologie gedeutet werden). Diese Endlichkeit und Doppelsinnigkeit der menschlichen Sprache ebnen zugleich die Wege für die »dialektische Reise« des Denkens. Würde jedes menschliche Wort stets ein anderes Wort voraussetzen und nähme die voraussetzende Macht der Sprache kein Ende, dann könnte es tatsächlich auch keine Erfahrung der Grenzen der Sprache geben. Und wäre die Sprache perfekt, bar jeder Homonymie und in allen Zeichen eindeutig, dann wäre sie wiederum eine absolut ideenlose Sprache.

Die Idee ist im Spiel von Anonymie und Homonymie der Sprache vollständig enthalten. *Weder ist das Eine und hat einen Namen, noch ist es nicht und hat keinen Namen*. Die Idee ist kein Wort (keine Metasprache) und auch nicht die Anschauung eines Objekts jenseits der Sprache (ein solches Objekt, ein solches Unsagbares gibt es nicht), sondern die *Anschauung der Sprache selbst*. Denn die Sprache, die für den Menschen jede Sache und Erkenntnis vermittelt, ist selbst unmittelbar. Nichts Unmittelbares kann vom sprechenden Menschen erreicht werden – nichts außer der Sprache selbst, außer der Vermittlung als solche. Diese *unmittelbare Vermittlung* stellt für den Menschen die einzige Möglichkeit dar, einen von jeder – auch der eigenen – Voraussetzung befreiten Anfang zu erreichen. Es ist die einzige Möglichkeit, an jene *archē anhypothetos* zu gelangen, die Platon im *Staat* als das *telos*, als die Vollendung und das Ziel von *autos ho logos*, der Sprache selbst, darstellt und die er zugleich als »die Sache selbst« bzw. die Angelegenheit des Menschen versteht.

Keine wahre menschliche Gemeinschaft kann sich auf einer Voraussetzung errichten – sei diese die Nation oder die Sprache oder auch das Apriori der Kommunikation, von dem die Hermeneutik spricht. Was die Menschen untereinander vereint, ist weder eine Natur noch eine göttliche Stimme und auch nicht die gemeinsame Gefangenschaft in der bedeutungshaften Sprache, sondern die Anschauung der Sprache und daher die Erfahrung ihrer Grenzen, ihres *Endes*. Wahre Gemeinschaft ist nur eine nicht vorausgesetzte Gemeinschaft. Die reine philosophische Darstellung kann daher nicht die Darstellung der eigenen Ideen über die Sprache oder die Welt sein; sie ist vielmehr die Darlegung der *Idee der Sprache*.

Anmerkungen

1 Augustinus, *Des heiligen Augustinus Zwey und zwanzig Bücher von der Stadt Gottes*, übers. v. Johann Peter Silbert, Wien: Wallishauser 1826, S. 557.

2 Hermann Cohen, *Religion der Vernunft aus den Quellen des Judentums*, Wiesbaden: Fourier [3]1995, S. 84.

3 Burkhard Mojsisch (Hg.), *Kann Gottes Nicht-sein gedacht werden?* Die Kontroverse zwischen Anselm von Canterbury und Gannilo von Marmontiers, Kempten: Dieterich'sche Verlagsbuchhandlung 1989, S. 70–71. [Übersetzung modifiziert – A. d. Ü.]

4 Vgl. Stéphane Mallarmé, *Œuvres complètes*, Bd. I, hg. v. B. Marcha, Paris: Gallimard 1998, S. 505.

5 Hans-Georg Gadamer, *Wahrheit und Methode. Grundzüge einer philosophischen Hermeneutik*, Tübingen: Mohr [6]1990, S. 387.

6 Ebd., S. 462.

Sprache und Geschichte

Sprachliche und geschichtliche Kategorien im Denken Benjamins

In den Notizen und Vorarbeiten zu den Thesen *Über den Begriff der Geschichte* findet man in verschiedenen Variationen den folgenden Passus:

> Die messianische Welt ist die Welt allseitiger und integraler Aktualität. Erst in ihr gibt es eine Universalgeschichte. Was sich heute so bezeichnet, kann immer nur eine Sorte von Esperanto sein. Es kann ihr nichts entsprechen, eh die Verwirrung, die vom Turmbau zu Babel herrührt, geschlichtet ist. Sie setzt die Sprache voraus, in die jeder Text einer lebenden oder toten ungeschmälert zu übersetzen ist. Oder besser, sie ist diese Sprache selbst. Aber nicht als geschriebene, sondern vielmehr als festlich begangene. Dieses Fest ist gereinigt von aller Feier und es kennt keine Festgesänge. Seine Sprache ist die Idee der Prosa selbst, die von allen Menschen verstanden wird wie die Sprache der Vögel von Sonntagskindern. (*GS* I.3, 1239)[1]

Die Annäherung, die diese Passage in ihrer messianischen Perspektive zwischen Sprache und Geschichte, zwischen sprachlichen und geschichtlichen Kategorien vornimmt, kann auf den ersten Blick verwundern. Die Geschichte der erlösten Menschheit, sagt Benjamin, ist die einzige Universalgeschichte: diese fällt jedoch in eins mit ihrer Sprache. Als Universalgeschichte setzt sie eine Universalsprache nicht nur voraus, sondern sie ist eigentlich diese Sprache, die der babylonischen Verwirrung ein Ende setzt. Die Sprache der erlösten Menschheit hat jedoch weniger die Gestalt einer geschriebenen als die einer festlich begangenen Sprache. Sie ist die Idee der Prosa, »die befreite Prosa«, so lesen wir in einer anderen Variante, »die die Fesseln der Schrift gesprengt hat« (*GS* I.3, 1235). Sie wird daher von allen Menschen verstanden, genauso wie die Sonntagskinder*, die einer christlichen Volkslegende zufolge über übernatürliche Kräfte verfügen, die Sprache der Vögel verstehen.

Auf den folgenden Seiten schlagen wir eine Lesart dieses Textes vor, in dem Benjamin einem seiner dringendsten Anliegen eine erhellende Form gegeben hat.

Die Annäherung zwischen geschichtlichen und sprachlichen Kategorien, um die es hier geht, war nicht immer so ungewöhnlich, wie sie uns heute erscheinen mag. Dem mittelalterlichen Denken war sie durchaus vertraut, und so liest man in den *Etymologiae* 1, 41 von Isidor von Sevilla eine vielleicht noch extremere Formulierung: »Für die Geschichte ist die Grammatik zuständig« (»haec disciplina [*scil.* historia] ad grammaticam pertinet«). In Augustinus' Werk, der maßgeblichen Quelle für das Diktum des Isidor, wird diese Zuständigkeit durch das notwendige Angewiesensein jeder geschichtlichen Überlieferung auf die Sphäre des »Buchstabens« erklärt. Nachdem er, in seinen Worten, »die Kindheit der Grammatik [*quaedam grammaticae infantia*]« von der Erfindung der alphabetischen Zeichen bis hin zur Bestimmung der Elemente der Rede zurückverfolgt hat, fährt Augustinus fort:

> Damit konnte die Grammatik eigentlich erschöpft sein, aber weil sie mit ihrem Namen ihre Beschäftigung mit den Buchstaben verkündet, weshalb sie im Lateinischen »litteratura« genannt wird, kam es, dass alles Erinnerungswürdige, was den Buchstaben anvertraut [*litteris mandaretur*] wurde, notwendig in ihre Zuständigkeit fiel. So wurde dieser Disziplin die Geschichte zu-

> geordnet, die dem Namen nach eine ist, der Materie nach aber unendlich, vielgestaltig, an Sorgen reicher als an Annehmlichkeit und Wahrheit, und für den Grammatiker eine weitaus beschwerlichere Angelegenheit als für den Geschichtsschreiber. (*De ordine*, 2, 12, 37)

Die Geschichte wird hier in dem uns vertrauten trüben Licht als »für den Grammatiker weitaus beschwerlichere Angelegenheit als für den Geschichtsschreiber« vorgeführt, und dies, weil Augustinus – die Natur der Sprache scharfsinnig durchdringend – zur Wissenschaft der Sprache nicht nur die Grammatik im engeren Sinne (also die synchrone Analyse ihrer Strukturen), sondern auch die »unendliche« Dimension der historischen Überlieferung (»litteris mandaretur«) zählt. Der Buchstabe, das *gramma*, ist für Augustinus also in erster Linie ein geschichtliches Element. Aber in welchem Sinne?

Augustinus' Auffassung hatte ihre Wurzeln in der stoischen Sprachreflexion, die z. B. noch in der großen Abhandlung des Varro über die lateinische Sprache zum Ausdruck kommt. Dessen Reflexion unterscheidet deutlich zwischen zwei Ebenen der Sprache: jene der Namen (oder der reinen Benennung, »impositio«, »quemadmodum vocabula rebus essent imposita«) und jene der Rede, die aus ersterer »wie ein Fluss aus der Quelle« hervorgeht (*De lingua latina*, 8, 1–6).

Da der Mensch die Namen, die ihm stets vorausgehen, nur durch Überlieferung empfangen kann, ist sein Zugang zu dieser grundlegenden Sphäre der Sprache durch die Geschichte vermittelt und bedingt. Der sprechende Mensch erfindet keine Namen, noch gehen sie aus ihm hervor wie eine tierische Stimme: Sie erreichen ihn *discendo*, sagt Varro, also durch die geschichtliche Überlieferung. Die Namen können nur gegeben und weitergegeben werden; die Rede dagegen ist Gegenstand einer *ars* und unterliegt einem technisch-rationalen Wissen. Es ist hier nicht wichtig, ob die Namen als göttliche Gabe oder als menschliche Erfindung verstanden werden: wichtig ist, dass sich ihr Ursprung dem Sprecher selbst entzieht.

Die Zerlegung der Ebene der Sprache in zwei hierarchisch distinkte Stufen ist eine so langlebige und wichtige Intuition, dass wir sie in einer vollkommen analogen Fassung noch im *Tractatus* von Wittgenstein wiederfinden können. Hier werden die Namen als Urzeichen* definiert, deren Bedeutung uns erst erklärt werden muss, damit wir sie verstehen (Satz 4.026). Mit den Sätzen dagegen, sagt Wittgenstein, verständigen wir uns, ohne weiterer Erläuterung zu bedürfen. (Man sollte über diesen Charakter des menschlichen Zugangs zur Sprache nachdenken, nach dem jeder Sprechakt stets die Ebene der Namen voraussetzt, die ihrerseits nur geschichtlich durch ein »so sagt man« betreten werden kann, das aber in Wirklichkeit ein »so sagte man« ist.)

Es ist dieser ursprüngliche geschichtliche Grund der Sprache, der sich jeder bloß technisch-rationalen Durchdringung widersetzt und den uns Dante in einer Passage des *Gastmahls* mit einem astronomischen Bild als den »Schatten« der Grammatik präsentiert. Dante vergleicht die Grammatik mit dem Mondhimmel, ob »des Schattens, der in ihm ist, der nichts anderes ist als die Porosität seines Körpers, wo die Strahlen der Sonne nicht so an ein Ende gelangen und abprallen können, wie in den anderen Teilen«. Von der Grammatik sagt Dante gleichermaßen: »denn wegen ihrer Unendlichkeit können die Strahlen der Vernunft in ihr an kein Ende gelangen, vor allem bezüglich der Vokabeln«[2].

Die Vernunft kann den Grund der Namen (»der Vokabeln«) nicht erreichen, sie kann sie nicht ergreifen, weil sie ihr, wie wir gesehen haben, geschichtlich zustoßen: *discendendo*. Dieses unendliche »Herabsteigen« [*discesa*] der Namen ist die Geschichte. Die Sprache nimmt den sprechenden Menschen hinsichtlich seines ursprünglichen Orts immer schon vorweg, übersteigt ihn unendlich in die Vergangenheit und zugleich in die Zukunft einer unendlichen Herkunft [*discendenza*], so dass das Denken in ihr kein Ende finden kann. Dies ist der unheilbare »Schatten« der Grammatik, die Finsternis, die der Sprache ursprünglich innewohnt und – in der notwendigen Übereinstimmung von Geschichte und Grammatik – die geschichtliche Verfasstheit des Menschen begründet. Die Geschichte ist die Chiffre dieses Schattens, der den Zugang des Menschen zur Ebene der Namen verschleiert: *Die Geschichte ist an Stelle der Namen*. Die Durchsichtigkeit der Sprache – die Grundlosigkeit jedes Sprechaktes – begründet gleichzeitig die Theologie und die Geschichte. Solange der Mensch in der Sprache keinen Grund findet, wird es eine Überlieferung der Namen geben; und solange es eine Überlieferung der Namen geben wird, werden Geschichte und Schicksal sein.

Die Übereinstimmung von Sprache und Geschichte, die in Benjamins Text zum Ausdruck kommt, ist vor diesem Hintergrund nun nicht mehr überraschend. Die geschichtliche Verfasstheit des Menschen ist von seiner Verfasstheit als sprachliches Wesen nicht zu trennen; sie ist in seine, durch eine ursprüngliche Spaltung gekennzeichnete Zugangsweise zur Sprache eingeschrieben. Wie aber versteht Benjamin diese Zusammengehörigkeit von Sprache und Geschichte, von sprachlichen und geschichtlichen Kategorien? In seiner Schrift *Die Bedeutung der Sprache in Trauerspiel und Tragödie* von 1916 bringt er sie in fulminanter Verdichtung zum Ausdruck: »Geschichte«, lesen wir da, »wird zugleich mit Bedeutung in der Menschensprache« (*GS* II.1, 139). In dieser Schrift ist die Entsprechung von Sprache und Geschichte jedoch nicht vollständig. Sie hängt vielmehr mit einem Bruch auf der Ebene der Sprache zusammen, dem Verfall des Wortes* von seinem »reine[n] Gefühlsleben«, in dem es der »reine Laut des

Gefühls« ist, in die Sphäre der Bedeutung*: »[M]itten auf diesem Wege [weg vom reinen Laut] sieht sich die Natur von der Sprache verraten und jene ungeheure Hemmung des Gefühls wird Trauer« (*GS* II.1, 138). Geschichte und Bedeutung bringen sich also gemeinsam hervor, treten aber erst nach einem gleichsam prähistorischen Stadium der Sprache in Erscheinung, in dem die Bedeutungsdimension noch fehlt und nur das reine Gefühlsleben des Wortes da ist.

Im Essay *Über Sprache überhaupt und über die Sprache des Menschen* (1916) wird die Zerlegung der Sprache in zwei Ebenen durch ein Mythologem anschaulich gemacht, das der Bibelexegese entstammt. Wie im mittelalterlichen Denken ist auch hier die ursprüngliche Ebene der Sprache die der Namen, wie sie in der Erzählung der *Genesis* anhand der adamitischen Benennung veranschaulicht wird. Was Benjamin in diesem Text als »reine Sprache«* oder »Namenssprache«* bezeichnet, entspricht jedoch in keiner Weise unserem gewöhnlichen Verständnis von Sprache, das, einer immer verbreiteteren Ansicht zufolge, das Wort als Kommunikationsmittel begreift, durch welches eine Botschaft von einem Subjekt zum anderen übertragen wird. Eine solche Sprachauffassung lehnt Benjamin ausdrücklich als »bürgerliche Auffassung der Sprache« ab, deren »Unhaltbarkeit und Leere« er eben beweisen möchte. Im Gegensatz dazu steht die reine Namenssprache als Beispiel für eine Sprachauffassung, die »keine Mittel, keinen Gegenstand und keine Adressaten der Mitteilung« kennt. Der Name als »das innerste Wesen der Sprache selbst, ist dasjenige, *durch* das sich nichts mehr, und *in* dem die Sprache selbst und absolut sich mitteilt. Im Namen ist das geistige Wesen, das sich mitteilt, *die* Sprache«. Daher definiert Benjamin den Namen als »Sprache der Sprache [...] (wenn der Genitiv nicht das Verhältnis des Mittels, sondern des Mediums bezeichnet)« (*GS* II.1, 144 f.).

Der Status der adamitischen Sprache ist daher der eines Wortes, das nur sich selbst mitteilt und in dem deswegen geistiges und sprachliches Wesen übereinstimmen. Eine solche Sprache hat in der Tat keinen Inhalt, sie teilt keine Gegenstände durch Bedeutungen mit, sondern ist sich selbst vollkommen durchsichtig: »Einen Inhalt der Sprache gibt es nicht; als Mitteilung teilt die Sprache ein geistiges Wesen, d.i. eine Mitteilbarkeit schlechthin mit.« (*GS* II.1, 145 f.) Daher kann es in der reinen Sprache jenes Problem des Unsagbaren (in Form des »Widerstreit[s] des Ausgesprochenen und Aussprechlichen mit dem Unaussprechlichen und Unausgesprochenen«) nicht geben, das die menschliche Sprache charakterisiert (*GS* II.1, 146). An dieser Stelle berührt sich die Sprachphilosophie mit der Religion und dem Begriff der Offenbarung, der kein Unaussprechliches kennt.

Der Sündenfall, der den Menschen aus dem Paradies vertreibt, ist zunächst der Fall der Sprache von dieser bedeutungslosen und vollkommen transparenten Namenssprache hin zum bedeutsamen Wort als Mittel zur äußerlichen Kommunikation:

> Das Wort soll *etwas* mitteilen (außer sich selbst). Das ist wirklich der Sündenfall des Sprachgeistes. […] Indem der Mensch aus der reinen Sprache des Namens heraustritt, macht er die Sprache zum Mittel (nämlich einer ihm unangemessenen Erkenntnis), damit auch an einem Teile jedenfalls zum *bloßen* Zeichen; und das hat später die Mehrheit der Sprachen zur Folge. (*GS* II.1, 153)

Es ist dieser verfallene Zustand der Sprache, der in der babylonischen Sprachverwirrung sanktioniert wird und den der Essay von 1921 über *Die Aufgabe des Übersetzers* uns aus der Perspektive ihrer messianischen Erlösung präsentiert. Hier wird die Vielheit der geschichtlichen Sprachen in ihrem Streben nach jener reinen Sprache erfasst, die der Aufsatz *Über die Sprache überhaupt* als deren paradiesischen Ursprung darstellte und die nun als das einzig Gemeinte verstanden wird, das jede Sprache, auf ihre Weise, sagen will:

> Vielmehr beruht alle überhistorische Verwandtschaft der Sprachen darin, daß in ihrer jeder als ganzer jeweils eines und zwar dasselbe gemeint ist, das dennoch keiner einzelnen von ihnen, sondern nur der Allheit ihrer einander ergänzenden Intentionen erreichbar ist: die reine Sprache. (*GS* IV.1, 13)

Dieses einzig Gemeinte wartet in den einzelnen Sprachen darauf, aus der Harmonie aller Sprachen ans Licht zu kommen in das, was Benjamin als das »messianische Ende ihrer Geschichte« bezeichnet. Wie die Geschichte zu ihrer messianischen Vollendung strebt, so tendiert die sprachliche Bewegung in ihrer Ganzheit »auf ein letztes, endgültiges und entscheidendes Stadium aller Sprachfügung«. Die Aufgabe des Philosophen wie des Übersetzers ist in der Tat die »Beschreibung« und »Ahnung« (*GS* IV.1, 14) dieser einzigen wahren Sprache, die im Werden der Sprachen »sich darzustellen« und »herzustellen« versucht. Am Ende des Essays wird diese reine Sprache in der entscheidenden Gestalt eines »ausdruckslose[n] Wortes« beschrieben, das sich von der Schwere und der Fremdheit des Sinnes befreit hat:

> Von diesem [Sinn] sie zu entbinden, das Symbolisierende zum Symbolisierten selbst zu machen, die reine Sprache gestaltet der Sprachbewegung zurückzugewinnen, ist das gewaltige und einzige Vermögen der Übersetzung. In dieser reinen Sprache, die nichts mehr meint* und nichts mehr ausdrückt*, sondern als ausdrucksloses und schöpferisches Wort das in allen Sprachen Gemeinte ist, trifft endlich alle Mitteilung, aller Sinn und alle Intention auf eine Schicht, in der sie zu erlöschen bestimmt sind. (*GS* IV.1, 19)

Wie sollen wir dieses »ausdruckslose Wort« verstehen, diese reine Sprache, in der jede Kommunikation und jeder Sinn erlöschen? Wie können wir – denn das und nichts weniger als das ist die Aufgabe, die sich dem Denken nun eröffnet – ein Wort, das nicht mehr meint, das nicht mehr zur geschichtlichen Überlieferung eines Sinns bestimmt ist [*si destina*], denken? Und in welchem Sinn könnte uns dieses Wort – das die babylonische Verwirrung notgedrungen ausgeschaltet hätte – das Modell für jene Universalsprache der erlösten Menschheit bieten, »die von allen Menschen verstanden wird wie die Sprache der Vögel von Sonntagskindern«? Wie vermag also der Mensch rein zu sprechen, das Wort ohne die Vermittlung des Sinns zu verstehen?

Alle geschichtlichen Sprachen, schreibt Benjamin, wollen die reine Sprache aussprechen. Sie ist das Gemeinte*, das in jeder Sprache ausgesprochen werden will; andererseits will die reine Sprache nichts mehr meinen, in ihr hören jeder Sinn und jede Intention auf. Wir könnten also sagen, dass *alle Sprachen das Wort meinen, das nicht meint*.

Versuchen wir, das Paradox dieser Formulierung zu Ende zu denken. Benjamin schreibt, dass in jeder Sprache »als ganzer jeweils eines und zwar dasselbe gemeint ist, das dennoch keiner einzelnen von ihnen, sondern nur der Allheit ihrer einander ergänzenden Intentionen erreichbar ist« (*GS* IV.1, 13). Was in jeder Sprache unaussprechbar und ungesagt bleibt, ist also gerade das, was sie meint und sagen will: die reine Sprache, das ausdruckslose Wort. Und es ist dieses Ungesagtbleiben des Gemeinten, das die sinnhafte Gespanntheit der Sprachen in ihrem geschichtlichen Werden trägt und gründet. Die Ebene der Namenssprache – deren Unterschiedenheit von der Rede, so haben wir gesehen, das Zusammenfallen von Geschichte und Sprache eröffnet – ist das Gemeinte, das sich die Sprachen überliefern, ohne es als solches in Worte fassen zu können: es ist also das (so können wir jetzt den biblischen Mythos vom Verlust der paradiesischen Sprache interpretieren), was die vielen Sprachen zu ihrer geschichtlichen Bewegung bestimmt [*destina*]. Sie bedeuten, haben Sinn, weil sie meinen; aber das, was sie meinen – die reine Sprache – bleibt in ihnen unausgesprochen.

So dialektisch ist das Verhältnis zwischen den vielen geschichtlichen Sprachen und ihrem einzig Gemeinten: um es zu sagen, müssten sie aufhören, es zu meinen, es als Bedeutung zu überliefern. Das ist aber genau das, was sie nicht tun können, ohne sich selbst abzuschaffen, weil dies nur durch die Totalität der sprachlichen Intentionen, d.i. ihre messianische Vollendung, vollbracht werden kann. Daher schreibt Benjamin: »Eine andere als zeitliche und vorläufige Lösung dieser Fremdheit, eine augenblickliche und endgültige, bleibt den Menschen versagt oder ist jedenfalls nicht unmittelbar anzustreben« (*GS* IV.1, 14). Das heißt nicht, dass wir uns vor einer unendlichen Dialektik befinden. Mittelbar – wie Benjamin über die Religion, die »in den Sprachen den verhüllten Samen einer höhern reift« (*GS* IV.1, 14), schreibt – ist diese Aufgabe möglich und wirklich. Die universelle und ausdruckslose Sprache »stellt sich dar« und »stellt sich her« im geschichtlichen Werden der Sprachen. Ihre Darstellung löscht aber endgültig jede sprachiche Intention und eliminiert das Unsagbare, das sie zur geschichtlichen Überlieferung und Bedeutung bestimmte [*destinava*]. Da die reine Sprache die einzige ist, die nichts sagen will, aber sagt, ist sie auch die einzige, in der sich jene »kristallen reine Elimination des Unsagbaren in der Sprache« vollzieht, die Benjamin in einen Brief an Buber vom Juli 1916 evoziert.[3] Sie ist wirklich »die Sprache der Sprache«, die die Intention aller Sprachen rettet und in deren Durchsichtigkeit die Sprache endlich sich selbst sagt.

Da wir jetzt die grundlegenden physiognomischen Merkmale der reinen Sprache ermittelt haben, wie paradox sie uns auch erscheinen mögen, müssen wir uns im Zusammenhang mit der Passage, von der wir ausgegangen sind, fragen, wie wir uns ihre Wirklichkeit als Universalsprache der messianischen Menschheit vorstellen können.

Versuchen wir uns zunächst diese Sprache auf jene Weise, die Benjamin explizit ausschließt, vorzustellen: wie ein Esperanto. Die Tatsache, dass auch dem Esperanto eine messianische Intention zugrunde lag und sich sogar in dessen Namen kundtat, war Benjamin sicherlich nicht entgangen (der in einer der Notizen zu den Thesen *Über den Begriff der Geschichte* schreibt: »Universalgeschichte im heutigen Sinn ist immer nur eine Sorte von Esperanto. Sie gibt der Hoffnung des Menschengeschlechts eben so gut Ausdruck, wie der Name jener Universalsprache es tut.« – *GS* I.3, 1235) Der Ausdruck »Esperanto« bedeutet nämlich »jener, der hofft« und ist das Pseudonym, unter dem der jüdisch-polnische Arzt Ludwik Zamenhof im Jahr 1887 sein *Lingvo internacia* veröffentlichte, in dem er die Grundlagen einer Universalsprache, mit der der Autor die Hoffnung eines ewigen Einvernehmens der Völker verband, darstellte. Dass er seine Sprache in eine messianische Perspektive stellte (und sie daher, um Benjamins Worte zu verwenden, als eine Sprache verstand, »in die jeder Text einer lebenden oder toten [Sprache] ungeschmälert zu übersetzen ist« – *GS* I.3, 1239), beweist seine beharrliche Übersetzerarbeit, die in einer 1926 posthum in London erschienen Esperanto-Version des Alten Testaments gipfelt (welche in denselben Jahren entsteht, in denen Rosenzweig mit Buber an seiner deutschen Bibelübersetzung arbeitet).

Wie ist das Esperanto aufgebaut? Es basiert auf 4413 Wurzeln, die von den indoeuropäischen Sprachen (zum Großteil von den romanischen) abgeleitet sind. Mit dem Suffix *-o* bilden sie die Substantive, mit dem Suffix *-a* die Adjektive, mit dem Suffix *-i* den Infinitiv des Verbs. So wird aus *skrib*, womit das Schreiben angezeigt wird, *skribo* (der Schreiber), *skriba* (schriftlich) und *skribi* (schreiben). Esperanto besteht mithin einfach in der Regelung und äußersten grammatischen Vereinfachung der Struktur der geschichtlichen Sprachen, welche die grundlegende Auffassung von Sprache als eines Systems von Bedeutung transportierenden Zeichen unangetastet lässt. Zwar wird der Vielheit der Sprachen damit ein Ende gesetzt, aber nicht im Namen ihrer messianischen Vollendung und ihrer Transfiguration, sondern im Sinne einer un-endlichen Konservierung der Bedeutung und des Sagen-wollens. Man muss nur einen Augenblick nachdenken, um zu merken, dass hiermit gerade die von Benjamin anvisierte messianische Vollendung der Sprachen ausgeschlossen wird: Das Esperanto ist ein unendliches Sagen-wollen, das niemals zur Vollendung kommen kann. Eine Auffassung der Universalgeschichte, die das Esperanto zum Modell nimmt, könnte nichts anderes als eine summarische Organisation der wesentlichen Elemente aller partikularen Geschichten bedeuten. Aber diese kumulative Geschichte wäre nicht die Welt einer von jeder Schrift befreiten vollständigen Aktualität, sondern eine Schrift, die der unendlichen Überlieferung ausgeliefert ist.

Eine weitere Interpretation, vor der Benjamin ausdrücklich warnt, ist die, welche die Universalsprache (oder Universalgeschichte) als ein »Ideal« im Sinne einer unendlichen Aufgabe, von der das historische Werden gänzlich durchzogen ist, versteht. Das ausdruckslose Wort wäre in diesem Sinne eine unendliche und als solche auch unerfüllbare Aufgabe, auf die hin sich die geschichtliche Erfahrung des sprechenden Menschen zubewegt. Eine solche Haltung gegenüber der Sprache und der geschichtlichen Überlieferung (die nur fälschlicherweise als religiös bezeichnet werden kann) wird heute von einer philosophischen Richtung vertreten, die, aus einer Interpretation des Denkens

Heideggers hervorgegangen, durch Vermählung mit der angelsächsischen analytischen Tradition eine beachtliche Stellung in der zeitgenössischen akademischen *koinē* erlangt hat.

Gemäß dieser Auffassung lässt »[e]in jedes Wort [...], als das Geschehen seines Augenblicks, das Ungesagte mit da sein, auf das es sich antwortend und winkend bezieht [...]. Alles menschliche Sprechen ist in dieser Weise endlich, daß eine Unendlichkeit des auszufaltenden und auszulegenden Sinnes in ihm angelegt ist.«[4] Diese Unendlichkeit des Sinns ist es, auf die jedes Vernehmen des Wortes achten muss: Eine authentische Auslegung ist hier jene, welche die unendliche geschichtliche Gemeinschaft der Botschaften offenhält und jedes geschichtlich Gesagte in jenes Ungesagte zurückstellt, das ihn zur unendlichen Auslegung bestimmt [*destina*]. Ein Interpret, der die Unendlichkeit der geschichtlichen Überlieferung nicht bewahren möchte, wäre dieser Perspektive gemäß und in den Worten Gadamers »wie der Hund, dem man etwas zu zeigen sucht und der unfehlbar nach der zeigenden Hand schnappt, statt in die Richtung zu sehen, in die ihm gedeutet wird.«[5] Benjamin hat vor einer solchen Perspektive ausdrücklich gewarnt, wenn er durch ein und dieselbe Kritik die sozialdemokratische Transformation der Marx'schen Idee einer klassenlosen Gesellschaft (die für ihn eine genuin messianische Idee war) in eine unendliche Aufgabe und die analoge Transformation der Kant'schen Idee zu einem Ideal durch den Neukantianismus auf eine Ebene stellt. Wie die klassenlose Gesellschaft dort dasjenige ist, was alles geschichtliche Werden begründet und leitet, ohne jemals durch Erfahrung eingeholt zu werden, so wird die ideale Sprache – in der Perspektive der Hermeneutik – der unsagbare Grund, der die unendliche sprachliche Bewegung bestimmt [*destina*], ohne in dieser jemals zu Wort zu kommen. »Die klassenlose Gesellschaft«, schreibt dagegen Benjamin, »ist nicht das Endziel des Fortschritts in der Geschichte, sondern dessen so oft missglückte, endlich bewerkstelligte Unterbrechung.« (*GS* I.3, 1231)

Die wahre Hermeneutik eines Textes ist für Benjamin das genaue Gegenteil dessen, was die gegenwärtige Hermeneutik vorschlägt: Wenn der Interpret auf das Ungesagte und auf die Unendlichkeit des Sinns schaut, dann nicht, um sie zu bewahren, sondern um sie zu vollenden, um sie enden zu lassen. Wie der Hund in Gadamers Beispiel schnappt er unbelehrbar nach der Hand des geschichtlichen Augenblicks, auf dass dieser aufhöre, sich in einer unendlichen Verweisung zu deuten. Die authentische Kritik ist die Vollendung und die Mortifikation des Werkes: Indem sie darin die Idee herausstellt, reduziert sie diese zu einem Torso, »blendet« sie, *sagt* sie.

Der mystische Grund, auf dem diese Sprach- und Geschichtsauffassung beruht, wird in einer anderen Theorie offengelegt, die ebenfalls Anspruch darauf erheben könnte, eine legitime Interpretation von Benjamins Denken zu sein. Wir spielen auf jene antike kabbalistische Sprachtheorie an, die in unserer Zeit maßgeblich im Werk Scholems zu finden ist. Dieser Theorie zufolge ist die Grundlage jeder menschlichen Sprache der Name Gottes. Dieser Name hat aber weder einen eigentlichen Sinn, noch kann er ausgesprochen werden: Er besteht nämlich einfach nur aus den zweiundzwanzig Buchstaben des Alphabets, aus deren Kombination alle Sprachen der Menschen hervorgehen.

> Dieser Name hat für die Kabbalisten keinen »Sinn« im gewöhnlichen Verstande, keine konkrete Bedeutung. Das Bedeutungslose des Namens Gottes weist auf seine Stellung im Zentrum der Offenbarung hin, der er zugrunde liegt. Hinter aller Offenbarung eines Sinnes in der Sprache [...] steht dies über den Sinn hinausragende, ihn erst ermöglichende Element, das ohne Sinn zu haben allem anderen Sinn verleiht. Was aus Schöpfung und

> Offenbarung zu uns spricht, das Wort Gottes, ist unendlich deutbar und reflektiert sich in unserer Sprache. Seine Strahlen oder Laute, die wir auffangen, sind nicht sosehr Mitteilungen als Anrufe. Was Bedeutung hat, Sinn und Form, ist nicht dies Wort selber, sondern die *Tradition* von diesem Worte, seine Vermittlung und Reflexion in der Zeit.[6]

Mit dieser mystischen Konzeption des Verhältnisses zwischen dem »buchstäblichen« Namen Gottes und der menschlichen Sprache betreten wir einen Denkhorizont, der Benjamin sicherlich vertraut war und heute in jener Theorie vom Primat des Buchstabens oder des *gramma* (als ursprünglich negativer Grund der Sprache) säkularisiert wurde, die beginnend mit Derrida unzählige Fassungen innerhalb des zeitgenössischen französischen Denkens gefunden hat. Aber auch hier schließt Benjamins Diktum die Möglichkeit einer solchen Deutung aus. Während der mystische und un-bedeutende Charakter des göttlichen Namens für die Kabbala wie auch für seine grammatologische Ausdeutung damit zusammenhängt, dass dieser aus bloßen Buchstaben besteht, behauptet Benjamin ausdrücklich, dass die Sprache der erlösten Menschheit die »Fesseln der Schrift gesprengt hat« und keine »geschriebene, sondern [eine] festlich begangene« ist (*GS* I.3, 1238). Dem kabbalistischen Schreiben dessen, was niemals gesagt worden ist, entgegnet Benjamin an dieser Stelle mit der Wendung: »was nie geschrieben wurde, lesen« (ebd.). Wenn die Buchstaben, aus denen der unaussprechliche Name Gottes besteht, die menschliche Sprache zur geschichtlichen Überlieferung und unendlichen Auslegung bestimmen [*destina*], können wir (einer Absicht entsprechend, die Benjamin einmal zum Ausdruck brachte, als er sein Verhältnis zur Theologie mit dem zwischen Löschblatt und Tinte verglich: »Es ist ganz von ihr vollgesogen. Ginge es aber nach dem Löschblatt, so würde nichts, was geschrieben ist, übrig bleiben«, (*GS* V.1, 588) sagen, dass die Universalsprache eher die endgültige Tilgung und Auflösung der menschlichen Sprache darstellt – sie ist der Name Gottes endgültig und absolut in Worte gefasst.

Mit dem Ausschluss dieser drei Deutungshypothesen haben wir, wenn auch nur negativ, einige weitere physiognomische Züge der reinen Sprache umrissen, aber ihre Gestalt sicherlich noch nicht vollends erfasst. Dass hierbei für Benjamin so etwas wie das höchste Problem des Denkens auf dem Spiel stand, beweist die Tatsache, dass er in der »Erkenntniskritischen Vorrede« seines Buches zum *Ursprung des deutschen Trauerspiels* die reine Sprache der adamitischen Namen eng mit der platonischen Ideenlehre verbindet:

> Die Idee ist ein Sprachliches, und zwar im Wesen des Wortes jeweils dasjenige Moment, in welchem es Symbol ist. Im empirischen Vernehmen, in welchem die Worte sich zersetzt haben, eignet nun neben ihrer mehr oder weniger verborgenen symbolischen Seite ihnen eine offenkundige profane Bedeutung. Sache des Philosophen ist es, den symbolischen Charakter des Wortes, in welchem die Idee zur Selbstverständigung kommt, die das Gegenteil aller nach außen gerichteten Mitteilung ist, durch Darstellung in seinen Primat wieder einzusetzen. [...] [I]n der philosophischen Kontemplation [löst] aus dem Innersten der Wirklichkeit die Idee als das Wort sich los, das von neuem seine benennenden Rechte beansprucht. (*GS* I.1, 216 f.)

Und es ist gerade ihr reines benennendes Recht, das »mit der mitteilenden Bedeutung der Worte noch nicht zu ringen hatte«, was in den unmittelbar darauffolgenden Zeilen Adam, neben Platon, zum wahren Vater der Philosophie erhebt.

Die Verfasstheit der Namen zu verstehen wird an dieser Stelle genauso wesentlich, aber auch genauso aporetisch, wie das Verstehen der Verfasstheit der Ideen im platonischen *Parmenides* (jener Ideen, von denen Platon behauptet, dass sie aus einer Untersuchung im Bereich der *logoi*, der Rede geboren wurden). Existieren die Namen wie die Ideen im Hinblick auf die Phänomene als an sich seiende Wirklichkeit getrennt (*chōris*) von den existierenden Worten? Gibt es eine Trennung (*chōrismos*) zwischen den einen und den anderen? Oder besteht nicht vielleicht – wie für das Verhältnis von Ideen und Phänomenen – die höchste Aufgabe des Denkens darin, das Verhältnis (nicht den *chōrismos*, die Trennung, sondern die *chōra*, die Region) zwischen der Sprache der Namen und der menschlicher Sprache zu denken? Denn, noch einmal, es hängt gerade von der Fähigkeit, dieses Verhältnis zu denken, ab, ob die Namenssprache und die Universalsprache als ein unerreichbarer Ursprung und eine unendliche Aufgabe aufzufassen sind, oder aber ob gerade in der faktischen Hervorbringung dieses Verhältnisses, dieser Region, die Aufgabe des Philosophen wie des Übersetzers, des Historikers wie des Kritikers und in letzter Konsequenz die ethische Verpflichtung jedes sprechenden Menschen besteht.

In der »Erkenntniskritischen Vorrede« fällt die Darstellung der Idee in den Phänomenen in der Tat mit der Rettung der Phänomene in der Idee zusammen, sie durchdringen sich in einer einzigen Bewegung: Die »Darstellung« der Phänomene ist »zugleich die der Ideen und darin erst [ist] ihr Einzelnes gerettet« (*GS* I.1, 225). Diese Einheit impliziert jedoch eine Dialektik, in der sich Ursprung und Ende identifizieren und transformieren. Mit Ursprung ist hier nicht Entstehung*, sondern vielmehr so etwas wie ein Urphänomen* in Goethes Sinn gemeint, ein »Ursprungsphänomen«, in dem »sich die Gestalt [bestimmt], unter welcher immer wieder eine Idee mit der geschichtlichen Welt sich auseinandersetzt, bis sie in der Totalität ihrer Geschichte vollendet daliegt.« (*GS* I.1, 226) Dementsprechend ist das Ende nicht einfach bloßes Aufhören, sondern vor allem Totalität (»Denn der Seinsbegriff der philosophischen Wissenschaft«, schreibt Benjamin, »ersättigt sich nicht am Phänomen, sondern erst an der Aufzehrung seiner Geschichte.« – *GS* I.1, 228). In der Idee vollendet sich das Phänomen, »wird was es nicht war: Totalität« (*GS* I.1, 227). Daher betrifft die Macht der Idee nicht die Sphäre der Fakten, sondern deren »Vor- und Nachgeschichte« (*GS* I.1, 277), deren Ursprung und deren vollendete Totalität.

Als Ursprung ist die Namenssprache daher kein anfänglicher chronologischer Punkt, so wie das messianische Ende der Sprachen, die Universalsprache der erlösten Menschheit, kein einfaches chronologisches Aufhören ist. Zusammen bilden sie die zwei Gesichter einer einzigen *Idee der Sprache*, die der Essay von 1916 *Über Sprache überhaupt und über die Sprache des Menschen* und der von 1921 über *Die Aufgabe des Übersetzers* getrennt dargestellt haben.

Wenn wir an dieser Stelle zu unserem Ausgangstext zurückkehren, verstehen wir endlich, in welchem Sinn Benjamin schreibt, dass die Universalsprache der erlösten Menschheit, die mit der Geschichte zusammenfällt, »die Idee der Prosa selbst [ist], die von allen Menschen verstanden wird wie die Sprache der Vögel von Sonntagskindern«. Die Universalsprache, um die es hier geht, ist für Benjamin – ein Gedanke, dessen Kühnheit und zugleich Kohärenz wir erst ermessen müssen – nichts anderes als die Idee der Sprache, also kein Ideal, sondern ebenjene *platonische Idee* der Sprache, die alle Sprachen in sich rettet und vollendet und die ein rätselhaftes aristotelisches Fragment als »ein Mittleres zwischen Prosa und Poesie« beschreibt. Für Benjamin fällt sie mit der Idee der Prosa zusammen – entsprechend der Auffassung von einem prosaischen Kern jeder Sprache, die er bereits in der Dissertation über den romantischen Begriff der Kritik formuliert hatte.

Während er am Erzähleraufsatz arbeitete, war Benjamin von einer Bemerkung Valérys in einem Artikel der *Encyclopédie Française* derart beeindruckt, dass er sie auf einen unveröffentlichten Zettel notiert hatte. Sie lautet:

> Das Wesen der Prosa ist es, unterzugehen, das heißt erfasst, das heißt aufgelöst, unwiederbringlich zerstört, vollständig vom Impuls oder vom Bild ersetzt zu werden.

Sofern es die perfekte Selbsttransparenz erreicht hat, sofern es nunmehr nur sich selbst sagt und meint, verflüchtigt sich das an die Idee zurückgegebene Wort unverzüglich, ist »reine Geschichte«, aber eine Geschichte ohne Grammatik und Überlieferung, die weder Vergangenheit noch Wiederholung kennt, sondern in ihrem Vergehen ruht. Sie ist das, was in jeder geschichtlichen Sprache kontinuierlich gesagt wird und was sich kontinuierlich in ihr ereignet, und zwar nicht als unsagbare Voraussetzung, sondern als das, was, sich selbst verzehrend, das Leben der Sprache nährt. Sie ist wirklich wie jene »ewige Lampe«, die Benjamin in einem Fragment aus derselben Zeit, in der er an den Geschichtsthesen arbeitete, als ein Bild von »echter historischer Existenz« beschreibt, als »die Flamme die am jüngsten Tag entzündet wird und ihre Nahrung an allem findet, was sich jemals unter Menschen begeben hat« (*GS* I.3, 1239). Die Idee der Sprache ist die Sprache, die keine Sprache mehr voraussetzt und die, da sie in sich jede Voraus-setzung und jeden Namen verbrannt hat, wirklich nichts mehr zu sagen hat, sondern einfach spricht.

In dieser perfekten Durchsichtigkeit der Sprache, in der jede Unterscheidung zwischen der Ebene der Namen und der der bedeutungsvollen Worte, zwischen dem Sagenwollen und dem Gesagten verschwunden ist, scheinen die Sprachen – und mit ihnen die menschliche Kultur – wirklich an ihr messianisches Ende gelangt zu sein. Was hier aber endet, ist nur eine bestimmte Auffassung der Sprache und eine bestimmte Auffassung von Kultur: Jene, an die wir uns gewöhnt haben, welche jedes Werden und jede historische Überlieferung auf die unheilbare Spaltung zwischen der mitzuteilenden Sache und dem Akt der Mitteilung, zwischen Namen und Worten gründeten, und die, um diesen Preis, die Unendlichkeit und Kontinuität des historischen (und sprachlichen) Prozesses garantierten.

Gegen diese Auffassung hat sich Benjamin gewendet, wenn er schreibt, dass die Vergangenheit nicht so sehr vor dem Vergessen oder vor der Missachtung gerettet werden muss, als vielmehr »vor einer bestimmten Art der Überlieferung«, und dass »[d]ie Art, in der es als ›Erbe‹ gewürdigt wird, […] unheilvoller [ist] als seine Verschollenheit es sein könnte« (*GS* I.3, 1242). An anderer Stelle schreibt er, dass die Kulturgeschichte »die Last der Schätze [vermehrt], die sich auf dem Rücken der Menschheit häufen. Aber sie gibt ihr die Kraft nicht, diese abzuschütteln, um sie dergestalt in die Hand zu bekommen.« (*GS* II.2, 478)

Stattdessen hat die Menschheit hier ihre »Schätze« wirklich in die Hand genommen: ihre Sprache und ihre Geschichte, ihre Geschichts-Sprache, könnten wir sagen. Die Spaltung auf der Ebene der Sprache, die das unentwirrbare Geflecht von Sprache und Geschichte verursachte, und zugleich jene asymptotische Unmöglichkeit ihres Zusammenfallens garantierte, schwindet nun und weicht der perfekten Identität von Sprache und Geschichte, Praxis und Wort.

Deshalb kennt die Universalgeschichte keine zu übermittelnde Vergangenheit mehr, sondern ist die Welt einer »integralen Aktualität«.

In ihr verschwindet die Sprache als autonome Kategorie; es ist unmöglich, sich irgendein fest umrissenes Bild von ihr zu machen oder sie in irgendeiner Schrift einzusperren: Die Menschen schreiben nicht mehr ihre Sprache, sondern begehen sie wie ein Fest ohne Rituale und verstehen sich untereinander, wie die Sonntagskinder die Sprache der Vögel verstehen.

Eine menschliche Gemeinschaft und eine menschliche Sprache zu denken, die nicht mehr auf einen unsagbaren Grund verweisen, die nicht zu einer unendlichen Überlieferung bestimmt [*destinati*] sind und in der sich die Worte nicht mehr von jeder anderen menschlichen Praxis unterscheiden, ist sicherlich eine schwierige Aufgabe. Aber das ist es, und nichts weniger als das, was ein Denken denken muss, das seinem eigenen Problem gewachsen sein möchte. Vielleicht ist das, wovor wir hier stehen, etwas so Einfaches, dass uns der Mut fehlt, es zu denken – jener Mut, sagt Wittgenstein, der sich allein im Denken auszahlen kann. Jener Mut, der Hegel am Ende der *Wissenschaft der Logik* dazu verleitet, die absolute Idee als »das ursprüngliche Wort [...], das eine Äußerung ist, aber eine solche, die als Äußeres unmittelbar wieder verschwunden ist, indem sie ist«, zu beschreiben.[7]

Ebenjener Mut, der sich in der Prosa einer Erzählung eines großen italienischen Schriftstellers des 20. Jahrhunderts findet: Antonio Delfini. In dieser Erzählung stellt uns Delfini, nach einer Formel, die so alt wie die Ursprünge der italienischen und romanischen Dichtung von Dante bis zu den Troubadours ist, eine Frau vor, die Objekt der Liebe und zugleich auch eine Sprache ist. Diese Sprache ist aber eine unbekannte, vollkommen fremde Sprache, die es nirgendwo gibt: die baskische Sprache. *Erinnerung an die Baskin* ist der Titel dieser Erzählung, das heißt – wenn unsere Lektüre zutrifft – Erinnerung an eine unbekannte und dennoch über jede Liebe hinaus geliebte Sprache.

Wenn wir etwas über die Erinnerung an dieser Sprache sagen wollten, schreibt Delfini, »könnten wir doch nichts sagen, was etwas zu besagen hätte«.[8] Wir müssten also reden, ohne etwas zu sagen zu haben, denn diese Erinnerung ist eher das Ende jeder Erinnerung. So schreibt Delfini:

> Wir sollten uns nie aneinander erinnern, wenn wir eines Tages wirklich mit diesem Schluchzen aufhören und endlich losrennen und zusammen sind, als wäre dies die natürlichste Sache der Welt. Wenn ich in diesen Monaten allein war, waren alle meine Gebete ein einziges Flehen: Herrgott, lass den Tag kommen, an dem ich mich nicht mehr an Isabella erinnern werde. Ich möchte sie so nahe bei mir haben, dass jegliche, selbst eine erzwungene Erinnerung mir nicht einmal ein Bild von ihr geben könnte.[9]

In diesem Ende der Erinnerung, in dieser unerhörten Nähe zwischen dem Menschen und seiner Sprache, in der es keinerlei Platz mehr für Bilder, Buchstaben oder Grammatik gibt, müssen wir vielleicht die wahre Figur der Universalsprache der Menschheit sehen. Und diese Sprache, diese Nähe ist, schreibt Delfini, »die natürlichste Sache der Welt«.

Anmerkungen

1 Alle Benjamin-Zitate aus: Walter Benjamin, *Gesammelte Schriften*, hg. v. R. Tiedemann und H. Schweppenhäuser, Bd. I–V, Frankfurt am Main: Suhrkamp 1972–1982. (Nach der Sigle *GS* zeigt die erste Zahl den Band, die zweite den Teilband, die dritte die Seitenzahl an.)

2 Dante Alighieri, *Das Gastmahl*, Zweites Buch, xiii, 8–10, übers. v. T. Ricklin, Hamburg: Meiner 1996, S. 73 [= *Philosophische Werke* 4/II]. Übersetzung leicht modifiziert – A. d. Ü.

3 Walter Benjamin, *Gesammelte Briefe*, Bd. 1 (1910–1918), hg. v. C. Gödde u. H. Lonitz, Frankfurt am Main: Suhrkamp 1995, S. 326.

4 Hans-Georg Gadamer, *Wahrheit und Methode. Grundzüge einer philosophischen Hermeneutik*, Bd. 1, Tübingen: Mohr 1960, S. 523 f.

5 Hans-Georg Gadamer, »Dichten und Deuten«, in: Ders., *Ästhetik und Hermeneutik I, Kunst als Aussage*, Tübingen: Mohr 1993, S. 23 [= *Gesammelte Werke* 8].

6 Gershom Scholem, »Der Name Gottes und die Sprachtheorie der Kabbala«, in: Ders., *Judaica III. Studien zur jüdischen Mystik*, Frankfurt am Main: Suhrkamp 1973, S. 69.

7 G.W. F. Hegel, *Wissenschaft der Logik* II, 3. Abschnitt, 3. Kapitel, Frankfurt am Main: Suhrkamp 1986, S. 550 [= *Werke* 6].

8 Antonio Delfini, »Die Baskin«, in: Ders., *Die letzten Tage der Jugend*, übers. v. M. Schneider, Frankfurt am Main: Frankfurter Verlagsanstalt 1987, S. 128. Übersetzung leicht modifiziert – A. d. Ü.

9 Ebd., S. 126 f.

Philosophie und Linguistik

Jean-Claude Milner: *Introduction à une science du langage*

1.

Ein Werk der Linguistik philosophisch zu besprechen stellt uns zunächst vor ein Legitimitätsproblem. In der Geschichte des Verhältnisses zwischen Philosophie und Sprachwissenschaft (wenn wir diesen Ausdruck im weiteren Sinn verwenden, in dem es auch die antike *technē grammatikē* und die mittelalterliche *grammatica* umfasst) gab es so viel Austausch, Überkreuzungen und Unfälle, dass solche Skrupel zugleich begründet sind und jeglichen Sinns entbehren. Nicht nur schreibt die antike Tradition einstimmig Platon und Aristoteles den Ursprung der Grammatik zu, sondern die Verflechtung der logischen und der grammatischen Kategorien erscheint von Anfang an derart eng, dass sie nicht ohne weiteres aufzulösen ist. Die Stoiker, die der Erforschung der Sprache einen entscheidenden Impuls gaben, erhoben daher die *phōnē* (im grammatischen Sinne von *phōnē enarthros*, von artikulierten Lauten) zur *archē* der Dialektik. Schon in den *Kategorien* von Aristoteles ist es allerdings unmöglich, den Begriff von *legomena kata mēdemian symplokēn* zu verstehen, ohne das genuin grammatische Konzept eines Teils der Rede (*meros tou logou*) mit zu implizieren. Überdies ist in derselben Abhandlung die Bestimmung des reinen Seins (*prōtē ousia*) untrennbar von der Bedeutungsdimension des deiktischen Pronomens und des Eigennamens und entspricht einem Parallelismus, der die ganze Geschichte der Ontologie prägt. (Man denke nur an die Wichtigkeit von Pronomen und Eigennamen sowie generell der grammatischen Kategorien für die Behandlung des Problems des Seins in der mittelalterlichen Theologie oder auch an die Unmöglichkeit, in einem scholastischen Traktat *de modis significandis* zwischen Logik und Grammatik zu unterscheiden).

Das Projekt einer »Befreiung der Grammatik von der Logik«, das Heidegger in einer entscheidenden Passage von *Sein und Zeit*[1] artikuliert, ist in dieser Hinsicht nicht leicht umzusetzen. Es müsste sich zugleich um eine Befreiung der Sprache von der Grammatik handeln (ein Projekt, das mehr oder weniger bewusst in verschiedener Weise in der Geschichte des abendländischen Denkens angerissen wurde) und eine Kritik jener Sprachauslegung zur Voraussetzung haben, die in den elementarsten grammatischen Kategorien bereits enthalten ist: im Begriff der Artikulation (*arthron*), des Buchstabens (*gramma*) und des Redeteils. Diese Begriffe, die in der griechischen Sprachreflexion bereits klar definiert werden, sind genau genommen weder logische noch grammatische Kategorien, als vielmehr solche, die jede Logik und jede Grammatik sowie vielleicht jede *epistēmē* im Allgemeinen ermöglichen.

2.

> Die Denkformen sind zunächst in der *Sprache* des Menschen herausgesetzt und niedergelegt [...]. In alles, was ihm zu einem Innerlichen, zur Vorstellung überhaupt wird, was er zu dem Seinigen macht, hat sich die Sprache eingedrängt, und was er zur Sprache macht und in ihr äußert, enthält eingehüllter, vermisch-

> ter oder herausgearbeitet eine Kategorie; so sehr natürlich ist ihm das Logische, oder vielmehr: dasselbige ist seine eigentümliche *Natur* selbst. Stellt man aber die Natur überhaupt, als das Physikalische, dem Geistigen gegenüber, so müßte man sagen, daß das Logische vielmehr das Übernatürliche ist, welches sich in alles Naturverhalten des Menschen, in sein Empfinden, Anschauen, Begehren, Bedürfnis, Trieb eindrängt und es dadurch überhaupt zu einem Menschlichen [...] macht.[2]

Die in dieser Passage der Vorrede zur zweiten Ausgabe von Hegels *Wissenschaft der Logik* zum Ausdruck kommende Verflechtung von Denken und Sprache, mitsamt der schwierigen Aufgabe, die sie dem Denken stellt, sind ein beständiges Thema der philosophischen Tradition. In unserer Zeit ist diese Aufgabe (in einem anderen Sinn, aber mit derselben Entschiedenheit) von Kojève formuliert worden, der die Philosophie als jenen Diskurs definiert, der »über alles reden kann [...], unter der Bedingung, auch über die Tatsache zu reden, dass er darüber redet«[3]. Wenn diese Definition wahr ist, dann droht die sogenannte »linguistische Wende«, als die man die Ausrichtung der zeitgenössischen Philosophie und ihre Hinwendung zur Sprachreflexion charakterisiert hat, eine triviale Wahrheit zu verkünden, jedenfalls wenn Sprachreflexion in einem unspezifischen Sinn verstanden wird. Der Ausdruck »Sprache« wird, um die berühmte aristotelische Formel aufzugreifen, »in vielfacher Weise ausgesagt«, und nur eine Klärung dessen, was Philosophie und Sprachwissenschaft jeweils mit diesem Terminus meinen, kann zu einer hilfreichen Ermittlung ihres wechselseitigen Verhältnisses führen. Aus der Verflechtung von Philosophie und Sprachreflexion kann daher nicht notwendig geschlossen werden, dass Philosophie und Linguistik notwendig denselben Gegenstand haben. Heideggers Bemerkung, dass die »Sprachwissenschaft und das Sein des Seienden, das sie zum Thema hat, [...] dunkel« (*SZ*, § 34) seien und die philosophische Forschung ihrerseits auf die »Sprachphilosophie« verzichten müsse, um sich zunächst zu fragen, »welche Seinsart der Sprache überhaupt zukommt« (ebd.) (ob ihr die Seinsweise des innerweltlichen Gegenstandes zukommt oder nicht), hat insofern nichts an ihrer Aktualität eingebüßt. Sowohl in der Linguistik als auch in der Philosophie verbleibt der Begriff der Sprache häufig unbestimmt und in einer vagen Homonymie wie ein *pollachōs legomenon*, ein »auf vielfache Weise Ausgesagtes«.

3.

Das Buch von Milner präsentiert sich als eine *Einführung in eine Sprachwissenschaft*. Es ist das Werk eines prominenten Linguisten, der auch ein äußerst origineller Denker ist. Obgleich seine zwei Bücher (*L'amour de la langue* und *Les noms indistincts*)[4] zu den wichtigsten französischen Beiträgen zur Sprachreflexion gehören, werden wir hier nur selten auf sie Bezug nehmen. Das Unterfangen, das der Autor in seiner *Einführung* in Angriff nimmt, versteht sich nämlich als »entschieden wissenschaftlich«, da er die »Hypothese, nach der die Linguistik eine Wissenschaft im selben Sinn ist, wie das für eine Naturwissenschaft gilt« (*Intr.,* 10)[5] prüfen und verteidigen möchte.

Es ist kein Zufall, dass diese Einführung in »eine« Sprachwissenschaft zu einem Zeitpunkt in der Geschichte der Linguistik entsteht, an dem ihr glorreiches Zeitalter schon seit einer Weile vorüber zu sein scheint. Nachdem das große Unterfangen einer vergleichenden Grammatik zu Ende gebracht worden ist und ebenso das vielleicht weniger glanzvolle, aber ebenfalls bedeutsame der generativen Grammatik, nimmt die Linguistik heute nicht mehr den Platz einer »Leitdisziplin« in den Humanwissenschaften ein, den man ihr vor zwanzig Jahren ohne weiteres zuschrieb. Wobei man hinzufügen muss, dass das Ansehen dieser Art von Wissenschaften gegenwärtig allgemein im Niedergang begriffen ist. Das Projekt einer allgemeinen Wissenschaft des Menschen, das seinen Höhepunkt gegen Ende der 1960er Jahre hatte, hat sich zusammen mit dem politischen Projekt jener Jahre aufgelöst. Die harte Prosa der Welt der 1980er Jahre lässt auf der einen Seite nur noch die positiven Wissenschaften gelten (die sich – trotz der Beteuerungen der ihnen Wohlgesinnten – faktisch immer deutlicher voneinander absondern) und auf der anderen eine Philosophie, die ihrer Aufgabe immer seltener entspricht.

Man könnte annehmen, dass ein Buch wie diese *Einführung*, das sich gänzlich der Begründung einer positiven Sprachwissenschaft verpflichtet, in keiner Weise zur Klärung des Verhältnisses zwischen Philosophie und Linguistik beiträgt. Indessen ist das Gegenteil der Fall, da die *Einführung* von Milner an mehreren maßgeblichen Stellen einen entscheidenden Beitrag zur Klärung des Begriffs der Sprache und seiner Homonymie leistet.

Die vorliegende Besprechung, die selbstverständlich nicht über den reichen Inhalt dieser *Einführung* gänzlich Rechenschaft ablegen kann (das stünde nur einem Linguisten zu), wird sich lediglich auf einige dieser Stellen beschränken. Sie will durch deren Erörterung zeigen, dass Milners Buch eine genauere Ermittlung des Verhältnisses von Philosophie und Linguistik sowie ihrer jeweiligen Aufgaben ermöglicht, obwohl es im Feld der Sprachwissenschaft verbleibt.

4.

Ein erster Punkt findet sich im ersten Teil des Buches (das dem epistemologischen Status der Linguistik gewidmet ist) und betrifft die Identifizierung des Gegenstands der Sprachwissenschaft als solchem. Obwohl der Autor selbst keine »Wissenschaftstheorie anbieten« (*Intr.*, 23) möchte, wird man innerhalb dieser Disziplin schwerlich eine Abhandlung mit einer ebenso klaren wie originellen Darstellung der Galilei'schen Wissenschaftskonzeption finden. Milner zufolge gründet die Mathematisierung, die diese mit sich bringt, nicht (wie oft wiederholt wird) auf Quantifizierung, sondern vielmehr auf Verbuchstäblichung, womit er eine »Unabhängigkeit zwischen der Substanz der geregelten Entitäten und der Regel« meint:

> Was von der Mathematik beibehalten wird, ist die Dimension der Regelhaftigkeit, die sich auf Entitäten bezieht, deren objektive Referenz (die Substanz) sicherlich bestimmt werden kann, aber nicht muss, wenn man die Regel als solche definiert. Daraus folgt, dass man die Entitäten handhaben kann, ohne zu »sehen«, was sie bezeichnen: Man spricht dann mit gutem Recht von blinder Handhabung. (*Intr.*, 91–92)

Unmittelbar danach legt Milner eine Reihe von »grundlegenden Fakten« dar, die wie unhintergehbare Grenzen wirken, auf die die Linguistik notgedrungen stößt, ohne sie allerdings überschreiten zu können.

Das erste dieser Fakten ist das *factum loquendi*. Sein einziger Inhalt ist die Existenz der Sprache, die Tatsache, dass es sprechende Wesen gibt:

> Der übliche Name für diese nackte Tatsache ist die Sprachfähigkeit [*langage*]. Halten wir fest, dass sie nur eine Sache voraussetzt: dass es sprechende Wesen gibt. Über die Sprachfähigkeit zu sprechen, heißt in dieser Hinsicht allein über die Tatsache zu

sprechen, dass sprechende Wesen existieren. Um darüber jedoch auf aufschlussreiche Weise sprechen zu können, muss man diese Existenz hinterfragen können und gerade das kann die Linguistik nicht: diese Existenz kann für sie weder deduziert, noch im Allgemeinen erklärt werden. Man versteht, warum die Linguistik die Sprachfähigkeit nicht zum Gegenstand hat: weil sie sie als ihr Axiom nimmt.

Das heißt keinesfalls, dass man diese Gegebenheit nicht an sich betrachten und nach ihren Möglichkeitsbedingungen fragen könnte. Dann würde man aber auf eine Frage der folgenden Art kommen »Warum gibt es überhaupt Sprachfähigkeit und nicht vielmehr keine?« und das heißt auf eine genuin metaphysische Frage. (*Intr.*, 41)

Das zweite »grundlegende Faktum«, welches vom ersten deutlich unterschieden werden muss, ist das *factum linguae*, also die Tatsache, dass das, was die Menschen sprechen, eine Sprache ist.

Um zu dem Schluss zu kommen, dass die Sprachfähigkeit existiert, reicht die Feststellung, dass Lebewesen sprechen. Die Frage nach der Ermittlung der Eigenschaften dessen, was sie sprechen, ist in dieser Hinsicht unerheblich. Die Linguistik kann es nun nicht dabei bewenden lassen, einfach nur die bloße, unverrückbare Existenz der Sprachfähigkeit anzunehmen: Sie nimmt an, dass die sprechenden Wesen Sprachen sprechen.

Zu behaupten, dass die Verwirklichungen der Sprachfähigkeit [*langage*] Sprachen [*langues*] sind, bedeutet zumindest vorauszusetzen, dass die Gesamtheit der sprachlichen Hervorbringungen es verdient, mit einem gemeinsamen Namen bezeichnet zu werden. Es heißt weiterhin, dass sie sich, analog zu den verschiedenen Reichen der Natur, in Klassen und Unterklassen gliedern lässt, wobei jede Sprache im Wesentlichen dem entspricht, was man in der Natur eine Art nennt. Schließlich bedeutet es davon auszugehen, dass man sagen kann, was eine bestimmte Sprache ist. Kurzum, es heißt behaupten, dass man (1) eine Sprache von einer Nicht-Sprache und (2) eine Sprache von einer anderen un-

> terscheiden kann. Dafür muss man in Termini von Eigenschaften denken können: Mit anderen Worten, man muss die Eigenschaften einer Sprache von den Eigenschaften einer Nicht-Sprache, die Eigenschaften einer Sprache von den Eigenschaften einer anderen Sprache unterscheiden können. (*Intr.*, 43)

Das impliziert nicht nur, dass die Sprachen verschieden sind, obwohl sie einer homogenen Klasse angehören (Milner bezeichnet dies als *factum linguarum*), sondern vor allem auch, dass die Sprachen gemäß ihrer Eigenschaften beschreibbar sind: Das ist wiederum das *factum grammaticae*, für Milner das für die Linguistik konstitutive Faktum schlechthin.

Diese klare Definition der für die Linguistik konstitutiven Fakten ermöglicht es allein schon, die Homonymie des Ausdrucks *Sprache* aufzulösen und den Gegenstand der Philosophie von jenem der Linguistik zu unterscheiden. Wenn der Gegenstand dieser die Sprache ist (verstanden als das Stenogramm des *factum linguae*, des *factum linguarum* und des *factum grammaticae*), behandelt die Philosophie dagegen gerade jenes *factum loquendi*, das die Sprachwissenschaft nur voraussetzen kann. Die Philosophie ist der Versuch, diese Voraussetzung *darzustellen* und Bewusstsein über die Bedeutung der Tatsache zu erlangen, dass gesprochen wird. Man sieht, wie gerade das *factum grammaticae* hier als Unterscheidungsmerkmal dient: Die Philosophie handelt von der reinen Gegebenheit der Sprache, unabhängig von ihren realen Eigenschaften (die transzendentalen Eigenschaften, die der Philosoph umgehen können muss, verbleiben im Bereich des reinen Seienden), während die Linguistik sich mit der Sprache beschäftigt, sofern sie in realen Eigenschaften beschreibbar ist und eine Grammatik hat (oder vielmehr ist).

Das impliziert den Ausschluss jener Spekulationen über den Ursprung der Sprache aus dem Bereich der Philosophie, die traditionelles Gedankengut der Sprachphilosophie waren. Wie Milner anmerkt, sind die Hypothesen über den Ursprung der Sprache nichts anderes als

> die als Übergang dargestellte fiktive Form der Grenze zwischen »die Sprachfähigkeit existiert nicht« und »die Sprachfähigkeit existiert«. Was in diesem fiktiven Übergang erscheinen darf, sind definitorische und wesentliche Eigenschaften: jene Eigenschaften, ohne die man nicht sagen kann, dass Sprachfähigkeit existiert. (*Intr.*, 42)

Der Versuch der Philosophie, reale Eigenschaften zu identifizieren, die das Wesen der Sprache definieren, ist zum Scheitern verurteilt, weil er auf illegitime Weise in das Feld der Wissenschaft vordringt. Ein Wesen der Sprache gibt es für die Philosophie nicht und kann es auch nicht geben (ebenso wenig wie eine philosophische Grammatik), weil ihre Aufgabe in der Darstellung ihrer *Existenz* besteht.

Wir treffen hier auf jene Grenze wieder, die das Feld der *epistēmē* von jenem der ersten Philosophie trennt. In ihrem Verhältnis zur Sprache kann die Philosophie nicht anders, als ihrer ursprünglichen Bestimmung [*vocazione*] zu einer Wissenschaft des reinen Seienden treu zu bleiben: Wenn Wissenschaft im engeren Sinn dasjenige ist, was die Eigenschaften des Seienden (oder das Seiende, sofern es bestimmte, real beschreibbare Eigenschaften hat) erkennt, dann ist die Philosophie (verstanden als erste Philosophie) jene Wissenschaft, die das Seiende als Seiendes betrachtet (*on hē on*, *on haplōs*), also unabhängig von seinen realen Eigenschaften.

5.

Das Verhältnis zwischen Philosophie und Sprache (und folglich auch das zwischen Philosophie und Linguistik) ist jedoch in Wirklichkeit komplexer. Die Philosophie kann nämlich gegenüber der *epistēmē* ihre Bestimmung als Wissenschaft des reinen Seienden nur auf der Grundlage einer besonderen Erfahrung der Sprache für sich beanspruchen. Das reine Seiende (welches keine weiteren Eigenschaften als die transzendentalen besitzt) – der einzige Gegenstand der Philosophie – ist mithin etwas, wozu der Philosoph keinen anderen Zugang hat als über eine Reflexion des *factum loquendi* und über die Konstruktion einer Erfahrung, in der es thematisch um dieses *factum* geht. *Nur die Erfahrung der reinen Existenz der Sprache eröffnet dem Denken die reine Existenz der Welt.*

Daher rührt das eigentümliche Verhältnis von Misstrauen und zugleich Hingabe, von »Misologie« und »Philologie«, das Philosophen – von Platon bis Wittgenstein – gegenüber der Sprache unterhalten; daher auch die Nähe und die Distanz, welche die Philosophie von der Sprachwissenschaft trennt. Beide insistieren auf denselben Ort, den die eine aber erfassen muss, während die andere ihn in seiner Existenz einfach als Voraussetzung der grammatischen Eigenschaften hinnimmt. Für ihr Vorhaben verfügen beide weder über besondere Mittel noch über einen festen Anker: Beide müssen ein Experiment mit der Sprache eingehen, ohne dabei (wie andere Wissenschaften mit ihrem Gegenstand zu tun pflegen) einen ihr äußeren Beobachtungsstandpunkt einnehmen zu können. Dieselbe Charakterisierung, durch welche Milner die Linguistik als »experimentelle Wissenschaft ohne Beobachtungsstandpunkt« (*Intr.*, 128) beschreibt, deren eigentümliches Experimentierfeld die Beispiele sind, könnte ebenso für die Philosophie gelten. Die von ihr aufgeworfenen Fragen (wie auch die Fiktionen, deren sie sich bedient), benötigen zu ihrer Antwort keine Informationswerte (und sind auch von keinerlei narrativem Wert), sondern stellen nur Beispiele in eben jenem Sinne dar, den Milner für die Linguistik definiert (*Intr.*, 106–126; siehe aber auch den Essay von 1988 »L'exemple et la fiction«).[6] Trotz der Raffinesse des logischen Gerüsts verbleibt die Philosophie genauso wie die Linguistik in letzter Instanz im Bereich der natürlichen Sprache. Wenn die Linguistik, in den Worten Milners, eine *scientia infima* ist, deren Gegenstand so niedrig angesetzt ist, dass man unmöglich noch weiter hinabsteigen kann, weil »welchen Grad an mathematischer Formalisierung eine Theorie auch immer haben mag, die letzte Instanz wird stets ein Satz der natürlichen Sprache sein« (*Intr.*, 130), dann geht die Philosophie aus einem noch niedrigeren Ort hervor: aus der bloßen Existenz der Sprache.

Gibt es Stellen, an denen diese zwei Wissenschaften, die so nah und dennoch hinsichtlich ihres Gegenstandes deutlich unterschieden sind, sich berühren? Gibt es in der Linguistik einen Ort, an dem die Existenz der Sprache als solche auftaucht?

6.

Ein solcher Ort taucht im dritten Kapitel des 2. Teils auf, das den Titel »Die eingeschränkte Theorie der Terme« (*La théorie restreinte des termes*) trägt. Die annähernd vierzig Seiten, die dieses Kapitel umfasst (S. 315–356), systematisieren auf exemplarische Weise einen der komplexesten Bereiche der linguistischen Theorie (die sich, wie Milner behauptet, grundlegend dadurch artikuliert, dass »die linguistischen Entitäten von zweierlei Art sind:

Terme und Positionen« (*Intr.*, 409) – wobei die Letzteren die Syntax betreffen).

Die griechische Sprachreflexion hatte früh die Unterscheidung zwischen *onoma* (Term) und *logos* (Aussage) an zentraler Stelle gesetzt. Einer auf die Stoa zurückgehenden Tradition zufolge ist der Augenblick der Benennung (*appellatio*, *nominum impositio*) begrifflich und genetisch vom Vollzug der Rede unterschieden. Bereits mit Antisthenes hatte sich diese grammatische Unterscheidung strategisch mit dem Problem der Unaussprechlichkeit der reinen Existenz verbunden, sofern es von den ersten und einfachen Elementen keine definitorische Rede, sondern nur Namen geben kann. Was der Name *genannt* hat, kann in einer Aussage nicht *gesagt* werden (wie noch Wittgenstein in Satz 3.221 des *Tractatus* sagen wird: »Die Gegenstände kann ich nur *nennen*. [...] Ich kann nur *von* ihnen sprechen, *sie aussprechen kann ich nicht*«).

In den *Kategorien* unterscheidet Aristoteles die Terme, die deiktischen Pronomen und die Eigennamen, die die reine Existenz (*prōtē ousia*) bedeuten, von den anderen Namen, die immer eine Eigenschaft ausdrücken. Und Platon, der zum Ausdruck der Idee die Anapher *auto* benutzt, bestreitet bekanntlich jede Möglichkeit, ein rein Seiendes in der Sprache direkt ohne Eigenschaften zu bezeichnen (darin liegt in der philosophischen Digression des Siebten Briefes die *astheneia* der *logoi*).

Ein weiteres philosophisches Problem, das mit der Ebene der Namen (und daher mit der Theorie der Terme) verbunden ist, ist das der Selbstreferenz (das Problem des Namens des Namens). Dieses Problem hat eine Reihe von Paradoxien hervorgebracht, worunter die bekannteste jene ist, die man ausgehend von der berühmten Episode von *Through the Looking-Glass* als das »Paradox des weißen Ritters« bezeichnen könnte. Kann der Name eines Gegenstandes seinerseits genannt werden, ohne dadurch den Status eines Namens zu verlieren und zu einem benannten Gegenstand zu werden? Ist es mithin möglich, dass der Name sich auf sich selbst als Name bezieht (*nomen nominans* und nicht *nomen nominatum*)? Im Satz 4.126 des *Tractatus* gibt Wittgenstein auf diese Frage implizit eine negative Antwort. Bekanntlich behauptet dagegen Carnap, dass ein Name vollständig benannt werden kann, wenn er in Anführungszeichen gesetzt wird, was wiederum Reach in einem wichtigen Artikel widerlegt.[7]

Milners deutliches Bewusstsein für die Ausmaße des Problems erlaubt es ihm wiederum, diese komplexe Materie in nur zwölf Theoremen zu ordnen, und das mit einer Klarheit, die in der Geschichte der Linguistik ihresgleichen sucht. Er beginnt, indem er das Kontextprinzip (das gemeinhin Frege zugeschrieben wird) hinter sich lässt, wonach die Eigenschaften eines linguistischen Terms nicht außerhalb seines Kontextes in der Rede bestimmbar sind: »Es ist möglich«, besagt das erste Theorem seiner eingeschränkten Theorie der Terme, »die Eigenschaften eines Terms ohne Bezug auf seinen Gebrauch festzulegen« (etwa seine lexikalische Bedeutung zu erkennen, ein Prinzip, das allen Wörterbüchern zugrunde liegt). Aber was ist ein linguistischer Term für sich genommen? Was ist das *onoma* der griechischen Sprachreflexion?

Nach Milner ist es nichts anderes als die Gesamtheit seiner distinktiven Merkmale, die er wie folgt auflistet: 1.) die Zugehörigkeit zu einer Kategorie; 2.) die phonologische Form; 3.) die lexikalische Bedeutung (oder virtuelle Referenz). Keine dieser drei Eigenschaften allein (nicht einmal die phonologische Form, die wir normalerweise mit dem Term identifizieren, wenn wir etwa sagen »*Tisch* ist ein männliches Nomen«) konstituiert den linguistischen Term. Wenn in diesem Sinne die linguistischen Individuen keine substantiellen Wirklichkeiten sind, sondern nur »Eigenschaftsbündel« (*Intr.*, 330), dann wird man einen Term nur durch ein indirektes Verfahren benennen können:

> Das Verfahren ist bekannt: Es ist das Hinzufügen von Anführungszeichen, aufgrund dessen man Tisch sagt, um das linguistische Individuum Tisch zu bezeichnen [...]. Genauer: Was das linguistische Individuum Tisch bezeichnet, ist tatsächlich die phonologische Kette t^i^s^c^h. Es versteht sich indes von selbst, dass wir mit der Verwendung der phonologischen Kette t^i^s^c^h, das Lexem Tisch mitsamt seinen lexikalischen Eigenschaften im Auge haben: seine Bedeutung, seine kategoriale Zugehörigkeit und offensichtlich seine phonologische Form. Mit anderen Worten, man verwendet eine der identifizierenden Eigenschaften, um die Ganzheit der identifizierenden Eigenschaften, die das Individuum konstituieren, zu stenographieren. (*Intr.*, 330–331)

Das Problem ist das der linguistischen Individuen und ihres Namens. Milner greift hier die These Kripkes auf, nach der die Eigennamen nicht das Stenogramm einer Reihe von identifizierenden Eigenschaften seien:

> Man wird sich an seine Beweisführung erinnern: Allein schon die Tatsache, dass man aus dem Eigennamen »Aristoteles« und einem Prädikat P eine Aussage vom Typ »Aristoteles ist P« sowie ihre kontrafaktische Version »Aristoteles ist non-P« konstruieren kann, beweist, dass der Eigenname »Aristoteles« kein Stenogramm eines Bündels von identifizierenden Prädikaten ist. Es ist also wesentlich, dass, wenn die Aussage »Aristoteles liebte die Katzen« für faktisch gehalten wird, die Aussage »Aristoteles liebte die Katzen nicht« als kontrafaktisch gilt. Betrachten wir nun die Terme der Sprache: Eine Aussage vom Typ »Tisch hat nicht die phonologische Form Tisch« ist offenbar ein Widerspruch *in adjecto* und keine kontrafaktische Aussage. Dasselbe gilt, dem Anschein zum Trotz, für eine Proposition vom Typus »Tisch ist kein Nomen« und selbst »Tisch ist nicht maskulin«. (*Intr.*, 331)

Kripkes These erstreckt sich somit nicht auch auf die linguistischen Terme, was es Milner erlaubt, folgendes Theorem aufzustellen: »Der linguistische Term hat keinen Eigennamen« (*Intr.*, 332). Mit diesem Theorem, dessen Bedeutung man nicht unterschätzen sollte, führt Milner erstmals in der Geschichte der Linguistik das Prinzip der Unmöglichkeit einer Metasprache in die Theorie der Namen ein. Erst vermittels dieser Anonymie und Nicht-Substantialität des linguistischen Seins konnte die Philosophie überhaupt so etwas wie reine Existenz denken, das heißt eine Singularität ohne reale Eigenschaften. Wenn der linguistische Term nicht anonym wäre, wenn wir nicht immer schon Namen für den Namen hätten, dann könnten wir immer schon den Sachen mit ihren realen Eigenschaften begegnen, und die Möglichkeit der Namensgebung (also der Zuschreibung von Eigenschaften) würde nirgendwo haltmachen. Andererseits kann dieser Halt von keinem nichtsprachlichen Sein kommen, da die Sprache alles benennen kann und in ihrer Benennungsmacht keine Grenzen kennt (das Nichtsprachliche ist in diesem Sinne nichts anderes als eine Voraussetzung der Sprache): Sie kann sich allerdings nicht selbst als benennend nennen. Das Einzige, wofür uns die Namen fehlen, ist der Name. Es ist diese Anonymie des Namens, welche bei Platon die Idee ermöglicht (welche sich nicht mit einem Namen, sondern einzig durch das Syntagma Name + *auto* ausdrückt). Allein weil der Term *Rose* anonym, weil *Rose* nicht der Name des Namens *Rose* ist, wird, indem ich »eine Rose« sage, die Rose selbst (oder die Idee) *l'absente de tout bouquet* heraufbeschworen. Und allein diese Anonymie des sprachlichen Seins verleiht der metaphysischen These, dass die Existenz keine reale Eigenschaft ist, ihren Sinn. Einen Sinn hat damit auch der Ort des Transzendentalen: Denn dass »existierend« (*ens*) kein reales Prädikat ist und wie andere transzendentale Prädikate (*unum*, *verum*, *bonum* usw.) jeder Prädikation eingeschrieben ist, ohne ihr eine reale Eigenschaft hinzuzufügen, kann (wie dies in Milners Theorem implizit geschieht) nur bedeuten, dass das Prädikat-Sein selbst nicht genannt werden kann. Das Gesagtsein ist in diesem Sinne das Archi-Transzendentale, das die Möglichkeit jeder realen Prädikation bedingt; gerade deswegen kann es sich nicht auf den Namen beziehen. In Wirklichkeit ist das Theorem von Milner daher auch ein Theorem über das Transzendentale: Weder der Name des Namens noch der genannte Name sind Namen, und was sich in Relation zu dieser Anonymie des Namens erhält, ist die reine Existenz. (Man wird hier Heideggers zentrale These über die Sprache wiedererkennen: Das reine Sein tritt nur dort hervor, wo das Wort versagt, aber das Wort versagt nur dort, wo man das Wort zu sagen versucht.)

7.

Ein weiterer Ort, an dem die Existenz der Sprache als solche in der Linguistik aufzutauchen scheint, ist das Problem der Disposition zur Sprache sowie ihr Angeborensein (die insbesondere von der Cambridge-Schule behauptet wird). Milner schildert mit großem Scharfsinn die Schwierigkeiten und Widersprüche, auf die diese These unweigerlich stoßen muss (*Intr.,* 216–236). Die These »die Sprache ist angeboren« kann nämlich nicht die einzelnen Sprachen betreffen, weil diese bekanntlich etwas sind, was der Mensch entsprechend dem sprachlichen Milieu, in dem er sich jeweils befindet, vollständig erwirbt; sie kann nur für die Sprache im Allgemeinen gelten. Aber was heißt es, von einer Disposition zur »Sprache im Allgemeinen« zu sprechen?

> Man kann nicht davon ausgehen, daran sei erinnert, dass einem Sprecher das Französischsprechen angeboren sei; selbst jene, die an etwas Angeborenes denken, nehmen nur dies an: ein Sprecher

> hat die angeborene Fähigkeit zu sprechen, und »sprechen« heißt hier »ist fähig, eine Sprache im Allgemeinen zu sprechen«. Das ist Sprachfähigkeit. Zweifellos hat man annehmen können, dass diese »Disposition zum Sprechen« nicht leer sei (dass, anders gesagt, die Sprachfähigkeit Eigenschaften habe). Aber der Inhalt dieser Disposition ist die Disposition zu einer *beliebigen* Sprache oder zu einem beliebigen *Typ* von Sprache. Wenn die Disposition zum Sprechen nicht leer ist, muss es also notwendig Eigenschaften geben, die vielen Sprachen, wenn nicht allen, gemeinsam sind. Folglich berührt die Annahme einer Disposition zum Sprechen die Frage nach einer Universalgrammatik. (*Intr.*, 227)

Allerdings laufen der Ausdruck »Sprache im Allgemeinen« wie jener einer »Universalgrammatik« Gefahr, bar jeglichen Inhalts zu sein:

> In der Tat lässt sich die Sprachfähigkeit immer nur in einer besonderen Sprache beobachten. In der Ethnologie scheint es immer möglich zu sein, mit hinreichender Klarheit und Distinktheit die angeborene von der erworbenen Seite eines Verhaltens zu unterscheiden. In den linguistischen Gegebenheiten ist diese Unterscheidung niemals einfach: genauer gesagt, kommt sie aus der Theorie und nicht aus der Beobachtung. Nehmen wir an, man könnte zeigen, dass sich in allen Sprachen gewisse Eigenschaften wiederfinden, so werden sie sich unaufhörlich in jeder einzelnen mit besonderen Eigenschaften kombinieren. Während es der Theorie sicherlich gebührt, eine klar geschiedene Darstellung des Universellen und des Besonderen zu geben, wird die Beobachtung sie aber immer nur vermischt antreffen. (*Intr.*, 232)

Diese Disposition zum Sprechen im Allgemeinen (oder zu einer beliebigen Sprache) ist wirklich so etwas wie die berühmte *tabula rasa* des potentiellen Verstandes in der aristotelischen Philosophie, der im Akt kein Gegenstand des Denkens ist und deshalb alle sein kann. Tatsächlich geht es – wenn auch ungedacht – bei diesen allgemeinen Begriffen um nichts anderes als um das *factum loquendi*, um die reine Existenz der Sprache, verstanden als universelles sprachliches Wesen. Das Angeborensein von Sprache im Allgemeinen in Form einer universellen Grammatik ist demnach lediglich ein Schatten dieses *factum loquendi*, an das die Sprachwissenschaft nicht heranreichen kann. Dass es Sprache gibt, dass man spricht, ist nämlich keine reale Eigenschaft, die wie eine Universalgrammatik, an der alle Sprachen teilhaben, bestimmt werden könnte. Wir finden hier den Mechanismus wieder, der die aristotelische *prōtē ousia*, die reine singuläre Existenz, zur *sub-stantia* werden lässt, die allen Kategorien zugrunde liegt. Ein Denken, welches versucht das *factum loquendi*, d.i. die Sprache als reines Seiendes ohne Eigenschaften, zu erfassen, ist stets dabei, in eine Grammatik zu verfallen.

Es kann daher nicht verwundern, dass die unterschiedlichen Projekte, die im Laufe der Geschichte der abendländischen Kultur eine reine Erfahrung der Existenz von Sprache (also der Sprache ohne reale Eigenschaften) zu konstruieren versuchten, schließlich die Gestalt einer (mehr oder weniger universellen) Grammatik angenommen haben. Am Anfang der romanischen Kultur lag der provenzalischen Liebeslyrik ebenso wie Dantes Dichtung mit Sicherheit der (philosophische und nicht nur poetische) Versuch zugrunde, die reine Existenz der Sprache in der Figur einer Frau als höchstem Liebesobjekt oder aber durch die explizit der Grammatik gegenübergestellte Muttersprache zu fassen. Wie auch immer man die Eigenschaften versteht, die Dante seinem *volgare*, seiner Volkssprache, zuschreibt (vornehm, höfisch, ehrwürdig, gehoben), so handelt es sich dabei nicht um grammatische Eigenschaften; vielmehr scheinen sie der *transcendentia* in der mittelalterlichen Logik zu entsprechen und sind wie diese ebenso leer an realem Inhalt. Allerdings enden beide Projekte – unter geschichtlichen Bedingungen, die es hier nicht zu analysieren gilt – faktisch in der Konstruktion einer Grammatik: Die provenzalische Poesie mündet in den *Leys d'Amors*, einer monumentalen Grammatik des Okzitanischen, in der die Sprachgesetze mit jenen der Liebe verglichen werden, und Dantes vornehme Volkssprache ist, wenn auch um den Preis von Verrat und Widerspruch, letztlich der Versuch, eine grammatische Nationalsprache zu bilden.

Wenn aber diese Projekte in einer genuin philosophischen Form in der abendländischen Kultur wieder auftauchen (und in unserem Jahrhundert sind sowohl die »reine Sprache« Benjamins als auch »die Sage«* des späten Heidegger Beispiele davon), geht es in ihnen jeweils nicht um das Phantasma einer Universalsprache (und -grammatik), sondern um ein Experiment, welches das *factum loquendi*, die reine Existenz der Sprache, zum Gegenstand hat.

Dazu können analoge (wenngleich in einem anderen Register stattfindende) Überlegungen in Bezug auf die Sprachwissenschaft angestellt werden: Die verschiedenen Versuche, eine Universalsprache oder -grammatik zu konstruieren (von der *lingua matrix* der Philologie des 17. Jahrhunderts über die Universalsprache und die *Characteristica*, die Leibniz so sehr interessierten, bis zur Rekonstruktion des Indoeuropäischen), erfassen das Bedürfnis, das *factum loquendi* in irgendeiner Form zu berücksichtigen, um aber schließlich nur auf den Überschuss der Sprache gegenüber der Wissenschaft hinzuweisen.

Wie aber ist es dann möglich, die reine Existenz der Sprache in der Wissenschaft angemessen zu bezeugen?

8.

Die vorausgegangenen Beobachtungen sollten eine Vorstellung von der Komplexität des Verhältnisses zwischen Philosophie und Sprachwissenschaft vermittelt haben, so wie es von Milners *Einführung* implizit umrissen wird. Als *scientia infima* hat die Linguistik wirklich die grundlegende Stellung, welche ihr durch die mittelalterliche Ordnung zugeschrieben wurde, indem sie die Grammatik auf den ersten Platz der sieben Schuldisziplinen stellte. Wenn die Sprache nämlich Bedingung allen Wissens ist, dann ist die Grammatik, die eine Wissenschaft der Sprache ermöglicht, die Wissenschaft, die alle anderen bedingt. Und tatsächlich ist es ein Leichtes zu sehen, dass eine Wissenschaft im modernen Sinne nur dann möglich ist, wenn die Sprache einige erkennbare Eigenschaften hat. Denn hätte die Sprache keine erkennbaren Eigenschaften oder würden sich diese Eigenschaften ständig verändern, wäre keinerlei Wissen möglich. Aber nicht nur das: Nur weil die Linguistik das *factum loquendi* voraussetzt, die Tatsache, dass es Sprache gibt, können die anderen Wissenschaften davon ausgehen, dass den von ihnen beschriebenen Gegenständen etwas real Existierendes zugrunde liegt. Das rein Seiende entspricht der reinen Existenz der Sprache; von der zweiten auszugehen heißt, vom ersten auszugehen.

Die von der Grammatik vorgenommene »Verbuchstäblichung« (im Milner'schen Sinne einer »Unabhängigkeit der Substanz der geregelten Entitäten und der Regel«) ist daher die grundlegende Verbuchstäblichung, die alle anderen determiniert. In diesem Sinne ist es sicherlich bemerkenswert, dass die antiken Grammatiker nicht die reine Stimme zum Prinzip ihrer Abhandlung machten, sondern die *phōnē engrammatos, vox quae scribi potest*, den Laut, der geschrieben werden kann: das Prinzip der Sprachwissenschaft (und daher jeder *epistēmē*) ist die Grammatisierung, das heißt die Verbuchstäblichung des Lautes. Aber was in dieser Verbuchstäblichung auf dem Spiel steht, ist die Voraussetzung der Existenz von Sprache, die Transformation des *factum loquendi* in eine Voraussetzung, die ungedacht bleiben muss.

In welcher Weise, so können wir dann fragen, ist die Voraussetzung der Existenz von Sprache, die in der Verbuchstäblichung im Spiel ist, in der Sprachwissenschaft markiert? In seinen früheren Büchern (nicht nur in *L'amour de la langue*, sondern auch in *De la syntaxe à l'interprétation*[8]) hatte Milner jene Stellen thematisch beleuchtet, an denen etwas in der Sprache die Sprache als Gegenstand des Wissens übersteigt, was ihre perfekte Konsistenz verhindert, sei dies nun die Theorie des Subjekts einer Aussage oder die Grammatik der Beleidigungen.

Wenn in der *Einführung* etwas als Spur oder Narbe dieser Voraussetzung und dieses Überschusses dient, dann ist es die Thematik der Kontingenz, die das ganze Buch durchzieht. Nach Milners Konzeption ist die Galilei'sche (verbuchstäblichte) Wissenschaft zur Kontingenz bestimmt, denn was sie von der klassischen Wissenschaft klar unterscheidet, ist die Tatsache, dass ihr Gegenstand auch anders sein könnte, als er ist, und dass die ihm zukommenden Eigenschaften sicher und beständig, nicht aber notwendig sind. Die durch Kontingenz in die Welt gebrachte Unordnung wird allerdings von einem Prinzip ausgeglichen, das sich bereits bei Aristoteles klar formuliert findet und mehr oder weniger explizit in jedem Wissen präsent ist. Dieses Prinzip (das man als das der bedingten Notwendigkeit bezeichnet) besagt Folgendes: Wenn es, wie Aristoteles formuliert, zutrifft, dass jedes Vermögen ein Vermögen zu etwas und seinem Gegenteil ist, wenn des Weiteren jedes Seiende auch anders sein könnte, als es ist, dann trifft ebenfalls zu, dass etwas in dem Augenblick, in dem es verwirklicht ist, nichts anderes sein kann. Wie Milner in einem neueren Text schreibt:

> Für einen kurzen Augenblick kann jeder Punkt jedes Referenten eines jeden Satzes der Wissenschaft so erscheinen, als könne er unendlich anders sein als er ist, und dies in unendlich vielen Hinsichten; im nächsten Augenblick hat der Buchstabe ihn fixiert, wie er ist, und als könne er nicht anders sein als er ist.[9]

In dieser Weise ist die Kontingenz so eingedämmt, dass sich jede ihrer Ausdrucksformen notwendig in der Form der Vergangenheit einschreibt: etwas *hätte* anders *sein können*, als es ist. Diese temporale Artikulation bedingt in Wirklichkeit jede Repräsentation der Möglichkeit in der abendländischen Wissenschaft (in der Linguistik wie in jedem anderen Wissensgebiet).

Ist es aber möglich, die Kontingenz anders als in diesem »hätte sein können« zu fassen? Ist es also möglich, das Prinzip der bedingten Notwendigkeit in Frage zu stellen, um die Existenz jener Potenz sowie die Aktualität der Kontingenz zu bezeugen? Kann man versuchen, etwas zu sagen, das unmöglich aussprechbar zu sein scheint, also etwas, was anders ist, als es ist?

Es scheint nun genau dies die Aufgabe der kommenden Philosophie zu sein: die Herrschaft der Modalkategorien vollständig neu zu zeichnen, um nicht mehr die *Voraussetzung* [*presupposizione*] des Seins und des Vermögens, sondern ihre *Darstellung* [*esposizione*] zu denken. In diese Richtung scheint die Arbeit von Milner zu gehen, und wenn ein Linguist heutzutage den Überschuss der Sprache gegenüber der Wissenschaft zu erfassen vermag (wie dies zu ihrer Zeit und auf ihre Weise Saussure und Benveniste taten), dann ist es sicherlich der Autor dieser *Einführung*.

Anmerkungen

1 Martin Heidegger, *Sein und Zeit* (= *SZ*), Tübingen: Niemeyer 1992, § 34.

2 G.W.F. Hegel, »Vorrede zur zweiten Ausgabe«, in: Ders., *Wissenschaft der Logik I*, Frankfurt am Main: Suhrkamp 1986, S. 20 [= *Werke* 5].

3 Alexandre Kojève, *Essai d'une histoire raisonnée de la philosophie païenne I. Les Présocratiques*, Paris: Gallimard 1968, S. 31.

4 Vgl. Jean-Claude Milner, *L'amour de la langue* [Die Liebe der Sprache], Paris: Seuil 1978 [engl. *For the love of language*, Basingstoke: Macmillan 1990]; ders., *Les noms indistincts* [Die undeutlichen Namen], Paris: Seuil 1983.

5 Die Seitenangaben in der Klammer verweisen jeweils auf: Jean-Claude Milner, *Introduction à une science du langage* (= *Intr.*), Paris: Seuil 1989.

6 Jean-Claude Milner, »L'exemple et la fiction« [Das Beispiel und die Fiktion], in: *Transparence et opacité*, hg. v. T. Papp u. P. Pica, Paris: Le Cerf 1988, S. 145–181.

7 Vgl. K. Reach, »The Name Relation and the Logical Antinomies«, in: *Journal of Symbolic Logic* 3 (1938), S. 97–111.

8 Jean-Claude Milner, *De la syntaxe à l'interprétation* [Von der Syntax zur Interpretation], Paris: Seuil 1978.

9 Jean-Claude Milner, »Lacan et la science moderne«, in: *Lacan avec les philosophes*, hg. v. Collège international de Philosophie, Paris: Albin Michel 1991, S. 341.

Bestimmung und Stimme

Der Titel meines Vortrags[1] versucht an eine etymologische Figur anknüpfend ein Wort zu denken, das an einigen entscheidenden Stellen im Werk von Hölderlin und Heidegger auftaucht. Dieses Wort ist das Substantiv *Stimmung*. Wenn es zutrifft, dass wir nur in der Sprache denken können, wenn jede philosophische Befragung, wie Wittgenstein sagte, als eine Befragung der Wortbedeutung dargestellt werden kann, dann ist die Übersetzung eine ausgezeichnete Weise, in der der Mensch sein eigenes Wort denkt.

Wie einst ein großer Philologe bemerkt hat, gehört der Ausdruck *Stimmung* zu jenen Worten, die als unübersetzbar gelten:

> Das heißt nicht, dass Sätze wie *in guter Stimmung sein* sich nicht mit dem Italienischen *essere di buon umore* oder mit dem Französischen *être en bonne humeur*; dass die *Stimmung in diesem Zimmer* sich nicht mit dem Italienischen *l'atmosfera in questa stanza*; und *Stimmung hervorrufen* mit *creare una atmosfera*; *die Seele zur Traurigkeit stimmen* nicht als *disporre l'anima alla tristezza* usw. usf. leicht übersetzen ließen. Es fehlt aber in den wichtigsten europäischen Sprachen ein Ausdruck, der die Einheit der Gefühle, die ein Mensch in Anbetracht dessen, was ihn umgibt (eine Landschaft, die Natur, seinesgleichen) zum Ausdruck bringt, und die objektiven Gegebenheiten mit den subjektiven in eine harmonische Einheit verschmelzen lässt [...]. Ein Italiener kann weder *umore del paesaggio* noch *la mia atmosfera* sagen; während der Deutsche von der »Stimmung einer Landschaft«

> oder von »meiner Stimmung« reden kann. Darüber hinaus verweist das deutsche Wort stets auf »gestimmtsein«, welches eine gewisse Solidarität und Übereinkunft mit etwas Größerem impliziert und die Stimmung von einem bloßen »Gemütszustand« unterscheidet.[2]

Das Wort *Stimmung* gehört ursprünglich in die akustisch-musikalische Sphäre, wie aus seiner Nähe zu *Stimme** deutlich hervorgeht. Semantisch ist es mit Worten wie dem lat. *concentus* oder *temperamentum* und dem gr. *harmonia* verbunden und bedeutet ursprünglich so viel wie Intonation, Akkord, Harmonie. Ohne jemals gänzlich den Kontakt zu seinem ursprünglichen Sinn zu verlieren, entfaltet sich ausgehend von dieser musikalischen Bedeutung die moderne Bedeutung von »Gemütszustand«. Es handelt sich somit um ein Wort, dessen Bedeutung sich im Lauf der Zeit von der akustisch-musikalischen Sphäre – mit der es durch seine Nähe zur Stimme verbunden war – hin zur psychologischen verschoben hat.

Es ist nötig, über diese Ortsverschiebung kurz nachzudenken, denn die Geschichte der menschlichen Kultur ist häufig nichts anderes als die Geschichte dieser Verschiebungen, dieser Dislokationen; und gerade weil man sie nicht beachtet, liefert die Interpretation von Kategorien und Begriffen der Vergangenheit den Boden für vielerlei Missverständnisse. Ein einfaches Beispiel wird erhellen, was ich meine: Wir wissen, dass Liebe im Griechischen *erōs* bedeutet. Für uns ist jedoch die Liebe ein Gefühl, also *per definitionem* etwas, wovon wir nicht genau sagen können, was es ist, außer dass es zweifellos der psychologischen Sphäre, der inneren Erfahrung eines psychosomatischen Individuums angehört. Wir wissen dagegen, dass für die Griechen des archaischen Zeitalters *Erōs* ein Gott war, also etwas, was nicht der menschlichen Psychologie, sondern der Theologie angehörte. Die Transformation, die im Übergang von *erōs* zu Liebe impliziert ist, betrifft nicht die Phänomenologie der Liebe, die eigentümlich konstant bleibt, sondern vielmehr ihre Migration von der einen Sphäre in die andere. Mit dieser Migration sind das Pantheon der griechischen Götter oder – später – die Trinität des christlichen Gottes in unser Inneres gezogen: Was wir *Psychologie* nennen, ist diese *Dislokation* der Theologie. Und es ist eben diese Dislokation, auf die wir achten müssen, wenn wir *erōs* mit Liebe übersetzen, wollen wir keiner Verwechslung unterliegen. Daher gibt der provenzalische *amor* – und auch die Liebe des *dolce stil nuovo* –, der sich auf der Kippe zwischen Theologie und Psychologie befindet, Anlass zu so vielen Missverständnissen: Es ist in der Tat nicht klar, ob wir es hier mit einem religiös-soteriologischen Zeremoniell oder einem modernen Liebesabenteuer zu tun haben.

Sie werden daher verstehen, wie wichtig es ist, den Ort zu bestimmen, in dem wir in unserem Fall die Stimmung zu verorten haben. In § 29 von *Sein und Zeit* präsentiert Heidegger die Stimmung – die der italienische Übersetzer mit »tonalità emotiva« wiedergibt – als ein »fundamentales Existenzial«[3], durch das sich das Dasein selbst erschließt. Sofern sie das Dasein* ursprünglich vor sein Da* bringt, vollzieht sie nämlich »die primäre Entdeckung der Welt«. Worum es in ihr geht, betrifft in erster Linie nicht die *ontische* Ebene – das, was wir innerhalb der Welt erkennen und fühlen können, das innerweltlich Seiende –, sondern die *ontologische* Ebene – die Erschließung der Welt als solche. (In Wittgensteins Worten könnten wir sagen: nicht, *wie* die Welt ist, sondern *dass* die Welt ist, bzw. nicht das, was mit sprachlichen Aussagen gesagt wird, sondern *dass die Sprache ist.*) Daher schreibt Heidegger, dass die Stimmung »weder von ›Außen‹ noch von ›Innen‹ kommt«, sondern »als Weise des In-der-Weltseins aus diesem selbst auf[steigt]«. »Das Gestimmtsein«, fügt Heidegger hinzu, »bezieht sich nicht zunächst auf Seelisches, ist selbst kein Zustand drinnen, der dann auf rätselhafte Weise hinausgelangt und auf die Dinge und Personen abfärbt.« Der Ort der Stimmung – könnte man sagen – ist weder *in* der Innerlichkeit noch *in* der Welt, sondern *an* ihrer Grenze. Daher ist das Dasein, sofern es wesentlich seine eigene Erschlossenheit ist, immer schon gestimmt, es ist immer schon befindlich orientiert; und diese Orientierung ist gegenüber jedem bewussten Wissen* wie auch jeder sinnlichen Wahrnehmung* vorgängig. Vor jedem Wissen und jeder Wahrnehmung erschließt sich die Welt dem Menschen in einer Stimmung. »Und nur weil die ›Sinne‹ ontologisch einem Seienden zugehören, das die Seinsart des befindlichen In-der-Welt-seins hat, können sie ›gerührt‹ werden und ›Sinn haben für‹, so daß das Rührende sich in der Affektion zeigt.« Die Stimmung, so könnten wir sagen, ist weniger selbst in einem Ort, als dass sie selbst der Ort der Erschlossenheit der Welt, der Ort des Seins selbst ist.

Allerdings entdeckt die Stimmung, indem sie das Dasein* in die Erschlossenheit seines Da* bringt, zugleich seine Geworfenheit in dieses Da*, sein immer schon Überantwortetsein an dieses. Die ursprüngliche Entdeckung der Welt, die in der Stimmung geschieht, ist also immer schon die Enthüllung – sagt Heidegger – einer Geworfenheit*, deren Struktur eine wesentliche Negativität innewohnt. In § 40 von *Sein und Zeit*, wo er die Angst als grundlegende Stimmung analysiert, präzisiert Heidegger den Charakter dieser Negativität. Zunächst ist auch das, was die Angst entdeckt, kein bestimmbares innerweltliches Objekt:

> Das Wovor der Angst ist völlig unbestimmt. […] Daher »sieht« die Angst auch nicht ein bestimmtes »Hier« und »Dort«, aus dem her sich das Bedrohliche nähert. Daß das Bedrohende nirgends ist, charakterisiert das Wovor der Angst […], es ist schon »da« – und doch nirgends, es ist so nah, daß es beengt und einem den Atem verschlägt – und doch nirgends. Im Wovor der Angst wird das »Nichts ist es und nirgends« offenbar.

In dem Augenblick, in dem das Dasein* zu der ihm eigenen Erschlossenheit kommt, und ihm die Angst vor Welt als Welt entgegentritt, erweist sich diese Erschlossenheit immer schon von einer Negativität und einem Unbehagen durchzogen. Wenn – wie Heidegger schreibt – das Da* nun dem Dasein* »in unerbittlicher Rätselhaftigkeit« (§ 29) vorsteht, dann weil die Stimmung den Menschen als immer schon in seine Erschlossenheit geworfen und dieser überantwortet entdeckt, und ihm zugleich enthüllt, dass er sich nicht selbst in sein Da* gebracht hat. »Seiend«, schreibt Heidegger, »ist das Dasein ein geworfenes, *nicht* von ihm selbst in sein Da gebracht. [...] Existierend kommt es nie hinter seine Geworfenheit zurück [...]. Ob es den Grund gleich *selbst nicht* gelegt hat, ruht es in seiner Schwere, die ihm die Stimmung als Last offenbar macht.« (§ 58) Gerade weil das Dasein auf die Welt hin so geöffnet ist, dass es nicht Herr seiner Erschlossenheit sein kann, hat diese Erschlossenheit der Welt den Charakter des Unheimlichen. »Die Angst dagegen holt das Dasein aus seinem verfallenden Aufgehen in der ›Welt‹ zurück. [...] Das In-sein kommt in den existenzialen ›Modus‹ des *Un-zuhause*. Nichts anderes meint die Rede von der ›Unheimlichkeit‹.« (§ 40) Hier muss man an einen dichterischen Text denken, den Heidegger durchgehend im Sinn hat, während er *Sein und Zeit* schreibt, und zwar die *Duineser Elegien* von Rilke. Schon in den ersten Versen der ersten Elegie, nach der schrecklichen Erscheinung des Engels, schreibt Rilke, die Tiere wüssten,

> daß wir nicht sehr verläßlich zu Haus sind
> in der gedeuteten Welt.

Und in der achten Elegie (vv. 14–17), wo er die Idee des Offenen* evoziert, in welches das Tier mit all seinen Augen schaut, schreibt Rilke:

> Wir haben nie, nicht einen einzigen Tag,
> den reinen Raum vor uns, in den die Blumen
> unendlich aufgehen. Immer ist es Welt
> und niemals Nirgends ohne Nicht.

Versuchen wir nun die Eigenheiten dieser Stimmung, dieser ursprünglichen Erschlossenheit der Welt zusammenzutragen, die das Dasein* ausmacht und – wenn möglich – ihren Ort anzugeben. Die Stimmung ist der Ort einer ursprünglichen Erschlossenheit der Welt, aber ein Ort, der selbst an keinem Ort ist, sondern mit dem eigenen Ort des Seins des Menschen, mit seinem Da* übereinstimmt. Der Mensch – das Dasein* – ist diese seine Erschlossenheit. Allerdings ist diese Stimmung, diese ursprüngliche Übereinstimmung und dieser ursprüngliche Einklang zwischen Dasein* und Welt zugleich eine Dissonanz und eine Verstimmtheit, ein Unheimlichsein und Geworfensein. *Seine Welterschlossenheit geht dem Menschen nämlich immer schon voraus.*

Warum, fragen wir jetzt, hat die Erschlossenheit der Stimmung diesen Charakter von Spaltung und Dissonanz? Worum geht es in ihr? Was muss übereinstimmen und gestimmt werden, wenn die einzig mögliche »Gestimmtheit« die Form einer Dissonanz hat?

Denken wir einen Augenblick über den grundlegenden Charakter nach, den Charakter der *archē*, die in *Sein und Zeit* der Stimmung im Allgemeinen sowie der Angst als die eben grundlegende Stimmung zugeschrieben wird. Nur ein Gemütszustand, nur eine Leidenschaft, nur eine Stimmung hatte in der Antike ein solches Vorrecht und einen ähnlich prinzipiellen Charakter: das *thaumazein*, das Staunen, das nach einer uralten und beständigen Tradition die *archē* des Philosophierens ist. Jedoch bemerken wir im Vorbeigehen zunächst einen grundlegenden Unterschied, denn während die ursprüngliche Offenheit für die Griechen der Sphäre der Optik angehört – *thaumazein* ist *theasthai*, Schauen –, ist sie für Heidegger sowie für die Moderne im Allgemeinen in der Sphäre der Akustik (Stimmung kommt von Stimme) verortet. Dies verdankt die Moderne dem Judentum, für das die Offenbarung stets ein akustisches Phänomen ist. Erinnern Sie sich daran, dass in der Bibel steht: »Und der Herr redete zu euch mitten aus dem Feuer. Die Stimme der Worte hörtet ihr, aber ihr saht keine Gestalt, nur eine Stimme war zu hören.« (*Deut 4,12*)

In welchem Sinn müssen wir den akustischen Charakter der Stimmung und ihr Verhältnis zum Staunen und den anderen Affekten, den *pathē* der griechischen Philosophie verstehen? Heidegger bringt seine Auseinandersetzung mit den Stimmungen selbst in ein Verhältnis zur antiken Theorie der *pathē* und unterstreicht, dass die erste systematische Behandlung der Affekte nicht im Bereich der Psychologie, sondern in der *Rhetorik* von Aristoteles zu finden ist. Nun behandelt Aristoteles' *Rhetorik* die Leidenschaften natürlich im Rahmen einer Theorie der überzeugenden Rede und daher in engem Verhältnis zur Sprache. Die Intuition dieser Nähe zwischen Leidenschaften der Seele und Sprache, zwischen *pathos* und *logos*, charakterisiert jedoch auch die umfassendere Reflexion, die das nacharistotelische griechische Denken diesem Problem gewidmet hat: die der Stoa. Wir verdanken Chrysippos die radikale, für uns auf den ersten Blick befremdliche Formulierung, nach der die Leidenschaften, da sie in einem wesentlichen Verhältnis zum *logos* stehen, nur im Menschen entstehen können. Der Mensch stößt auf die Leidenschaften, weil er ein sprechendes Tier ist; er ist ein leidenschaftliches Tier, weil er ein *animal rationale* ist. Die Leidenschaften sind für die Stoiker nämlich in keiner Weise ein natürliches Phänomen, sondern eine Form von *krisis*, von Urteil, und daher von Rede. Dies vorweggenommen, untersuchen wir nun die Definition, die die Stoiker von der Leidenschaft geben: sie ist *pleonazousa hormē ē hyperteinousa ta kata ton logon metra*. Die gängige Übersetzung lautet: »Ein exzessiver Impuls, der das Maß der Sprache überschreitet.« *Hormē* kommt von *ornymi*, das denselben etymologischen Stamm wie das lat. *orior* und *origo* hat und bedeutet: »ich entspringe, ich bin geboren, ich stamme ab«. Die Definition stellt also ein Entspringen, einen Ursprung vor, der das Maß der Sprache übersteigt. Die Stoiker sagen von dieser *hormē*, dass sie *apeithēs logō*, »mit Sprache nicht zu überzeugen« ist, und behaupten, dass jedes *pathos biastikon*, »gewaltsam« sei. Aber worum geht es bei diesem Entspringen und dieser Gewalt? Wenn wir uns erinnern, dass für die Stoiker das *pathos* kein natürliches irrationales Element, sondern mit dem *logos* verbunden ist, dann kann das, was hier Gewalt ausübt, nichts anderes als die Sprache selbst sein, *der maßlose Ursprung kann nur der der Sprache selbst sein*. In den Fragmenten der Stoiker, die uns erhalten sind, finden wir an keiner Stelle eine solche explizite Behauptung, und doch ist sie die einzige, die sich mit den Prämissen ihrer Theorie der Leidenschaften, dem »vernünftigen Tier« als einzigem »leidenschaftlichen Tier«, in Einklang bringen lässt. Genauso jedenfalls, wie die Stimmung in demselben Moment, in dem sie das Dasein zur Erschlossenheit geleitet, ihm sein Unheimlichsein in dieser offenbart, weist auch die stoische Theorie der Leidenschaften auf eine Entkopplung und einen Überschuss hin, der zwischen dem Menschen und dem ihm Eigensten, dem *logos*, der Sprache statthat.[4]

Wir können nun die folgende Hypothese formulieren: Die Theorie der Leidenschaften, der Stimmungen, ist seit jeher der Ort, in dem der abendländische Mensch sein eigenes grundlegendes Verhältnis zur Sprache denkt. Durch sie versucht er – der sich selbst als *animal rationale* definiert, als ein sprachliches Lebewesen – den *arthros* zu fassen, die Artikulation zwischen Leben und Sprache, zwischen *zōon* und *logos*, zwischen Natur und Kultur. Diese Verbindung ist aber zugleich eine Entkopplung, diese Artikulation ist zugleich eine Disartikulation, und die Leidenschaften, die Stimmungen sind das, was sich in dieser Entbindung ereignet, das, was diesen Abstand entdeckt.

Wenn die Stimme – gemäß der antiken Definition der menschlichen Sprache als *phōnē enarthros*, als artikulierte Stimme – der Ort ist, an dem diese Artikulation zwischen Leben und Sprache stattfindet, dann ist das, was in der Stimmung geschieht, was sich in den Leidenschaften inszeniert, das An-stimmen der Sprache, im doppelten Sinn der *Situiertheit in einer Stimme* und der *Anrufung*, des geschichtlichen Rufs [*vocazione*], der von der Sprache an den Menschen ausgeht. Der Mensch hat eine Stimmung, er ist leidenschaftlich und ängstlich, weil er sich, *ohne eine eigene Stimme zu haben*, am Ort der Sprache aufhält. Er steht in der Erschlossenheit des Seins und der Sprache, ohne jegliche Stimme, ohne jede Natur: Er ist geworfen und verlassen in dieser Erschlossenheit, und aus diesem Verlassensein muss er seine Welt, aus der Sprache seine eigene Stimme machen.

Wenn wir an diesem Punkt zu Heideggers Text zurückkehren, dann rückt sowohl das Thema der Stimmung als auch das Auftreten einer Stimme des Gewissens in den späteren Paragraphen von *Sein und Zeit* in ein neues Licht. Die etymologische Verbindung zwischen Stimmung und Stimme* bekommt hier ihre eigentliche Bedeutung. In derselben ursprünglichen Erschlossenheit des Daseins* taucht jetzt der stille Ruf einer Stimme des Gewissens auf, der ein ursprünglicheres Verständnis dieser Erschlossenheit verlangt als jenes, was durch die Analyse der Stimmung ermittelt wurde. Später in *Was ist Metaphysik?* und vor allem im *Nachwort** zur vierten Ausgabe dieses Vortrags ist die Rückgewinnung des Themas der Stimme vollständig erfolgt. Die Stimmung der Angst erscheint hier nur mit Bezug auf »eine lautlose Stimme«* verständlich, »die uns in den Schrecken des Abgrundes stimmt*«. Die Angst ist daher nichts anderes als »die von jener Stimme gestimmte Stimmung«.[5] Und die lautlose

Stimme ist die Stimme des Seins, die den Menschen zur Erfahrung vom »Wunder aller Wunder: daß Seiendes ist«[6] aufruft.

Kommen wir nun zum zweiten Text über die Stimmung, den wir befragen wollten. Es handelt sich um eine Prosaschrift Hölderlins, die den Titel *Über die Verfahrungsweise des poetischen Geistes* trägt, die in der Überschrift eines kleinen Anhangs die Anweisung: »Wink für die Darstellung und Sprache« enthält. Wie der Titel suggeriert, reflektiert Hölderlin in diesem Text über seine eigene Poetik und stellt uns gleichsam eine Phänomenologie des poetischen Geistes vor. Das hat allerdings nicht viel mit dem gemein, was man traditionellerweise unter der Poetik eines Autors versteht. In der Kunst der Poetik macht der Dichter seine eigene Dichtung zum Thema, bestimmt ihre Form und ihre Inhalte. Die Poetik nimmt die Stellung eines Programms ein und setzt daher den Ort des Gedichts als bereits erschlossenes und das poetische Ich als ein bereits konstituiertes voraus, sofern ja nur von ihnen so etwas wie ein Programm oder eine Absicht herrühren können. Die Dimension, in die uns Hölderlins Text führt, ist aber ursprünglicher als die einer Poetik, weil es in ihm um das Ereignis des poetischen Wortes selbst, um *dessen Statt-haben* geht. Es ist diese Dimension, die nicht einfach nur eine Dimension der Sprache ist, in der wir erneut dem Begriff der Stimmung in einer entscheidenden Funktion begegnen. Hölderlin unterscheidet hier gegenüber der Materie und der Form eines Werkes eine Dimension, die er als »formalmateriell« und »geistigsinnlich«[7] definiert und den »Grund des Gedichts«* (*SWB*, 530) nennt – *razo de trobar*, könnte man hier übersetzen, wenn wir das alte provenzalisch-poetische Vokabular verwenden (erinnern wir uns daran, dass die deutsche Sprache jene Sprache ist, die das mittelalterlich-poetische Vokabular in den Ausdrücken, mit denen sie die dichterische Tätigkeit bezeichnet, am treuesten bewahrt hat:

»dichten«* und »Gedicht«* stammen vom mittelalterlichen Latein *dictare*, *dictamen*, die das Zentrum der poetischen Komposition bezeichnen). Hölderlin sagt von dieser Dimension, dass sie einen »Übergang«* zwischen der sinnlichen Materie, dem, was ausgedrückt und repräsentiert wird, und dem »Geist«* bzw. der »idealischen Behandlung« darstellt. Nur dieses mittlere Element, schreibt Hölderlin, gibt »dem Gedichte seinen Ernst, seine Festigkeit, seine Wahrheit [...], sichert das Gedicht davor, daß die freie idealische Behandlung nicht zur leeren Manier, und Darstellung nicht zur Eitelkeit werde« (*SWB*, 532). Um diese Dimension zu definieren, die weder rein dem Leben noch bloß der Sprache angehört, sondern das Zentrum konstituiert, von dem allein sich das dichterische Werk entfalten kann, lässt Hölderlin den Begriff der Stimmung zum Einsatz kommen. Der Mensch – sagt er – muss aus dem einfachen Leben heraustreten, aus der »ursprünglichen Kindheit«* und sich zum »reinen Widerklang«* (*SWB*, 550) dieses Lebens und dieser Kindheit erheben, die er eben als eine »stofflose reine Stimmung«* (*SWB* 548) definiert oder auch als eine »transzendentale Empfindung«* (*SWB* 546). In diesem zentralen Moment öffnet sich der Raum, in dem sich das eigentliche Ereignis des dichterischen Wortes ansiedelt. »In eben diesem Augenblicke«, schreibt Hölderlin, »wo sich die ursprüngliche lebendige, nun zur reinen eines Unendlichen empfänglichen Stimmung geläuterte Empfindung, als Unendliches im Unendlichen, als geistiges Ganze im lebendigen Ganzen befindet, in diesem Augenblicke ist es, wo man sagen kann, daß die Sprache geahndet wird« (*SWB* 549). Wie das Leben sich in reiner Stimmung und in reiner Empfindung vergeistigt hatte, so wird die Stimmung jetzt lebendiges und wirkliches Wort, »wo«, schreibt Hölderlin, »Geist und Leben auf beiden Seiten gleich ist« (*SWB* 549) und als »gelungenes Werk und Schöpfung« (*SWB* 550) sie »das ursprüngliche Leben in seiner höchsten Form gefunden hat […] und ihren Fund […] erkennt« (*SWB* 549).

Wie wesentlich für Hölderlin die Bestimmung dieser Dimension ist, in der allein sich das dichterische Wort ereignen kann, zeigt sich daran, dass er bei ihrer Definition das Bedürfnis verspürt, sie den Denkkategorien seiner beiden Tübinger Freunde, Hegel und Schelling, entgegenzusetzen. Er schreibt nämlich, dass sie weder bloß lebendige Spannung noch Bewusstsein und Reflexion sein kann (weil dadurch das Leben verlorengehen würde – und hier hat Hölderlin Hegel im Visier); sie ist aber auch nicht »intellektuale Anschauung und ihr mythisches bildliches Subjekt, Objekt« (*SWB* 546) (weil dann das Bewusstsein verlorengehen würde – und hier hat er Schelling im Visier), sondern eine reine Stimmung, eine reine transzendentale Empfindung. Aus diesem Grund ist es wichtig, dass diese Stimmung von jeder fremden Einmischung rein gehalten wird, dass, wie Hölderlin schreibt, der Dichter

> nichts als gegeben annehme, von nichts positivem ausgehe, daß die Natur und Kunst […] nicht eher spreche, ehe für ihn eine Sprache da ist, d.h. ehe das jetzt Unbekannte und Ungenannte in seiner Welt eben dafür für ihn bekannt und namhaft wird, daß es mit seiner Stimmung verglichen und als übereinstimmend* erfunden worden ist, denn wäre [davor] irgend eine Sprache der Natur und Kunst für ihn in bestimmter Gestalt da, so wäre er in so fern nicht innerhalb seines Wirkungskreises, er träte aus der Schöpfung heraus, und die Sprache der Natur oder der Kunst […] wäre erstlich, insofern sie nicht seine Sprache [ist]. (*SWB* 551)

Auch in diesem außergewöhnlichen Dokument der abendländischen dichterischen Tradition, wie auch im Text Heideggers, den wir eben untersucht haben, ist die Stimmung die Bedingung dafür, dass der Mensch seine *eigene* Stimme äußern kann, sein *eige-*

nes Wort finden kann, ohne dass ihm eine fremde Sprache immer schon vorausgegangen wäre. Bereits zu Beginn der modernen lyrischen Tradition – in der provenzalischen Dichtung und im *Dolce stil nuovo* sowie bei den Minnesängern – wurde diese Bedingung in einer Stimmung verortet. Ob unter dem Namen *Amor, amore* oder Minne, in jedem Fall bezeichnete sie die Erfahrung des Verweilens des Wortes im Anfang, den Ort des *logos* in *archē*. In der Stimmung geht es um die Möglichkeit für den sprechenden Menschen, die Erfahrung der Geburt des Wortes selbst zu machen, das Statt-haben jener Sprache als solche zu erfahren, die den Menschen außerhalb seiner selbst wirft und zu einer Geschichte und Tradition bestimmt [*destina*], indem sie ihm stets voraus ist. Nur wenn der Mensch den Ursprung der Bedeutungsfunktion, der ihm stets voraus ist, selbst zu fassen vermag, eröffnet sich für ihn die Möglichkeit eines freien Wortes, einer Sprache, die wirklich und vollständig *seine* Sprache wäre. Nur in einem solchen Wort fänden das philosophische Projekt eines voraussetzungslosen Denkens und das poetische Projekt eines absolut eigenen und ursprünglichen Wortes ihren Sinn und ihre Wirklichkeit. Freiheit kann nämlich nur Freiheit von der Natur *und* von der Sprache bedeuten. Wenn die Sprache uns nur von der Natur befreien würde, um uns in ein geschichtliches Schicksal zu werfen, wo die Schicksalsmacht uns stets vorausgeht und entzogen ist, wäre Freiheit für den Menschen unmöglich. Für den sprechenden Menschen ist Freiheit daher nur möglich, wenn er mit der Sprache ins Reine kommt, wenn er es vermag, ihren Ursprung zu ergreifen, und ein Sprechen findet, das wirklich und gänzlich seins, das menschlich wäre. Ein Sprechen, das genauso seine Stimme wäre, wie der Gesang die Stimme der Vögel und das Zirpen die Stimme der Zikade und das Iahen die Stimme des Esels ist.

Kann die Stimmung, indem sie Stimme* wird, der Sprache

einen Ort geben und sie auf diese Weise dem Menschen zueignen, dem Tier ohne Stimme? Kann sich die leidenschaftliche geschichtliche *Anrufung* und *Berufung* [*vocazione*], die der Mensch durch die Sprache empfängt, in *Stimme* verwandeln? Kann die Geschichte zur Natur des Menschen werden? Oder beschränkt sie sich nur darauf, den Menschen an den Rand der Abwesenheit seiner Stimme, seiner Aphonie, und damit rein und unmittelbar an den Rand der Sprache zu bringen?

Anmerkungen

1 Der ital. Titel lautet »Vocazione e voce«. Der Ausdruck »vocazione« leitet sich vom selben Stamm wie »voce«, »Stimme«, ab und hat die Bedeutung von »Berufung, Veranlagung«, also von einer dem eigenen Leben eingeschriebenen Neigung zu einer bestimmten Lebensform – und dies sowohl in einem religiösen als auch in einem profanen Sinn (etwa zu einem Beruf). Um den etymologischen Bezug zu »voce«, »Stimme«, zu bewahren, der hier hervorgehoben wird, wurde der Ausdruck an dieser Stelle mit »Bestimmung« übersetzt. In anderen Kontexten, wo der etymologische Bezug nicht so sehr im Vordergrund steht, wurde »vocazione« mit »Berufung«, »Anrufung« oder »Ruf« übersetzt. Im Fließtext verwendet Agamben durchgehend den deutschen Ausdruck »Stimmung«, daher wurde hier auf die Stern-Markierung verzichtet. [A. d. Ü.]

2 Leo Spitzer, *Classical and Christian Ideas of World Harmony*, Baltimore: John's Hopkins Press 1963, S. 5.

3 Martin Heidegger, *Sein und Zeit*, Tübingen: Niemeyer 1992.

4 *Hyperteinō* ist nicht »ich übertrete«, sondern zuerst: »ich neige zum Exzess, ich bringe zum höchsten Spannungsgrad«. Die buchstäbliche Übersetzung der stoischen Definition ist daher:

»exzessiver Ursprung, der das Maß zum Äußersten spannt gemäß dem *logos*«. *Hyperteinō* (vgl. *teinō*, *tonos*) enthält also ein akustisch-musikalisches Bild (*tonos* = Saitenspannung, die der Höhe des Tons entspricht).

5 Martin Heidegger, *Was ist Metaphysik?*, Frankfurt am Main: Klostermann 1969, S. 46.

6 Ebd., S. 47.

7 Friedrich Hölderlin, *Sämtliche Werke und Briefe* (= *SWB*), Bd. 2, hg. v. J. Schmidt, Frankfurt am Main: Deutscher Klassiker Verlag 1994, S. 532.

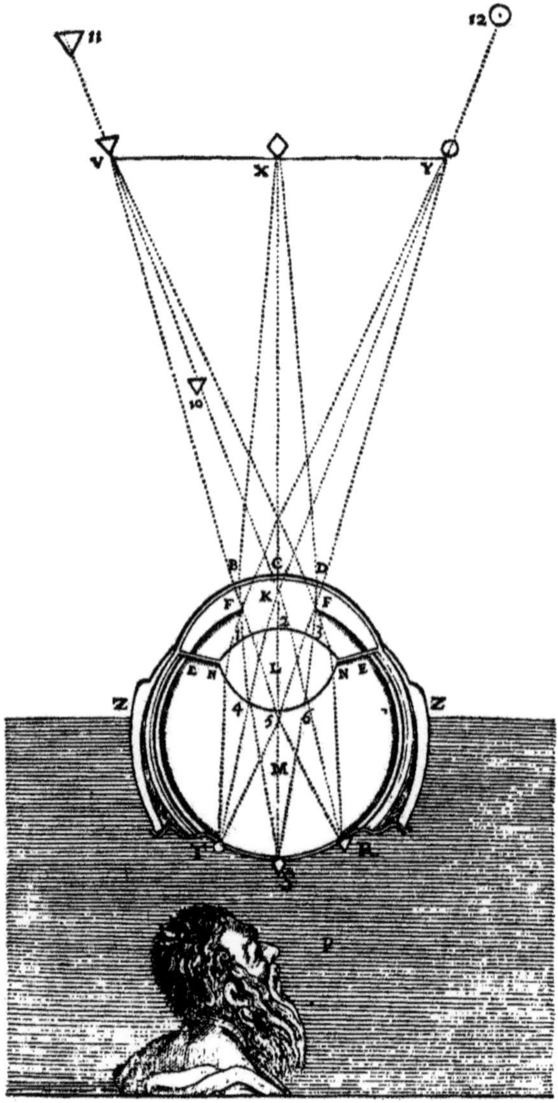
11
12
V
X
Y
10
B
C
D
F
K
F
2
3
L
E N
N E
Z
Z
4
5
6
M
T
R
S
P

Das Ich, das Auge, die Stimme

Für Roger Dragonetti, der den Weg zu jeder Valéry-Lektüre eröffnet hat

Das Ich und das Auge, 1

Die hier abgebildete Figur findet sich im Kapitel V der *Dioptrik*, das den Titel *Von den Bildern, die sich am Grund des Auges bilden* trägt. Descartes verwendet sie, um das folgende Experiment zu illustrieren:

> Wenn Sie das Auge eines eben verstorbenen Mannes oder, in Ermangelung dessen, das eines Ochsen oder eines anderen großen Tieres nehmen und an dessen Rückseite mit Geschick die drei Häute abschneiden, die es bedecken, so dass ein großer Teil der Flüssigkeit freiliegt, ohne dass etwas davon ausläuft; wenn Sie dann, nachdem Sie es mit irgendeinem weißen Körper wieder bedeckt haben, der so durchsichtig ist, dass das Licht hindurch scheinen kann, wie zum Beispiel ein Stück Papier oder eine Eierschale RST, das Auge in ein dafür angefertigtes Loch eines Fensters, wie Z, legen, so dass die Vorderseite BCD der Stelle zugekehrt ist, an der sich die verschiedenen Gegenstände VXY befinden, die von der Sonne beleuchtet werden, und die Hinterseite, wo sich der weiße Körper RST befindet, zum Innern des Zimmers P gerichtet ist, in dem Sie sich befinden und in das kein anderes Licht fallen darf als das, was durch das Auge durchdringt, dessen sämtliche Teile von C bis S, wie Sie wissen, durchsichtig sind. Wenn Sie dies getan haben und nun den weißen Körper RST betrachten, werden Sie nicht ohne Bewunderung und Freude ein Bild sehen, das auf etwas unbedarfte Weise alle äußeren Gegenstände perspektivisch repräsentiert.[1]

Mit diesem Experiment möchte Descartes eine Theorie des Sehens beweisen, der zufolge jeder Akt des Sehens eigentlich ein geistiges Urteil des denkenden Subjekts ist; kein konkreter Blick also, sondern ein *ego cogito me videre*, ein »ich denke zu sehen«, eine Reflexion des Ich ausgehend von den sinnlichen Zeichen, die am Grund des Auges gezeichnet werden. Das wahre Subjekt des Sehens, das denkende Ich, befindet sich in einer analogen Position zum Auge, wie der bärtige Mann in der Abbildung – ein Mann, der, man weiß nicht von woher, im Dunkeln seines Observatoriums aufgetaucht ist – durch eine Eierschale die Bilder beobachtet, die sich am Grund eines von der Augenhöhle einer Leiche herausgerissenen Auges bilden.

Wer ist dieser bärtige Mann? Eine solche Gestalt hat sicherlich keinen realen Ort in unserem Gehirn. Das *ego cogito* hat keine Ausdehnung und ist immateriell; seine Verbindung mit dem Körper lässt sich daher auf keinen Fall in dieser Weise darstellen. Auch Descartes ist sich dessen derart gewiss, dass er im darauffolgenden Kapitel schreibt:

> Man darf sich die Sache nicht so vorstellen, [...] dass es die Ähnlichkeit ist, mittels derer das Bild uns die Dinge empfinden lässt, als ob es noch andere Augen in unserem Gehirn gäbe, durch die wir sie wahrnehmen könnten.[2]

Der bärtige Mann ist nicht das Ich; ihn gibt es nicht, er ist eine Fiktion; und doch ist es gerade dank dieser Fiktion, dass sich dem denkenden Ich ein Raum eröffnet und sein Verhältnis zur Empfindung erfassen lässt.

Durch die ironische Verdoppelung, die das Bild ins Werk setzt, wird das sehende Auge zum gesehenen Auge, das Sehen transformiert sich in ein *sich sehen Sehen*, in eine *Repräsentation* im philosophischen, aber auch im *theatralischen* Sinn des Wortes.

Dieser bärtige Mann in der Abbildung der *Dioptrik*, der eingeschlossen in sein Schattentheater die Bilder am Grund des Auges betrachtet, ist ein Vorbote, der die Erscheinung von Herrn Teste ankündigt, als hätte die Radierung, die die Platte einkerbt, drei Jahrhunderte im Voraus das wackelige Profil dieser »vollkommen unmöglichen Figur« (Œ, 2, 138)[3] fixiert, von der, wie wir wissen, »es kein gesichertes Bild geben kann«(Œ, 2, 63).

Das Ich und das Auge, 2

In seinen *Philosophischen Bemerkungen* beschreibt Wittgenstein ein Experiment, das möglicherweise nicht ganz zufällig an jenes von Descartes aus der *Dioptrik* erinnert:

> Angenommen mein Augapfel sei hier hinter dem Fenster befestigt, so daß ich das meiste durchs Fenster sehen würde. Dann würde dieses Fenster die Rolle eines Teiles meines Körpers übernehmen können. Was nah am Fenster ist, ist mir nahe. (Ich nehme an, daß ich mit einem Auge dreidimensional sehe.) Außerdem nehme ich an, daß ich meinen Augapfel im Spiegel zu sehen imstande bin, und etwa an den Bäumen draußen ähnliche Augäpfel wahrnehme.
>
> Wie kann ich nun erkennen, oder zu der Annahme kommen, daß ich die Welt durch die Pupille meines Augapfels sehe? Doch nicht wesentlich anders als dadurch, daß ich sie durch das Fenster sehe, oder etwa durch ein Loch in einem Brett, hinter dem unmittelbar mein Auge liegt.[4]

Vergleichen wir dieses hypothetische Experiment mit dem der *Dioptrik*. Auch hier gibt es ein Auge, das aus seiner Augenhöhle gerissen und an einem fremden Ort fixiert wurde; auch hier geht es um das Subjekt des Sehens. Allerdings begründet die grausame Entfernung des Auges hier kein Subjekt des Sehens, es gibt keinen bärtigen Mann, der sich die Bilder aneignet, die eine unbedarfte Perspektive am Grund des Auges zeichnet. Wenn sich das Auge in einem Spiegel selbst beobachten und in einer albtraumhaften Landschaft andere, an Bäumen hängende Augäpfel sehen könnte, dann würde nichts im Gesehenen die Existenz eines Ich als Grund des Sehens voraussetzen.

Übrigens bekräftigte Wittgenstein bereits im *Tractatus logicophilosophicus*, dass das Ich unmöglich durch das Sehen zu erreichen sei:[5]

> 5.633 Wo *in* der Welt ist ein metaphysisches Subjekt zu merken?
> Du sagst, es verhält sich hier ganz wie mit Auge und Gesichtsfeld. Aber das Auge siehst du wirklich *nicht*.
> Und nichts *am Gesichtsfeld* läßt darauf schließen, daß es von einem Auge gesehen wird.
>
> 5.641 Das philosophische Ich ist nicht der Mensch, nicht der menschliche Körper, oder die menschliche Seele, von der die Psychologie handelt, sondern das metaphysische Subjekt, die Grenze – nicht ein Teil – der Welt.

Wenn der bärtige Mann der *Dioptrik* in seiner Dunkelkammer der eine Pol der Erfahrung ist, der den Namen Teste trägt, ist das punktuelle und verschwindende Ich Wittgensteins, Grenze und nicht Teil der Welt, der andere Pol. Teste bewegt sich zwischen einer Theaterszene und einer unsichtbaren Grenze, zwischen dem, was man nur sehen, und dem, was in keiner Weise gesehen werden kann.

Das Theater des Herrn Teste

Die cartesianische Abstammung von Teste muss nicht erst erwiesen werden. Valéry selbst bezieht sich mehrmals auf seinen Helden als »mein cogito«, und am Ende seines »Abends«, bevor er sich in den Schlaf gleiten lässt, hören wir Teste genau die cartesianische Formel des Sehens wiederholen: »Ich bin sehend und mich sehend; ich sehe, wie ich mich sehe, und so fort …« (»Je suis étant et me voyant; me voyant me voir, et ainsi de suite …«, *Œ*, 2, 25). Eine Anmerkung in Valérys *Cahiers* von 1926 definiert Teste als einen »intime[n] Apostel der *consciousness*, […] ein Mystiker und ein Physiker der reinen und angewandten *Self-conscience*« (*C*, 262). Dieser »Oger« oder persönliche Unhold, auf den Valéry zurückgreift, »wenn er nicht vernünftig ist« (*C*, 21), ist also zuallererst eine Allegorie des Selbstbewusstseins, die natürlich im Kielwasser jenes philosophischen Abenteuers steht, in das Descartes den modernen Menschen geschickt hatte, indem er dessen Gewissheiten in jenem Moment gründete, in dem alles im Zweifel Schiffbruch zu erleiden schien.

Die Unternehmung Valérys ist aber weitaus mehr als nur eine einfache Wiederaufnahme der cartesianischen Erfahrung des *cogito*. Die von ihm vorgenommene Wiederaufnahme ist nämlich zugleich eine Dekonstruktion, kraft deren das, was Prinzip und Fundament war, zur theatralischen Fiktion und unmöglichen Grenze wird. Mehrmals beharrt Valéry auf dem funktionalen und operativen Charakter seines »ego«, um der Gefahr der Substantialisierung entgegenzutreten. Was er versucht, so lesen wir in einer Passage, die die Geburt seines Systems dokumentiert, ist, »die *Funktion des Ich* zum Äußersten zu treiben – und nicht seine Personalisierung« (*C*, 847); und noch 1941, als er vier Jahre vor seinem Tod auf Teste zurückkommt, stellt er dessen rein funktionalen Sinn in der Frage »Was kann ein Mensch?« (*C*, 196) fest.

Es wird also deutlich, dass sein »ego« – im Unterschied zu dem von Descartes, welches sich »vom Medusenblick des Verbs Sein verzaubern ließ« (*C*, 219) – keinerlei Zugang zum Sein eröffnen kann. Dem cartesianischen »Ich denke, also bin ich« stellt der Orakelkopf, den Valéry auf der imaginären Insel Xiphos (die sehr gut Testes' Heimat sein könnte) verortet, sein »Ich bin nicht; ich denke« (*Œ*, 2, 439) entgegen.

In dieser Perspektive erscheint Descartes' Unternehmung mehr wie ein Roman (»Ich habe vor kurzem den *Diskurs über die Methode* wiedergelesen, er ist wahrlich ein moderner Roman, so wie man ihn machen könnte« – *Œ*, 2, 1381) oder wie ein theatralischer und mimischer Effekt (»Das cartesianische Cogito darf nicht für sich analysiert werden [...] – für sich genommen bedeutet es nichts. Es ist ein herrlicher Aufschrei, ein Einsatz in einem Drama, eine literarische Bewegung« – *C*, 609; »Es bedeutet wie die Mimik« – *C*, 609) denn als eine an sich seiende Wirklichkeit.

Daher ist Teste jener »Fiktion«, die der bärtige Mann der *Dioptrik* darstellt, weitaus näher als dem *ego cogito* des *Diskurs über die Methode* oder der *Meditationen*. Was bei Descartes nämlich die intime Offenbarung einer ursprünglichen und unmittelbaren Anwesenheit war, wird hier ein Theater, das nichts anderes als seinen »rein fiktionalen Raum« begründet, wie der Mime, von dem Mallarmé spricht:

> Hier vorgreifend, dort erinnernd, in der Zukunft, in der Vergangenheit, *unter einem falschen Anschein der Anwesenheit*. So wirkt der Mime, dessen Spiel sich mit einer ewigen Andeutung begnügt, ohne jemals das Eis zu brechen.[6]

Das Ich und das Auge, 3

Die Idee der Anwesenheit (Anwesenheit der Seele für sich selbst sowie der realen Dinge für sie), welche die abendländische Metaphysik und ihr Wissen beherrscht, gründet auf der Möglichkeit einer *Anwesenheit des Blickes* (dem Auge, das sich selbst unmittelbar im Spiegel sieht: Bei dieser Möglichkeit verweilt die Antike) oder auf der einer *Anwesenheit des Bewusstseins* (der Möglichkeit der Rede, sich durch das Pronomen ich unmittelbar auf die Stimme des Sprechers zu beziehen, die sie ausspricht).

Während er das Geheimnis jener »schwarzen Empfindungs- und Verbindungs-Maschine, die sich ununterbrochen in die Gegenwart zurücksetzt« zu durchdringen versucht, die für ihn der menschliche Körper ist, bringt Valéry zunächst die erste dieser beiden Möglichkeiten ins Spiel und führt sowohl ins Sehen als auch ins Bewusstsein einen Aufschub und eine Verdoppelung ein. Im Brief an Pierre Louÿs, einem grundlegenden Text, stellt er in der Tat ein Experiment vor, das mit der Gleichsetzung von Ich und Auge bricht, auf die der Subjektivismus gründet, und transformiert die ursprüngliche Erfahrung des Ich, so wie es sich dem Blick offenbart, in eine großartige Pantomime in Zeitlupe vor dem Spiegel. Nachdem er von der wechselseitigen Implikation von Ich und Gleichzeitigkeit gesprochen hat, schreibt er:

> Du schaust Dich in den Spiegel, gestikulierst, streckst die Zunge aus … Gut. Nimm nun an, dass ein böser Gott seinen Spaß daran hatte, die Lichtgeschwindigkeit irrsinnig zu senken.
>
> Du befindest Dich 40 cm vom Spiegel entfernt. Vorher kam Dein Bild nach dem 2,666… milliardsten Bruchteil einer Sekunde. Aber der Gott hat daran seinen Spaß gefunden, den Äther zu verdichten. Und jetzt siehst Du Dich nach einer Minute, einem Tag, einem Jahrhundert, *ad libitum*.

> Du siehst Dich jetzt mit Verzögerung gehorchen. Vergleiche dies mit dem, was passiert, wenn Du ein Wort suchst, ein Name, der Dir »entfallen« ist.
>
> Diese Verzögerung ist die gesamte Psychologie – die man paradoxerweise so definieren könnte: als das, was zwischen einer Sache … und ihr selbst geschieht![7]

In diesem Abstand und in dieser Verzögerung, die sich zwischen Ich und Selbst einschleicht, verliert die Idee einer unmittelbaren Anwesenheit des Blickes in der Re-flexion, auf die die Metaphysik ihre ursprüngliche Gewissheit gründete, jegliche Stichhaltigkeit; das Bewusstsein wird nicht länger zum Ort einer Anwesenheit, sondern einer Verzögerung, einer Abwesenheit, einer Leerstelle. In diesem schwindelerregenden mimischen Abstieg des Ich jenseits des Ich öffnet sich allerdings ein anderes Auge, ein anderer Blick, unpersönlich, immateriell, engelhaft, im dem sich das kleine Schattentheater der *Dioptrik* mit Wittgensteins subjektlosem Szenario überblendet. Teste ist dieser andere Blick; er ist in Wahrheit, der von Valéry vorgeschlagenen Etymologie zufolge, *Testis*, der Zeuge, ein »›ewiger‹ Beobachter, dessen Funktion sich darauf beschränkt, das System zu wiederholen und immer wieder zu zeigen, dessen augenblicklicher Bestandteil jenes *Ich* ist, das sich für das Ganze hält« (*Œ*, 2, 64); mit anderen Worten und die Etymologie weiterführend, der »Dritte« (der lat. Ausdruck *testis* stammt den Etymologen zufolge von einem archaischen **tristis*, was so viel heißt wie »jener, der sich an dritter Stelle hält«) zwischen Auge und Welt und zwischen Ich und Selbst, eine Art »Ich des Ich« (*C*, 121) oder »Ante-ego« (*C*, 847). Als solcher ist Teste etwas, das seinerseits weder begriffen noch gesehen werden kann: Wie das Ich, von dem Wittgenstein spricht, »schrumpft [es] zum ausdehnungslosen Punkt zusammen« (*Tract.*, 5.64). Es »gehört nicht zur Welt, sondern es ist eine Grenze der Welt.« (*Tract.*, 5.632)

Das Ich und die Stimme, 1

War die unmittelbare Gleichsetzung von Ich und Auge sowie die Begründung des Subjekts als Einheit von Sehendem und Gesehenem in der Erfahrung des Spiegels theatralisch einmal aufgelöst, blieb allerdings weiterhin noch das andere Prinzip, mit dem die abendländische Metaphysik die Konsistenz des Subjekts zu erweisen versucht: seine unmittelbare Präsenz in der Erfahrung der Rede durch die Indikatoren der Aussage und vor allem durch das Pronomen *ich*.

Valéry war so fasziniert vom Pronomen »ich«, dass sein ganzes Werk (und in erster Linie *Monsieur Teste*) als nichts anderes als eine Reflexion über und einen Kampf mit dem *ich* betrachtet werden kann. Mit erstaunlichem Scharfsinn nimmt er die Entdeckungen der modernen Linguistik über die besondere Natur des Pronomens als Indikator der Aussage vorweg:

> Bevor die sprachliche Äußerung überhaupt etwas *bedeutet*, *signalisiert* sie, dass *jemand spricht*. Dies ist in der Tat grundlegend und von den Linguisten nicht bemerkt worden. (*C*, 466)

> Das *Ich* oder *Mich* [le *Je* ou *Moi*] ist das Wort, das mit der Stimme verbunden ist. Es ist gleichsam der Sinn der Stimme selbst – diese als ein Zeichen gesehen. Jede Stimme sagt zu allererst: *Jemand spricht*, ein *Ich*. (*C*, 466)

An einer Stelle vergleicht er die Sprache mit einem sehr unvollkommenen Schachspiel, in der die Erscheinung des Pronomens *ich* der Erfindung einer Figur entspricht, deren Merkmale sich von allen anderen unterscheiden:

> Es gab einmal ein Schachspiel – ein sehr unvollkommenes. Die einzelnen Bestandteile waren sehr schlicht, die Gesetze zu mathematisch, die Vorhersage möglich, usw., bis jemand die Idee hatte, eine neue Schachfigur einzuführen mit eigentümlichen

> Eigenschaften, z.B. die, keine bleibenden Eigenschaften zu haben, sondern sie der jeweiligen Spielsituation zu entlehnen.[8]

Auf diese Weise hat Valéry bereits am Anfang seiner Überlegungen über das Pronomen jene Eigenschaften klar identifiziert, die Benveniste viele Jahre später in seinen Untersuchungen über *Die Natur der Pronomen* und *Über die Subjektivität in der Sprache* festhalten wird: die rein sprachliche Wirklichkeit des Subjekts und die Tatsache, dass es sich ausschließlich über das jeweilige Redeereignis definiert.

> Welches ist also die »Realität«, auf die sich *ich* [...] bezieht? Einzig und allein eine »Realität des Diskurses«, was eine ganz besondere Sache ist. [...] *Ich* bedeutet »die Person, welche die gegenwärtige Redeinstanz, die *ich* enthält, aussagt«. [...] *[I]ch* kann nur identifiziert werden durch die Redeinstanz, die es enthält.[9]

Wenn diese rein sprachliche Beschaffenheit des Ich einmal festgestellt ist, kann Valéry jegliche Illusion einer personalen und substantiellen Wirklichkeit des Subjekts auflösen, jeden Anspruch des *Je*, sich in einem *Moi* zu verkörpern. Ebenso wie er den rein theatralischen Charakter des Subjekts des Sehens in Descartes' *Dioptrik* erfasst hat, so warnt er jetzt vor der Idee, dass *moi* etwas Einheitliches und unmittelbar Präsentes ausdrücken könnte. Da es keine andere Beschaffenheit hat als jene, die ihm die jeweilige Rede, in der es vorkommt, verleiht, ist das Subjekt der Sprache »eine doppelte Spielfigur, zugleich in- und außerhalb des Spiels«, welche notwendig einem Aufspaltungs- und Gleitprozess unterliegt.

> Mein Hut ist der Hut meines Kopfes. Mein Kopf ist der Kopf meines Körpers. Mein Körper ist der Körper ... meines Geistes. Mein Geist ist mein Geist.[10]

Wie das metaphysische Subjekt Wittgensteins ist auch das Ich Valérys eine reine substanzlose Grenze; aber im Unterschied zu jenem (von dem er im *Tractatus* sagt: es »läßt sich nicht *sagen*, sondern es zeigt sich« – Satz 5.62), kann man es nur *sagen* und niemals *zeigen*.

Man versteht, weshalb sich für Valéry nun das Problem stellt, »das *Ich* zu beseitigen« und »sich von diesem Wort zu befreien«.[11] Kann man es übersteigen, da seine Natur rein sprachlich und theatralisch ist? Ist es also für den Sprecher möglich, etwas jenseits von »demjenigen, der sich sagt« zu erreichen?

Das Ich und die Stimme, 2

Diese Fragen führen uns ins Herz des poetischen Problems Valérys. Bekanntlich neigte er immer dazu, sein dichterisches Werk herunterzuspielen, und ging so weit, ein regelrechtes Misstrauen gegenüber der Dichtkunst an den Tag zu legen. Bis wenige Wochen vor seinem Tod hat er allerdings nicht aufgehört, sich an ihr zu messen. In der Dichtung liegt in Wirklichkeit auch das *experimentum crucis* Valérys, weil es notwendigerweise die Dichtung ist, in der jeder Versuch, das Ich abzuschaffen und zu überwinden, stattfinden muss. Einer Tradition zufolge, die mit der abendländischen Dichtung übereinstimmt, ist derjenige, der in der Dichtung spricht, nicht das Subjekt der Sprache, sondern ein *anderer*, mag er nun Muse, Gott, Liebe oder Beatrice heißen. Die Dichtung hat sich schon immer vom normalen Zustand des Sprechaktes entfremdet: Sie ist eine Rede, in der *Ich* nicht spricht, sondern sein Wort von woandersher empfängt (als »inspiriertes« Wort, in der der Geist, *spiritus*, der »Hauch«, unmittelbar zur Sprache kommt). Mallarmé, dessen Dichtung für Valéry stets eine entscheidende Erfahrung blieb, hatte versucht, diese Abschaffung des Ich im poetischen Schreiben zum Äußersten zu treiben; was er damit aber jenseits des Subjekts der Aussage gefunden hatte, war nichts anderes als die Sprache selbst. Der destruktive Akt der Muse (»Die Zerstörung war meine Beatrice«[12]) bringt die Sprache selbst zu Wort.

Worin unterscheidet sich Valérys poetisches Verfahren von dem Mallarmés? Ein Fragment von 1939 beantwortet diese Frage auf unmissverständliche Weise:

> Aber *wer* spricht *faktisch* in einem Gedicht? Mallarmé wollte, dass es die Sprache selbst sei.
>
> Für mich – wäre es – das *lebendige* und *denkende* Sein (*ein Gegensatz dies*) – das das Selbstbewusstsein dazu antreibt, sich die Sinnlichkeit anzuverwandeln – indem es ihre Eigenschaften in ihren Implexen – Resonanzen, Symmetrien usw. – auf den *Bändern* der *Stimme* entfaltet. Kurz, die *Sprache* hervorgegangen aus der *Stimme*, nicht die *Stimme* aus der Sprache. [*C*, 293]

Valérys Unterfangen besteht folglich darin, sich jenseits des Ich an Körper und Sinnlichkeit zu richten, ohne es abzuschaffen. Die Stimme (»auf den Bändern der Stimme«) ist das Element, das – sofern es sich zugleich mit der Sprache und dem Körper berührt – diese Naht zwischen Bewusstsein und Empfindung, zwischen Ich und Körper ermöglichen könnte. Aber gibt es diese Möglichkeit wirklich?

In einem zentralen Moment seines Gedichts *La Pythie* beschreibt Valéry das Drama der unmöglichen Suche nach einer Stimme, die weder die Stimme des Ich noch die der Sprache ist; eine Stimme, die vielmehr aus der Tiefe des eigenen Körpers hervorgeht. In diesem Gedicht Valérys verweigert nämlich Pythia, die Verkörperung des inspirierten Wortes und des besessenen Körpers schlechthin, die Inspiration und möchte nicht, dass ein anderer an ihrer Stelle spricht:

> Ach, mich halb den Geistern offenbarend,
> hab ich mein eigenes Geheimnis verloren ...
> Ein ehebrechender Verstand
> bewegt einen Leib, den er erfasst hat!
> [...]
> Wer spricht mich an meiner Statt? (*Œ*, 1, 131)

Wenn sie aber – nachdem sie im eigenen Fleisch und Blut gestochert hat – endlich redet, ist es nicht leicht zu sagen, worin die »Stimme niemandes«, die wir hören, sich von der Stimme der Sprache unterscheidet:

> Stolz der Menschen, Heilige SPRACHE,
> Prophetische und geschützte Rede
> Schöne Ketten, in denen sich ergeht,
> Der Gott durch die Wirrsal des Fleisches,
> Erleuchtung, Freigiebigkeit!
> Hier spricht eine Weisheit,
> Und erschallt jene erhabene Stimme,
> Die sich erkennt, wenn sie ertönt,
> Die Stimme niemandes mehr sein,
> Nur die der Wellen und der Wälder. (*Œ*, 1, 136)

Wenn die Stimme der Poesie die Stimme von niemandem ist, dann gibt es keine Möglichkeit, eine Stelle zu finden, an der das Ich oder der Körper unmittelbaren Zugang zu ihr gewähren würden. Und doch gibt es einen Ort – einen Ort, der vielleicht die intimste Erfahrung Valérys darstellt –, in dem sich das Ich wirklich selbst zu überwinden scheint, um jenseits der Sprache »die dunkle Substanz, die wir, ohne es zu wissen, sind« (*Œ*, 2, 183), zu erreichen.

In *Dialog über den Baum* wird diese dunkle Zone jenseits des Subjekts als »Quelle der Tränen« und als »das Unaussprechliche« (*ebd.*) bezeichnet. Es empfiehlt sich, diese außergewöhnliche Passage nochmals zu lesen, auf die Roger Dragonetti in einer vorbildlichen Studie aufmerksam gemacht hat:

> […] und dort, im Schoß der Finsternis, wo das verschmilzt, was unserer Art, unserer lebendigen Materie und unseren Erinnerungen, unseren Kräften und verborgenen Schwächen angehört, und mit der formlosen Empfindung sich verbindet, nicht immer gewesen zu sein und einmal enden zu müssen, eben dort befindet sich, was ich die *Quelle der Tränen* genannt habe: DAS UNAUSSPRECHLICHE. Denn unsere Tränen sind, meiner Meinung nach, der Ausdruck unserer Unfähigkeit, durch Worte die Last dessen, was wir sind, auszudrücken, und das heißt loszuwerden. [Œ, 2,183][13]

In den Tränen scheint sich das Subjekt der Sprache abzuschaffen, um das, was jenseits der Stimme und jenseits »der stummen Ränder des Wortes« liegt, zu offenbaren; aber diese Erfahrung ist noch einmal die Erfahrung einer Grenze, einer »Unfähigkeit auszudrücken«, ein Schiffbruch im Unsagbaren und keine positive Realität. Die Grenzen der Stimme sind in Tränen verhüllt.

Unter diesem Blickwinkel erschließt sich die ganze Bedeutung der Frage, mit der *Die junge Parze* beginnt (jener Gedichtsammlung, die in einer ihrer ersten, fragmentarischen Fassungen ausgerechnet den Titel *Träne* trug):

> Wer […] weint hier
> […] Wer weint?
> So nahe mir, die selbst dem Weinen so nah ist? (Œ, 1, 96)

Auch die junge Parze (die, wenn wir einem Brief Valérys Glauben schenken, ebenfalls eine Figur des »bewussten Bewusstseins« ist und die nicht zufällig vor einem Spiegel das *cogito* von Teste wiederholt: *ich sah mich mich sehen* (*je me voyais me voir*) versucht, an die »Quelle der Tränen« zu gelangen und sich im eigenen intimsten Geheimnis aufzulösen; aber ihre Erwartung wird enttäuscht wie jene der Pythia, wenn auch in die entgegengesetzte Richtung:

> Vergebliches Warten, vergeblich … Sie kann nicht sterben,
> die vor ihrem Spiegel weint, um sich zu erweichen. (Œ, 1, 107)

Wie das Subjekt des Sehens (der bärtige Mann der *Dioptrik*) sich mit dem Auge in Fleisch und Blut nicht vereinen kann, wie es, um einfach zu weinen, um im Weinen die Ebene seines unsagbaren Zentrums zu erreichen, aufhören müsste, sich weinen *zu sehen*, und gezwungen wäre, den Spiegel zu zerstören (also sich selbst abzuschaffen), so kann das Subjekt der Sprache – die »Bänder« der Stimme entlanggehend – die Quelle der Tränen nicht berühren. Nur im Sterben könnte das Ich einen Durchgang über sich selbst hinaus eröffnen; aber gerade dazu ist das Ich nicht in der Lage, weil das Bewusstsein – diese reinste theatralische Fiktion – nicht sterben, sondern sich nur unendlich wiederholen kann.[14]

Es wird nun verständlich, warum Valéry, den Nachfragen der Kritiker ausweichend, den Tod von Teste im Vagen belassen hat.[15] Da er als Allegorie des Bewusstseins eine reine Grenze, eine »Mauer« und zugleich einen »Spiegel« darstellt, ist Teste nicht nur ewiger Beobachter, sondern auch ewig »Sterbender« (Œ, 2, 74), dem die Erfahrung des Todes versagt bleibt. Bis zuletzt ist der Tod für ihn nur eine »Versuchung«, »etwas Unvorstellbares, das sich in den Geist mal in Gestalt des Begehrens und mal in der des Grauens einschleicht« (Œ, 2, 75). Was aber jenseits jenes Begehrens und dieses Grauens liegt, wird keine *Stimme* sagen können. Valérys Unterfangen bleibt ohne Antwort.

Anmerkungen

1 *Œuvres de Descartes*, Bd. VI, hg. v. Charles Adam und Paul Tannery, Paris: Cerf 1902, S. 115.
2 Ebd., S. 130.
3 Die *Œuvres* von Valéry, Paris: Gallimard, Bd. I, 1957, Bd. II, 1960) werden mit der Sigle *Œ* zitiert, auf die Band und Seitenzahl folgen; die *Cahiers*, Paris: Gallimard, Bd. I, 1973) mit der Sigle *C* und nachfolgend der Seitenzahl.
4 Ludwig Wittgenstein, *Philosophische Bemerkungen*, Frankfurt am Main: Suhrkamp 1984, S. 101.
5 Ludwig Wittgenstein, *Tractatus logico-philosophicus* (= *Tract.*), Frankfurt am Main: Suhrkamp 1984, S. 68.
6 Stéphane Mallarmé, *Crayonné au théâtre*, in: Ders., *Œvres complètes*, Bd. II, Paris: Gallimard 2003, S. 178f.
7 Paul Valéry, *Lettre à Pierre Louÿs*, in: ders., *Morceaux choisis*, Paris: Gallimard 1930, S. 298.
8 Vgl. Nicole Celeyrette-Pietri, »Le jeu du je«, in: *Paul Valéry contemporain*, hg. v. M. Parent u. J. Levaillant, Paris: Klincksieck 1974, S. 12.
9 Émile Benveniste, *Probleme der allgemeinen Sprachwissenschaft*, übers. v. W. Bolle, München: List 1974, S. 281. [Übersetzung leicht modifiziert – A.d.Ü.]
10 Vgl. Celeyrette-Pietri, »Le jeu du je«, a. a. O., S. 18.
11 Ebd., S. 16 und 18.
12 Stéphane Mallarmé, *Œuvres complètes*, Bd. I, hg. v. B. Marcha, Paris: Gallimard 1998, S. 717.
13 Siehe die Bemerkungen von Roger Dragonetti in: ders., *Aux frontières du langage poetique*, Gent: Romanica Gandensia 1961, S. 149–156.
14 »Es ist uns unmöglich, eine Abschaffung des Bewusstseins vorzustellen, die kein Zufall und endgültig wäre. Dieses kann nichts anderes erfassen als das, was es selbst kann, und kann nicht anders als wiederzukommen.« (*Œ*, 1, 1218).
15 Siehe den Brief an Edmond Jaloux (*Œ*, 2, 1394).

Über die Unmöglichkeit, Ich zu sagen

Erkenntnistheoretische und poetische Paradigmen in Furio Jesi

Umkehrendes Waw

Ich habe eine Übersetzung der *Haggadah* vor mir, die von den Juden während des *seder* gelesen wird, dem rituellen Essen, das an den ersten zwei Abenden des *Pesach*-Fests begangen wird. Jede Geste und jedes Wort der Teilnehmer wie auch jeder Bestandteil der Mahlzeit – von den *matzot*, den ungesäuerten Broten, welche an die hastige Flucht erinnern, die den Broten keine Zeit zum Aufgehen ließ, bis hin zum *maror*, den bitteren Kräutern, Symbol der Sklaverei – erinnern gleichsam an einen Aspekt, eine Einzelheit, ein Ereignis aus dem Tag, den Jahwe auserkoren hat, um das auserwählte Volk aus Ägypten zu befreien, dem 14. von *nissan*, genau vierhundert Jahre nach der Geburt Isaaks. Das *Pesach*-Fest ist aber nicht allein auf die Vergangenheit gerichtet. Gemäß der rabbinischen Lehre, »in *nissan* wurden sie erlöst und in *nissan* werden sie erlöst werden«,[1] nimmt das Fest auch die messianische Erlösung vorweg. Und wenn es stimmt, dass für die Juden die messianische Zeit immer auch die Umkehrung von Vergangenheit und Zukunft bedeutet (Scholem, mit einer Kategorie des hebräischen Verbs spielend, wird diesbezüglich von einer »Zeit des Waw ha-Hippukh«,[2] eines umkehrenden *waw* sprechen), dann impliziert die Zeit dieses Festes – jedes Festes – eine Transformation der Zeit, in der Vollendetes und Unvollendetes, Vergangenheit und Zukunft die Rollen tauschen. Das ist womöglich der Grund, weshalb Walter Benjamin – der nicht religiös erzogen wurde, aber sein Leben lang an der Interpretation der messianischen Zeit arbeitete – im April 1922 Scholem gegenüber den Wunsch äußerte, im Haus von Moses Marx einem *seder* »gemäß dem jüdischen Ritual streng traditioneller Art«[3] beiwohnen zu dürfen.

Die anthropologische Maschine

Für Jesi, der sich aus Gründen, die wir vielleicht erahnen können, in seiner Arbeit als Mythenforscher mit jüdischem Material nur am Rande beschäftigt hat, ist das Problem des Festes – der festlichen Zeit – jedoch absolut zentral. In den zwei Essays, die die Sammlung *Das Fest* (1977) jeweils einleiten und abschließen, stellt es sich sogar als das anthropologische Problem *par excellence* dar: das der Möglichkeit – oder Unmöglichkeit – des Festes, seiner Erkennbarkeit oder Unerkennbarkeit. Verfolgt man die antifestliche Tradition der Moderne von Proust bis Musil, dann erscheint das Fest auch hier als etwas, zu dem wir keinen Zugang mehr haben – in den Worten Kerényis, als »etwas Totes, sogar Groteskes, wie die Bewegungen eines Tänzers für jemand, der gerade sein Gehör verloren hat und die Musik nicht wahrnimmt« (*Festa*, 6).[4] Überraschend taucht das Fest aber am Ende doch wieder auf, und zwar in der ethnographischen Betrachtung des Festes der »Andersartigen«. Worum es dabei geht, ist der Versuch des Ethnologen, »sein eigenes Ich und das Verhältnis dieses Ich zu Seinesgleichen erkenntniskritisch anzugehen« (*Festa*, 13). Das Festliche ist hier nichts Reales mehr, das dem Ethnologen von seinem eigenen Ort aus – den Primitiven, den

Andersartigen – begegnet, damit er sich in diesen wiedererkenne. Es ist vielmehr die Situation, in die der Ethnologe selbst die Andersartigen versetzt, um durch sie die Solidarität mit seinesgleichen wiederzufinden und um sich zugleich von seinem Ich zu befreien. Es ist kein Zufall, dass Jesi ausgerechnet in diesen zwei Texten das für ihn charakteristische epistemologische Paradigma ausarbeitet: die »mythologische Maschine«. Wie es für den Mythenforscher keine mythische Substanz geben kann, sondern nur eine Maschine, die Mythologien produziert und die hartnäckige Illusion hervorbringt, den Mythos hinter ihren eigenen undurchdringlichen Wänden zu verbergen, so gibt es auch für den Anthropologen keinen »universellen Menschen« an und für sich, wirklich und real, jenseits oder diesseits des Ich und der Anderen, der Ähnlichen und der Andersartigen. Es gibt keinen universellen Menschen, der im Fest seine bevorzugte Epiphanie finden würde, da »die Menschheit im Zustand der intensivsten Verdichtung paradoxerweise mit dem Höchstmaß an Differenz zusammenfällt« (*Festa*, 13).

Über das Schreiben von Romanen

Mythologische Maschine und anthropologische Maschine sind für Jesi nicht nur epistemologische Paradigmen. Zwei Entwürfe zum Vorwort in dem Sammelband *Materiali mitologici* (1979), die aus den unveröffentlichten Papieren geborgen werden konnten, informieren uns über sein eigenes Verständnis dieses Modells und über die vitale Bedeutung, die es für ihn hatte. Die Maschine ist kein neutrales Paradigma, das sich zwischen dem Subjekt und dem erkannten Objekt ansiedelt; vielmehr ist die

Struktur des erkennenden Subjekts als solches (in diesem Fall die des Mythenforschers Furio Jesi) darin verwickelt. Wie im Wachsausschmelzverfahren zeichnet sie dessen Ansprüche und Bedürfnisse nach, um schließlich mit dem Erkenntnisprozess in eins zu fallen.

> Das Modell der mythologischen Maschine bleibt im Rahmen meiner Forschung wirksam und befriedigt auf die beste Weise die erkenntniskritischen Bedürfnisse, die ich beim Erforschen der Mythologie verspürt habe. Es füllt deren Form allerdings nur in dem Maße vollständig aus, wie die Maschine selbst hohl bleibt; wenn sie also keine runde, abgeschlossene Gestalt annimmt. Um bei der Metapher zu verweilen, das Modell bleibt wirksam, brauchbar, nur solange der Guss in jenen Formen eine so geringfügige Menge an Materie enthält, dass beim Abdruck nur eine ganz feine Schicht haften bleibt. Diese gibt dann dessen Hohlraum getreu wieder, im Gegensatz zu einem üppigen Strom, der jeden Hohlraum füllt, ihn zuschüttet, wie beim Standbild […]. Jene dünne Schicht ist der Anlass wie auch der aktuelle Vollzug der Mythenforschung als solcher, deren Modalitäten, organisch zusammengenommen, die mythologische Maschine bilden: Sie ist zugleich Gegenstand und Weise der Erkenntnis. (*Cult. ted.*, 93)[5]

Gerade weil die Maschine ihren Platz im Ich des Mythenforschers hat und sich dort ansiedelt, kann sie ihre Funktion erfüllen, nämlich den direkten Kontakt und »Kurzschluss« zwischen der »mythologischen Materie […] und dem Kern unserer Fähigkeiten zur Bildung und Wahrnehmung von Mythologie« (*Cult. ted.*, 93) zu verhindern.

Im zweiten Entwurf seines *Vorworts* werden der persönliche Charakter und die Bedeutung dieses Paradigmas sowie sein Verwickeltsein in die Schreibtechnik des Autors noch expliziter ausgesprochen. Jesi scheint sich an der Stelle beinahe dafür zu entschuldigen, seine Forschung zuweilen in theoretischen Formulierungen von allgemeinem und systematischem Charakter präsentiert zu haben. Darum ging es ihm nämlich in Wirklichkeit nicht, sondern um ein komplexes mimetisch-theatralisches Verfahren, in dem der Autor

> sich mimetisch Aussehen und Gebaren des zeitgenössischen Forschers anverwandelt, der überzeugt ist, das Wahre und Gerechte zu sagen, und diesen Doppelgänger, der mit Gewissheit spricht, neben sein anderes Ich stellt, der den Schein der Wahrscheinlichkeit immer nur zeitweilig anzuerkennen bereit ist. Das Ich, das »sicher« ist, verflicht in diesem Buch seine Rede mit jener des Ich, das nicht nur *jetzt* nicht sicher ist, sondern bezweifelt, es überhaupt jemals sein zu können. Der Technik einer Erkenntnis durch Komposition liegt dieses Geflecht von zwei Stimmen zugrunde, das nicht dialektisch zu nennen ist, es sei denn »dialektisch« bedeutet schlicht und einfach »dramatisch«. Das erkenntnistheoretische Verfahren, das in diesen Seiten zum Einsatz kommt, ist nach Absicht des Autors – die sind, was sie sind, aber doch offengelegt werden müssen – paradoxer Natur, wissenschaftlich *und* künstlerisch. Auf die Frage »Hätten Sie nicht Lust, einen Roman zu schreiben?« kann der Autor dieses Buches nur antworten: Ich habe nie aufgehört, ihn zu schreiben. (*Cult. ted.*, 97)

Ego scriptor

In diesen Passagen identifiziert sich die mythologische Maschine auf gefährliche Weise mit dem Ich des Autors, stimmt mit seiner Möglichkeit oder Unmöglichkeit überein, Ich zu sagen. Sie ist in diesem Sinne ein Abzug oder eine Maske des Ich – oder besser eine zweistimmige Dramatisierung oder Theatralisierung des Subjekts, seines inneren Rhythmus und seiner innersten Spaltung. Die Maschine betrifft also nicht nur die Erkennbarkeit oder Nicht-Erkennbarkeit des Festes, sondern auch die Möglichkeit oder Unmöglichkeit für das Ich des *scriptor*, sich zu erkennen, seinem eigenen »Fest« beizuwohnen:

> Der Erkenntnisrhythmus, der vom Forscher wahrgenommen werden kann, ist der Rhythmus des Funktionierens der anthropologischen Maschine selbst [...]. Die Maschine funktioniert, und zwar funktioniert sie nur nach dem – für sie eigentümlichen – Rhythmus der Enthüllung und Verdeckung des Alltäglichen in einer erkennenden (und nicht in einer epiphanischen) Erfahrung. Im Augenblick, in dem es sich enthüllt, ist das Alltägliche das *Andersartige* – ebenso wie der Mensch der *Andersartige* ist, wenn er uns im festlichen Gewand erscheint. Das Alltägliche in der Phase der Verdeckung und der Mensch im nicht-festlichen Zustand sind das Bekannte und Gleichartige. Das gilt auch für das Ich des Beobachters, des Ethnologen. Der moderne Ethnologe verfügt jedoch nicht über die Fähigkeit, sich selbst zu enthüllen, in festlicher Verfassung zu erscheinen: Es bleibt ihm daher versagt, sein eigenes Ich zu betreten, sofern dieser Zutritt eine vorgängige Distanz und Andersartigkeit zwischen dem Beobachter und seinem Ich voraussetzt. (*Festa*, 27)

Die Maschine, die in den erkennbaren Absichten von Jesi dazu bestimmt war, den Mythos auf Distanz zu halten, funktioniert zum Schluss als eine ausgeklügelte apotropäische Vorrichtung, die wie das Labyrinth das verinnerlicht, was sie auf Distanz hält. Dass das epistemologische Paradigma in Wirklichkeit wie ein genuin poetisches Paradigma funktioniert und dass umgekehrt ein poetologisches Problem – das Schreiben eines Romans – eine genuin epistemische Valenz bekommen kann, wird nur jene verwundern, die mit den Gewundenheiten und Abwegigkeiten einer kreativen Werkstatt nicht vertraut sind.

Geheime Gedanken

> »Jeder hat seine Mysterien, [...] seine geheimen Gedanken« – sagte Hölderlin. Die Mysterien des Einzelnen sind Mythen und Riten genauso wie es jene der Völker waren. (*Mat. Mit.*, 5)

Dieses Zitat Kerényis, welches eine Symmetrie zwischen dem Individuellen und dem Kollektiven, zwischen existentieller Erfahrung und Mythengenese etabliert, hat für Jesi eine strategische Funktion. Über Jesi ließe sich daher Ähnliches sagen wie das, was Foucault in seinen letzten Jahren wiederholt über sich sagte, dass er nämlich – selbst dann, wenn er ausschließlich über mythologische Materialien zu arbeiten scheint – nicht aufhöre, sich mit dem Subjekt zu beschäftigen, seinen eigenen autobiographischen Roman oder seine »mythische Autobiographie« zu schreiben. Wie kann man aber eine Autobiographie schreiben, wenn das Subjekt, wie wir gesehen haben, konstitutiv gespalten ist, wenn das Ich – nicht nur das des Mythenforschers, sondern jedes Menschen – niemals »in festlicher Verfassung erscheinen« kann, wenn es niemals die Spaltung der Zeiten und der Stimmen überwinden kann, um an seinem eigenen Fest zu sitzen?

In seiner Einleitung zu Kerényis *Miti e misteri* beantwortet Jesi diese Fragen – in einer außerordentlich mimetischen Darstellung seines Verhältnisses zum eigenen Lehrer – ohne Umschweife, indem er daran erinnert, dass Kerényis autobiographischer Essay mit der Mahnung »Mensch, sag nie Ich!« beginnt. Jedes Selbstportrait, das »darin besteht, Ich zu sagen«, läuft nach Jesi-Kerényi Gefahr, die Fluidität und Plastizität des zu erfassenden Ich, seine »Gestalt« (*Introd.*, 12) zu verfehlen. Gerade weil uns der unmittelbare Zugang zur Mythengenese versperrt ist, »kommt die Mythenforschung für Kerényi als der für ihn einzig mögliche Weg zum Selbstportrait in Frage: die einzige Weise, sich in ein Verhältnis mit einer fluiden, plastischen, lebensträchtigen Ich-

Gestalt zu setzen, in der er sich wiedererkennen kann, ohne sie *aussagen* zu müssen« (*Introd.*, 12).

Jesi bezeichnet die Technik jenes Schreibens seiner selbst in der Spaltung und in der Distanz als *Komposition* und *Manier*; eine Technik, die Kerényi meisterlich beherrschte. *Komposition*, weil sie eine Pluralität von Stimmen, von Subjekten und von Masken ins Spiel bringt; *Manier*, weil sie sowohl die Distanz unterstreicht, die uns von den Bildern trennt, die Unmöglichkeit des Subjekts, unmittelbar an seiner Gestalt zu haften, als auch die Gefahr, dass das Sich-selbst-Ergreifen in der Gestalt so absolut wird, dass es in ein »dunkles Ergriffenwerden« (*Introd.*, 13) umschlägt. Ebenso wie in der Kunstgeschichte Manier in Abgrenzung zu Stil den Anspruch des Künstlers ausdrückt, Originalität allein durch die stereotype Ausrichtung an ein Modell zu erreichen – um sich seiner selbst in der Uneigentlichkeit anzueignen –, so ergreift das Ich des Mythenforschers hier nur sein Ergriffensein in eine Art »mythogenetischem Kurzschluss« (*Introd.*, 17).

Von der Erkenntnis erkannt werden

Wenn wir diese Kompositionstechnik – was wir im Übrigen mehr oder weniger implizit bereits getan haben – auf Jesi selbst beziehen und nach seiner »Manier« fragen, dann lösen sich zahlreiche Knoten seiner Schrift, während sich viele andere immer wieder von neuem schlingen. Ein anderes wiederkehrendes Zitat, das für Jesi eine strategische Funktion hat, ist ein Vers aus Rilkes Sonett: »Wer sich als Quelle ergießt, den erkennt die Erkennung.«[6] Dieses Gedicht kam im lange Zeit unveröffentlichten Buch *Spartakus* vor, das Andrea Cavalletti akribisch aus den von Maria Jesi aufbewahrten Papieren ausgegraben hat. Rilkes Vers wird hier im Kontext seiner Theorie eines gespaltenen Subjekts gleichsam als deren Lösungsformel heranzitiert. Denn in Jesis Denken jener Phase (1968–1969) ist der Mensch in scheinbar widersprechende Elemente gespalten, in Bewusstsein und Unbewusstes, Leben und Tod, geschichtliche Zeit und mythische Zeit. Diese zwei Dimensionen sind jedoch nicht räumlich getrennt, und Rilkes Vers beschreibt gerade ihre Überschneidung: Indem sich der Mensch wie eine Quelle ergießt, indem er sich selbst als Subjekt zerstört und vor sich stirbt, nimmt er an der geschichtlichen und zugleich an der mythischen Zeit teil:

> Das Ich kennt in Einem Leben und Tod, Fortdauer und Zerstörung seiner selbst, geschichtliche Zeit und mythische Zeit. Es ist das gemeinsame Element, der Punkt der Überschneidung zweier Universen: das des Lebens und der geschichtlichen Zeit und das des Todes und der mythischen Zeit [...]. Das Ich, das die historische Zeit erleidet, obgleich es an der mythischen Zeit teilhat, »ergießt« sich in dem Augenblick, in dem es den Mythos betritt »als Quelle« und d. h. es zerstört sich in einem dynamischen Prozess, der seine geschichtliche Dauer affiziert. Das Ich nimmt mithin erst dann am Strom der Geschichte teil, wenn es diesen mit dem Vollzug seiner eigenen Zerstörung und d. h. mit seinem Eintreten in den Mythos identifiziert. (*Spartakus*, 141 f.)

Hier ist die Analogie zwischen der Struktur des Ich und der mythologischen Maschine bereits vollständig vorgezeichnet: Das Ich, ein Gewebe zweier widersprüchlicher Fäden, deren punktuelle Übereinstimmung es darstellt, befindet sich dort, wo die mythologische Maschine angesiedelt ist: Das Ich *ist* die mythologische Maschine, es ist die zentrale Spaltung oder das unmögliche Fest des Menschen. Aber wie lässt sich jene Analogie angehen, von welcher Seite her begreift man sie?

Die Schwierigkeit – und zuweilen die Unentschlossenheit – von Jesis Schreibduktus hat hier ihre Wurzeln. Im Brief an Calvino über *L'ultima notte* (*Die letzte Nacht*), jenen Roman, den er nie zu schreiben aufgehört hat, funktioniert das Ich des Autors vollends wie eine mythologische Maschine, die eine ambivalente gelebte Erfahrung des Mythos in seinem Innern vermuten lässt. Daher muss sich dieses Ich in den Texten, in den »Mythologien«, die es hervorbringt, auch abwechselnd als wissenschaftliche Objektivität und als Ironie markieren:

> Sie werden sicherlich verstehen, dass gerade der Umgang mit den von innen erlebten mythischen und symbolischen Erfahrungen mich in der Essayistik zu Modifikationen und Schutzbarrieren aus wissenschaftlicher Objektivität und in der Belletristik zu einem weitaus gewichtigeren Korrektiv oder Schutz geführt hat (nämlich die vulgäre Ironie). (*Cult. ted.*, 101)

Esoterik und Selbstsorge

Rilke ist das experimentelle Labor, in dem Jesi seine Hypothesen zum Ich (zur Ich-Maschine) überprüft und zugleich zu ihrer radikalsten Formulierung treibt. Im Essay über Rilkes Esoterik erscheint das Subjekt – Rilkes Ich – gespalten zwischen seinem Dichter-Sein, in dem er »wie ein blindes und reines Werkzeug« jenes Unerkennbaren ist, das ihn zum Schreiben antreibt, und der »Willensreste« des Ich, das sich zu einem solchen Privileg auserkoren weiß und sich daher mit Absicht als Dichter will. Rilke lebt diese Spaltung nicht wie ein *Mystiker* »der sich einer Kraft hingibt oder hingeben möchte, die bis zur Vernichtung seines Willens auf ihn einschlägt«, sondern wie ein *Esoteriker*,

»der a priori die Ununterdrückbarkeit des eigenen Willens anerkennt« und sich seines Ich als des privilegierten Elements eines Initiationsrituals dichterischen Schaffens bedient, »um aus dem Ritual alles zu schöpfen, was es den Menschen gewähren kann« (*Esot.*, 60).

Sofern sie die »Willensreste des eigenen Menschseins unter Menschen« (*Esot.*, 64) privilegiert, weitet sich Rilkes Esoterik für Jesi von einem individuellen erkenntniskritisch-poetischen Modell zur Definition der *conditio humana* als solcher, zur »Norm des Menschseins« (*Esot.*, 66). In der Struktur des sprechenden und erkennenden Subjekts ist so etwas wie eine konstitutive Esoterik eingelassen, die sich in der Form einer bewussten Teilnahme an der eigenen Enteignung und dem Anwesendsein bei seiner eigenen Selbstabschaffung wie ein Initiierter manifestiert. Bewusst sein, Sprechen heißt in diesem Sinne, sich in der Nicht-Übereinstimmung zwischen der »Zeit des Geheimnisses« und der »Zeit der Geschichte« (*Esot.*, 58) zu halten, dem Geheimnis der eigenen Unbewusstheit beiwohnen – in Jesis Worten: »Modalitäten des Nicht-Wissens« anerkennen:

> Privileg und Beeinträchtigung identifizieren sich – genauso wie die Willensreste desjenigen, der dabei ist, zum »blinden und puren Werkzeug« zu werden, sich mit den Instrumenten seiner rituellen, esoterischen Verfahrensweise identifizieren. Das Privileg der Teilhabe am Geheimnis und die Grenze der Erkenntnis fallen in eins. Die Teilhabe am Geheimnis wird zum schmalen Grat der Erkenntnis: Esoterik heißt damit Erkundung der Modalitäten des Nicht-Wissens. (*Esot.*, 66)

So wie die mythologische Maschine nur funktionieren kann, wenn sie in ihrem Zentrum eine »Seinsleere« artikuliert, so enthält auch die Ich-Maschine notwendig einen Kern des Nicht-Wissens. Und die Weise, in der das erkennende und sprechende Subjekt sich in Relation zur eigenen Zone des Nicht-Wissens erhält, die Strategie, durch die es sein eigenes Geheimnis lebt und verarbeitet – Sorge um sich trägt, wie Foucault sagt –, bestimmen den Rang und die Nüchternheit seines Wissens.

Das Schweigen der Sirenen

Wir können nun eine Hypothese formulieren, die Jesi als solche nirgendwo ausspricht, die aber mit der Karte seines Denkens, die wir bisher gezeichnet haben, vollkommen kompatibel ist – nämlich, dass die mythologische Maschine für ihn in letzter Instanz die Sprache, das sprachliche Sein des Menschen benennt. Es ist kein Zufall, wenn die Maschine zum ersten Mal in der Lektüre des *Bateau ivre* von 1972 auftaucht, um das eigentümliche, produktive Getriebe von Rimbauds Dichtung zu erklären: »Es ist hier [im *Bateau ivre*] eine regelrechte mythologische Maschine am Werk, die mythologische Maschine, die Mythologien produziert und dazu verleitet zu glauben, dass sie den Mythos hinter den eigenen undurchdringlichen Wänden birgt« (*Rimbaud*, 28). Nach einer These von Humboldt, die Jesi zu zitieren liebte, ist es nicht nur so, dass jede Sprache um das Volk – und das Individuum –, das sie spricht, eine Art magischen Kreis zieht, aus dem es nicht austreten kann, es sei denn, es tritt in den Kreis einer anderen Sprache ein; das, was Jesi von der Maschine behauptet, kann überdies in jeder Hinsicht auch für die Sprache wiederholt werden: »sie ist selbstbegründend: sie setzt ihren Ursprung im Außer-sich, das ihr abgelegenes Inneres, ihr Herz vorgängigen Seins [*pre-essere*] ist, in dem Augenblick, in dem sie zum Akt übergeht« (*Festa*, 197). Mythos ist der Name, den Jesi dem in der sprachlichen Maschine versteckten unbewegten Beweger, dem

»Herz vorgängigen Seins« gibt, wo das sprechende Ich an der Grenze zu einer Zone des Nicht-Wissens unaufhaltsam seine Mythologien hervorbringt.

Jeder Mensch steht vor der Sprache und dem eigenen sprachlichen Sein wie Odysseus vor den Sirenen in Kafkas Apolog. Ihr Gesang – der Ruf, der von der Sprache, vom Zentrum der Zone des Nicht-Wissens ergeht – ist sicherlich entsetzlich, so entsetzlich für die Menschen, dass, um nicht daran zugrunde zu gehen, sie sich die Ohren mit Wachs zustopfen und sich am Hauptmast anketten lassen. Aber die Sirenen – fügt Kafka hinzu – haben eine weitaus schlimmere Waffe als ihren Gesang, und das ist ihr Schweigen: »Es ist zwar nicht geschehn, aber vielleicht denkbar, dass sich jemand vor ihrem Gesange gerettet hätte, vor ihrem Verstummen gewiss nicht.«[7] In der Begegnung mit der Sprache, mit seiner eigenen innersten Sirene, kann der Mensch entdecken, dass sie schweigt oder gar nicht ist, kann er auf sein eigenes wesentliches Schweigen stoßen. (Davon geht Jesis außergewöhnliche Lektüre von Rilkes *Elegien* und der *Sonette* aus: als einer Poesie, die nichts mehr zu sagen hat, die nur rhetorische Gelegenheiten sucht, um das eigene Schweigen auszudrücken, und die reine Behauptung des asemantischen Kerns des Wortes ist.) Gerade um diesem Schweigen zu begegnen, hat Odysseus seine »kindischen Mittel« eingesetzt: »[V]ielleicht hat er, obwohl das mit Menschenverstand nicht mehr zu begreifen ist, wirklich gemerkt, daß die Sirenen schweigen und hat ihnen und den Göttern den obigen Scheinvorgang [*commedia*] nur gewissermaßen als Schild entgegengehalten.«[8] Die mythologische Maschine ist in diesem Sinne die »unzulängliche, ja kindische« Komödie, die Jesi dem inneren Schweigen seiner schriftstellerischen Berufung entgegengesetzt hat.

Fest ohne Matzen

Am Ende des Essays *Conoscibilità della festa* [*Erkennbarkeit des Festes*] hält Jesi seine abschließende Kritik der Maschine fest, den äußersten Versuch, ihrer Herr zu werden. Und er tut dies auf eine Weise, die unumwunden als eine Fortführung des Kafka'schen Apologs gesehen werden kann und ihm dabei eine dezidiert politische Wendung gibt. Gegenüber der Maschine – dem eigenen innersten Mythos als sprachliches Wesen – erweisen sich sowohl Glaube als auch Ungläubigkeit bei genauer Prüfung als unzulänglich. Denn Glaube wie Nicht-Glaube an den Mythos – der Gesang der Sirenen sowie die Anerkennung ihres Schweigens – sind nur die zwei Seiten der Maschine, die zwei Masken, die über die zentrale Leere der Sprache schweben. Möglicherweise ist der Hohlraum im Herzen der Maschine wie das Schweigen der Sirenen nichts anderes als ihre hinterhältigste List:

> Die Maschinen geben vor, unerreichbare Wirklichkeiten zu bergen, aber es ist nicht auszuschließen, dass gerade dies ihre List ist (d.h. die Selbsterhaltungskraft der herrschenden gesellschaftlichen Strukturen, die die Existenz der Maschine ermöglichen): auf einen ersten bewegten Beweger hinzudeuten, damit man nicht an sie glaubt, und gerade dadurch zu veranlassen, dass nur an sie glaubt wird, an die leeren Maschinen – Schranken aus produktiven Mechanismen, die das Nichtproduzierende derart isolieren, dass es schließlich inexistent gemacht wird. (*Festa*, 27–28)

Hier, an der Stelle, an der die Leere inmitten der Sprach-Maschine mit jener übereinstimmt, an der die konservativen Kräfte ihre Herrschaft befestigen, schlägt Jesis Lektüre des Mythos in eine politische Diagnose um, und die Metapher der Maschine enthüllt eine neue, unerwartete Bedeutung:

> Um herauszufinden, ob die List der Maschinen wirklich eine solche ist und ob jenseits ihrer das, was nicht produziert, existiert, müssen nicht die Maschinen zerstört werden, welche sich wieder herstellen würden wie die Köpfe der Hydra, sondern die Situation, welche die Maschinen wirklich und produktiv macht. Die Möglichkeit einer solchen Destruktion ist ausschließlich politisch: ihre Gefahr von einem erkenntniskritischen Standpunkt aus ist, dass die Maschinen wirklich leer sind und daher, wenn einmal ihre Inhaltslosigkeit bewiesen ist, diese sich als eine paradoxe negative Maschine durchsetzt, die das Nichts aus dem Nichts produziert. (*Festa*, 28)

Diese Gefahr hat sich heute bewahrheitet. Die negative Maschine, die das Nichts aus dem Nichts produziert, ist die Politik, in der wir leben, die Form der spektakulären Herrschaft, die vor unseren Augen ist. Sie isoliert und blockiert den Kern des Nicht-Seins der Sprache, macht aus dem Schweigen der Sirenen ihre furchterregendste Waffe, das Betriebsgeheimnis einer neuen Macht, die regiert, indem sie ihre Leere zeigt. Daher kann das Geheimnis, das der Mensch in dem Moment errichtet hat, in dem er zu sprechen begonnen hat, gelüftet werden – was, nach Jesis Hinweis, nur politisch erfolgen kann –, wenn unter Politik der Sieg über die Sirenen, die auflösende Ausstellung der Leere der Ich-Maschine, die Einweihung in das Fehlen eines menschlichen Geheimnisses verstanden wird.

Kann diese Einweihung noch eine festliche Form haben, »Fest« sein? Die Antwort Jesis bleibt offen. Wenn in jenem gleichsam fieberhaften programmatischen Abriss seiner Arbeit, den die *Lettura del »Bateau ivre«* darstellt, Revolte und Revolution nur die zwei Artikulationen der Zeit (Suspension der Zeit / gerechte Zeit) sind, die im Innern der mythologischen Maschine herrscht, verbindet sich am Ende des Essays über die Erkennbarkeit des Festes die politische Geste noch enger mit einer Transformation der Zeit, die zwischen den undurchdringlichen Wänden der Sprach-Maschine verborgen liegt:

> Unsere aktuelle Unkenntnis des Festes hindert uns daran abzuschätzen, ob es, von einem politischen und gesellschaftlichen Standpunkt aus, etwas Gutes oder Schlechtes sei. Es hat keinen Sinn sich jetzt zu fragen, ob das, was eine etwaige, größere Erkennbarkeit des Festes von einer erhöhten Möglichkeit der festlichen Erfahrung ableiten würde, an sich gut oder schlecht wäre. Das erkenntniskritische Problem kann nicht isoliert und autonom gemacht werden, abgetrennt vom politischen und gesellschaftlichen Problem. Ein höherer Grad an Erkennbarkeit des Festes kann nur innerhalb des Rahmens (und nicht: *in dem Maße*) gut oder schlecht sein, in dem man konkret das Gute und das Schlechte einer verstärkten Möglichkeit der festlichen Erfahrung in einer veränderten Gesellschaft ausprobiert. (*Festa*, 28–29)

Im jüdischen *seder* muss am Abend vor dem Beginn des Festes im ganzen Haus gründlich nach jedem Krümel Hefe oder gesäuerter Speise (*chametz*) gesucht werden, damit jede Spur von alltäglicher Normalität beseitigt ist und die Erinnerung an den nächtlichen Exodus in der suspendierten Zeit des Festes durch den Verzehr von Matzen gefeiert werden kann. Die zukünftige Politik könnte stattdessen nur – in den Worten eines von Jesi verehrten Autors – ein »Fest […] gereinigt von aller Feier« und von jedem Gedenken, eine »allseitige und integrale Aktualität«[9] sein, in der Suspension der Zeit und gerechte Zeit, Ergriffenwerden und Ergreifen, Revolte und Revolution messianisch übereinstimmen und die Matzen der Sprache endlich säuern können.

Anmerkungen

1 Talmud Barli, Rosch-Ha-shana, 10ab/11a, zit. nach *Der babylonische Talmud.* Nach der ersten und zensurfreien Ausgabe unter Berücksichtigung der neueren Ausgaben und des handschriftlichen Materials neu übertragen von Lazarus Goldschmidt, Bd. 3, Darmstadt, WBG 2002 [Übers. leicht modifiziert].

2 Gershom Scholem, *Briefe Bd. I 1914–1947*, hg. v. Itta Shedletzky, München: Beck 1994, Brief 64, S. 164.

3 Gershom Scholem, *Walter Benjamin – die Geschichte einer Freundschaft*, Frankfurt am Main: Suhrkamp 1975, S. 146.

4 Die Werke Jesis werden nach den folgenden Siglen unter Angabe der Seitenzahl zitiert: *Festa* (= *La festa* [Das Fest], Turin: Rosenberg & Sellier 1977); *Mat. mit.* (= *Materiali Mitologici* [Mythologische Materialien], Turin: Einaudi 1979); *Esot.* (= *Esoterismo e linguaggio mitologico* [Esoterismus und mythologische Sprache], Florenz: D'Anna 1976); *Introd.* (= *Introduzione* a [Einleitung zu] K. Kerényi, *Miti e misteri* [Mythen und Mysterien], Turin: Boringhieri 1979); *Rimbaud* (= *Lettura del* Bateau Ivre *di Rimbaud* [*Lektüre des* Bateau Ivre *von Rimbaud*], Macerata: Quodlibet 1996); *Spartakus* (= *Spartakus*, Turin: Boringhieri 2000); *Cult. ted.* (= *Cultura tedesca* 19 (1999), Themennummer zu Furio Jesi).

5 Es handelt sich hierbei um eine Themennummer der Zeitschrift *Cultura tedesca*, in der unter der Herausgabe von Agamben selbst und Andrea Cavalletti die Entwürfe Jesis sowie der vorliegende Text veröffentlicht wurde. [A. d. Ü.]

6 Rainer Maria Rilke, *Die Sonette an Orpheus*, Zweiter Teil, XII, in: ders., *Gedichte. 1910 bis 1926*, Frankfurt am Main: Insel 1996, S. 263.

7 Franz Kafka, *Gesammelte Werke in zwölf Bänden,* Bd. 6, Frankfurt am Main: Fischer 1994, S. 169.

8 Ebd., 168 u. 170.

9 Walter Benjamin, *Gesammelte Schriften,* Bd. I.3, hg. v. R. Tiedemann und H. Schweppenhäuser, Frankfurt am Main: Suhrkamp 1974, S. 1239.

II. Geschichte

Aby Warburg und die namenlose Wissenschaft

1.

Der vorliegende Essay verfolgt das Ziel, eine Disziplin kritisch zu verorten, die im Gegensatz zu vielen anderen zwar existiert, aber noch keinen Namen hat. Der Erfinder dieser Disziplin ist Aby Warburg.[1] Daher wird nur eine aufmerksame Analyse seines Denkens den Standpunkt liefern, vom dem aus eine solche Situierung überhaupt erfolgen kann. Und erst auf der Basis einer solchen Verortung lässt sich dann der Frage nachgehen, ob diese »unbenannte Disziplin« einen Namen bekommen kann und inwiefern die bisher für sie vorgeschlagenen Namen ihren Zweck erfüllen.

Der Kern von Warburgs Lehre und Methode, wie sie in der Tätigkeit der Hamburger Kulturwissenschaftlichen Bibliothek zum Ausdruck kamen, die später das Warburg-Institut wurde,[2] wird oft als Absage an die stilistisch-formale Methode verstanden, die in der Kunstgeschichte am Ende des 19. Jahrhunderts vorherrschte. Mit Warburg verschiebt sich der Fokus, so die gängige Deutung, von der Erforschung der Stilgeschichte hin zur ästhetischen Beurteilung von programmatischen und ikonographischen Aspekten des Kunstwerks, die aus der Untersuchung der literarischen Quellen und einer Durchleuchtung der kulturellen Tradition gewonnen werden. Der frische Wind, den Warburgs Ansatz über die stagnierenden Gewässer des ästhetischen

Formalismus brachte, zeigte sich am wachsenden Erfolg der Untersuchungen, die sich an seiner Methode ausgerichtet und ein breites Publikum auch außerhalb der akademischen Zirkel gefunden hatten, so dass von einem »populären« Ruf des Warburg-Instituts die Rede sein konnte. Parallel zur Verbreitung des Ruhms des Instituts konnte man allerdings auch eine wachsende Vergessenheit seiner Gründerfigur und ihres ursprünglichen Projekts beobachten, während gleichzeitig die Herausgabe der Schriften und der unveröffentlichten Fragmente kontinuierlich verschoben wurde und bis heute nicht erfolgt ist.[3]

Sicherlich reflektiert die oben angeführte Charakterisierung der Methode Warburgs einen Umgang mit dem Kunstwerk, der ihm zweifellos zu eigen war. Während er 1889 an der Universität von Straßburg seine Dissertation über die *Geburt der Venus* und den *Frühling* von Botticelli vorbereitete, wurde ihm klar, dass jeder Versuch, den Geist eines Renaissance-Malers zu verstehen, müßig sein würde, wenn man das Problem allein von einem formalen Blickwinkel[4] anzugehen versuchte. Seinen »aufrichtigen Ekel« für die »ästhetisierende Kunstgeschichte«*[5] und für die rein formale Betrachtung des Bildes bewahrte Warburg zeit seines Lebens. Diese Einstellung entsprang jedoch keinem bloß gelehrten und antiquarischen Zugriff auf die Probleme des Kunstwerks und auch keiner Indifferenz gegenüber formalen Aspekten: Seine obsessive, nahezu ikonolatrische Aufmerksamkeit für die Kraft der Bilder zeigt, dass er für die »formalen Werte« nur zu empfänglich war. Der Begriff der »Pathosformel«*, bei dem zwischen Form und Inhalt nicht unterschieden werden kann, da er für ein unauflösliches Geflecht von Gefühlsladung und ikonographischer Formel steht, bezeugt hinreichend, dass Warburgs Denken in so uneigentlichen Gegenüberstellungen wie Form / Inhalt, Stilgeschichte / Kulturgeschichte nicht aufgeht. Das Einmalige und Eigentümliche an seiner Einstellung zum Forschen liegt weniger in einer neuen Weise, Kunstgeschichte zu betreiben, als vielmehr in seiner Tendenz, die Grenzen der Kunstgeschichte zu überwinden, eine Tendenz, die von Anfang an sein Interesse für diese Disziplin begleitete – als hätte er sie nur ausgesucht, um ihr den Samen einzupflanzen, der sie einst zum Explodieren bringen würde. Der »liebe Gott«, der nach seinem berühmten Motto »im Detail steckt«, war für ihn nicht der Schutzgott der Kunstgeschichte, sondern der dunkle Dämon einer unbenannten Wissenschaft, deren Konturen wir erst heutzutage zu erahnen beginnen.

2.

Als er sich 1923 während der langen geistigen Krankheit, die ihn sechs Jahre von seiner Bibliothek fernhielt, in der Heilanstalt von Ludwig Binswanger in Kreuzlingen befand, bat Warburg die Ärzte, ihn für einige Stunden zu entlassen, sollte er seine Genesung durch einen Vortrag vor den Patienten der Klinik unter Beweis stellen. Das für den Vortrag ausgewählte Thema handelte von den Schlangenritualen nordamerikanischer Indianer[6] und basierte überraschenderweise auf einer Erfahrung seines Lebens, die fast dreißig Jahre zurücklag und insofern eine tiefe Spur in seinem Gedächtnis hinterlassen haben musste. Mit nicht einmal dreißig verbrachte er im Jahre 1895 während einer Reise durch Nordamerika einige Monate unter den Pueblo- und Navaho-Indianern in Neu-Mexiko. Die Begegnung mit der nativen amerikanischen Kultur (in die er von Cyrus Adler, Frank Hamilton Cushing, James Mooney und Franz Boas eingeführt wurde) brachte ihn endgültig von der Idee einer Kunstgeschichte als

Fachdisziplin ab und bestätigte ihn in einem Anliegen, über das er lange, während er die Vorlesungen von Usener und Lamprecht in Bonn hörte, nachgedacht hatte. Usener (den Pasquali einst als »den ideenreichsten Philologen unter den großen Deutschen der zweiten Hälfte des 19. Jahrhunderts« bezeichnete[7]) machte ihn auf den italienischen Gelehrten Tito Vignoli aufmerksam, der sich in seinem Buch *Mythus und Wissenschaft*[8] für die Notwendigkeit eines umfassenderen Ansatzes zur Erforschung des Menschen einsetzte, der Anthropologie, Ethnologie, Mythologie, Psychologie und Biologie miteinander verband. Warburg hatte die Passagen in Vignolis Buch, welche etwas über jene Notwendigkeit enthielten, kräftig unterstrichen. Während seines Aufenthaltes in Amerika jedenfalls reifte dieses jugendliche Bedürfnis zu einem derart festen Entschluss, dass man behaupten kann, das gesamte Werk des »Kunsthistorikers« Warburg einschließlich der berühmten Bibliothek, die er bereits seit 1886[9] zu bestücken begann, ist der Versuch, durch die Kunstgeschichte hindurch und über sie hinaus zu einer umfassenderen Wissenschaft zu gelangen, für die er keinen endgültigen Namen finden konnte und an deren Gestaltung er bis zu seinem Tod beharrlich arbeitete. In den Notizen zum Kreuzlinger Vortrag über das Schlangenritual definiert Warburg den Zweck seiner Bibliothek als »Urkundensammlung zur Psychologie der menschlichen Ausdruckskunde«.[10] In denselben Notizen bekräftigt er seine Aversion gegen jede formale Betrachtung des Bildes, die dieses nicht »als biologisch notwendiges Produkt zwischen Religion und Kunstausübung« begreife.[11] Diese Verortung des Bildes zwischen Religion und Kunst ist wichtig, um den Horizont von Warburgs Untersuchungen einzugrenzen: Ihr Gegenstand ist eher das Bild als das Kunstwerk, und so sind sie entschieden jenseits der Grenzen der Ästhetik anzusiedeln. Bereits 1912 am Ende seines Vortrags über *Italienische Kunst und internationale Astrologie im Palazzo*

Schifanoja zu Ferrara lud er zu einer »methodischen Grenzerweiterung unserer Kunstwissenschaft in stofflicher und räumlicher Beziehung« ein:

> Die Kunstgeschichte wird durch unzulängliche allgemeine Entwicklungs-Kategorien bisher daran gehindert, ihr Material der allerdings noch ungeschriebenen »historischen Psychologie des menschlichen Ausdrucks« zur Verfügung zu stellen.[12] Unsere junge Disziplin versperrt sich durch allzu materialistische oder allzu mystische Grundstimmung den weltgeschichtlichen Rundblick. Tastend sucht sie zwischen den Schematismen der politischen Geschichte und den Doktrinen vom Genie ihre eigene Entwicklungslehre zu finden. Ich hoffe, durch die Methode meines Erklärungsversuches der Fresken im Palazzo Schifanoja zu Ferrara gezeigt zu haben, dass eine ikonologische Analyse, die sich durch grenzpolizeiliche Befangenheit weder davon abschrecken lässt, Antike, Mittelalter und Neuzeit als zusammenhängende Epoche anzusehen, noch davon, die Werke freiester und angewandtester Kunst als gleichberechtigte Dokumente des Ausdrucks zu befragen, dass diese Methode, indem sie sorgfältig sich um die Aufhellung einer einzelnen Dunkelheit bemüht, die großen allgemeinen Entwicklungsvorgänge in ihrem Zusammenhange beleuchtet. Mir war es weniger zu tun um die glatte Lösung, als um die Heraushebung eines neuen Problems, das ich so formulieren möchte: »Inwieweit ist der Eintritt des stilistischen Umschwunges in der Darstellung menschlicher Erscheinung in der italienischen Kunst als international bedingter Auseinandersetzungs-Prozess mit den nachlebenden bildlichen Vorstellungen der heidnischen Kultur der östlichen Mittelmeervölker anzusehen?«
>
> Das enthusiastische Staunen vor dem unbegreiflichen Ereignis künstlerischer Genialität kann nur an Gefühlsstärke zunehmen, wenn wir erkennen, dass das Genie Gnade ist und zugleich bewusste Auseinandersetzungsenergie. Der neue große Stil, den uns das künstlerische Genie Italiens beschert hat, wurzelte in dem sozialen Willen zur Entschälung griechischer Humanität

> aus mittelalterlicher, orientalisch-lateinischer »Praktik«. Mit diesem Willen zur Restitution der Antike begann »der gute Europäer« seinen Kampf um Aufklärung in jenem Zeitalter internationaler Bilderwanderung, das wir – etwas allzu mystisch – die Epoche der Renaissance nennen.[13]

Es ist wichtig zu beachten, dass diese Überlegungen gerade in dem Vortrag enthalten sind, in dem Warburg eine seiner bekanntesten ikonographischen Entdeckungen darstellt, nämlich die Identifizierung des Sujets der mittleren Reihe der Fresken vom Palazzo Schifanoja auf der Basis der Dekanfiguren, wie sie im *Introductorium maius* von Abû Ma'shar beschrieben wurden. Bei Warburg ist die Ikonographie niemals Selbstzweck (wie Kraus es für den Künstler tat, so kann man auch von ihm sagen, dass er Lösungen in Rätsel umzuwandeln wusste), sondern reicht stets über die Identifizierung eines Sujets und seiner Quellen hinaus: Aus der Perspektive dessen, was er manchmal als eine »Diagnose des abendländischen Menschen« bezeichnete, konfiguriert er hiermit ein Problem, das zugleich ein geschichtliches und ethisches ist. Warburgs Transfiguration der ikonographischen Methode erinnert stark an die Transfiguration der lexikographischen Methode der »historischen Semantik« von Spitzer, in der die Geschichte eines Wortes zur Geschichte einer Kultur und gleichzeitig zur Konfiguration ihres vitalen Problems wird. Um Warburgs Auffassung von der Erforschung der Bildtradition zu verstehen, sollte man wiederum an die Revolution der Paläographie durch Ludwig Traube denken, den Warburg »de[n] Große[n] Meister unseres Ordens« nannte und der aus den Fehlern der Kopisten und den kalligraphischen Einflüssen entscheidende Entdeckungen für die Kulturgeschichte abzuleiten wusste.[14]

Selbst das Thema eines »Nachlebens« der heidnischen Kultur – das einen wesentlichen Strang in Warburgs Denken ausmacht – erhält nur vor dem Hintergrund dieses erweiterten

Horizonts Sinn, in dem sich die stilistischen und formalen Entscheidungen, auf die Künstler von Mal zu Mal zurückgreifen, als ethische erweisen. In ihnen wird die Stellung der Individuen und Epochen gegenüber dem Erbe der Vergangenheit definiert, wo die Interpretationen eines geschichtlichen Problems zugleich zur »Diagnose« des abendländischen Menschen im Kampf um die Überwindung seiner Widersprüche und im Bestreben, zwischen Altem und Neuem den eigenen vitalen Ort zu finden, wird.

Wenn Warburg das Problem des »Nachlebens des Heidentums«* als höchstes Problem seiner Forschung bezeichnen konnte,[15] dann weil er mit erstaunlichem anthropologischem Gespür begriff, dass »Übermittlung und Überleben« zum zentralen Problem einer »warmen« Gesellschaft wie der abendländischen gehören, die von der Geschichte derart besessen ist, dass sie daraus die Antriebskraft ihrer eigenen Entwicklung schöpft.[16] Die Methode und die Begriffe Warburgs erhellen sich wiederum, wenn man sie mit den Ideen vergleicht, die Spitzer in seiner Erforschung der historischen Semantik leiteten und ihn dazu führten, den zugleich »konservativen« und »progressiven« Charakter unserer kulturellen Tradition zu betonen, in der (wie die eigentümliche, wesentlich griechisch-römisch-jüdisch-christliche Kontinuität im semantischen Wortschatz moderner europäischer Sprachen beweist) die scheinbar größten Veränderungen in irgendeine Weise immer mit dem Erbe der Vergangenheit verknüpft sind.

In dieser Perspektive, in der die Kultur stets als ein Prozess des »Nachlebens«* betrachtet wird, d. h. der Übertragung, der Aufnahme und der Polarisierung, wird auch verständlich, warum sich Warburgs Aufmerksamkeit unvermeidlich auf das Problem der Symbole und ihres Lebens im sozialen Gedächtnis richten musste.

Gombrich hat den Einfluss nachgewiesen, den die Theorien

eines Schülers Herings, Richard Semon, auf Warburg hatten, dessen Buch *Mneme* er 1908 gekauft hatte. Nach Semon gehört

> das Gedächtnis […] nicht zum Bewußtsein, es ist vielmehr die einzige Eigenschaft, die lebende von toter Materie unterscheidet. Es ist die Fähigkeit, eine ganze Zeitlang auf ein Ereignis zu reagieren, d.h. eine Form der Energiespeicherung und -übertragung, die die physikalische Welt nicht kennt. Jedes Ereignis, das auf lebende Materie einwirkt, hinterläßt eine Spur, die Semon »Engramm« nennt. Das in diesen »Engrammen« bewahrte Energiepotential kann unter günstigen Voraussetzungen reaktiviert und entladen werden – wir sagen dann, der Organismus verhält sich auf eine bestimmte Weise, weil er sich an das vorangegangene Ereignis *erinnert*.[17]

Das Symbol und das Bild erfüllen für Warburg dieselbe Funktion, die nach Semon das »Engramm« im zentralen Nervensystem des Menschen hat: In ihnen kristallisiert sich eine energetische Ladung und eine emotionale Erfahrung, die als vom sozialen Gedächtnis übermitteltes Erbe überlebt und die, ähnlich der in einer Leydener Flasche kondensierten Elektrizität, durch Berührung mit dem »selektiven Zeitwillen« einer bestimmten Epoche freigesetzt wird. Daher spricht Warburg oft von Symbolen als »Dynamogramme«, die sich den Künstlern in einem Zustand maximaler Spannung übermitteln, aber noch unpolarisiert in Bezug auf die passive oder aktive, negative oder positive Energetik sind, so dass die Polarisation in der Begegnung mit der neuen Epoche und ihren vitalen Bedürfnissen zu einer vollständigen Verkehrung ihrer Bedeutung führen kann.[18] Der Umgang der Künstler mit den von der Tradition geerbten Bildern war für ihn daher in der Form einer ästhetischen Wahl oder einer neutralen Rezeption nicht einmal denkbar: Es handelte sich vielmehr um eine je tödliche oder vitale Konfrontation mit den schrecklichen Energien, die sich in jenen Bildern niedergelassen hatten und die Möglichkeit in sich trugen, den Menschen zu steriler Hörigkeit regredieren zu lassen oder aber ihn auf seinem Weg zum Heil und zur Erkenntnis zu orientieren. Und das war für ihn nicht nur für Künstler wie Dürer der Fall, der die abergläubische Ehrfurcht des Saturn zum Emblem der intellektuellen Kontemplation vermenschlicht hatte,[19] indem er sie polarisierte, sondern auch für den Historiker und Forscher, in denen Warburg äußerst empfindliche Seismographen sah, die auf entfernte Erdbeben antworten, oder auch »Nekromanten«, die bei vollem Bewusstsein die Gespenster, die sie bedrohen, beschwören.[20]

Das Symbol gehörte für ihn daher zu einer mittleren Sphäre zwischen Bewusstsein und primitiver Reaktion und trug sowohl die Möglichkeit zur Regression wie zur höheren Erkenntnis in sich: Es ist ein »Zwischenraum«*, eine Art Niemandsland inmitten des Menschlichen; und wie die Schöpfung und der Kunstgenuss die Verschmelzung von zwei psychischen Haltungen verlangen, die sich normalerweise wechselseitig ausschließen (»leidenschaftliches sich selbst verlieren bis zur völligen Verwandlung an den Eindruck – und kühl distanzierende Besonnenheit in der ordnenden Betrachtung der Dinge«), so ist die »namenlose Wissenschaft«, die Warburg verfolgte, eine »Ikonologie des Zwischenraumes« oder eine Psychologie des »Pendelganges zwischen bildhafter und zeichenmässiger Ursachensetzung«, wie man in einer Notiz von 1929 lesen kann.[21] Dieser »mittlere« Stellenwert des Symbols (und seine Fähigkeit, wenn er beherrscht wird, den menschlichen Geist zu »heilen« und zu orientieren) geht aus einer Notiz aus der Zeit deutlich hervor, in der er den Vortrag von Kreuzlingen vorbereitete, um sich selbst und den anderen die eigene Genesung zu beweisen:

> Die ganze Menschheit ist ewig und zu allen Zeiten schizophren. Doch kann vielleicht ontogenetisch ein Verhalten zu den Gedächtnisbildern als vorausgehend und primitiv bezeichnet wer-

> den, das aber nebenständig bleibt. Bei der späteren Stufe löst das Gedächtnisbild nicht eine unmittelbare praktische Reflexbewegung – sie sei nun kampfartig oder religiös – aus, sondern die Erinnerungsbilder werden bewusst aufgestapelt in Bildern und Zeichen. Zwischen diesen beiden Stufen steht die Behandlung, die der Eindruck erfährt, die man als symbolische Denkform bezeichnen kann.[22]

Nur in dieser Perspektive ist es möglich, den Sinn und die Relevanz des Projekts zu würdigen, dem Warburg seine letzten Jahre widmete und für das er denselben Namen wählte, den er auch als Motto seiner Bibliothek wollte (und den man noch heute lesen kann, wenn man die Bibliothek des Warburg Institute betritt): »Mnemosyne«. Gertrud Bing beschrieb dieses Projekt als »einen figurativen Atlas, der die Geschichte des visuellen Ausdrucks im Mittelmeergebiet bebildert«.[23] Wahrscheinlich wurde Warburg zur Wahl dieses eigentümlichen Modells von seinen persönlichen Schreibschwierigkeiten geleitet, aber vor allem auch vom Anliegen, eine Form zu finden, welche die traditionellen Schemata und Modalitäten der Kunstkritik und Kunstgeschichte überwinden und endlich der von ihm anvisierten »namenlosen Wissenschaft« angemessen sein würde.

Vom Projekt *Mnemosyne*, das durch Warburgs Tod 1929 unvollendet blieb, sind an die vierzig Leinwände aus schwarzem Tuch mit ungefähr tausend Fotos erhalten, unter denen sich seine beliebtesten ikonographischen Themen finden. Das Material erstreckt sich aber auch bis hin zum Reklamezettel einer Schiffskompanie, dem Foto einer Golfspielerin oder vom Papst und Mussolini, wie sie den Staatskirchenvertrag unterschreiben. *Mnemonsyne* ist jedoch weitaus mehr als nur die mehr oder weniger organische Orchestrierung der Motive, die Warburgs Forschung im Laufe der Jahre geleitet haben. Als eine »Gespenstergeschichte für ganz Erwachsene« definierte er sie einmal etwas rätselhaft, und wenn man die Funktion bedenkt, die er dem Bild als Organ des sozialen Gedächtnisses und als »Engramm« der geistigen Spannungen einer Kultur zuwies, kann man verstehen, was er damit eigentlich meinte: Sein »Atlas« war eine Art riesiger Kondensator, in dem alle energetischen Strömungen aufgefangen wurden, die das Gedächtnis Europas animiert hatten und noch weiterhin animierten und die sich in seinen »Gespenstern« verkörperten. Der Name *Mnemosyne* hat hier seinen tieferen Grund, denn der Atlas, der diesen Titel trägt, erinnert an jenes mnemotechnische Theater, das, im 16. Jahrhundert von Giulio Camillo erbaut, die Zeitgenossen als ein neues, unerhörtes Wunder in Staunen versetzte.[24] Der Urheber hatte versucht, die »Natur aller Dinge, die in Worte gefasst werden können« darin einzufangen, damit jeder, der in das wundersame Gebäude eintreten würde, das darin eingelassene Wissen unmittelbar beherrscht hätte. Die *Mnemosyne* von Warburg ist ein solcher mnemotechnischer und einweihender Atlas der abendländischen Kultur, der dem »guten Europäer« (wie er mit Nietzsches Worten zu sagen pflegte) dazu verhelfen sollte, ein Bewusstsein über die Problematik seiner kulturellen Tradition zu erlangen, so dass es ihm auf diese Weise vielleicht gelingen würde, sich von seiner Schizophrenie zu heilen und »sich selbst zu bilden«.

Sicherlich wird *Mnemosyne* – wie auch viele andere Projekte Warburgs, einschließlich seiner Bibliothek – manchen als ein mnemotechnisches System zum privaten Gebrauch vorkommen, auf das der Gelehrte und Geisteskranke Aby Warburg seine eigenen persönlichen psychischen Konflikte projizierte und mit dem er sie zu lösen versuchte. Jedoch besteht der Maßstab zur Berechnung der Größe eines Individuums gerade darin, dass nicht nur seine Idiosynkrasien, sondern auch die zu ihrer Beherrschung ersuchten Heilmittel den verborgenen Bedürfnissen des Zeitgeistes entsprechen.

3.

Inzwischen gehen die philologischen und historischen Disziplinen von der wesentlichen methodologischen Tatsache aus, dass sich der für sie charakteristische Erkenntnisprozess notwendig in einen Zirkel verwickeln muss. Dieser Zirkel – den Schleiermacher als Fundament jeder Hermeneutik entdeckt, indem er schreibt, dass in der Philologie »jedes Verstehen des Einzelnen [...] durch ein Verstehen des Ganzen [bedingt ist]«[25] – bildet aber in keiner Weise einen Teufelskreis, sondern liegt als solcher gerade der Strenge und Rationalität der Humanwissenschaften zugrunde. Für eine Wissenschaft, die ihrem eigenen Gesetz treu bleiben möchte, ist daher nicht der Austritt aus diesem »Zirkel im Verstehen« das Wesentliche – denn das wäre unmöglich –, sondern das Bestreben, »in ihn nach der rechten Weise hineinzukommen«.[26] Aufgrund der Einsichten, die bei jedem Durchgang erlangt werden, kommt das Hin und Her zwischen Einzelnem und Ganzem niemals an denselben Punkt zurück, und mit jeder Runde erweitert sich notwendig der Radius, und eine höhere Perspektive erschließt sich, in der ein neuer Zirkel entsteht. Dieser Radius hat daher nicht den Lauf eines Kreises, wie oft wiederholt worden ist, sondern den einer Spirale, die ihre eigenen Windungen kontinuierlich erweitert.

Die Wissenschaft also, die den lieben Gott im Detail zu suchen empfiehlt, veranschaulicht die Fruchtbarkeit einer korrekten Situierung im eigenen hermeneutischen Zirkel. Die spiralförmige Bewegung hin zu einer immer größeren Erweiterung des Horizonts kann auf exemplarische Weise in den zwei zentralen Themen von Warburgs Forschung verfolgt werden: der »Nymphe« und dem astrologischen *revival* der Renaissance.

In seiner Dissertation über den *Frühling* und die *Geburt der Venus* von Botticelli entdeckt Warburg in der Erscheinung der weiblichen Figur, die sich mit einem – den klassischen Sarkophagen entlehnten – flatternden Gewand bewegt, einen neuen ikonographischen Typus, den er auf der Grundlage einiger literarischer Quellen »Nymphe« tauft. Dieser dient dazu, das Sujet der Malerei zu identifizieren und zugleich zu zeigen, »wie sich Sandro Botticelli mit den Anschauungen seiner Zeit über die Antike [...] auseinandersetzte«.[27] In der Entdeckung, dass die Künstler des *Quattrocento* sich jedes Mal an eine klassische Pathosformel* anlehnten, wenn es darum ging, eine äußere intensivierte Bewegung darzustellen, offenbart sich auch die dionysische Polarität der klassischen Kunst, die Warburg zwar im Fahrwasser Nietzsches, aber doch vermutlich zum ersten Mal innerhalb der von Winckelmanns Modell immer noch beherrschten Kunstgeschichte energisch behauptete. In einem weiteren Zirkel wird die Erscheinung der »Nymphe« zum Zeichen eines tiefen spirituellen Konflikts innerhalb der Kultur der Renaissance, in der die Wiederentdeckung der klassischen Pathosformeln* mit ihren orgiastischen Kräften akrobatisch mit dem Christentum ausbalanciert und in ein spannungsreiches Gleichgewicht gebracht werden musste – ein Konflikt, der von Persönlichkeiten wie dem florentinischen Kaufmann Francesco Sassetti, die Warburg in einem berühmten Essay analysiert, ausgezeichnet verkörpert wird. Und im weitesten Zirkel der hermeneutischen Spirale wird die »Nymphe« mit jener düsteren Figur konfrontiert, welche die Künstler der Renaissance den griechischen Darstellungen eines Flussgottes entlehnt hatten, und damit zur Chiffre einer immerwährenden Polarität innerhalb der abendländischen Kultur und der sie spaltenden tragischen Schizophrenie, die Warburg in einer seiner dichtesten Tagebuchnotizen festhält:

> Manchmal kommt es mir vor, dass ich als Psychohistoriker die Schizophrenie des Abendlandes aus dem Bildhaften in selbstbiographischem Reflex abzuleiten versuche: die ekstatische Nym-

> pha (manisch) einerseits und der trauernde Flussgott (depressiv) andererseits ...[28]

Eine analoge, progressive Erweiterung der hermeneutischen Spirale lässt sich auch für das Thema der astrologischen Bilder beobachten. Der engste, eigentlich ikonographische Zirkel fällt mit der Identifizierung des Sujets der Fresken vom Palazzo Schifanoja in Ferrara zusammen, in denen Warburg, wie wir gesehen haben, die Figuren der Dekane der *Introductorium maius* von Abû Ma'shar erkannte. Die kulturgeschichtliche Perspektive erkennt in dieser Entdeckung nun auch eine Wiederbelebung der Astrologie in der humanistischen Kultur seit dem Beginn des 14. Jahrhunderts wieder. Dementsprechend haben wir es mit einer Ambiguität der Renaissancekultur zu tun, die Warburg als Erster wahrnahm, und das zu einer Zeit, als das glänzende Zeitalter der Renaissance noch dem dunklen Mittelalter entgegengehalten wurde. Die Darstellung der Dekane und das Wiederaufleben der dämonischen Antike gerade zu Beginn des modernen Zeitalters erscheinen dann in der äußersten Windung der Spirale als Symptom des Konfliktes, in dem unsere Zivilisation wurzelt, sowie als Symptom ihrer Unfähigkeit, die eigene bipolare Spannung zu meistern. Wie Warburg während der Präsentation einer Ausstellung über astrologische Bilder beim Orientalistenkongress von 1926 äußerte, zeigten jene Bilder, wie

> die europäische Kultur als Auseinandersetzungserzeugnis heraustritt, ein Prozeß, bei dem wir, soweit die astrologischen Orientierungsversuche in Betracht kommen, weder nach Freund noch Feind zu suchen haben, sondern vielmehr nach Symptomen einer zwischen weitgespannten Gegenpolen pendelnden, aber in sich einheitlichen Seelenschwingung: von kultlicher Praktik zur mathematischen Contemplation – und zurück.[29]

Warburgs hermeneutischen Zirkel kann man somit mit einer Spirale vergleichen, die sich hauptsächlich auf drei Ebenen entfaltet:

Die erste entspricht der Ikonographie und der Kunstgeschichte, die zweite ist die der Kulturwissenschaft, die dritte und weiteste gehört der »namenlosen Wissenschaft« an, deren Entfaltung Warburg sein Leben widmete und die auf eine Diagnose des abendländischen Menschen und seiner Gespenster ausgerichtet ist. Der Zirkel, in dem sich der liebe Gott im Detail versteckte, war eben kein Teufelskreis, nicht einmal im Nietzsche'schen Sinn eines *circulus vitiosus deus*.

4.

Wenn wir nun zu unserem anfänglichen Vorhaben zurückkehren und uns fragen, ob die »Wissenschaft ohne Namen«, deren Grundzüge wir ans Licht zu bringen versuchten, im Denken Warburgs einen Namen bekommen kann, müssen wir zuallererst anmerken, dass keiner der Ausdrücke, deren er sich im Laufe der Jahre bedient hat (»Kulturwissenschaft«, »Psychologie des menschlichen Ausdrucks«, »Geistesgeschichte«, »Ikonologie des Zwischenraums«), ihn vollends befriedigt zu haben scheint. Der maßgeblichste Versuch, dieser Wissenschaft einen Namen zu geben, kam nach Warburg sicherlich von Panofsky, der im Rahmen seiner Untersuchungen die profundeste Herangehensweise an das Bild »Ikonologie« (im Gegensatz zur Ikonographie) getauft hat. Der Erfolg dieses Ausdrucks (den, wie wir gesehen haben, auch Warburg schon benutzte) ist so groß gewesen, dass heute damit nicht nur die Studien Panofskys, sondern jede Forschung angesprochen wird, die sich in Warburgs Fahrwasser begibt. Allerdings zeigt bereits eine oberflächliche Analyse, dass die der Ikonologie durch Panofsky zugewiesenen Ziele weit von dem entfernt sind, was Warburg für seine Wissenschaft des »Zwischenraums« im Sinn hatte. Panofsky unterscheidet bekanntlich drei Momente in der Interpretation eines Werkes, die gleichsam drei Schichten seiner Bedeutung entsprechen. Der ersten Schicht des *»primären oder natürlichen«* Sujets entspricht die vorikonographische Beschreibung, der zweiten des *»sekundären oder konventionalen«* entspricht die ikonographische Analyse. Die dritte und tiefste Schicht besteht aus der *»eigentlichen Bedeutung oder Gehalt«*, die die Welt der »symbolischen Werte« konstituiert. »Die Entdeckung und die Interpretation dieser ›symbolischen‹ Werte [...] ist der Gegenstand dessen, was wir, im Gegensatz zur ›Ikonographie‹, ›Ikonologie‹ nennen können.«[30] Wenn wir aber zu klären versuchen, was für Panofsky diese »symbolischen Werte« darstellen, sehen wir, dass er sie mal als »Dokumente des einheitlichen Sinns der Weltauffassung« und mal als »Symptome« einer künstlerischen Persönlichkeit interpretiert. Im Essay über *Die neuplatonische Bewegung und Michelangelo* setzt er daher die künstlerischen Symbole als »symptomatisch gerade für das Wesen der Persönlichkeit Michelangelos«.[31] Damit läuft man jedoch Gefahr, den Begriff des Symbols, den Warburg von den Emblematikern der Renaissance und der religiösen Psychologie entlieh, auf den Bereich der traditionellen Ästhetik zurückzuführen, die das Kunstwerk wesentlich als Ausdruck der kreativen Persönlichkeit des Künstlers verstand. Das Fehlen einer umfassenderen theoretischen Perspektive zur Verortung der »symbolischen Werte« erschwert es insbesondere, den hermeneutischen Zirkel jenseits der Kunstgeschichte und der Ästhetik auszudehnen (was nicht heißt, dass dies Panofsky nicht oft brillant geglückt ist).[32]

Warburg selbst hätte den Persönlichkeitskern eines Künstlers niemals als den tiefsten Inhalt eines Bildes betrachten können. Die Symbole als mittlere Sphäre zwischen Bewusstsein und primitiver Identifikation erschienen ihm nicht so sehr (oder jedenfalls nicht nur) für die Rekonstruktion einer Persönlichkeit oder einer Weltanschauung bedeutsam. Vielmehr boten diese Symbole, die selbst weder bewusst noch unbewusst sind, den idealen Raum für einen umfassenden Zugang zur Kultur – einen Zugang, der die Gegenüberstellung zwischen der *Geschichte* als einer Erforschung der »bewußten Äußerungen« und der *Anthropologie* als Erforschung der »unbewußten Bedingungen« überwinden sollte, in dem Lévi-Strauss mehr als zwanzig Jahre später den zentralen Knoten im Verhältnis dieser beiden Disziplinen sah.[33]

Der Name »Anthropologie« hätte im Laufe dieser Untersuchung öfter fallen können. Es steht nämlich außer Zweifel, dass der Standpunkt, von dem aus Warburg die menschlichen Phänomene betrachtete, sich auf eigentümliche Weise mit dem der anthropologischen Wissenschaften deckt. Vielleicht besteht die angemessenste Weise, seine »namenlose Wissenschaft« zu charakterisieren, darin, sie im Rahmen einer künftigen »Anthropologie der abendländischen Kultur« zu verorten, in der Philologie, Ethnologie, Geschichte und Biologie mit einer »Ikonologie des Zwischenraums«* konvergieren würden – jenes Zwischenraums, in dem die unaufhaltsamen symbolischen Bemühungen des sozialen Gedächtnisses wirken. Die Dringlichkeit einer solchen Wissenschaft für eine Epoche, die sich früher oder später dessen gewahr werden muss, dass – wie Valéry schon vor dreißig Jahren schrieb – die »Zeit der beendeten Welt beginnt«[34], braucht nicht weiter betont zu werden. Allein eine solche Wissenschaft könnte dem abendländischen Menschen, einmal aus seinem Ethnozentrismus herausgekommen, dazu verhelfen, die befreiende Erkenntnisperspektive jener »Diagnose des Menschen« auf sich selbst zu richten und ihn von seiner tragischen Schizophrenie zu heilen.

Zu dieser Wissenschaft, die sich nach fast einem Jahrhundert anthropologischer Forschung noch immer am Anfang befindet, hat Warburg auf »seine gelehrte, etwas umständliche Weise«[35] einen nicht zu vernachlässigenden Beitrag geleistet, so dass man seinen Namen sehr wohl neben die Namen von Mauss, Sapir, Spitzer, Kerényi, Usener, Dumézil, Benveniste und vielen anderen stellen kann. Wahrscheinlich muss eine solche Wissenschaft so lange namenlos bleiben, bis ihre Wirkungsweise so tief in unsere Kultur eingedrungen sein wird, dass die falschen Trennungen und die Hierarchien aufbrechen, welche nicht nur die Humanwissenschaften voneinander trennen, sondern auch die Kunstwerke von den *studia humaniora* und das literarische Schaffen von der Wissenschaft.

Vielleicht ist der Bruch, der in unserer Kultur Dichtung und Philosophie, Kunst und Wissenschaft, das »singende« und das »erinnernde« Wort spaltet, nichts anderes als ein Aspekt jener Schizophrenie der abendländischen Zivilisation, die Warburg in der Polarität zwischen der ekstatischen Nymphe und dem melancholischen Flussgott erkannt hatte. Wir werden der Lehre Warburgs wahrhaft treu bleiben, wenn wir in der tanzenden Geste der Nymphe den kontemplativen Blick des Gottes sehen und wenn wir verstehen werden, dass auch das singende Wort erinnert und das erinnernde singt. Die Wissenschaft, die in ihrer Geste die befreiende Erkenntnis des Menschlichen aufgenommen haben wird, würde es dann wirklich verdienen, den griechischen Namen *Mnemosyne* zu tragen.

Nachbemerkung von 1983

Dieser Essay wurde 1975 nach einem Jahr intensiver Arbeit in der Bibliothek des *Warburg Institute* geschrieben. Er war als erster einer Reihe von Portraits exemplarischer Persönlichkeiten konzipiert, die jeweils eine Humanwissenschaft repräsentieren sollten. Neben dem Essay über Warburg wurde des Weiteren jener über Émile Benveniste und die Linguistik begonnen, jedoch niemals beendet.

Mit einem Abstand von sieben Jahren erscheint dem Autor das in dieser Untersuchung formulierte Projekt einer allgemeinen Humanwissenschaft zwar nicht überholt, aber doch nicht auf dieselbe Weise durchführbar wie zuvor. Bereits Ende der sechziger Jahre waren die Anthropologie und die Humanwissenschaften in eine Phase der Ernüchterung eingetreten, die ein solches Projekt wahrscheinlich obsolet gemacht hätte. (Dass es in den letzten Jahren hier und dort in unterschiedlichen Varianten als ein allgemeines wissenschaftliches Ideal wieder aufgetaucht ist, zeugt nur von der Leichtsinnigkeit, mit der in akademischen Kreisen die in Erkenntnisproblemen enthaltenen geschichtlichen und politischen Knoten aufgelöst werden.)

Der Weg, den die Linguistik genommen hatte, die bereits in der Generation Benvenistes das große Projekt des 19. Jahrhunderts einer vergleichenden Grammatik erschöpft hatte, kann in dieser Hinsicht als Beispiel dienen. Wenn auf der einen Seite mit dem *Wörterbuch der indoeuropäischen Institutionen* die vergleichende Grammatik einen Gipfel erreicht hatte, auf dessen Kamm selbst die epistemologischen Kategorien der historischen Disziplinen ins Wanken gerieten, betrat die Sprachwissenschaft auf der anderen Seite mit ihrer Theorie der Äußerung das traditionelle Terrain der Philosophie. In beiden Fällen stieß die Wissenschaft (hier die Linguistik, diese »Leitdisziplin« der Humanwissenschaften) an

Grenzen, deren genaue Erkundung das Feld konkret abzustecken schien, auf dem sich eine allgemeine Wissenschaft des Menschen fernab von den Vagheiten der Interdisziplinarität hätte entwickeln können – dies geschah allerdings nicht, und hier ist nicht der Ort, um nach Gründen zu suchen. Tatsache ist, dass man daraufhin bei der akademischen Nachhut einen Rückzug auf die Positionen der Semiotik beobachten konnte (und zwar weitab von denjenigen Perspektiven, auf die Benveniste und sogar Saussure hingewiesen hatten), während die Avantgarde eine massive Hinwendung zur formalisierten Linguistik Chomsky'scher Prägung vorantrieb, deren fruchtbares Abenteuer noch im Gang ist, aber in dessen epistemologischen Horizont sich ein solches Projekt schwerlich in denselben Modalitäten vorschlagen ließe.

Um zu Warburg zurückzukehren, der die Kunstgeschichte vielleicht eher in Antiphrase repräsentieren sollte: Was nicht an Aktualität eingebüßt hat, ist die entschiedene Geste, mit der er die Betrachtung des Kunstwerks (und später des Bildes) der Erforschung des Gewissens des Künstlers wie auch der unbewussten Strukturen gleichermaßen entrissen hat. Auch hier wäre es legitim gewesen, eine Analogie zu Benveniste zu sehen. Während sich nämlich die Phonologie (und in ihren Fußstapfen die Anthropologie von Lévi-Strauss) mit unzweifelhaften Erträgen hin zu einer Erkundung unbewusster Strukturen bewegt hatte, eröffnete Benvenistes Theorie der Äußerung, die in das Feld des Subjekts und des Übergangs von der Sprache zur Rede vordrang, einen Bereich der Linguistik, der sich eigentlich nicht durch die Gegenüberstellung bewusst/unbewusst definieren ließ. Zur selben Zeit bot die vergleichende Forschung, die im *Wörterbuch* gipfelte, Ergebnisse, die man durch die Opposition diachron/synchron, Geschichte/Struktur nicht angemessen erfasst hätte. Was als eine unbewusste archetypische Struktur *par excellence* erscheinen konnte – das Bild –, zeigte sich bei Warburg dagegen als ein ausgesprochen geschichtliches Element, als der Ort des menschlichen Erkenntnisprozesses in seiner vitalen Auseinandersetzung mit der Vergangenheit. Was somit ans Licht gelang, war weder eine Diachronie noch eine Synchronie, sondern der Punkt, an dem aus dem Bruch dieser Gegenüberstellung das menschliche Subjekt hervorging.

Das Problem, das in dieser Perspektive jeder Entfaltung von Warburgs Denkens unmittelbar vorausgeht, ist das genuin philosophische der Konstitution des Bildes und insbesondere des Verhältnisses zwischen Bild und Wort, das schon bei Kant die aporetische Situation der transzendentalen Einbildungskraft hervorgebracht hatte. Denn gerade das Bild (dies könnte der oberste Ertrag von Warburgs Lehre sein) beschreibt den Ort, an dem sich das Subjekt jener mythischen psychosomatischen Konsistenz entledigt, die ihm eine Erkenntnistheorie – die in Wahrheit verkappte Metaphysik war – gegenüber einem genauso mythischen Objekt verliehen hat, um seine ursprüngliche und (im etymologischen Sinne) spekulative Reinheit wiederzufinden. Warburgs »Nymphe« ist kein äußerlicher Gegenstand und auch keine innerpsychische Entität, sondern die reine Gestalt des geschichtlichen Subjekts. Genauso wie der Atlas *Mnemosyne* (der seinen Nachfolgern zu banal und zugleich voll launischer Idiotismen erschien) für das Gewissen des Forschers kein ikonographisches Repertoire darstellt, sondern so etwas wie einen Narziss-Spiegel. Wer sich dessen nicht gewahr wird, für den ist der Atlas unbrauchbar oder erscheint höchstens als eine beschämende private Angelegenheit des Meisters wie seine so häufig beschwatzte geistige Krankheit. Wie konnte übersehen werden, dass das, was Warburg an diesem bewussten und gefährlichen Spiel geistiger Entfremdung anzog, im Gegenteil gerade in der Möglichkeit bestand, die reine Materie der Geschichte zu ergreifen, vollkommen analog zu jener, welche die indoeuropäische Phonologie der geheimeren Krankheit Saussures dargeboten hatte?

Es ist überflüssig, daran zu erinnern, dass sowohl die Ikonologie als auch die Psychologie der Kunst diesen Bedürfnissen nicht immer gerecht geworden sind. Allenfalls eine heterodoxe Untersuchung wie jene Benjamins über das dialektische Bild lässt sich, wie Wolfgang Kemp suggeriert hat, als fruchtbarer Ausdruck des Warburg'schen Erbes verstehen. Die Publikation der unveröffentlichten Schriften Warburgs, die im Londoner Institut aufbewahrt sind, erscheint weiterhin als ein nicht länger aufzuschiebendes Unterfangen.

Anmerkungen

1 Die *boutade* über Warburg als Erfinder einer Disziplin, »qui, à l'inverse de tant d'autres, existe, mais n'a pas de nom«, stammt von Robert Klein, *La forme et l'intelligible*, Paris: Gallimard 1970, S. 224.

2 Das Warburg-Institut wurde bekanntlich 1933 bei der nationalsozialistischen Machübernahme nach London verlegt und dort 1944 der Universität von London eingegliedert. Vgl. Fritz Saxl, »Die Geschichte der Bibliothek Aby Warburgs«, in: E. H. Gombrich, *Aby Warburg. Eine intellektuelle Biographie*, übers. v. M. Fienbork, Frankfurt am Main: Europäische Verlagsanstalt 1981, S. 433 f.

3 Die Veröffentlichung der schönen »intellektuellen Biographie« Warburgs durch Gombrich, den damaligen Leiter des *Warburg Institute*, konnte diese Lücke nur teilweise füllen. Diese Biographie stellt bis heute die einzige Quelle für die Kenntnis der unveröffentlichten Manuskripte Warburgs dar. [Inzwischen hat der Akademie-Verlag mit der Herausgabe der *Gesammelten Schriften* begonnen. – A. d. A.]

4 Das Zeugnis stammt von Saxl, »Die Geschichte«, a. a. O., S. 434.

5 Diesen Ausdruck findet man unter anderem in einer unveröffentlichten Notiz von 1923. Vgl. Gombrich, *Aby Warburg*, a. a. O., S. 118.

6 Der Vortrag wurde 1939 in englischer Sprache veröffentlicht: Aby Warburg, »A Lecture on Serpent Ritual«, in: *Journal of the Warburg-Institute* 4 (1939), S. 277–292. (Dt. *Schlangenritual. Ein Reisebericht*, Berlin: Wagenbach 1996.)

7 Giorgio Pasquali, »Aby Warburg«, in: *Pegaso* (1930); jetzt in: ders., *Pagine stravaganti*, Bd. 1, Florenz: Sansoni 1968, S. 44.

8 Tito Vignoli, *Mito e scienza*, Mailand 1879. (Dt. *Mythus und Wissenschaft*, Leipzig: Brockhaus 1880.)

9 Die Gestaltung seiner Bibliothek beschäftigte Warburg sein ganzes Leben lang und war vielleicht das Projekt, in das er die meiste Energie steckte. Ihren Ursprung hat sie in einer schicksalsträchtigen Episode aus der Kindheit: Mit dreizehn bot Aby, der Erstgeborene einer Bankiersfamilie, seinem jüngeren Bruder an, das Erstgeborenenrecht gegen das Versprechen an ihn abzutreten, ihm alle Bücher zu kaufen, nach denen er fragen würde. Max akzeptierte, nicht wissend, dass der kindliche Scherz Wirklichkeit werden sollte.

Warburg ordnete seine Bücher nicht nach den alphabetischen oder arithmetischen Kriterien, die in den großen Bibliotheken verwendet werden, sondern nach seinen Interessen und seinem Denksystem. Das ging so weit, dass er bei jeder Variation seiner Untersuchungsmethoden die Ordnung änderte. Das Gesetz, das ihn leitete, war das des »guten Nachbarn«, dem zufolge die Lösung des eigenen Problems nicht im gesuchten Buch enthalten war, sondern in dem benachbarten. Auf diese Weise machte er aus der Bibliothek eine Art labyrinthisches Bild seiner selbst, dessen Faszinationskraft enorm war. Saxl berichtet die Anekdote von Cassirer, der, zum ersten Mal in der Bibliothek, erklärte, dass er entweder sofort flüchten oder aber darin jahrelang eingeschlossen bleiben müsse. Wie in einem echten Labyrinth führte die Bibliothek den Leser zum Ziel, indem sie ihn von einem »guten Nachbarn« zum anderen irreführte, in einer Reihe von *dé-*

tours, an deren Ende unvermeidlich der Minotaurus stand, der ihn von Anfang an erwartet hatte und der, in gewissem Sinne, Warburg selbst war. Wer in der Bibliothek gearbeitet hat, weiß, wie sehr dies bis heute noch der Fall ist, trotz der Zugeständnisse, die im Laufe der Jahre an die Erfordernisse der Bibliothekswissenschaft gemacht werden mussten.

10 Gombrich, *Aby Warburg*, a. a. O., S. 301.

11 Ebd., S. 118.

12 Es ist charakteristisch für Warburgs *forma mentis*, dass er seine Schriften als Beiträge zu Wissenschaften präsentiert, die es noch zu begründen gilt. Auch seine große Studie über die Weissagung zu Luthers Zeit wird als Beitrag zum noch fehlenden »Handbuch« »Von der Unfreiheit des modernen abergläubischen Menschen« genannt, dem eine, ebenfalls unvollendete, wissenschaftliche Untersuchung über »Die Renaissance der dämonischen Antike im Zeitalter der deutschen Reformation« vorausgehen sollte. Auf diese Weise gelang Warburg, einerseits in seinen Schriften eine Gespanntheit auf ihre Selbstüberschreitung hin zu erzeugen, die nicht zuletzt der Grund ihrer Faszinationskraft darstellt, und andererseits sein Gesamtprojekt mittels einer Art »Anwesenheit durch Ausstand« in Erscheinung treten zu lassen, die an das aristotelische Prinzip erinnert, nach dem »die Privation auch eine Form des Habens ist« (*Metaph.* V, 1019b 7).

13 Aby Warburg, »Italienische Kunst und internationale Astrologie im Palazzo Schifanoja zu Ferrara«, in: ders., *Werke in einem Band*, hg. v. Martin Treml u. a., Frankfurt am Main: Suhrkamp 2010, S. 396.

14 Von Spitzer siehe insbesondere die *Essays in Historical Semantics*, New York: Vanni 1948. Für eine Beurteilung des Werkes von Traube sollte man Pasqualis »Paleografia quale scienza dello spirito«, in: *Nuova Antologia* (1931) lesen, nun wiederabgedruckt in: ders., *Pagine stravaganti*, a. a. O., S. 115 f.

15 In einem Brief an den Freund Mesnil, der Warburgs Fragestellung auf traditionelle Weise reformuliert hatte (»Was bedeutet die Antike für den Menschen der Renaissance?«), präzisierte Warburg, dass das Problem »sich später im Laufe der Jahre zu

dem Versuch, die Bedeutung des Nachlebens des Heidentums für die europäische Gesamtkultur zu erfassen, erweiterte« (Gombrich, *Aby Warburg*, a. a. O., S. 411).

16 Zum Gegensatz zwischen »kalten« (oder geschichtslosen) und »warmen« Gesellschaften, die die Auswirkungen historischer Faktoren vervielfältigen, siehe Claude Lévi-Strauss, *La pensée sauvage*, Paris: Plon 1962, S. 309f. (Dt. *Das wilde Denken*, Frankfurt am Main: Suhrkamp 1973.)

17 Gombrich, *Aby Warburg*, a. a. O., S. 326.

18 »Das antikische Dynamogramm wird in maximaler Spannung aber unpolarisiert in Bezug auf die passive oder aktive Energetik des nachfühlenden, nachsprechenden (erinnernden) [Künstlers] überliefert. Erst der Kontakt mit der Zeit bewirkt die Polarisation. Diese kann zur radikalen Umkehr (Inversion) des echten antiken Sinnes führen. [...] Wesen der Thiasotischen Engramme als unbetonte Leydener Flasche bis zum Eintritt des selektiven Zeitwillens.« (Gombrich, *Aby Warburg*, a. a. O., S. 338)

19 Warburgs Interpretation von Dürers *Melencolia* als »humanistischen Trostblatt wider Saturnfürchtigkeit« (*Heidnisch-antike Weissagung in Wort und Bild*, in: Aby Warburg, Werke in einem Band, hg. v. M. Treml, S. Weigel u. P. Ladwig, Berlin: Suhrkamp 2010, S. 476), die das Bild des Sterndämonen wandelt, hat die Ergebnisse der Studie von Erwin Panofsky und Fritz Saxl stark vorgeprägt. Vgl. dies., *Dürers* Melencolia I. *Eine Quellen- und Typengeschichtliche Untersuchung*, Leipzig–Berlin: Teubner 1923.

20 Die Seiten, in denen Warburg diese Interpretation der Figuren Burkhardts und Nietzsches vornimmt, gehören zu den schönsten, die er jemals geschrieben hat: »Wir müssen Burckhardt und Nietzsche als Auffänger der mnemischen Wellen erkennen und sehen, daß das, was sie als Weltbewußtsein haben, sie beide in ganz anderer Weise ergreift. [...] Beide sind sehr empfindliche Seismographen, die in ihren Grundfesten beben, wenn sie die Wellen empfangen und weitergeben müssen. Aber ein großer Unterschied: Burckhardt hat die Wellen aus der Region der Vergangenheit empfangen, hat die gefährlichen Erschütterungen gefühlt und dafür gesorgt, daß das Fundament seines Seismographen ge-

stärkt wurde. [...] Die Gefährlichkeit seines Berufes, daß er einfach zusammenbrechen müßte, fühlte er. Er ist der Romantik nicht erlegen. [...] Burckhardt war ein Nekromant bei vollem Bewußtsein; dabei sind ihm die Gestalten aufgestiegen, die ihn ganz ernsthaft bedroht haben. Denen ist er ausgewichen, indem er sich seinen Seherturm erbaut hat. Seine Art des Sehertums ist Lynkeus. Er sitzt in seinem Turm und spricht ... er war und blieb ein Aufklärer, der aber nie etwas anderes hat sein wollen als ein einfacher Lehrer. [...] Welcher Sehertypus ist Nietzsche? Er ist der Typus eines Nabi, der auf die Straße läuft, sich die Kleider zerreißt, Wehe schreit, und das Volk vielleicht hinter sich her leitet. Seine ursprüngliche Geste ist die des Führers mit dem Thyrsosstab, der sich zur Gefolgschaft Alle erzwingt. Daher seine Bemerkungen zum Tanz. Es prallen in Jacob Burckhardt und Nietzsche in diesem Grenzgebiet zwischen Romanismus und Germanismus die uralten Sehertypen zusammen. Die Frage ist, ob der Sehertypus die Erschütterungen seines Berufes aushalten kann. Der eine versucht, sie umzuformen in den Ruf. Das Fehlen des Widerhalls untergräbt ihn andauernd; er ist doch eigentlich ein Lehrer. Zwei Pastorensöhne, die zum Gefühl Gottes in der Welt ganz anders stehen«. (Gombrich, *Aby Warburg*, a. a. O., S. 344 ff.)

21 Ebd., S. 335.

22 Ebd., S. 301. Warburgs Auffassung von Symbolen und ihrem Leben im sozialen Gedächtnis könnte an Jungs Idee des Archetyps erinnern. Der Name Jung taucht allerdings nirgendwo in Warburgs Notizen auf. Man darf im Übrigen auch nicht vergessen, dass die Bilder für Warburg historische Wirklichkeiten, eingelassen in einen kulturellen Übermittlungsprozess, sind und keine ahistorischen Entitäten wie bei Jung.

23 Siehe ihre Einleitung zu *La rinascita del paganesimo antico. Contributi alla storia della cultura*, Firenze: La nuova Italia 1966, S. 268.

24 Zu Giulio Camillo und seinem Theater siehe das 6. Kapitel von Frances A. Yates, *The Art of Memory*, London: Routledge & Kegan Paul 1966. (Dt. *Gedächtnis und Erinnern. Mnemonik von Aristoteles bis Shakespeare*, Berlin: Akademie 2001.)

25 F. D. E. Schleiermacher, »Zur Hermeneutik 1805 und 1809«, in: ders., *Hermeneutik*, nach den Handschriften neu hg. u. eingeleitet von Heinz Kimmerle, Heidelberg 1959, S. 46. Über den hermeneutischen Zirkel siehe die hervorragenden Überlegungen von Leo Spitzer, *Linguistics and Literary History*, Princeton: Princeton University Press 1948. (Dt. *Texterklärungen. Aufsätze zur europäischen Literatur*, Frankfurt am Main: Fischer 1990.)

26 Die Bemerkung stammt von Heidegger, der den hermeneutischen Zirkel philosophisch begründet hat. Vgl. Ders., *Sein und Zeit*, Tübingen: Niemeyer 1992, S. 151–153.

27 Aby Warburg, *Sandro Botticelli.* Geburt der Venus *und* Frühling, Hamburg–Leipzig: Leopold Voss 1893, S. 49.

28 Gombrich, *Aby Warburg*, a. a. O., S. 406.

29 Aby Warburg, »Orientalisierende Astrologie«, in: *Zeitschrift der Deutschen Morgenländischen Gesellschaft* 6 (1927), S. 8. Da man die Vernunft immer wieder vor den Rationalisten retten muss, sollte man klarstellen, dass die Kategorien, die Warburg in seiner Diagnose verwendet, unendlich subtiler sind als die gängige Gegenüberstellung zwischen Rationalismus und Irrationalismus. Der Konflikt wird nämlich von ihm als Polarität und nicht als Dichotomie interpretiert. Die Wiederentdeckung des Goethe'schen Begriffs der Polarität zum Zweck eines umfassenden Verständnisses unserer Kultur gehört zu den fruchtbarsten Erbstücken, die Warburg der Kulturwissenschaft hinterlässt. Dies ist besonders wichtig, wenn man bedenkt, dass die Gegenüberstellung von Rationalismus und Irrationalismus die Interpretation der kulturellen Tradition des Abendlandes häufig verzerrt hat.

30 Erwin Panofsky, *Meaning in the Visual Arts. Papers in and on Art History*, Garden City: Doubleday & Co. 1955. (Dt. *Sinn und Bedeutung in der bildenden Kunst*, Köln: DuMont 1978, S. 38 ff.)

31 Erwin Panofsky, *Studies on Iconology. Humanistic Themes in the Art of the Renaissance*, New York: Oxford University Press 1939. (Dt. *Studien zur Ikonologie. Humanistische Themen in der Kunst der Renaissance*, Köln: Dumont 1980, S. 256)

32 Weder Panofsky noch die Forscher, die mehr als er Warburg nahestanden und nach seinem Tod die Kontinuität des Instituts

sicherten, von Fritz Saxl über Gertrud Bind zu Edgar Wind (was Ernst Gombrich angeht, so wurde er erst nach dem Tod Warburgs Mitglied des Instituts), haben je beansprucht, Nachfolger von Warburg in seiner Erforschung einer namenlosen Wissenschaft jenseits der Kunstgeschichte zu sein. Jeder von ihnen hat, oft auf geniale Weise, das Erbe Warburgs an den Rändern der Kunstgeschichte vertieft, aber ohne sie jemals mit einem umfassenden Zugriff auf die kulturellen Tatsachen thematisch zu überschreiten. Möglicherweise entsprach dies auch einer objektiven vitalen und organisatorischen Bedarfslage des Instituts, dessen Aktivität in jedem Fall eine unvergleichliche Erneuerung in den Studien zur Kunstgeschichte markiert hat. Was die »namenlose Wissenschaft« angeht, so bleibt es dabei, dass das Nachleben* Warburgs noch der polarisierenden Begegnung mit dem Selektionswillen einer Epoche harrt. Über die Persönlichkeit der Forscher, die mit dem *Warburg Institute* verbunden sind, siehe Carlo Ginzburg, »Da Aby Warburg a Ernst H. Gombrich. Note su un problema di metodo«, in *Studi medievali* 2 (1966), S. 1015–1065; wiederabgedruckt in: ders., *Miti emblemi spie. Morfologia e storia*, Turin: Einaudi 1986. (Engl. *Clues, Myths, and the Historical Method*, Baltimore: Johns Hopkins University Press 1989.)

33 Vgl. Claude Lévi-Strauss, »Histoire et ethnologie«, in: *Revue Métaphysique et de la Morale* 3–4 (1949); wiederveröffentlicht in: ders., *Anthropologie structurale*, Paris: Plon 1958, S. 24f. (Dt. *Strukturale Anthropologie*, Frankfurt am Main: Suhrkamp 1971, S. 32.)

34 Valérys Behauptung (in »Regards sur le Monde actuel«, in: ders., *Œuvres*, Bd. II, »Bibliothèque de la Pléiade«, Paris: Gallimard 1960, S. 923) darf hier nicht in einem bloß geographischen Sinn verstanden werden.

35 Aby Warburg, »Der Eintritt des antikisierenden Idealstils in die Malerei der Früh-Renaissance«, in *Kunstchronik* 25 (1914).

Die Überlieferung des Unvordenklichen

1.

Jedes Nachdenken über die Überlieferung muss mit der auf den ersten Blick trivialen Feststellung beginnen, dass ehe sich die Menschen irgendwas mitteilen konnten, sie sich zunächst einmal die Sprache selbst mitteilen mussten. Jede spezifische Überlieferung, jedes bestimmte kulturelle Erbe setzt die Überlieferung dessen voraus, was eine Überlieferung überhaupt erst ermöglicht. *Was teilt aber der Mensch mit, indem er sich die Sprache mitteilt? Was bedeutet die Mitteilung der Sprache, unabhängig davon, was in der Sprache mitgeteilt wird?* Weit davon entfernt, für die Philosophie unerheblich zu sein, bilden diese Fragen von Anfang an ihr Thema. Die Philosophie macht sich nicht über den Inhalt dieser oder jener sinnvollen Äußerung Gedanken, sondern über die Tatsache als solche, dass der Mensch spricht, dass es Sprache und Erschlossenheit von Sinn diesseits oder jenseits oder, besser gesagt, *in* jedem determinierenden Bedeutungsereignis gibt. Was auf diese Weise in jeder Überlieferung immer schon mitgeteilt wird, das *architraditum* und das *primum* jeder Überlieferung, ist die Sache des Denkens.

א Du behauptest seinem Bericht zufolge, Dir sei die Natur des Ersten noch nicht hinlänglich dargelegt worden. Ich will dies tun, aber in Rätseln, damit, sollte der Brief durch widrige Umstände in die Tiefen des Meeres oder ans Ende der Welt gelangen, der Leser ihn nicht versteht. So verhält es sich: Alles Seiende umgibt den König des Ganzen und ist umwillen seiner; er ist die Ursache alles Schönen; die zweiten Dinge umgeben den Zweiten, die dritten den Dritten. Die menschliche Seele strebt danach zu erkennen, wie jene beschaffen sind, und ist beim Anblick dessen, was ihr verwandt ist, nicht befriedigt. Nichts dergleichen betrifft den König und die Dinge, von denen ich sprach. »Aber«, sagt dann die Seele, »wie ist es beschaffen?« Und diese Frage, o Sohn von Dionysius und Doris, ist die Ursache allen Übels, oder genauer der Geburtswehen, die in der Seele entstehen und die, solange sich jemand nicht davon befreit hat, ihn beim Finden der Wahrheit hindern.[1]

2.

Was bedeuten diese Überlegungen für die konstitutive Struktur jeder menschlichen Überlieferung? Was hier mitgeteilt werden soll, ist weder eine, sei es noch so erhabene *Sache* noch eine Wahrheit, die in Aussagen oder Glaubenssätzen formuliert werden könnte, sondern die Unverborgenheit (*alētheia*), die Offenbarkeit selbst, in der so etwas wie Mitteilung überhaupt erst möglich wird. Wie teilt man aber eine Unverborgenheit mit, und wie ist es möglich, nicht nur ein *traditum* mitzuteilen, sondern die Offenbarkeit selbst, die Mitteilbarkeit? Es ist klar, dass diese nicht als ein Erstes *im Innern* der Überlieferung thematisiert werden kann, dass sie auch dann nicht zum Inhalt einer Aussage unter anderen werden kann, wenn diese in einer Hierarchie zueinander stehen, sondern dass sie, die in jedem Akt der Mitteilung impliziert ist, unvollendet und nicht-thematisiert bleiben muss.

Die Überlieferung der Überlieferbarkeit ist daher in jeder spezifischen Überlieferung unvordenklich enthalten, und gerade diese unvordenkliche Hinterlassenschaft, diese Übertragung der Unverborgenheit macht die menschliche Sprache als solche aus. Sie ist, wie in einem Bild Kafkas, die geschlossene Faust, die im Wappen jeder Überlieferung eingeschrieben ist, deren Vollendung sie ankündigt. Dementsprechend muss die Sprache jedoch so strukturiert sein, dass sie in jeder Rede die Unverborgenheit, die sie ist, tradiert und zugleich verrät, und zwar gemäß dem doppelten Sinn des lateinischen Ausdrucks *tradere*[2], indem sic sie in dem, was sie ans Licht bringt, verbirgt.

א Gedächtnis. Disposition der Seele, die über die Unverborgenheit wacht, die in ihr ist.[3]

3.

(Daher stellt die Philosophie, die von dieser doppelten Struktur der Überlieferung und der menschlichen Sprache Rechenschaft zu geben versucht, die Erkenntnis von Anbeginn an als etwas dar, das in der Dialektik von Erinnern / Vergessen, Unverborgenheit / Verborgenheit, *alētheia*/*lēthē* gefangen ist. In der platonischen Definition muss das Gedächtnis nicht diese oder jene Wahrheit, diese oder jene Erinnerung bewahren, sondern muss über die Offenheit der Seele selbst und ihre eigene Unverborgenheit wachen. Die anamnestische Struktur der Erkenntnis bezieht sich nicht auf eine chronologische Vergangenheit oder auf eine ontische Vorgängigkeit, sondern auf die Struktur der Wahrheit selbst. Da sich diese nicht ergreifen und übertragen kann, ohne dadurch selbst zu einer erinnerten Sache zu werden, kann sie sich nur bewahren, indem sie für das Gedächtnis unvordenklich bleibt und sich jedes Mal, wenn sie sich zeigt – als Idee – verleugnet, sich also nicht als Lehre (*didaskalia*), sondern als göttliches Schicksal (*theia moira*) gibt – in modernen Worten: als eine geschichtlich-epochale Offenheit.

Die Wahrheit ist mithin nicht, wie die heute immer noch vorherrschende Auffassung von Überlieferung fälschlicherweise annimmt, die Überlieferung einer esoterischen oder öffentlichen, religiösen oder wissenschaftlichen Doktrin, sondern Gedächtnis, das sich in seinem Ereignen vergisst und schickt [*destina*], geschichtliche Erschließung und Chronothese. Daher tritt die Anamnese im *Menon* als ein Gedächtnis der »Zeit, in der der Mensch noch nicht Mensch war« auf: Das, was es hier zu ergreifen und mitzuteilen gilt, ist absolut nicht-subjektiv, es ist das Vergessen als solches.)

> א Weil aber das volle Wesen der Wahrheit das Unwesen einschließt und allem zuvor als Verbergung waltet, ist die Philosophie als Erfragen dieser Wahrheit in sich zwiespältig. Ihr Denken ist die Gelassenheit der Milde, die der Verborgenheit des Seienden im Ganzen sich nicht versagt. Ihr Denken ist zumal die Ent-schlossenheit der Strenge, die nicht die Verbergung sprengt, aber ihr unversehrtes Wesen ins Offene des Begreifens und so in ihre eigene Wahrheit nötigt.[4]

4.

Diese doppelte Struktur der Sprache und der Überlieferung steht von Anfang an im Zentrum des griechischen Nachdenkens über den *logos*. Wenn Platon im Siebten Brief die Ebene der Sprache als eine präsentiert, die von der unheilbaren Differenz zwischen *on* und *poion*, Sein und Beschaffenheit, regiert wird, dann ist es die notwendig zwiespältige Struktur jedes sprachlichen Bedeutens, die er als eine spezifische Schwäche (*to tōn logōn asthenes*, *Ep.* VII, 343 a 1) der menschlichen Kommunikation darstellen möchte, mit der das Denken irgendwie fertig werden muss. Die menschliche Sprache ist notwendig vor-aus-setzend und thematisierend, in dem Sinne, dass sie in ihrem Geschehen die Sache selbst (*to pragma auto*), um die es in ihr und nur in ihr geht, in ein Sein, *über das gesprochen wird*, und ein *poion*, eine Beschaffenheit, eine Bestimmung, die *von ihm gesagt wird*, zerlegt. *Um darüber reden zu können, unterstellt und drängt die Sprache das zurück, was in ihr ans Licht kommt, und zwar im selben Akt, in dem es ans Licht kommt.* Die Sprache ist also in der Definition von Aristoteles (*De an.*, 430 b 26; aber schon implizit in *Soph.*, 262 e 6f.) *legein ti kata tinos* »etwas-über-etwas sagen«; sie ist mithin stets voraussetzende und objektivierende Sprache, die das, *worüber* sie spricht, als schon offenbar und ereignet voraussetzt. Die Voraussetzung ist nämlich die Form selbst der sprachlichen Bedeutung: das über ein Subjekt, über eine Voraussetzung *kath' hypokeimenou*-Sagen. (Das Prinzip, nach dem Platon sucht, ist dagegen ein voraussetzungsloses Prinzip, *archē anhypothetos* – *Resp.*, 511 b 6.)

> ℵ Da sie zweierlei sind, das Sein und die Beschaffenheit, während die Seele das Dass und nicht die Beschaffenheit zu erkennen versucht, hält jedes der Vier [*scil.* Name, *logos*, Abbild,

Wissen] der Seele in Worten und Fakten das entgegen, was sie nicht sucht.[5]

א Die Sprache findet das Zweifache: Sie zerlegt es, bis sie zu einem Einfachen gelangt, das nicht weiter analysiert werden kann; solange es geht, fährt sie zerlegend bis an den Grund (*bathos*) fort. Der Grund jeder Sache ist die Materie; daher ist die Materie dunkel, weil die Sprache Licht ist und das Denken Sprache. Und das Denken, indem es die Sprache über jeder Sache sieht, urteilt, dass das, was darunter liegt, ein Dunkles unter das Licht sei – so wie das Auge, das von lichter Gestalt ist, indem es in Richtung des Lichtes und der Wärme schaut, die leuchtet, sagt, dass das, was unter den Farben liegt, dunkel und materiell sei.[6]

5.

Dieser Dopplung in der Struktur des Bedeutens entspricht jene, die gesamte Sprache durchziehende Spaltung zwischen Name (*onoma*) und definitorischer Rede (*logos*), welche die Griechen für so wesentlich hielten, dass sie ihre Entdeckung Platon selbst zuschrieben. In Wirklichkeit war es Antisthenes, der als Erster auf die radikale Asymmetrie zwischen diesen zwei Ebenen der Sprache beharrte und behauptete, dass es von den einfachen und ersten Substanzen nur den Namen, nicht aber die Rede, den *logos* geben kann.

Denn der Ebene der Rede geht eine Hermeneutik des Seins voraus, die in den Namen implizit enthalten ist und die Sprache in keiner Aussage ergründen (*logon didonai*) kann. Unsagbar ist gemäß dieser Auffassung nicht das, was von der Sprache in keiner Weise bezeugt wird, sondern das, was in der Sprache nur genannt werden kann. *Die Rede kann das, was der Name benennt, nicht sagen.* Was der Name benennt, ist in der Rede mitgeteilt und als nicht-mitteilbar und unsagbar sich überlassen [*abbandonato*]. Der Name ist also die sprachliche Chiffre der Voraussetzung, die Chiffre dessen, was die Rede nicht *sagen*, sondern in ihrer Bedeutsamkeit immer nur *voraussetzen* kann. Gewiss kommen die Namen in Aussagen vor, aber was in diesen ausgesagt wird, wird immer nur unter der Voraussetzung der Namen gesagt.

> ℵ Die ersten Elemente [...] haben keinen *logos*. Jedes kann nur an und für sich genannt werden und es ist unmöglich, dem in der Rede anderes hinzuzufügen, weder wie es ist noch wie es nicht ist. Damit würde ihm nämlich Sein und Nichtsein hinzugefügt werden; wenn man es aber selbst aussprechen möchte, braucht nichts hinzugefügt zu werden [...], nichts anderes kommt ihm zu, als genannt zu werden, es hat nur den Namen.[7]

> ℵ Die Gegenstände kann ich nur *nennen*. Zeichen vertreten sie. Ich kann nur von ihnen sprechen, *sie aussprechen kann ich nicht*. Ein Satz kann nur sagen, *wie* ein Ding ist, nicht *was* es ist.[8]

6.

Im Denken von Aristoteles wird die doppelte Struktur der sprachlichen Voraussetzung mit der logisch-metaphysischen Struktur der Erkenntnis identifiziert, deren Grund sie artikuliert. Das Sein, das der Name als unbestimmtes Eines ergreift, wird vom *logos* notwendig in der Pluralität des *ti kata tinos* dargestellt. Daher hat die Frage nach dem Grund (nach dem Sein als *archē*) notwendig die Form: »Wes-halb, durch was, kommt etwas einem andern zu (oder wird von diesem ausgesagt)?« (*zēteitai de to dia ti aei houtōs, dia ti allo allō tini hyparchei*? – *Metaph.* 1041 a 10: »Man untersucht den Grund immer auf diese Weise: wes-halb kommt etwas etwas zu [unterliegt etwas etwas als Prinzip]?«) Die Wahrheit, die ursprüngliche Unverborgenheit, in der sich jedes Seiende manifestiert, wird von ihm getrennt und als Grund der Aussage unterstellt, der Tatsache also, dass etwas von etwas prädiziert wird. Als Grund ist sie das, was immer schon (*to ti ēn einai)* erkennbar und erkannt war, dessen Erkenntnis an sich aber nicht dianoetisch in einer Aussage artikuliert, sondern nur vom *nous* »berührt« (*thigein*) und im Namen ausgesprochen werden kann. Diese Archi-Vergangenheit, dieses Unaussprechlich-Sein, das immer schon war, wird damit das *dia ti*, das Wes-halb, *auf Grund dessen* etwas über etwas erkannt und etwas von etwas ausgesagt werden kann. Es garantiert mithin, indem es selbst unaussprechlich bleibt, dass die Aussage eine Bedeutung habe, dass sie begründet, dass sie *über etwas sei* (über ein *hypokeimenon*, eine Voraus-setzung). Sofern er der Aussage vorausgesetzt ist, ist der Grund *hypokeimenon*, Subjekt und Materie, Vermögen (*dynamis*) des *logos*; sofern er noetisch in seiner Wahrheit erkannt wird, ist er dagegen *telos*, Ereignis und Vollendung dessen, was immer schon war. (In dieser Voraussetzung des Grundes ist die Dualität von Grund* und Bedingung*, mit der Hegel seine Logik des Grundes artikuliert, bereits impliziert.)

א Jede Aussage [*phasis*] sagt etwas-über-etwas und ist als Behauptung[9] immer wahr oder falsch. Nicht so das Denken:

> Das Denken des Was-seins gemäß dem Sein, das es war [*ho tou ti esti kata to ti ēn einai*], und nicht des Etwas-über-etwas, ist immer wahr.[10]

7.

Betrachten wir den Mechanismus der Voraussetzung und des Grundes in Aristoteles etwas näher. Im Buch Gamma der *Metaphysik* artikuliert er sich durch die Unterscheidung von *hen sēmainein* (eines-bedeuten) und *kath'henos sēmainein* (über-das-eine-bedeuten). Der ganze indirekte Beweis des Prinzips des ausgeschlossenen Widerspruchs beruht auf der Annahme, dass es notwendig einen Punkt geben muss, in dem die Sprache nicht mehr *über-etwas* bedeutet, sondern *etwas-bedeutet*. Dieser Grenzpunkt ist für Aristoteles das unbedingte Prinzip (das wir nämlich in jeder Erkenntnis immer schon mitführen), auf das sich jenes »stärkste aller Prinzipien« gründet, das Prinzip des ausgeschlossenen Widerspruchs, und mit diesem die Möglichkeit der aussagenden Rede als solche. *Nur weil es einen Punkt gibt, in dem die Sprache eines-bedeutet, ist es möglich, über dieses eine zu bedeuten, sinnvolle Aussagen auszusprechen*. Er ist der Grund, *durch dessen Voraussetzung* die Erkenntnis und der *logos* nur möglich werden: Man kann sprechen, man kann Aussagen über-ein-Subjekt (*kath'hypokeimenou*) äußern, weil das, was sich so voraussetzt, die grundlegende Intentionalität der Sprache ist, ihr Eins-bedeuten-und-berühren. (Was für Platon die Schwäche des *logos* war, dessen voraussetzende Struktur, wird hier zu seiner Stärke. Die platonische Konzeption der Wahrheit als Erinnerung bleibt dagegen niemals bei einer Voraussetzung stehen.)

א Ein Grund-Satz darf aber nicht von etwas schon Zugrundeliegendem ausgesagt werden, denn dann gäbe es ja einen Grund des Grundes. Denn das Zugrundeliegende ist Grund und scheint vor dem von ihm Ausgesagten zu liegen.[11]

א Verum, quia omnis veritas quae non est principium, ex veritate alicuius principii fit manifesta, necesse est in qualibet inquisitione habere notitiam de principio, in quod analytice recurratur, pro certitudine omnium propositionum quae inferius assumuntur.[12]

8.

Es ist diese voraussetzende Struktur der Sprache und der Reflexion, die Hegel im Kapitel »Der Grund« in der *Wissenschaft der Logik* durch die Dualität von »Bedingung«* und »Grund«* darstellt. Die Bedingung ist das Unmittelbare, »auf das der Grund sich als auf seine wesentliche Voraussetzung bezieht«[13]. Sie ist also das, was die Sprache im Namen, in der Beziehung, die es etabliert, immer voraussetzt: »das Unbezogene, dem die Beziehung, in welcher es Bedingung ist, äußerlich ist«; der Grund ist dagegen »Beziehung oder Form, für welche das bestimme Dasein der Bedingung nur als Material ist« (*WL*, 115). Im Namen wird also das reine unmittelbare beziehungslose Sein von etwas vorausgesetzt, und dann wird angenommen, dass dieses Beziehungslose als Subjekt in Beziehung zur Prädikation tritt. Aufgabe der Dialektik des Grundes ist es zu zeigen, wie Bedingung und Grund keine zwei unabhängigen Wirklichkeiten sind, sondern nur die »beiden Seiten des Ganzen«, die »sich gegenseitig voraus[setzen]« (*WL*, 117 f.) und deren Wahrheit nur im wechselseitigen Entzug liegt, der die »tautologische Bewegung der Sache zu sich« (*WL*, 122) konstituiert. Daher ist es in keiner Weise möglich, die Voraussetzung und den Grund, die isoliert jeweils nur ihre wesentliche Negativität aufweisen, einander gegenüberzustellen. Die Überlieferung der Wahrheit hat die eine und dreifaltige Struktur von Voraussetzung, Grund und deren Einheit in der Sache selbst. (Diese Einheit des Namens – des Vaters –, des *logos* – des Sohnes – und ihrer *geistigen* Beziehung ist der spekulative Inhalt des Dreifaltigkeitsdogmas.)

> א Rosa in potentia et rosa in actu et rosa in potentia et actu est eadem et non alia et diversa [...] Sic video unitrinam rosam ab unitrino principio. Hoc autem principium in omnibus relucere video, cum nullum sit principiatum non unitrinum [...] Ideo cum videam Deum, qui non praesupponit suum principium et videam Deum praesupponentem sui principium et videam Deum procedentem ab utroque et non videam tres Deos, sed unitatem deitatis in trinitate.[14]

9.

Fragen wir erneut: Wie ist die Überlieferung der Wahrheit möglich? Wie kann man nicht eine Sache, sondern eine Unverborgenheit mitteilen? Was teilt der Mensch mit, indem er sich die Sprache mitteilt? Gewiss ist, dass der Mechanismus der Voraussetzung und des Grundes in unserer Zeit in eine dauerhafte Krise geraten ist. Das Hegel'sche Denken ist der letzte Versuch gewesen, sich der geschichtlichen Eigenbewegung der Wahrheit durch die dialektische Negativität (deren Vollendung es ja ankündigte) zu versichern. Und es ist sicherlich kein Zufall, wenn der Denker, der in unserem Jahrhundert das Problem des Grundes und seiner Nichtigkeit am kraftvollsten aufgeworfen hat, auch derjenige war, der mit ebenso viel Nachdruck das Problem der Überlieferung und ihrer Destruktion gestellt hat. *Wir finden uns heutzutage immer wieder vor eine ursprüngliche Unverborgenheit der Wahrheit wie vor eine obskure Voraussetzung geworfen, die, obwohl sie uns geschichtlich zu einer Überlieferung schickt [destinandoci], selbst zurückgelassen und unüberlieferbar bleibt, so dass ihre Bewältigung unmöglich scheint.* Die Abwesenheit eines Grundes der Wahrheit, welche die radikale Krise der Voraussetzung bildet, wird selbst schon in der Form einer Voraussetzung gedacht. (Dies ist die Struktur der Urspur und Urschrift, in der das Denken unserer Zeit gefangen geblieben ist. Die Wahrheit schreibt sich ein: Sie bleibt jedes Mal vorausgesetzt und in ihrem Geschehen zugleich aufgeschoben.)

Schon der Neuplatonismus, der am Ende der Antike eine Zusammenfassung der heidnischen Philosophie in Form einer Synthese von Platonismus und Aristotelismus vornahm, konnte nicht umhin, das Problem des Grundes im Sinne einer Verabsolutierung der Voraussetzung und ihrer Transzendenz zu überdenken. Dadurch bekam die *archē anhypothetos*, das nicht-voraussetzbare und nicht-vorausgesetzte Prinzip Platons, den Status der Unaussprechlichkeit und Unverständlichkeit des neuplatonischen Einen, das sich nur in einer unendlichen Flucht vor sich selbst sich selbst gibt. Es ist, in den Worten des letzten Diadochen der heidnischen Philosophie, eine unverständliche Unwirklichkeit oder, in den Worten von Proklos, das Eine, das am Grund jeder Teilhabe liegt:

> א Alles Eine bringt aus sich selbst das Teilhabende hervor. Alle teilhabenden Hypostasen streben nach den nicht-teilhabenden Existenzen. Das Nicht-Teilhabende, das den *logos* der Einheit hat, mithin aus sich selbst und nicht von anderen sowie getrennt von den Teilhabenden ist, generiert das, was teilhaben kann. Denn es ist entweder unfruchtbar und für sich und hätte somit nichts Ehrwürdiges; oder aber es gibt etwas von sich, an dem der Empfänger teilhat und das Gegebene besteht dann durch Teilhabe fort. Alles Teilhabende ist, sofern es dem angehört, an dem es teilhat, zweitrangig gegenüber demjenigen, was in allen gleichermaßen anwesend ist und sie durch sich ausfüllt.

Was in dem Einen ist, ist nicht in den anderen; was in allen gleichermaßen anwesend ist, um sie alle zu erleuchten, muss nicht in dem Einem sein, sondern vor allen. Denn entweder ist es in allen, oder in einem von allen, oder es ist vor allen. Aber was in allen und zwischen allen geteilt ist, würde eines anderen bedürfen, um das Geteilte zu vereinen; und weiterhin würden nicht alle am selben teilhaben, sondern der eine am einen, der andere am anderen, weil sich das Eine geteilt hat. Und wenn es allein in einem von allen wäre, dann wäre es nicht mehr von allen, sondern nur von dem Einen. Wenn es also all dem, was die Fähigkeit hat teilzuhaben, gemeinsam und für alle gleich ist, dann wird es vor allen sein: Das ist das Eine.[15]

> א Es ist gewiss, dass wir von dem absolut Unaussprechlichen nicht einmal behaupten können, dass es unaussprechlich ist und vom Einen müssen wir sagen, dass es sich jeder Zusammenstellung von Name und Rede entzieht, wie auch jeder Unterscheidung, etwa jener zwischen dem Erkennbaren und dem Erkennenden. Man muss es als eine Art Tenne denken, als

einen flachen und ebenen Lichthof, in dem sich kein Punkt vom anderen unterscheiden lässt.[16]

10.

Sind wir auch nur einen Schritt über dieses ungangbare Gebiet hinausgelangt, wo »kein Punkt sich vom anderen unterscheiden lässt« und in dem wir doch Schicksal [*destino*] und Auftrag finden? Haben wir eine andere Erfahrung des Prinzips, die nicht dieses Streben nach einem Einen ist, das uns schickt [*destina*] und als *Teile* [*parti*] geschichtlich hervorbringt und das unaufhörlich an sich selbst teilhat [*si partecipa*], indem es uns aufteilt [*compartendoci*]? Sind wir wahrlich fähig, das generische und universelle Wesen des Menschen und seiner Gemeinschaft ohne Voraussetzung zu denken? Können wir die Überlieferung der Wahrheit und der Sprache anders als einen unbegründeten und dennoch schickenden [*destinante*] Grund denken?

Die geschichtlich-soziale Erfahrung unserer Zeit ist die einer *Ur-teilung**, der keine aufzuteilende Aneignung vorausgeht, die eines Auftrags ohne Botschaft, einer Bestimmung ohne Grund. Von den drei Kategorien, in denen Schmitt das Politische artikuliert, *Nehmen**, *Teilen**, *Weiden**, kommt dem *Teilen** hier der grundlegende Rang zu. Wir sind vereint nur durch die gemeinsame Teilhabe am Einen; uns geht eine Voraussetzung voraus, aber ohne Ursprung; wir sind getrennt, aber ohne Mitgift. *Daher ist das, was wir nehmen können, immer schon »geteilt«* [*partito*] und die Gemeinschaft, die uns bindet – oder in die wir vielmehr geworfen sind – ist nicht die Gemeinschaft von etwas, was angeeignet und anschließend getrennt worden ist: Die Gemeinschaft ist ursprünglich parteilich geteilte [*di partito*] Gemeinschaft. (Die Herrschaft und gleichzeitige vollkommene Entleerung der Partei-Form, ihre *Enthebung von jeglichem Grund*, hat in dieser epochalen Situation ihre Wurzeln.)

Diese epochale Situation haben Jean-Luc Nancy und Maurice Blanchot neuerdings als eine »entwerkte Gemeinschaft« und eine »uneingestehbare Gemeinschaft« gedacht, und es ist die mystische Konstitution derselben Gestalt der Voraussetzung, die Massimo Cacciari in Italien zu fassen versucht hat. Auf diese Weise verspürt unsere Zeit das Bedürfnis einer voraussetzungslosen Gemeinschaft und hält dennoch, ohne sich dessen gewahr zu werden, an der leeren Form der Voraussetzung jenseits jeden Grundes fest: Voraussetzung von Nichts eben, reine Bestimmung [*destinazione*]. Der »flache und ebene Lichthof« von Damaskios oder Prinzip des Einen von Proklos: Das ist die Wurzel unseres Unbehagens und zugleich unsere einzige Hoffnung.

ℵ und wenn [...]
Sie sich nicht fassen können
Einander, die zusammenlebten
Im Gedächtnis[17]

ℵ Es genügt nicht zu sagen, dass im Diskurs etwas Unaussprechliches sei. Das reicht nicht aus, um das Schicksal, die Struktur oder die Potenz des Diskurses zu entscheiden. Heute findet sich das Unaussprechliche überall als Antwort, die sich an die Stelle der abgegriffenen Antworten von dieser oder jener, oder DER Wahrheit setzen möchte. [...] Die Anzeichen der Zersetzung, der Dislozierung oder des Überbordens des Systems – also aller Architektonik und Geschichte des Abendlandes –, die z.B. »Text«, »Signifikat«, »Mangel«, »Drift«, »Spur« usw. heißen, werden in Werte umgewandelt, die zu Wahrheit erhoben und zur Substanz hypostasiert werden.[18]

11.

1795 schrieb Hölderlin eine kurze Notiz, in der er einen »Schritt [...] über die Kantische Grenzlinie«[19] gegangen zu sein schien. Der Text, der den Titel *Urteil und Sein* trägt, stellt das Problem eines »Seins schlechthin«*, das in keiner Weise Voraussetzung einer Spaltung sein könne. Das Sein, das seinen reflexiven Ausdruck in der Identität (A = A oder in Hölderlins Worten »Ich bin Ich«*) findet, ist kein absolutes Sein, sondern, wie Hölderlin schreibt, das Sein als notwendige Voraussetzung der Spaltung von Subjekt und Objekt. Diese Spaltung, die das *Urteil** als *Urteilung** ist, enthält nämlich in ihrer Setzung die Voraussetzung eines Ganzen, von dem Subjekt und Objekt die Teile sind (»Im Begriffe der Teilung* liegt schon der Begriff der gegenseitigen Beziehung des Objekts und Subjekts aufeinander und die notwendige Voraussetzung eines Ganzen, wovon Objekt und Subjekt die Teile sind. ›Ich bin Ich‹ ist das passendste Beispiel zu diesem Begriffe der Urteilung*«).

Das absolute Eins-Sein darf also nicht mit dem sich selbst Gleich-Sein der Reflexion verwechselt werden, die als Form des Selbstbewusstseins immer schon die Möglichkeit der Spaltung impliziert (»Wie kann ich sagen: Ich! ohne Selbstbewusstsein? Wie ist aber Selbstbewusstsein möglich? Dadurch dass ich mich mir selbst entgegensetze, mich von mir selbst trenne, aber ungeachtet dieser Trennung mich im entgegengesetzten als dasselbe erkenne.«).

Hier berührt sich die Hölderlin'sche Gespanntheit auf ein Ungeteiltes, das nicht in der Trennung vorausgesetzt ist, mit der größten Sorge der *Philosophischen Niederschriften* seines Freundes Sinclair, die eben das Nicht-Gesetzte (*athesis*) zu denken versuchen, ohne in die Form der voraussetzenden Reflexion zurückzufallen:

> א Sobald man den Θεος wissen, setzen will (die athetische Einheit, Wesen), macht man ihn zum Ich (zum absoluten Ich Fichtes). Indem man reflectirt über sein höchstes Wesen und man es setzt, trennt man es, und giebt ihm nach der Trennung seinen Charakter der Nicht-Trennung durch Vereinigung wieder, wobei also schon gleichsam das Sein der Trennung vorausgesetzt wird: *id est* der unvollkommenste Begriff. Εν και Παν
>
> א Die Reflection hat die Natur mannichfaltig für das Ich gemacht: weil sie sie der Einheit des Ich entgegengesetzt hat: aber die Reflection sagt: blos wenn eine Mannichfaltigkeit außer dem Ich war, war die Urtheilung* möglich. Außer dem Ich war sie freilich: aber nicht außer der Reflection: denn nähmen wir sie außer der Reflection an, so hätten wir blos die Frage ihrer Entstehung, die uns hiezu verleitete, aufgeschoben, nicht erklärt: denn man würde immer noch fragen, wie wird aus dem Mannichfaltigen außer der Reflection das Mannichfaltige / in der Reflection. Wir hätten mit der Annehmung dieser Realität des Mannichfaltigen einer transcendenten Forderung der Reflection einseitig Gehör gegeben: die überall Begründung verlangt, auch außer ihren Gränzen. Die transcendente Reflection denkt sich außer der Wechselwürkung Objectis und Subjectis, eine davon unabhängige Thätigkeit des Subjekts, das Ich als Substanz: hier ist es nun eine Denkunmöglichkeit* […].[20]

12.

Vielleicht hat sich das moderne Denken noch nicht an der »Denkunmöglichkeit« gemessen, die in diesem Problem enthalten ist. Was heißt es nämlich, das Eine in der Sprache zu denken, ohne es in seiner schicksalhaften Teilung vorauszusetzen? Das Prinzip als dem Werden nicht vorausgesetzt, das Nichtsprachliche als dem Sprachlichen nicht vorausgesetzt, den Namen als der Rede nicht vorausgesetzt zu denken? Ohne jede Negativität die Grundlosigkeit und Leere der Sprache und ihrer Repräsentationen zu denken? An dieser Stelle entscheidet sich, ob die Form der Repräsentation und der Reflexion noch jenseits der Repräsentation und der Reflexion aufrechterhalten werden kann, wie das zeitgenössische Denken in seinem schlafwandlerischen Nihilismus beharrlich vorgibt, oder ob sich hier nicht vielmehr der Raum für eine Aufgabe und eine Entscheidung ganz anderer Art eröffnet. Die Vollendung der Form der Voraussetzung und der Ausgang aus der Macht der Repräsentation bringen nämlich eine poetische Aufgabe und eine ethische Entscheidung mit sich.

Nur wenn von dieser Entscheidung und von dieser Aufgabe ausgegangen wird, lässt sich verstehen, in welchem Sinn das *Älteste Systemprogramm des deutschen Idealismus* die Überwindung des Staats und den Anbruch der Ethik daran bindet, die »Buchstabenphilosophie« in Richtung einer »Dichtkunst«* aufzulösen – einer *ars dictaminis*: einer Kunst des Diktums, würden wir hier etymologisch übersetzen wollen –, der ihre ursprüngliche Dignität zurückgegeben wäre.

Sind wir heute imstande, keine »Buchstabenphilosophen«* mehr zu sein, ohne deshalb Philosophen der Stimme oder einfach nur erleuchtete Philosophen zu sein? Sind wir also fähig, uns mit der poetischen Darstellung jener Berufung [*vocazione*] zu messen, die als nicht vorausgesetztes Prinzip nur dort entsteht, wo keine Stimme [*voce*] uns ruft? Nur in diesem Fall würde die Überlieferung aufhören, Nachlass und Verrat [*tradimento*] einer unsagbaren Mitteilung zu sein, um sich wirklich als Über-lieferung* zu behaupten, als Befreiung und Gabe ihrer selbst: *hen diapheron heautō*, »jemand, der sich selbst trägt«, ohne Anrufung und ohne Schicksal. Dann hätte sie wirklich vergeben, was in keiner Weise vorausgesetzt werden kann.

ℵ Man hat, unter Menschen, bei jedem Dinge, vor allem darauf zu sehen, dass es Etwas ist, d.h. dass es in dem Mittel (moyen) seiner Erscheinung erkennbar ist, dass die Art, wie es bedingt ist, bestimmt und gelehret werden kann.[21]

ℵ La poésie ne s'impose plus, elle s'expose.[22]

Anmerkungen

1 Platon, *Ep.* II, 312 d 5–313 e 7.

2 Lat. *tradĕre* meinte zunächst nur »übergeben, übermitteln«, bekam allmählich die spezifische Bedeutung von »den Feinden übergeben«, »den Feinden verraten«, um schließlich so viel wie »verraten« zu bedeuten. [A. d. Ü.]

3 Pseudo-Platon, *Def.*, 414 a 8.

4 Martin Heidegger, »Vom Wesen der Wahrheit«, in: ders., *Wegmarken*, Frankfurt am Main: Klostermann 1967, S. 94.

5 Platon, *Ep.* VII, 343 b 9–c 3.

6 Plotin, *Enn.* 2, 4, 5.

7 Platon, *Tht.*, 201 e–202 b.

8 Ludwig Wittgenstein, *Tractatus logico-philosophicus*, Satz 3.221, Frankfurt am Main: Suhrkamp 1984, S. 19.

9 Die gängigen Aristoteles-Übersetzungen bringen – basierend auf einer Konjektur von Johann Adolf Torstrik – statt »Behauptung« »Verneinung« oder »verneinendes Urteil«. [A. d. Ü.]

10 Aristoteles, *De an.*, 430 b 26–29.

11 Aristoteles, *Phys.*, 189 a 30f.

12 Dante, *De Mon.*, I, ii 4. »Allerdings, da jede Wahrheit, die nicht selbst ein Prinzip ist, durch die Wahrheit eines Prinzips offenkundig wird, ist es notwendig, in jeder Untersuchung die Kenntnis jenes Prinzips zu besitzen, worauf man sich für die Gewißheit aller daraus abgeleiteten Aussagen bezieht.« (Dante Alighieri, *Monarchia*, übers. v. Ruedi Imbach und Christoph Flüeler, Stuttgart: Reclam 1989, S. 63.]

13 G. W. F. Hegel, *Wissenschaft der Logik* (= *WL*), *Gesammelte Werke Bd. 6*, Frankfurt am Main: Suhrkamp 1986, S. 113.

14 Dt. »Die Rose in der Möglichkeit und die Rose in Wirklichkeit und die Rose in Möglichkeit und Wirklichkeit ist dieselbe und keine andere und verschiedene [...]. So sehe ich die dreieinige Rose aus dem dreieinigen Ursprung; ich sehe, daß dieser Ursprung in allen Dingen widerstrahlt, da es nichts Entsprungenes gibt, das nicht dreieinig wäre. [...] Sehe ich also Gott, der keinen Ursprung voraussetzt, und Gott, der von beiden ausgeht, und sehe doch nicht drei Götter, sondern die Einheit der Gottheit in der Dreiheit.« Cusanus, *Trialogus de possest*, in: *Philosophisch-theologische Schriften*, Bd. 2, Wien: Herder 1966, S. 324–329.

15 Proklos, *Elem. theol.* prop. 23.

16 Damaskios, *Aporiai kai lyseis*, 1, 5.

17 Friedrich Hölderlin, *Patmos*, Str. X, in: ders., *Sämtliche Werke und Briefe* (= *SWB*), Bd. 1, hg. v. J. Schmidt, Frankfurt am Main: Deutscher Klassiker Verlag 1994, S. 353.

18 Jean-Luc Nancy, *Le discours de la syncope*, Paris: Aubier-Flammarion 1976, S. 1–7.

19 Friedrich Hölderlin, Brief an Nauffer 10. 10. 1794, in: *SWB*, Bd. 3, S. 157.

20 Isaak von Sinclair, *Philosophische Niederschrift* 1795 / 96, in: Hannelore Hegel, *Isaak von Sinclair zwischen Fichte, Hölderlin und Hegel*, Frankfurt am Main: Klostermann 1971, S. 268f. und 273f.

21 Friedrich Hölderlin, *Anmerkungen zum Oedipus*, I, in: *SWB*, Bd. 2, S. 849.

22 Paul Celan, posthumes Blatt in »L'Ephémère« (1971) veröffentlicht. »Die Poesie drängt sich nicht mehr auf, sondern bietet sich dar.«

*Se. Das Absolute und das Ereignis

Sergio Solmi in memoriam
»… assuefatti
a un inesplicato dovere …«[1]

1.

Die folgenden Überlegungen finden ihren Ausgangspunkt im Stamm des indoeuropäischen Reflexivums **se* (*swe*), dessen Bedeutungssphäre zunächst einmal erfragt werden soll. Dass ein solches Thema ohne weiteres in das philosophische Problemfeld gehört, steht außer Frage, berührt es doch gerade ein philosophisches Grundproblem: das Absolute. Das lateinische Verb *solvō*, von dem das Partizip *absolut* stammt, lässt sich nämlich als *se-luo* analysieren und zeigt einen Vorgang des Lösens, des Befreiens (*luo*) an, der etwas zum eigenen **se* (zurück-)führt.

2.

Die Gruppe des Reflexivums **se* (gr. *he*, lat. *se*, skr. *sva-*) verweist in den indoeuropäischen Sprachen auf das, was eigen ist (vgl. lat. *suus*) und autonom existiert, sowohl im Sinne dessen, was einer Gruppe eignet, wie in lat. *suesco*, *consuetudo*, *sodalis* und in gr. *ethos* (und *ēthos*), »Sitte, Gewohnheit, gewohnte Stätte«, skr. *svadhá*, »Charakter, Gewohnheit«, got. *sidus* (vgl. dt. *Sitte*),

»Sitte«, als auch dessen, was für sich ist, getrennt, abseits, wie in *solus*, *sed*, *secedo*. Semantisch und etymologisch verwandt ist die Gruppe von gr. *idios*, »eigen« (*idioomai*, »ich eigne mir an«, *idiōtēs*, »Privatmensch«) ebenso wie gr. *heauton* (*he* + *auton*), »sich selbst« (kontrahiert *hauton*), und weiter natürlich auch dt. *sich selbst*, it. *sé*, *si*. Da es sowohl die vereinende als auch die trennende Beziehung enthält, ist das Eigene, das, was jede Sache als ein **se* ausmacht, nichts Einfaches.

> ℵ Das adjektivische und adverbiale Wort *absolut* entspricht dem griechischen Ausdruck *kath' heauto*, »gemäß seiner selbst«. Etwas *kath' heauto* denken, heißt für die griechischen Philosophen, es absolut, also gemäß seinem Eigenen, seinem **se* selbst (*he-auton*) zu denken.

3.

Dass auch der Ausdruck *Ereignis**, mit dem Heidegger das höchste Problem seines Denkens nach *Sein und Zeit* kennzeichnet, unter semantischen Gesichtspunkten an diese Sphäre angenähert werden kann, zeigt sich an seinem (etymologisch arbiträren) Verständnis, wonach er in diesem Ausdruck das Verb *eignen* und das Adjektiv *eigen* hineinliest. Sofern es eine Aneignung, ein Eigen-Sein anzeigt, ist *Ereignis** nicht weit von der Bedeutung des Stamms **se* entfernt und könnte mit Bezug darauf als An-*eign*-ung [*as*-sue-*fazione*][2] oder Ab-*so*-lution verstanden werden.

> ℵ Heidegger selbst verbindet das Problem des *Ereignisses** mit dem des *Selbst**. Semantisch (aber nicht etymologisch) ver-

hält sich *eigen** zu *Selbst** wie *idios* zu *he*. Die anerkannte Etymologie von *Ereignis** (auf die Heidegger im Übrigen verweist) führt das Wort auf das Altdeutsche *ouga* (»Auge«) zurück: *ereignen** < *ir-ougen*, vor Augen führen. *Eigen** stammt dagegen von der Wurzel **aig* ab, was Eigentum bedeutet.

4.

Die Idee, dass das **se* nichts Einfaches sei, ist bereits in einem der ältesten Zeugnisse, in dem die abendländische Philosophie über das Eigene nachdenkt, enthalten. Dieses Zeugnis lautet (Heraklit, Fr. 119 Diels):

ēthos anthrōpō daimōn

Die gängige Übersetzung des Fragments lautet: »Der Charakter ist für den Menschen ein Dämon.« Aber *ēthos* bezeichnet ursprünglich das, was eigen ist im Sinne von »gewohnter Stätte, Gewohnheit«. Was das Wort *daimōn* betrifft, so bezeichnet es nicht einfach nur eine göttliche Gestalt und auch nicht denjenigen, der ein Schicksal zuteilt. Denkt man das Wort gemäß seinem Etymon (das es auf das Verb *daiomai*, »ich zerreiße, trenne«, zurückführt), bedeutet *daimōn*: »der Zerreißer, der, der trennt und spaltet« (noch bei Aischylos – *Ag*. 1472–1473 – kauert der *daimōn*, »der Herzzerreißer [*kardiodēkton*]«, wie ein Raubtier auf der Leiche eines Toten). Nur sofern er der Trennende ist, kann der *daimōn* auch derjenige sein, der zuteilt und schickt [*destina*] (*daiomai* heißt zuerst »ich trenne«, dann »ich teile zu«; dieselbe semantische Wortentwicklung gilt auch für *dēmos*, »Volk«, das derselben Wurzel entstammt und ursprünglich »Aufteilung eines

Territoriums«, »zugewiesener Teil« bedeutete). Auf sein Etymon zurückgeführt, lautet Heraklits Fragment also: »Das *ēthos*, die Einkehr ins **se*, in sein Eigenstes und Gewohntes, ist das, was den Menschen zerreißt und spaltet, Prinzip und Ort einer Spaltung«. Der Mensch ist solcherart, dass er sich notwendig spalten muss, um selbst-zu-sein.

א Dem heraklitischen Diktum erstaunlich ähnlich, ja nahezu dessen etymologische Übersetzung ist Hölderlins Halbvers in einer Variante der letzten Strophe von *Brot und Wein*: »Ihn [den Geist] zehret die Heimath«. So wird in Schelling die Einkehr des Absoluten in sich selbst mit der »verzehrende[n] Schärfe der Reinheit, welcher der Mensch nur mit gleicher Lauterkeit sich zu nähern vermag«[3] verglichen. Und das Hegel'sche Denken des Absoluten begreift diese Einkehr selbst in ihrer Spaltung.

5.

Versuchen wir nochmals, die Bedeutungssphäre von **se* zu befragen. Es handelt sich dabei – so sagen uns die Grammatiker – um ein Reflexivum; es zeigt also eine Bewegung der Re-flexion an, aus sich selbst heraus- und in sich zurückkehren, so wie der sich im Spiegel reflektierende Lichtstrahl. Aber wer und wie wird hier reflektiert? Die Grammatiker bemerken, dass dem Pronomen **se* der Nominativ fehlt (vgl. gr. *hou*, *hoi*, *he*; lat. *sui*, *sibi*, *se*; dt. *seiner*, *sich*; so auch *heautou*, *heautō*, *heauton*) – ein Sachverhalt, bei dem es sich trotz seiner scheinbaren Selbstverständlichkeit zu verweilen lohnt. Sofern es eine Beziehung zu sich selbst, eine Reflexion anzeigt, impliziert *se notwendig die Bezugnahme auf ein grammatisches Subjekt (oder jedenfalls auf ein anderes Pronomen oder Nomen); es kann niemals für sich selbst stehen und an die Position des Subjekts treten, daher hat die Anzeige des »Eigenen« als Reflexion auch nicht die Form eines Nominativs, sondern die eines »schiefen« Falls.

Die linguistische Bedeutung dieses »Mangels« des *se** lässt sich besser verstehen, wenn man es in Beziehung zu jenem wesentlichen Merkmal des indoeuropäischen Wortes setzt (auf den Johannes Lohmann in einem wichtigen Text aufmerksam gemacht hat, indem er darin die verbale Struktur der ontologischen Differenz identifizierte), dementsprechend es sich in Stamm und Endung spaltet (»flektiert«). Das antike grammatische Denken interpretierte die Flexion als eine *ptōsis*, einen »Fall« (lat. *casus*, *declinatio*) des Namens in das jeweilige Redeereignis, und stellte in diesem Sinne den Nominativ (die Antiken konnten den Stamm nicht klar unterscheiden und tendierten dazu, diesen mit dem Nominativ als Fall des grammatischen Subjekts zu identifizieren) den anderen Fällen entgegen (obgleich bereits mit der Stoa der Nominativ als *orthē ptōsis*, *casus rectus* und daher als eine Form definiert wurde, wenn auch eine eigentümliche gegenüber den *plagiai ptōseis*, *casus obliqui* des »Falles«).

Die Möglichkeit einer Reflexion, also eines Verhältnisses des Wortes zu sich selbst, ist in gewisser Weise in der flexiven Struktur des indoeuropäischen Wortes bereits enthalten. Gerade deswegen aber ist die Bezugnahme des Wortes auf sich selbst, die Anzeige des Eigenen, nicht von jenem schiefen Verlauf abzulenken, in dem das Reflektierende niemals dieselbe Form wie das Reflektierte haben kann.

Daher das scheinbare Paradox: Etwas gemäß dem *se (*kath' heauto*) zu denken heißt, es absolut, jenseits seiner Verbindung mit anderen Worten und unabhängig von seiner Flexion in der jeweiligen Rede, zu denken, und doch lässt sich gerade das **se* nicht *kath' heauto* denken. (Es handelt sich hierbei allerdings nur um ein scheinbares Paradox, da die moderne Philosophie ja der Versuch ist zu zeigen, was es heißt, das **se* zu denken und es *absolut* als *Subjekt* zu denken.)

6.

Das Verhältnis einer Sache zu sich selbst, ihr Sich-selbst-zu-eigen-Sein, kann in den indoeuropäischen Sprachen auch durch die Wiederholung desselben Wortes in zwei verschiedenen Fällen, dem Nominativ und dem Genitiv, geäußert werden. Für Aristoteles etwa kommt das absolute Denken (*hē de noēsis hē kath' heautēn*) in der Aussage zum Ausdruck:

> *Estin hē noēsis noēseōs noēsis*
> Das Denken ist Denken des Denkens [*Met.*, 1074 b 35]

(also einer Aussage, in der es außer dem Verb »sein« nur ein Wort gibt, das in zwei verschiedenen Flexionen wiederholt wird). Der Genitiv ist nämlich jener Fall, der die Prädikation einer Zugehörigkeit, eines Zu-Eigen-Seins anzeigt (daher der Ausdruck *Genitiv*, *genikos*, der die Zugehörigkeit zu einer Familie und einem *genos* anzeigt; Varro nennt den Genitiv auch *patrius*); wobei dann unterschieden werden kann zwischen einer Zugehörigkeit zu einem logischen Subjekt (genitivus subjectivus: *patientia animi = animus patitur*) oder zu einem logischen Akkusativobjekt (*patientia doloris = pati dolorem*).

In der aristotelischen Formulierung muss die Unterscheidung zwischen den zwei Formen des Genitivs notwendig verschwinden, denn wenn sich das Denken selbst zu eigen ist, gibt es keinen Unterschied zwischen Denkendem und Gedachtem. Das verleiht der Aussage eine zirkuläre Struktur und setzt sie zugleich der Gefahr einer unendlichen Fluchtlinie aus. Indem sie diese Struktur radikalisierten, die in der Bezugnahme des Denkens auf sich selbst impliziert ist, haben die Neuplatoniker das Absolute als »die Flucht eines Einzigen zu einem Einzigen« (*phygē monou pros monon*) gefasst. Gleichzeitig konzipierten sie das Einzige (oder das Sich-Selbst), Subjekt-Objekt der Flucht, als jenseits des Seins und des Denkens (*epekeina tēs ousias, epekeina ti nou*). Das Verhältnis eines Selben zu sich selbst ist jenseits des Seins und des Denkens: genauer, das **se*, das *ēthos*, die gewohnte Stätte, ist ohne Sein und ohne Denken und entkommt der dämonischen Spaltung nur unter der Bedingung, dass es allein bleibt. Versucht das **se* sich dagegen zu denken, und sei es auch in der authentischen Form eines Sich-selbst-Denkens, ist es unmittelbar von der Spaltung und der Mannigfaltigkeit affiziert (Plotin sagt: ein Vielfaches, *poikilon*).[4]

> א In der mittelalterlichen Theologie präsentiert sich das Problem des **se* als eines der Übereinstimmung von Essenz und Existenz in Gott. Sie äußert sich in der Formel: *Deus est suum esse* (oder *sua essentia*). Was in dieser Definition dem Denken aufgegeben wird (und was das moderne Denken nicht aufgehört hat zu denken), ist gerade das Rätsel des *suum*. Die Übereinstimmung von Essenz und Existenz (das Sein sein) heißt *suum* esse, sein *eigenes* Sein sein. Die spinozistische Erläuterung der *causa sui* (auch der Genitiv *sui* ist in diesem Fall zugleich *subjectivus* und *objectivus*) als *quod in se est et per se concipitur* (»was in sich ist und durch sich begriffen wird«),[5] denkt ebendieses Problem.

7.

Aufgrund der Zugehörigkeit des Reflexivums zur Kategorie der Pronomina scheint eine Erläuterung der Bedeutungssphäre des **se* notwendig auch eine Erhellung der Bedeutungssphäre des Personalpronomens zu implizieren. Die Linguistik klassifiziert diesen als *shifter*, d.h. als einer jener Ausdrücke, deren Bedeutung nur in Bezug auf ein bestimmtes Redeereignis gefasst werden kann, das ihn enthält und dessen Sprecher er anzeigt. *Ich* benennt keinerlei lexikalische Entität und hat keine andere Wirklichkeit und Konsistenz jenseits der Bezugnahme auf ein aktuelles Redeereignis: Ich ist jener, der die gegenwärtige Wortkette äußert, die den *shifter Ich* enthält (wie Hegel mit Bezug auf Kant sagt: »Das Ich ist kein Begriff, sondern ein bloßes Bewusstsein, das alle Begriffe begleitet.«).

Daher stößt man auf eine Unmöglichkeit, wenn man die Bedeutung des *shifters* für etwas Substantielles hält. Da er allein durch den Verweis auf ein aktuelles Redeereignis identifizierbar ist, hat *Ich* notwendig eine temporale und negative Struktur, die immer transzendent bleibt: auf der einen Seite gegenüber seiner jeweiligen psycho-physischen Identifizierung und auf der anderen Seite gegenüber sich selbst aufgrund der Unmöglichkeit, auf sich Bezug zu nehmen, ohne erneut in eine Wortverwendung zu fallen.

Was geschieht also, wenn wir das *Ich* in sein Eigenes, in seiner gewohnten Stätte, in seiner reinen Selbstreferenz fassen wollen? Wenn wir also das Ich als **se* fassen wollen, als ab-so-lutes? Dies ist Hegels Problem (»Aber lächerlich ist es wohl, diese Natur des Selbstbewußtseins – daß Ich sich selbst denkt, daß Ich nicht gedacht werden kann, ohne daß es Ich ist, welches denkt – eine Unbequemlichkeit [...] zu nennen« – *Wiss. Log.*, 490).[6]

ℵ In der Philosophie entspricht die Verschiebung der Reflexion vom Ich zur dritten Person und dem Absoluten (*Es**, *Es selbst**) dem Versuch, das Subjekt von seiner notwendigen Beziehung zu einem Redeereignis zu absolvieren und das **se* des Ich zu fassen, das, was dem Subjekt zu eigen ist, unabhängig von seinem »Fall« in einem Redeereignis. Oder besser gesagt, die Bewegung der reinen Zeitlichkeit des reinen Seins als solche zu fassen, jenseits dessen, was verzeitlicht ist und in der aktuellen Rede gesagt wird.

8.

Die Hegel'sche Bestimmung des Absoluten ist dadurch charakterisiert, dass sich dieses als »Resultat« präsentiert, als etwas, das »erst am Ende das ist, was es in Wahrheit ist«. Das Eigene, das **se* ist für den Menschen Prinzip und Ort einer Spaltung: Das ist für Hegel der Ausgangspunkt der Philosophie, »der Quell* des Bedürfnisses der Philosophie« (*Diff.*, 20). Die Philosophie muss daher das Eigene von der Spaltung befreien, das **se* zum **se* zurückführen, das **se* absolut denken. Da aber das **se* nicht einfach ist, sondern immer schon die dämonische Spaltung impliziert (bzw. selbst der *daimōn* ist), kann das **se* absolut – *kath' heauto*, »gemäß seiner selbst« – denken nicht bedeuten, es einfach außerhalb jeder Relation und jeden Bruchs zu denken. Das Absolute – wie schon in seiner grammatischen Form des Partizips Perfekt impliziert ist – bleibt nicht unbeweglich und unbezogen außerhalb jeder Zeit sich selbst gleich, es ist kein Abgrund bar aller Bewegung und Differenz (oder, wie Hegel sagt, kein reiner Name, der noch nicht zum Satz übergegangen ist).

Da das **se* in sich selbst die Differenz als »innerer Unterschied«* enthält, heißt das Absolute zu denken, das zu denken, was durch einen Prozess der Absolution zu seinem Eigenen zurückgeführt worden ist; es ist mithin *sich selbst in seinem Anderssein gleich geworden*. Der Mensch, sofern er ein Ich ist, ein sprechendes Subjekt, ist solcherart, dass er, um sich selbst zu sein, zu sich selbst zurückgekehrt sein muss, sich selbst im Anderen wiederfinden muss.

9.

Das Eigene des Denkens ist mithin nicht der »bloße Name«*, der in sich selbst bleibt, sondern der Name, der aus sich heraustritt, um sich auszusprechen und in Äußerungen zu »deklinieren«, und genau durch dieses Anders-werden wird es sich selbst gleich, kehrt es am Ende zu sich (ist also Begriff). Hegel, so können wir sagen, denkt im Absoluten jenen wesentlichen Charakter der indoeuropäischen Sprachen – die »innere Spaltung« des Wortes in Stamm und Endungen –, den Lohmann als den sprachlichen Träger der ontologischen Differenz ausgemacht hat; aber er – und das ist sein Eigenes – denkt diese Spaltung als absolut, er denkt also das sich selbst gleiche Sein innerhalb des Im-Anderen-Sein und die Spaltung in ihrer Einheit als *Erscheinung** des Absoluten. Dies – der absolute Begriff – ist nicht etwas, was am Anfang in seiner Wahrheit gegeben ist; er *wird* das, was er ist, und ist daher nur am Ende das, was er in Wahrheit ist. *Hegel denkt also die Deklination selbst als Bewegung des Absoluten*.

In diesem Sinne ist die Hegel'sche Auffassung des dialektischen Prozesses eine Darstellung des eigentümlichen Charakters des Reflexivums **se*: dass ihm der Nominativ fehlt (was die Grammatiker für selbstverständlich hielten, aber nur im Deutschen Idealismus zu seiner vollen Bedeutung kommt). Ausgehend von den zwei Figuren des Namens (der Flexion) und des **se* (der Reflexion):

ROS	-a	…
	-ae	sui
	-am	sibi
	-a	se
	-ae	
	-arum	
	-is	
	-as	

impliziert die Interpretation des Wortes gemäß dem **se* (dem absoluten Wort), dass der Name als Voraussetzung der Bewegung der Deklination aufgehoben* werde und sich nur am Ende des dialektischen Prozesses der Flexion als Begriff ereignet. Es gibt keinen sinnvollen Namen, der erst anschließend in die Flexion und in die Rede fällt; als Begriff ereignet er sich vielmehr in seiner Wahrheit erst am Ende der Re-flexion. Die Rose, die im Drehkreuz ihrer Deklinationen tanzt, ist erst am Ende das, was sie wirklich ist: sie selbst. Daher definiert Hegel die Bewegung des Absoluten als »in sich zurückgehende[n] Kreis, der seinen Anfang voraussetzt und ihn nur im Ende erreicht« (*PhG*, 585):

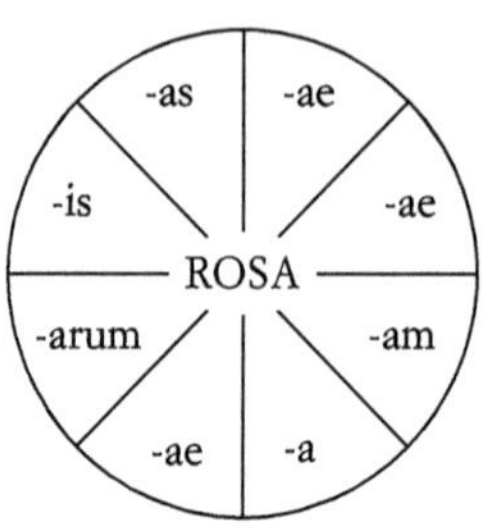

Es ist Hegel selbst, der in der Vorrede zur *Phänomenologie des Geistes* die Bewegung des Absoluten als die eines Namens exemplifiziert, der am Anfang nur ein »sinnloser Laut«* ist, aber der durch seinen »Übergang [...] zu einem Satze« seinen Sinn erfüllt. Nur das Urteil, das konkrete Redeereignis, sagt das, was der Name ist, und verleiht ihm Bedeutung (»Erst das Prädikat sagt, *was er ist*, ist seine Erfüllung und seine Bedeutung«). »Der leere Anfang wird nur in diesem Ende ein wirkliches Wissen.« (*PdG*, 26f.)

10.

Dieser zirkuläre Charakter des Absoluten bestimmt sein wesentliches Verhältnis zur Zeitlichkeit. Da das Absolute immer ein Prozess und ein Werden impliziert, eine Entfremdung und eine Rückkehr, kann es kein atemporales Wesen, keine Ewigkeit *vor* der Zeit sein, sondern ist notwendig zeitlich und geschichtlich (bzw. auf einer sprachlichen Ebene präsentiert es sich nicht als *Name*, sondern als *Rede*). Allerdings kann es sich als *Resultat* auch nicht einfach mit dem unendlichen Vergehen der Zeit identifizieren, sondern muss diese notwendig vollenden, sie *beenden*. Da das Absolute sich selbst in seinem Anderssein gleich geworden ist und seine Spaltung als seine Erscheinung* angelegt ist – darin bestand »die Aufgabe der Philosophie«* (*Diff.*, 25) –, ist nun dieses Erscheinen, also das geschichtliche und zeitliche Werden der »Gestalten«, vollendet, Totalität geworden. Der Geist kann sich als absoluter nur *am Ende der Zeit* fassen. Die Ewigkeit ist kein *Vor* der Zeit, sondern wesentlich die *erfüllte* Zeit*, die *beendete* Geschichte. Hegel formuliert dies eindeutig am Ende der *Phänomenologie*:

> [D]eswegen erscheint der Geist notwendig in der Zeit, und erscheint so lange in der Zeit, als er nicht seinen reinen Begriff erfaßt, d.h. nicht die Zeit tilgt. [...] Ehe der Geist nicht *an sich*, nicht als Weltgeist sich vollendet, kann er nicht als *selbstbewußter* Geist seine Vollendung erreichen. (*PdG*, 584 f.)

Daher orientiert sich das Absolute wesentlich an der Vergangenheit und präsentiert sich in der Gestalt der Totalität und der Erinnerung. Entgegen einer antiken Denktradition, die die Gegenwart als die privilegierte Dimension der Zeitlichkeit auffasst, ist für Hegel die Vergangenheit die Figur der zu sich zurückgekehrten, vollendeten Zeit. Es handelt sich aber um eine Vergangenheit, die ihre wesentliche Beziehung zur Gegenwart und Zukunft abgeschafft hat, eine »perfekte« Vergangenheit (*teleios*, um den Ausdruck zu verwenden, mit dem die stoischen Grammatiker eine der Deklinationsformen des Verbs charakterisierten), in der keine geschichtliche Bestimmung [*destinazione*] mehr pulsiert. »Die Vergangenheit« schreibt er im Text, in dem er die Bewegung* der Zeit am tiefsten gedacht hat,

> ist diese in sich selbst zurückgekehrte Zeit; das Ehemals ist eine Sichselbstgleichheit, aber eine aus diesem Aufheben herkommende, eine synthetische, erfüllte, die Dimension der Totalität der Zeit, welche die beiden ersten Dimensionen in sich aufgehoben hat. [...] Die Vergangenheit, die hiemit ihre Beziehung auf Jetzt und Einst aufgehoben, hiemit sich selbst nicht mehr Ehemals ist, diese reale Zeit ist die paralysierte Unruhe des absoluten Begriffs, die Zeit, die sich in ihrer Totalität das absolut andere geworden, aus der Bestimmtheit des Unendlichen, dessen Darstellung die Zeit ist, in das Entgegengesetzte, die Bestimmtheit der Sichselbstgleichheit übergangen und so als die sichselbstgleiche Gleichgültigkeit, deren Momente in der Form dieser gegeneinander sind, Raum ist. (*Jen. Log.*, 204 ff.)

In der »paralysierten Ruhe« des absoluten Begriffs kommt nur das zu sich, zu seinem Ende, was gewesen ist. Vollendet ist nur die Vergangenheit. Was der menschliche Geist als sein Eigenes in dem Moment anerkennen muss, in dem er die Zeit tilgt, ist sein Gewesen-sein, seine Geschichte, die nun wie in einem Raum versammelt als eine »Galerie von Bildern«* vor ihm steht. So dreht sich das Ende in den Anfang zurück.

Erst an diesem Punkt, am Ende der Zeit, in jenem absoluten Wissen, wo »also der Geist die Bewegung seines Gestaltens beschlossen«* (*PdG*, 588) hat, stellen sich für eine Kritik des Hegel'schen Denkens, die auf der Höhe ihrer Aufgabe sein möchte, die entscheidenden Fragen. Was heißt nämlich, dass die Geschichte vollendet ist, dass der Geist in sich gegangen ist (»Insichgehen«* – *PdG*, 590)? Sind wir fähig, eine solche Vollendung und eine solche Reise auch nur zu denken? Bedeutet sie ein einfaches Aufhören, nach dem nichts mehr ist? Oder vielmehr – einer ebenfalls berechtigten Interpretation zufolge – ein unendlicher, ewiger »Kreis von Kreisen«* (*Wiss. Log.*, 571)? Aber was ist mit dem, was »in sich gegangen« und versunken in seine »Nacht« nun *absolut*, vollendet ist? Was ist aus der *perfekten* Vergangenheit geworden? Was ist mit ihren »Gestalten«? Sie ist sicherlich vergangen, endgültig aufgelöst (wie in den Mysterien bedeutet das in sich Gehen also sterben, die Existenz verlassen: »sein Dasein verläßt« – *PdG*, 590) und der Erinnerung »übergeben«, ohne Zeit mehr. Aber geschieht hier nicht, wie es heißt, eine »Neugeburt« (»aus dem Wissen neugeborene« – ebd.)? Und wie müssen wir eine Vergangenheit und Erinnerung ohne Zeit denken, die nicht mehr auf eine Gegenwart und eine Zukunft bezogen sind? Als eine totale Erinnerung, die für immer bei sich ist, und daher nichts mehr zu erinnern hat?

Von den Antworten, die wir auf diese Fragen zu geben vermögen, hängt es ab, ob der Hegelianismus für uns weiterhin die harmlose Form eines historiographischen Gedächtnisses haben wird, an dem sich das seine dialektischen Zirkel unendlich wiederholende und ausbreitende geschichtliche Geschehen zusammenfassen und betrachten lässt, oder ob er die Form einer trostlosen – und alles in allem überflüssigen – Weisheit hat, oder ob er uns dagegen als das erscheinen wird, was er ist, nämlich einer der anspruchsvollsten Versuche der Philosophie, den eigenen höchsten Gedanken zu denken: den Eintritt des Menschen in das **se*, in jenes Nominativ-lose, das seine Stätte und sein *ēthos* darstellt: seine Einsamkeit [so*litudine*] als seine Gewohnheit [*con*sue*tudine*]; seine Getrenntheit [se*parazione*], aber auch seine Vereinigung [so*dalizio*].

> א Hieraus entspringt die Berechtigung eines jeden Denkens, das – wie das Marx'sche – gerade den Hegel'schen Moment des Endes der Geschichte befragt und somit den Zustand der Menschheit denkt, die aus dem »Reich der Notwendigkeit« herausgekommen ist, um in ihr eigenes »Reich der Freiheit« einzutreten. Dass die zu sich zurückgekehrte Menschheit keine menschliche Gestalt mehr haben könne und mithin als die erlangte Animalität der Spezies *homo sapiens* vorzustellen wäre, ist, wie auch vorgeschlagen worden ist, durchaus möglich. Ebenfalls möglich ist, dass aufgrund der vorherrschenden Orientierung des Absoluten an der Vergangenheit die vollendete Gestalt des Menschen eher die Form eines Buches habe, das auf seinen ersten Seiten alle geschichtlichen Gestalten der Menschheit für immer versammelt und rekapituliert, und dass ein solches Buch – wie ebenfalls suggeriert wurde – jener Band sei, der beim Verleger Goebhart in Bamberg im April 1807 unter dem Titel *Phänomenologie des Geistes* veröffentlicht wurde. Sicherlich ist das alles – *aber nicht nur das* – möglich.

11.

Genauso problematisch stellt sich das Absolute dar, wenn wir es von seiner sprachlichen Seite, als absolutes Wort und vollendete Rede, zu denken versuchen. Denn was ist eine Rede, die wirklich *vollendet* wäre, die alle ihre historischen Gestalten erschöpft und zu sich zurückgekehrt ist, wenn nicht eine tote Sprache? Was geschieht, wenn das menschliche Wort, das aus sich herausgetreten ist, um sich in der unendlichen Vielfalt der Redeereignisse zu äußern, am Ende zu sich zurückkehrt? Im letzten Kapitel der *Wissenschaft der Logik* schreibt Hegel:

> Die Logik stellt daher die Selbstbewegung der absoluten Idee nur als das ursprüngliche *Wort** dar, das eine *Äußerung* ist, aber eine solche, die als Äußeres unmittelbar wieder verschwunden ist, indem sie ist; die Idee ist also nur in dieser Selbstbestimmung, *sich zu vernehmen*, sie ist in dem *reinen Gedanken*, worin der Unterschied noch kein *Anderssein*, sondern sich vollkommen durchsichtig ist und bleibt. (*Wiss. Log.*, 550)

Wie müssen wir ein solches »ursprüngliches Wort« denken, das verschwindet, sobald es geäußert wird? Ist es nicht erneut ein »sinnloser Laut«* geworden? Und sind wir in der Lage, das bis ans Ende und in all seinen Implikationen zu denken, was Hegel wenig später von der Idee schreibt, die am Ende »sich selbst *frei entläßt*« (*Wiss. Log.*, 573)? Handelt es sich vielleicht um eine tierische Stimme, die der Mensch unmittelbar äußert wie die Vögel ihren Gesang und der Esel sein Iah? Oder handelt es sich vielmehr um eine Zungenrede (im Sinne von *Kor* 1,14), um ein Wort, dessen Bedeutung vergessen wurde, ein unvordenkliches menschliches Wort, das all seine Bedeutungsmöglichkeiten erschöpft hat und nun vollkommen durchsichtig vollendet ruht, un-berührt und un-denkbar, in der »Nacht« seines **se*?

Oder geht es vielmehr um eine Sprache, die, menschlich und lebendig bleibend, in sich selbst einkehrt, die sich nicht mehr zu einer grammatischen und geschichtlichen Überlieferung schickt [destina] und als nie dagewesene Universalsprache der versöhnten Menschheit restlos mit ihrem Tun und ihrer Praxis übereinstimmt?

> א Um den Bewegungscharakter des Absoluten zu unterstreichen, identifizierte Heidegger in seinen Vorlesungen über die *Phänomenologie des Geistes* von 1930–31 im absoluten Wissen ein absolvierendes Element und definierte das Wesen des Absoluten als »un-endliche Absolvenz«.

Als er viele Jahre später diese Anmerkungen Heideggers im Rahmen der religiösen Phänomenologie wieder aufgriff, hat Henry Corbin die Unterscheidung auf explizitere Weise reformuliert. »Das *absolutum*«, schreibt er, »setzt ein *absolvens* voraus, das ihn vom Nicht-Sein und von der Verborgenheit absolviert.« Es ist dieses *absolvens*, das von einem religiösen Blickwinkel aus die Notwendigkeit und Legitimität der Angelologie begründet: »Der Engel ist das *absconditum*, das sich von seiner Verborgenheit absolviert. Darin zeigt sich die Notwendigkeit des Engels, denn auf den Engel verzichten heißt, das Absolvierende (*absolvens*) mit dem Absolvierten (*absolutum*) zu verwechseln.« Genau in dieser Verwirrung liegt, nach Corbin, der Irrtum der Metaphysik (sowohl der Hegel'schen als auch und vor allem der orthodoxen christlichen Theologie): »Daher verbirgt sich hinter dem Streben nach dem Absoluten der metaphysische Götzendienst. Dieser besteht nicht darin, das Relative zum Absoluten zu erheben, sondern das Absolute zum Absolvierenden.«

In Wahrheit steht das Hegel'sche Denken in keinerlei Gegensatz zu einer solchen Formulierung. Auch für Hegel braucht das Absolute als Partizip Perfekt eine Absolution, so dass es nur am Ende das wird, was es wirklich ist. Die Absolution besteht darin,

»die Entzweiung in das Absolute – als dessen Erscheinung […] zu setzen« (*Diff.*, 25), die Erscheinung *des* Absoluten anzuerkennen. Der Unterschied zwischen den zwei Positionen könnte nun darin liegen, dass für Hegel die spekulative Aussage »Das Absolute ist das Absolvierende« gelten müsste, während sie für Corbin genau umgekehrt »Das Absolvierende ist das Absolute« lauten würde. In beiden Fällen ist entscheidend, dass im absoluten Wissen das Absolute nicht mehr in seinen Gestalten verborgen und die Erscheinung vollendet ist (gerettet [*salvo*], wie noch im platonischen *ta phainomena sōzein*). Hier betreten wir einen Bereich, in dem Gott und Engel notwendig ununterscheidbar werden und in dem sich die Theologie in Angelologie und die Angelologie in Theologie auflöst. Die entscheidenden Fragen an dieser Stelle sind: *Was wird aus der Erscheinung (dem Engel, dem Absolvierenden)? Was wird aus dem Absoluten (Gott)?*

Was die erste Frage angeht: An dem Punkt, an dem die Offenbarung des Absoluten vollendet ist, zeigt sich die Erscheinung nicht länger als Erscheinung, sondern als vollendete Gestalt (sie ist also nicht mehr als Gestalt von …).

Was die zweite Frage angeht: An dem Punkt, an dem das *Absconditum*, welches absolviert und zu **se* zurückgeführt wurde, seine Gestalten erschöpft hat, zeigt es sich *gestaltlos*. Nur wenn man die zwei Gegebenheiten (das *Gestaltlose* und die *vollendete Gestalt*) zusammen in ihrer wechselseitigen Aneignung denkt, gelangt man zum Sich-Selbst, zur Vision des Angesichts Gottes. Solange man nur bei einem der beiden Aspekte bleibt, bleibt jede Vollendung verwehrt, und es wiederholen sich die Gestalten des negativen Grundes der metaphysischen Tradition: Im ersten Fall besteht die Erscheinung als der absolute Schein des Nihilismus weiter; im zweiten Fall bleibt das Gestaltlose in der mystischen Finsternis verborgen.

12.

Heidegger hat das Denken des Ereignisses* wiederholt mit dem Hegel'schen Absoluten verglichen. Dieser Vergleich – Anzeichen einer Nähe, die für den Autor selbst ein Problem war – geschieht jedes Mal als Absetzung, bei der die Unterschiede und nicht die Gemeinsamkeiten hervorgehoben werden. Bereits im Seminar über Schelling von 1936 schreibt Heidegger, dass das Ereignis* »weder dasselbe wie das Absolute [ist], noch ist es gar seine Entgegensetzung, etwa die Endlichkeit gegenüber der Unendlichkeit. Vielmehr ist im Ereignis das Seyn selbst als Seyn erfahren und nicht als ein Seiendes und schon gar nicht als das unbedingte Seiende und höchste Seiende gesetzt«.[7] Im Seminar über den Vortrag *Zeit und Sein* (1962) werden Nähe und Differenz noch deutlicher herausgestellt. »Ausgehend vom Vortrag«, schreibt Heidegger,

> in dem gezeigt wird, daß das Sein im Ereignis ereignet* ist, könnte man versucht sein, das Ereignis* als das Letzte und Höchste mit dem Absoluten Hegels zu vergleichen. Aber hinter diesem Anschein von Identität zurück müßte man dann fragen: Wie verhält sich bei Hegel der Mensch zum Absoluten? Und: Welcher Art ist das Verhältnis des Menschen zum Ereignis*? Dabei würde sich ein unüberbrückbarer Unterschied zeigen. Insofern für Hegel der Mensch der Ort des Zu-sich-selbst-kommens des Absoluten ist, führt das zur Aufhebung* der Endlichkeit des Menschen. Bei Heidegger hingegen wird die Endlichkeit – und zwar nicht nur die des Menschen, sondern die des Ereignisses* selbst – gerade sichtbar gemacht. (*Sache*, 53)[8]

Wie im Absoluten, so geht es auch im Ereignis* um den Zugang zu dem, was Eigen* ist. Und auch hier ist der Eintritt des Denkens in das Eigene, in das **se*, in die Einfachheit des *idios* und des *ēthos* paradoxerweise das Schwierigste, was es zu denken gibt. Auch hier stellt sich dieses am schwierigsten zu Denkende als

»Ankunft des Gewesen« (*Sprache*, 154) dar. In *Zeit und Sein* wird das Ereignis* als wechselseitige Aneignung, als »das Zusammengehören«* (*Sache*, 20) von Zeit und Sein definiert, während es in *Identität und Differenz* das Sein und der Mensch sind, die zu ihrem Eigenen geführt werden.

In dem oben zitierten Abschnitt jedenfalls ist der entscheidende Aspekt zur Charakterisierung des Ereignisses* in Abgrenzung zum Hegel'schen Absoluten die Endlichkeit. Bereits in den Vorlesungen zur *Phänomenologie des Geistes* von 1930–31 identifizierte Heidegger das Wesen des Absoluten als »un-endliche Absolvenz«* und im Seminar über *Zeit und Sein* bekräftigt er diese Interpretation des Hegelianismus im Sinn einer Aufhebung* der Endlichkeit des Menschen. Allerdings haben wir gesehen, dass gerade mit Bezug auf das Absolute fraglich bleibt, ob und in welchem Sinne man bei Hegel von einer Unendlichkeit sprechen kann, ohne zugleich auch das Thema vom Ende der Geschichte einzubeziehen. Nur eine Klärung dessen, was Heidegger hier mit »Endlichkeit« meint, wird uns also erlauben, die Distanz – oder die Nähe – zwischen Ereignis* und Absolutem zu messen.

Es ist nun Heidegger selbst, der am Ende des Seminars über *Zeit und Sein* den Sinn dieser Endlichkeit klarstellt:

> Die während des Seminars angedeutete Endlichkeit des Ereignisses*, des Seins, des Gevierts* unterscheidet sich jedoch von jener [nämlich der Endlichkeit des Seins, von der Heidegger in seinem Kant-Buch sprach], insofern sie nicht mehr aus dem Bezug zur Unendlichkeit, sondern als Endlichkeit in sich selbst gedacht wird: Endlichkeit, Ende, Grenze, das Eigene – ins Eigene Geborgensein. In diese Richtung – d.h. aus dem Ereignis selbst, vom Begriff des Eigentums her – ist der neue Begriff der Endlichkeit gebracht. (*Sache*, 58)

Entscheidend ist mithin auch hier die Idee eines Endes, einer Vollendung, eines Bleibens, *am Ende*, im Eigenen. Das Denken, das die Endlichkeit *an sich* ohne weiteren Bezug auf das Unendliche denkt, ist ein Denken des *Endlichen* als solchem, also das *Ende der Seinsgeschichte*:

> Wenn das Ereignis* nicht eine neue seinsgeschichtliche Prägung* des Seins ist, sondern umgekehrt das Sein in das Ereignis* gehört und dahin zurückgenommen wird (auf welche Weise auch immer), dann ist für das Denken *im* Ereignis*, d.h. für das Denken, das in das Ereignis* einkehrt – sofern dadurch das Sein, das im Geschick beruht, nicht mehr das eigens zu Denkende ist – die Seinsgeschichte zu Ende*. Das Denken steht dann in und vor Jenem, das die verschiedenen Gestalten des epochalen Seins zugeschickt hat. Dieses aber, das Schickende als das Ereignis, ist selbst ungeschichtlich, besser geschicklos.*
>
> Die Metaphysik ist die Geschichte der Seinsprägungen, d.h. vom Ereignis* her gesehen, die Geschichte des Sichentziehens des Schickenden zugunsten der im Schicken gegebenen Schickungen eines jeweiligen Anwesenlassens des Anwesenden. Die Metaphysik ist Seinsvergessenheit und d.h. die Geschichte der Verbergung und des Entzugs dessen, das Sein gibt. Die Einkehr des Denkens in das Ereignis* ist somit gleichbedeutend mit dem Ende dieser Geschichte des Entzugs. Die Seinsvergessenheit »hebt« sich »auf«* mit dem Entwachen in das Ereignis.
>
> Die Verbergung aber, die zur Metaphysik als Grenze gehört, muß dem Ereignis* selbst zueigen sein. Das besagt, daß der Entzug, der in der Gestalt der Seinsvergessenheit die Metaphysik kennzeichnete, sich jetzt als die Dimension der Verbergung selbst zeigt. Nur daß jetzt diese Verbergung sich nicht verbirgt, ihr gilt vielmehr mit das Aufmerken des Denkens.
>
> Mit der Einkehr des Denkens in das Ereignis* kommt also erst die dem Ereignis eigene Weise der Verbergung an. Das Ereignis* ist in ihm selber *Enteignis**, in welchem Wort die frühgriechische λήθη im Sinne des Verbergens ereignishaft aufgenommen ist.
>
> Die Geschicklosigkeit des Denkens in das Ereignis* besagt

> also nicht, daß ihm jede »Bewegtheit«* fehlt. Sie besagt vielmehr, daß sich dem Denken allererst die dem Ereignis* eigenste Weise der Bewegtheit, die Zuwendung im Entzug ist, als das zu Denkende zeigt. Damit ist aber gesagt, daß für das in das Ereignis* einkehrende Denken die Seinsgeschichte als das zu Denkende zu Ende ist [...]. (*Sache*, 44)

Genauso wie nur ein Denken, das tatsächlich eine Auslegung der letzten Seiten der *Wissenschaft der Logik* gewagt hat, berechtigterweise eine Begegnung mit dem Denken Hegels für sich beanspruchen kann, so wird ein Verstehen des Ereignisses* nur möglich, wenn es sich an den Buchstaben dieser Passage gründlich gemessen hat. Was könnte nämlich eine Schickung sein, die sich nicht mehr in das, was geschickt wird, entzieht, eine Verbergung, die sich nicht mehr verbirgt, sondern sich dem Denken als solchem zeigt? Und was heißt, dass der Entzug, der »in der Gestalt der Seinsvergessenheit die Metaphysik kennzeichnete«, sich nun als »die Dimension der Verbergung selbst zeigt«? Dass das Ereignis* Enteignis* ist? Was heißt, die Verbergung (die *lēthē*) als solche zu denken? Was, wenn das, was in der Metaphysik als Seinsvergessenheit (im Sinne des *genitivus objectivus*: der Mensch vergisst das Sein) erschien, sich nun nicht als das zeigt, was es war, nämlich als das reine und absolute Sich-vergessen des Seins? Es gibt hier nicht etwas (das Sein), das sich anschließend vergisst und verbirgt (es gibt keinen Namen, der sich entzieht, indem er sich in Redeereignissen bestimmt), sondern es findet vielmehr nur eine Bewegung der Verbergung, ohne Verborgenes und Versteck, ohne Verschleiertes und Schleier statt: reines Sichschicken ohne Geschick, einfaches Verlassen-sein des Selbst.

Dass »die Seinsgeschichte zu Ende« ist, kann nur heißen, dass das Ereignis* der Ort »des Abschieds von Sein und Zeit« (*Sache*, 58) ist: Das Sein schickt nichts mehr, hat seine Prägungen (die Prägungen *seiner* Vergessenheit) erschöpft und zeigt sich nun als das reine Schicken ohne Geschick und Prägung. *Zugleich* erscheint dieses reine Schicken ohne Geschick als das Eigene des Menschen, in dem »Menschen und Sein einander im Wesen erreichen«* (*Ident.*, 25). »Jenes«*, in dem und vor dem das Denken am Ende steht wie in dem und vor dem, »was die verschiedenen Prägungen des epochalen Seins geschickt hat«, ist daher nichts, von dem man sagen könnte, dass es *ist*, auch nicht in der Form eines *es gibt*. »Es gibt Sein, es gibt Zeit«*: Aber das *Es* an sich selbst, in seinem Eigenen, benennt keinerlei lexikalische Entität, es zeigt nichts Seiendes und Benennbares an. Was es hier für das Denken zu denken gilt, ist nicht mehr die Tradition oder die Geschichte – das Geschick – (daher stößt hier die hermeneutische Lesart Heideggers an ihre Grenzen), sondern vielmehr das *Schickende* selbst: Aber dieses – das Eigene – ist das reine Verlassen-Sein des Selbst, es ist das, was weder Eigenschaften noch Geschick hat, reine Aneign-ung [*as-sue-fazione*] und Gewohnheit. So schreibt Heidegger an jener Stelle seiner Vorlesung über die *Phänomenologie des Geistes*, an der er auf radikalste Weise seine Distanz zu Hegel als Frage formuliert: »Soll der Mensch und kann er wahrhaft als der Übergang* von sich selbst abspringen, um sich als das Endliche zu verlassen, oder ist sein Wesen nicht gerade die Verlassenheit* selbst, in der allein ihm Besitzbares Besitz wird?« (*Hegels*, 216)

Das Eigenste, das *ēthos*, das **se* des Menschen – des Lebewesens ohne Natur und Identität – ist daher der *daimōn* selbst, die reine ungeschickte Bewegung des sich selbst ein Los und eine Schickung Zuteilens, das absolute sich selbst Überliefern ohne Überlieferung. Aber dieses Überlassen des Selbst an sich selbst ist genau das, was den Menschen zur Tradition und zur Geschichte schickt, in denen das Unbegründete, das in den Grund jeden Grundes versinkt, das Namenlose, das als Nicht-Gesagtes und Nicht-Überlieferbares sich in jedem Namen und in jeder geschichtlichen Überlieferung übermittelt, verborgen bleibt.

13.

Versuchen wir nun das Ereignis* vom Standpunkt der Sprache als ange-eign-etes Wort, das zu seinem Eigenen zurückgeführt wurde, zu denken. Was kann in diesem Sinne eine Sprache sein, in der das Schickende sich nicht mehr in dem entzieht, was geschickt wird, wenn nicht eine Sprache, in der sich das Sagen nicht mehr in das verbirgt, was gesagt wird, und die reine Namenssprache nicht mehr in den konkreten Redeereignissen verfällt? Hierbei ist allerdings weder eine Sprache gemeint, die schweigend bei sich bleibt, noch ein Stamm, der sich niemals in seine »Fälle« dekliniert. Was sich hier vielmehr zeigt, ist, wie Heidegger sagt, die Verbergung als solche, das reine Schicken ohne Geschick: Was zur Sprache kommt sind mithin nicht einfach nur Worte und auch nicht ein reiner unausgesprochener Name, sondern die Differenz zwischen Sprache und Rede selbst, das reine – selbst unüberlieferbare – Schicken des Sagens an das Wort (»die Bewegung der Sage zur Sprache« – *Sprache*, 261). Ist das Denken des Ereignisses* demnach also ein Denken der reinen Deklination, so wie das Hegel'sche Absolute? In *Identität und Differenz* formuliert Heidegger die Differenz zwischen seinem Denken und jenem Hegels hinsichtlich der Sache* des Denkens wie folgt: »Für Hegel ist die Sache des Denkens der Gedanke als der absolute Begriff. Für uns ist die Sache des Denkens, vorläufig benannt, die Differenz *als* Differenz.« (*Ident.*, 43) Für Hegel geht es also darum, das Sich-selbst-Gleichwerden des Wortes in seinen Äußerungen innerhalb der Totalität der Redeereignisse zu denken: das vollständig begriffene [*com-preso*], verstandene [*concepito*] Wort, den absoluten Begriff. Heidegger möchte dagegen die Differenz zwischen Sage* und Sprache* denken; er sucht mithin eine Erfahrung der Sprache, die jenes *Es*, das sich selbst zum Wort schickt, indem es selbst ohne Geschick bleibt, jenes Mitteilende, das in jedem Wortvorkommnis und in jeder Mitteilung selbst nicht mitgeteilt wird, wahrnimmt. Dies ist das Eigene, das **se*, das niemals zum Nominativ gelangt und daher namenlos ist: nicht der absolute Begriff, das sich selbst Gleichgewordensein im Anderen, sondern die absolute Differenz, die Differenz *selbst*, zu sich selbst zurückgeführt. Noch einmal zeigen das Denken des Absoluten und das Denken des Ereignisses* ihre wesentliche Nähe und zugleich ihre Verschiedenheit. Für Hegel, so könnte man nämlich sagen, ist das Unsagbare in jeder Rede als das Gewesen-Sein immer schon gesagt (*omnis locutio ineffabile fatur*); für Heidegger dagegen ist es vielmehr gerade das, was im menschlichen Wort ungesagt bleibt, *darin* aber als solches erfahrbar ist (»im Namenlosen zu existieren« – *Weg.*, 150). Gerade deshalb und weil jede menschliche Sprache notwendig geschichtlich und geschicklich ist (*Sprache*, 264), kann der Mensch nur durch Ent-sprechen* und indem er das Schweigen wagt, der Differenz entsprechen (»im Nichtsagen genannt, [...] Erschweigen« – *Nietzsche*, I, 471).

א Diese Unmöglichkeit, das *Es* als solches in den Aussagen *Es gibt Zeit*, *es gibt Sein* zu erfassen, wird klar ersichtlich, wenn wir uns erinnern, dass das unpersönliche Pronomen *Es* ursprünglich ein Genitiv ist (Genitiv von *er**: »es ist Zeit«* im Sinne von »die Zeit dessen ist gekommen«, »ich bin's zufrieden«* usw.). Mit der Zeit hat der Genitiv *es* in Ausdrücken diesen Typs aufgehört, als solcher wahrgenommen zu werden und begann in der Sprachverwendung einem Nominativ gleichwertig zu werden. Ein analoger Prozess kennzeichnet den Ursprung des italienischen unpersönlichen Pronomens *si* (in Wendungen wie »si dice, si fa« [man sagt, man tut]), das einen Dativ oder einen Akkusativ (lat. *sibi*, *se*) darstellt. Hier wird ein Pronomen, das als Genitiv eine Prädikation der Zugehörigkeit, und dass etwas etwas Eigen ist, anzeigt, zum Subjekt eines sprachlichen Syntagmas, welches dadurch unpersönlich wird. Wenn *es* ein Genitiv und kein Nominativ ist, versteht man, warum Heidegger, indem er das *es* von *es gibt Zeit, es gibt Sein* zu denken versucht, dieses als ein Ereignis*, als Zueignung und An-eign-ung denken muss. Im Ereignis* gehören sich Zeit und Sein wechselseitig an, sind einem Gleichen angeeignet. Aber wem und welcher Sache? Das Ereignis* als *es*, als Genitiv, gibt es nicht und gibt sich nicht: *Es* existiert nicht als lexikalische Entität, genauso wie das *si* nicht existiert.

Das Denken, das sein Eigenes zu denken versucht (wie das, was das **se* zu denken versucht), kann nicht bei einer lexikalischen Entität ankommen, bei irgendetwas Seiendem. Das Eigene, das *ēthos* des Menschen, bleibt in der Philosophie ohne Namen, da es selbst dasjenige ist, was schickt; ohne Namen, d.h. ohne Geschick: eine *nicht-mitteilbare Mitteilung*.

14.

Mit Hegel und Heidegger ist die Tradition der Philosophie mithin wirklich an ihr *Ende* gekommen. Wie ausdrücklich angekündigt, ging es darum, dass das »Gestalten beschlossen« (*PdG.*, 588) wird, und um die »Destruktion der […] Überlieferung« (*SuZ*, § 6). Die Überlieferung, die verdeckte, was sich in Gestalten schickte, zeigt sich nun als das, was sie ist: eine nicht-mitteilbare Mitteilung, die nichts mitteilt, nur sich selbst. Die Philosophie, d.h. die Überlieferung des Denkens, die das Staunen als ihre *archē* setzte, ist nun jenseits der *archē* und hält sich in ihrem *ēthos* auf, sie denkt das **se*. Dieses, die Einkehr des Menschen und sein eigenster Grund, bleibt in der Überlieferung ein reines Schicken ohne Geschick, eine unsagbare Mitteilung. Das heißt: Der Mensch, das sprechende Tier, ist das Unbegründete, das sich begründet, indem es zum Grund seines Abgrundes steigt. Als Un-begründetes wiederholt er unablässig seine eigene Unbegründetheit und verlässt sich. Das *se** ist als nicht-mitteilbar in der Tradition verlassen* und nur auf diese negative Weise in sich begründet (»in sich selbst gegründete Bewegung derselben« – *PdG*, 589): es ist das Mysterium der Ursprünge, das sich die Menschheit als eigenen und negativen Grund überliefert.

Gerade weil die Enthüllung dieser Verlassenheit des **se* an den Stellen, an denen Hegel und Heidegger das Eigenste zu denken versuchen, das extreme Ergebnis ihres Denkens darstellt, kann sich ein Denken, welches auf der Höhe dieses Ergebnisses sein und ihm begegnen will, nicht mehr darauf begrenzen, es lediglich zur Kenntnis zu nehmen und unendlich zu wiederholen. Dies scheint jedoch alles zu sein, was ein Denken heutzutage zu tun bereit ist, das in der Form einer Hermeneutik oder einer Philosophie der Differenz oder eines negativen Denkens schlicht die Wiederholung des grundlegenden metaphysischen Problems als Lösung anzubieten hat: dass nämlich die Überlieferung nichts überliefert (wenn nicht sich selbst), dass die Differenz der Identität vorausgeht, dass der Grund ein Abgrund ist. So wird am Ende der Tradition, die jenes extreme Ergebnis des Denkens des Absoluten und des Ereignisses* war, dessen Un-endlichkeit transformiert und das Fehlen von Geschick und Fundament in ein unendliches Geschick und Fundament umgewandelt. Sowohl Hegel als auch Heidegger hatten dagegen eigentlich vollkommen unmissverständlich behauptet, dass das Zum-Denken-Gelangen der Verlassenheit von **se* in der Tradition nur heißen könne, *zu-*

gleich das Ende der Seinsgeschichte und ihrer epochalen Gestalten zu denken. Das ist der Sinn des Wortes *Absolut* und der Sinn der Zueignung. Die Spur als Ursprung, das Überliefern ohne Überlieferung und die Differenz als Differenz denken kann nur heißen, dass die Spuren verwischt sind und die Überlieferung zu Ende ist: dass die geschichtlichen Schickungen aufgehört haben, dass der Mensch endlich in seinem *Eigenen* ist, dass sein Wissen von sich *absolut* ist. Die Begründung des Menschen als menschlich – also die Philosophie, das Denken des **se* – ist vollendet. Die Un-begründetheit des Menschen – ihre *Hominisierung* – ist nunmehr die eigene geworden, befreit von jeder Negativität und von jedem Gewesensein, und letztlich befreit von jeder Natur und von jedem Schicksal. Es ist diese Aneignung, diese Absolution, diese *ethische* Einkehr im **se*, die mit Hegel und über Hegel hinaus, mit Heidegger und über Heidegger hinaus eingehend gedacht werden muss, will man vermeiden, dass das, was sich als Überwindung der Metaphysik darstellt, einfach in sie zurückfällt in einer un-endlichen Wiederholung.

Da die Metaphysik das **se* als das denkt, was ungesagt und unüberliefert den Menschen zur Geschichte und zur Überlieferung schickt, was wäre dann ein **se*, das sich nicht einmal mehr als Unüberliefertes schickt, eine Einkehr des Menschen im Eigenen, die *nie gewesen* ist und die sich daher auch niemals in einer geschichtlichen Gestalt überliefert? Was wäre also ein menschliches Wort, das sich nicht mehr in eine Überlieferung und eine Grammatik schickt, das wirklich nichts mehr über das **se* und vom **se* zu sagen hat (nicht einmal negativ, indem es dieses im Gesprochenen ungesagt belässt)? Müsste sich ein solches Wort notwendig im Schweigen ermatten, um das unaussprechliche Gewesen-sein zu erhalten, das es zur Sprache geschickt hat? Oder wäre ein solches Wort nicht das schlichte Wort des Menschen, die gehobene Volkssprache der erlösten Menschheit, die endgültig dasjenige ausgelöscht hätte, was sie schickt und mit ihrer Praxis und Geschichte eins wäre? Die, indem sie ihre Vergangenheit vollendet hat, nun wirklich *Prosa* (also *pro-versa*, nach vorne gewandt) wäre? Fängt nicht vielleicht erst jetzt, wo jede Schickung an ihr Ende und alle epochalen Gestalten, alle Grammatiken des Seins erschöpft sind, die wahre Universalgeschichte einer Menschheit an, die das Geheimnis ihrer Identität endlich gelüftet hat?

Diese einfache Gestalt der vollendeten – d.h. menschlichen – Menschheit wäre somit das, was einem Wort zu sagen bleibt, das nichts mehr zu sagen hat, was einer Praxis zu tun bleibt, die nichts mehr zu tun hat. Ein solches Wort, eine solche Praxis hätte wirklich die Tore des Nicht-Gesagten gefunden und die unaussprechliche Überlieferung endgültig verzehrt:

heteros ex heterou sophos
to te palai to te nun.
arrētōn epeōn pylas
exeurein.

Das Andere vom Anderen (ist) weise
die eine Zeit (ist) das Jetzt.
Nicht gefundener Worte die Tore
finden.

א Dass der Mensch – das Tier, das Sprache hat – als solcher das Unbegründete sei, dass er keinen Grund im eigenen Tun, im eigenen Begründen habe, ist eine so alte Wahrheit, dass sie der ältesten religiösen Praxis der Menschheit zugrunde liegt: dem Opfer [*sacrificio*]. Wie auch immer man die Opferfunktion auslegt, das Wesentliche ist in jedem Fall, dass das Tun der menschlichen Gemeinschaft hier in einem andern Tun gegründet ist; dass also, wie die Etymologie lehrt, jedes *facere* ein *sacrum facere* ist. Im Zentrum des Opfers steht nämlich einfach ein bestimmtes *Tun* [*fare*], das abgesondert und durch Ausschluss geheiligt, *sacer*, wird und aufgrund dessen mit einer Reihe von Verboten und rituellen Vorschriften versehen wird. Das verbotene Tun, das der Heiligkeit anheimfällt, ist aber nicht einfach nur ausgeschlossen: vielmehr ist es von nun an nur bestimmten Personen zugänglich und dies nach bestimmten Regeln. Auf diese Weise liefert es der Gesellschaft und ihrer unbegründeten Gesetzgebung die Fiktion eines Anfangs: Was von der Gemeinschaft ausgeschlossen ist, wird als ihre unvordenkliche Vergangenheit angenommen. Jedes Initiieren [*inizio*] ist in Wahrheit Initiation, jedes *conditum* ist ein *absconditum*.

Deswegen ist das Heilige notwendig zweideutig und zirkulär (*sacer* gilt im Lateinischen als niederträchtig, schmachvoll und zugleich als ehrwürdig, den Göttern vorbehalten; heilig ist zugleich das Gesetz und jener, der es verletzt: *qui legem violavit, sacer esto*). Wer das Gesetz verletzt, insbesondere der Mörder, wird aus der Gemeinschaft ausgeschlossen, er ist mithin ausgesetzt, sich selbst überlassen und kann als solcher ohne Straftat getötet werden: *homo sacer is est quem populus iudicavit ob maleficium; neque fas est eum immolari, sed, qui occidit, parricidi non damnatur.*[9]

Die Grundlosigkeit jeder menschlichen Praxis verbirgt sich hier im sich selbst Überlassensein eines Tuns (eines *sacrum facere*), auf das sich aber jedes erlaubte Tun gründet: es ist das, was in jedem menschlichen Tun unaussprechlich (*arrēton*) und nicht überlieferbar bleibt, den Menschen zur Gemeinschaft und zur Überlieferung schickt.

Dass im Opfer, so wie wir es kennen, dieses Tun zumeist ein Töten, die Zerstörung des natürlichen Lebens ist, ist sicherlich nicht zufällig und keinesfalls irrelevant: Die Tötung erklärt für sich genommen jedoch nichts, da sie vielmehr selbst einer Erklärung bedarf (wie jener von Meuli, die neuerdings von Burkert aufgegriffen wurde, der das Opfer in ein Verhältnis mit den Jagdritualen des prähistorischen Menschen bringt). Das Opfer beinhaltet keine Tötung, weil Leben und Tod für den Menschen die heiligsten Dinge sind; im Gegenteil werden Leben und Tod heilig, weil das Opfer seine Tötung bereits beinhaltet. (In diesem Sinne könnte nichts die Differenz zwischen Antike und Moderne besser ausdrücken als die Tatsache, dass für die erste die Zerstörung des Lebens heilig war, während für die zweite das Leben selbst heilig ist.) Es ist vielmehr die Un-begründetheit des menschlichen Tuns als solchem (dem das Mythologem des Opfers Abhilfe schaffen möchte), welche den gewaltsamen (und nach der lateinischen Bedeutung des Wortes, *contra naturam*) Charakter des Opfers ausmacht. Weil jedes menschliche Tun nicht natürlich begründet ist, sondern sich selbst seinen Grund setzen muss, ist es gemäß dem Mythologem des Opfers gewaltsam (setzt also eine negierte Natur voraus), und es ist diese heilige (d.h. sich selbst überlassene) Gewalt, die das Opfer aufnimmt, um sie in seiner eigenen Struktur zu wiederholen und zu regeln.

Eine *vollendete* Begründung der Menschheit in sich selbst müsste daher notwendig die endgültige Beseitigung des Mythologems des Opfers und der auf ihm beruhenden Ideen von Natur und Kultur bedeuten. Auch die Sakralisierung des Lebens stammt nämlich vom Opfer: Nichts anderes tut es, von diesem Standpunkt aus betrachtet, als das natürliche Leben der eigenen Gewalt und Fremdheit zu überlassen, um auf diese dann jede kulturelle Regelung und jede soziale Praxis zu gründen. (In derselben Weise gründet sich auch das menschliche Wort auf ein natürliches Wort, auf dessen Ausschluss die Sprache als artikulierte Stimme gebaut ist.)

Das **se*, das Eigene des Menschen, ist kein Unaussprechliches, kein *sacer*, das in jeder Praxis und in jedem Wort ungesagt bleiben muss. Es ist auch nicht, wie es das *pathos* des gegenwärtigen Nihilismus will, ein Nichts, in dessen Nichtigkeit die Willkür und Gewalt des sozialen Tuns gründet. Vielmehr ist es die soziale Praxis als solche, die am Ende sich selbst durchsichtig geworden ist.

Anmerkungen

1 Übers.: »An unerklärliches Sollen gewöhnt«. Aus: Sergio Solmi, *La scuola serale*, in: ders., *Poesie complete*, S. 106–7.

2 Indem Agamben hier und im Folgenden »assuefazione« und »assuefarsi« (das auch im Motto von Solmi vorkommt), die eigentlich »Gewöhnung« und »sich (ein-)gewöhnen« bedeuten, durch Trennung der einzelnen Wortsilben verwendet (»as-sue-farsi«), deutet er verstärkt auf den aktiven Prozess des Sich-Eingewöhnens hin. Da im Bindestrichwort das mittlere »sue« auf die Bedeutungssphäre des Eigenen verweist, wird die Wortgruppe im Folgenden durch »Aneignung«, »sich aneignen« übersetzt. [A. d. Ü.]

3 F. W. J. Schelling, *Die Weltalter*, in: Schellings Werke, Bd. IV, hg. v. Manfred Schröter, München: Beck'sche Verlagsbuchhandlung 1927, S. 612.

4 Plotin, *Enn.* 5, 3.

5 Baruch de Spinoza, *Ethik*, hg. v. Helmut Seidel, übers. v. Jakob Stern (1888), Leipzig: Reclam 1972, Teil I, Def. 3.

6 Die Werke Hegels werden nach den folgenden Siglen zitiert: *PdG* (= *Phänomenologie des Geistes*, in: ders., *Werke in zwanzig Bänden*, Frankfurt am Main: Suhrkamp 1970, Bd. 3); *Wiss. Log.* (= *Wissenschaft der Logik*, in: *Werke*, Bd. 6); *Diff.* (= *Differenz des Fichteschen und Schellingschen Systems der Philosophie*, in:

Werke, Bd. 2); *Jen. Log.* (= *Jenenser Logik, Metaphysik und Naturphilosophie*, hg. v. G. Lasson, Hamburg: Meiner 1967.

7 Martin Heidegger, *Schellings Abhandlung über das Wesen der menschlichen Freiheit* (1809), hg. v. Hildegard Freick, Niemeyer: Tübingen 1971, S. 231.

8 Die Werke Heideggers werden nach folgenden Siglen zitiert: *Sache* (= *Zur Sache des Denkens*, Tübingen: Niemeyer 1976); *Ident.* (= *Identität und Differenz*, Pfullingen: Neske 1957); *Hegels* (= *Hegels Phänomenologie des Geistes*, Frankfurt am Main: Klostermann 1980, Bd. 32 der *Gesamtausgabe*); *Sprache* (= *Unterwegs zur Sprache*, Pfullingen: Neske 1959); *SuZ* (= *Sein und Zeit*, Tübingen: Niemeyer 1972); *Nietzsche* (= *Nietzsche*, Pfullingen: Neske 1961).

9 »Ein *homo sacer* ist derjenige, den das Volk verurteilt hat wegen eines Verbrechens. Es ist nicht erlaubt, ihn zu opfern, aber wer ihn tötet, wird nicht wegen Mordes belangt.«
Sextus Pompeius Festus, *De verborum significatione quae supesunt cum Pauli Epitome* [*Über die Bedeutung der Wörter*], hg. v. Karl Ottfried Müller, Leipzig 1839/80. Neudruck: Olms: Hildesheim 1975.

Ursprung und Vergessen

Über Victor Segalen

Am Anfang von *Die Unvordenklichen* präsentiert uns Segalen den Rezitator Térii – einen *Haere-po*, das heißt einen Rhapsoden, der die mündlich überlieferten Traditionen seines Volkes bewahrt –, wie er nachts gemessenen Schrittes einhergeht, »die schönen ursprünglichen Reden«[1] wiederholend. Er hält in seinen Händen eine Garbe geflochtener Schnürchen, deren Knoten er, unablässig sprechend, zwischen seinen Fingern abhaspelt. »Dieses Geflecht«, schreibt Segalen, »nannte man ›Ursprung-des-Wortes‹, denn es war, als ob die Worte aus ihm hervorkämen.«[2] Plötzlich – in einer Episode, auf deren Bedeutsamkeit bereits hingewiesen wurde[3] – fehlen dem Rhapsoden die ursprünglichen Worte: »Als er gerade mit viel Bedacht seine Arbeit für diese Nacht beendete (...) geschah es, dass der Rezitator plötzlich ins Stocken geriet [eigentlich ins Stagnieren]«[4]. Kurz danach hört Térii, während er, von beunruhigenden Vorahnungen geplagt, durch die Nacht irrt, Paofai, den Obersten der Rezitatoren, in seinen Anrufungen die Schrift der Europäer beschwören: »Sie haben Zaubersprüche, die in Zeichen eingeschlossen sind. Sie haben diese kleinen Zeichen auf Blätter bemalt. Sie befragen sie mit den Augen und verbreiten sie mit ihren Worten!«[5]. Wozu – fragte sich Terii – diese gemalten Zeichen, wenn man die Knotenschnur Ursprung-des-Wortes hat, um der Erinnerung aufzuhelfen. Wie Paofai sah er jetzt in denen, die im Besitz der Schrift waren, die Ursache für alle Übel, die über sein Land hereingebrochen waren. »Terii wusste jetzt, von wo die Schläge kamen und gegen wen man mit Zaubersprüchen kämpfen konnte«[6].

Die erste Szene der *Unvordenklichen* ist gewissermaßen die Erzählung eines Aufeinanderstoßens und eines Kampfes zwischen mündlicher Rede und Schrift, zwischen der Welt des Mythos und der Welt der Literatur. Aber derjenige, der sich anschickt der Schrift mit dem Zauber seiner Gesänge eine Schlacht zu liefern, weiß noch nicht – obwohl er den danach benannten Gegenstand noch fest in seinen Händen hält –, dass er nicht mehr im Besitz des Ursprungs des Wortes ist. Später, um genau zu sein im Laufe einer Textpassage, die eine Art umgekehrter Rekapitulation der ersten Szene ist, sehen wir Paofai, der nun den bezeichnenden Namen Paofai *Paraü-maté* trägt, Paofai tote-Worte, wie er zu seinem eigenen Erstaunen die Weißen um ihre Schrift beneidet und die aus den Händen seines gestorbenen Meisters empfangene Knotenschnur »Ursprung-der-Rede« fortwirft, die »ebenso stumm, ebenso tot bleibt wie dieser«:

> Die bleichhäutigen Fremden, die manchmal so lächerlich sind, haben viele Einfälle: sie tatauieren ihre weißen Stoffe mit kleinen schwarzen Zeichen, welche Namen, Riten und Zahlen bedeuten. Und sie können diese noch lange danach in aller Ruhe wieder hersagen.
>
> Wenn beim Singen dieser Gesänge – vielleicht sind es ursprüngliche Reden – ihr Gedächtnis zögert, senken sie den Blick, befragen die Zeichen und singen fehlerfrei weiter. Ihre bemalten Stoffe sind daher mehr wert als die bestgeknoteten Schnüre mit Tausenden von Knoten (…) Aber vielleicht sind ihre Zeichen gar nicht geeignet die Maori-Sprache darzustellen? Wenn es für seine Rasse andere gäbe?[7]

Der ganze zentrale Teil des Romans ist die Erzählung dieser abenteuerlichen *quête* nach der Schrift, nach den »sprechenden Zeichen«, die Terii und Paofai, dann Paofai allein, von einem

Land zum anderen führt bis zu den Osterinseln, auf der Suche nach den »intelligenten Hölzern«, diesen von Zeichen überzogenen Täfelchen (*kohau rongorongo*), die die Ethnographen und Reisenden lange Zeit sehr beschäftigt haben und denen Alfred Métraux eine brillante Studie gewidmet hat, in der er zeigt, dass es sich genau genommen nicht um eine Schrift handelt, sondern um Zeichen, mit der sich die Sänger beim Vortrag ihrer Lieder beholfen haben[8].

Eines der Hauptthemen – vielleicht das Hauptthema – der *Unvordenklichen* ist also die *quête* nach der Schrift, unternommen von zwei unvordenklichen Repräsentanten des ursprünglichen Wortes. Eine *quête*, die auch Erkundung eines direkten Zugangs von Mythos zur Literatur ist, und die insofern nur schlecht ausgehen kann, als ihr Gegenstand, die Maori-Schrift, nun einmal nicht existiert. Paofai kehrt in der Tat mit leeren Händen von seiner Reise zu den Osterinseln zurück (»Nein!«, sagt er über die intelligenten Hölzer – »Die sind auch nichts anderes als die Knotenschnüre, die fälschlicherweise ›Ursprung-des-Wortes‹ genannt werden, aber nur dazu da sind, das zu erzählen, was man schon weiß, einem aber nichts Neues beibringen können«[9]); und Terii, jetzt Jakoba, bezahlt für seine Unterwerfung unter die Schrift der Weißen mit dem vollständigen Vergessen des ursprünglichen Wortes (»Du hast wirklich vergessen, Jakoba tané«).

Zwischen dem Mythos und der Literatur, zwischen der mündlichen Rede und der Schrift ist tatsächlich ein Hiatus, dessen Raum der Bereich des Vergessens ist. Und hat nicht schon Platon in einer berühmten Passage des *Phaidros* darauf hingewiesen, dass die Schrift nicht nur nichts gegen das Vergessen vermag, sondern selbst dessen Ursache ist? König Thamus antwortet Theuth, der ihm die Buchstaben bringt, die er soeben als »Arznei für das Gedächtnis« erfunden hat:

> So hast auch du jetzt, als Vater der Buchstaben, aus Liebe das Gegenteil dessen gesagt, was sie bewirken.
>
> Denn diese Erfindung wird den Seelen der Lernenden vielmehr Vergessenheit einflößen aus Vernachlässigung der Erinnerung, weil sie im Vertrauen auf die Schrift sich nur von Außen vermittels fremder Zeichen, nicht aber innerlich sich selbst und unmittelbar erinnern werden. (275a)

Wenn das Vergessen der ursprünglichen Rede und die Suche nach der Schrift also das Hauptthema der *Unvordenklichen* sind, dürfen wir ebenso wenig vergessen, was Segalen uns hinsichtlich der Bedeutung des exotischen Dekors seines Romans sagt. In seinem *Versuch über den Exotismus*, der einen wichtigen Moment in der Ausbildung seines Denkens markiert, unterrichtet er uns darüber, dass der Exotismus, an dem ihm gelegen war, in gewisser Weise ein umgekehrter Exotismus war, in dem er – das sind seine eigenen Worte –

> [...] die Kehrseite meiner eigenen Sicht (so benachbart, so angemessen dem recto)[10] darstellen kann. Und ist es auf der nach Kunstfertigkeiten unterteilten Stufenleiter der Künste nicht ein höherer Grad, statt grobschlächtig seine Sicht der Dinge zu verkünden, mittels einer augenblickhaften, beständigen Übertragung den Widerhall seiner Präsenz auszudrücken?[11]

Wenn diese Bemerkungen uns einladen, *Die Unvordenklichen* sozusagen im Gegensinn zu lesen, um das *recto* wiederzufinden, dessen *verso* uns der Text präsentiert, was ist dann für Segalen der Sinn von Teriis Vergessen und seiner unmöglichen Suche nach der Schrift? Denn es könnte gut sein, dass das, was im *verso* des Mythos als Verlust des Ursprungs erscheint, im *recto* der Literatur hingegen eine Wiedererlangung und ein Vergegenwärtigen darstellt. In einer Studie über die Bedeutung des Themas Vergessen im Mythos hat Lévi-Strauss gezeigt, dass das Vergessen, als Kategorie des mythischen Denkens, einen Mangel an Kommunikation mit sich selbst ausdrückt, der ein System bildet mit dem Missverständnis (das ein Mangel an Kommunikation mit den Anderen ist) und der Indiskretion (die ein Übermaß an Kommunikation mit den Anderen ist). So oft wir in einer mythischen Erzählung diesem »Mangel an Kommunikation« begegnen, können wir feststellen, dass er dazu dient, rituelle Praktiken neu zu gründen, und dass über ihren Umweg die durch das Vergessen soeben unterbrochene Kontinuität des Gelebten wiederhergestellt wird.[12]

Wir könnten also folgende Hypothese aufstellen: Auf ähnliche Weise ist im Roman Segalens das, was im Vergessen Teriis in Frage steht, das Gründungsritual der Literatur, so als suchte sie, über das Vergessen, an ihren Ursprung wieder anzuknüpfen. Man könnte auch sagen, dass für Segalen das literarische Sprechen keinen Zugriff auf seinen eigenen Ursprung hat, dass es über keinerlei *arché* verfügt, um sich seines Fundamentes zu versichern. Während Terii – im *verso* – in der Schrift ein Heilmittel gegen das Vergessen sucht, sucht der Schriftsteller Segalen – im *recto* – im Vergessen ein Heilmittel gegen die Ursprungslosigkeit der Literatur. Was für Terii, im *verso* des Mythos, der Verlust des Ursprungs ist, ermöglicht es Segalen also, im *recto* der Literatur, auf extreme und paradoxe Art und Weise mit dem Ursprung zu kommunizieren. Der Ursprung muss vergessen, muss gelöscht werden (*oblias, oblivisci* gehören, wie *oblinere* zum technischen Vokabular der Schrift und bedeuten etymologisch: ausstreichen), damit der solchermaßen außer Kraft gesetzte Ursprung von der Literatur auf ihrer Suche nach einem Ursprung als Grund erinnert und angenommen werden kann. Aber warum leidet die Literatur an einer derart radikalen Ursprungslosigkeit, dass sie, um sich ihrer Quelle zu versichern, einer so extremen Maßnahme bedarf? Handelt es sich hier nur um eine persönliche Obsession des Schriftstellers Segalen, oder ist es nicht vielmehr so, dass diese Obsession so ursprünglich in das Schicksal der Literatur eingeschrieben ist, dass sie uns einen Hinweis auf die innerste Verfasstheit des literarischen Werkes geben kann?

Für denjenigen, der ein Märchen erzählt oder einen Mythos rezitiert, stellt sich das Problem des Ursprungs seines eigenen Sprechens nicht: das Märchen existiert immer schon vor dem, der es erzählt, wie der Mythos immer dem, der ihn wiedergibt, vorausgeht. Um die Terminologie jener amerikanischen Schule zu benutzen, die – auf den Spuren von Milman Parry und Marcel Jousse – einen ganz eigenen Beitrag in der Erforschung der mündlich tradierten Dichtung geleistet hat, handelt es sich hier um *performance* und nicht um *authorship*: Der Rhapsode ist Ausführender und nicht Autor seines Gedichts.

Ganz anders ist die Situation des literarischen Werks. Hier empfängt der Schriftsteller sein Sprechen nicht von einem »anderswo«, das ihm vorausgeht, sondern er selbst ist es, der es erfindet und schafft: Er ist dessen Autor, nicht nur Ausführender.

Jakobson und Bogatyrev haben in einer Studie über *Die Folklore als eine besondere Form des Schaffens* diesen grundlegenden Gegensatz zwischen mündlich tradiertem Werk und literarischem Werk in die linguistischen Gegensatzbegriffe »langue« und »parole« übersetzt:

> Vom Standpunkt des Vortragenden eines Folklore-Werkes aus betrachtet, stellen diese Werke eine Tatsache der *langue*, d.h. eine außergewöhnliche, bereits unabhängig von diesem Vortragenden gegebene, wenn auch Deformation und Einführung neuen dichterischen und alltäglichen Stoffes zulassende Tatsache dar. Für den Verfasser eines Literaturwerkes erscheint ein solches als Tatsache der parole; es ist nicht apriori gegeben, sondern unterliegt einer individuellen Verwirklichung.«[13]

Wenn der Ursprung seines eigenen Sprechens für den Rhapsoden kein Problem ist, dann deshalb, weil es ihm wie eine Gegebenheit der *langue* durch die lebendige Tradition übermittelt ist, in der er selbst nur ein Kettenglied ist. Die *langue* der Literatur dagegen fehlt. Der Autor eines literarischen Werks befindet sich – in Bezug auf dasselbe – in der paradoxen Lage, eine *parole* hervorbringen zu müssen, dessen *langue* abwesend oder unbekannt ist.

Man kann die Bedeutung dieses Umstands, der die Verfasstheit des Autors in seiner ganzen Fragwürdigkeit bestimmt und zugleich die Ursprungslosigkeit der Literatur begründet, gar nicht hoch genug einschätzen. Nichts ist bedauerlicher, als dass wir keine umfassende Studie über diese Problematik des Autors haben, sofern er dem mündlichen *performer* entgegengesetzt und – anders als dieser – gezwungen ist, den Ursprung seiner eigenen Rede zu rechtfertigen. Es gibt Studien zum mündlichen Erzähler (wie die eben von uns zitierte von Jakobson und Bogatyrev oder, unter einer anderen Perspektive, die von Milman Parry und Albert Lord über die jugoslawischen Rhapsoden), aber es gibt nichts oder fast nichts über die Verfasstheit seines Nachfolgers, jenes literarischen Autors, der sich in der sehr unbequemen Lage befindet, eine *parole* hervorbringen zu müssen, deren *langue* abwesend ist.

Es handelt sich jedoch um ein Problem, dessen Gewicht man von Anfang an wahrgenommen hat. In einem wenig bekannten Dialog vergleicht Platon die Situation des Rhapsoden mit der eines Gliedes in einer magnetischen Kette, die sich ohne Unterbrechung abrollt von der göttlichen Quelle des Sprechens zu den Musen, zu den Dichtern, zu den Rhapsoden und schließlich zum Publikum:

> Auch dieser Stein nämlich zieht nicht bloß selber die eisernen Ringe an, sondern er legt dieselbe Kraft auch in diese Ringe hinein; so dass sie ebendasselbe wie der Stein selbst zu tun vermögen, nämlich andere Ringe anzuziehen, so dass bisweilen eine

> gar lange Reihe solcher Eisenstücke aneinanderhängt [...] Und zwar hängt der eine Dichter an dieser, der andere an jener Muse [...] Und ebenso geht es nun auch mit den folgenden Ringen. Andere hängen an anderen Dichtern und werden von ihnen begeistert, [...] Denn eben, wie gesagt, nicht vermöge menschlicher Kunst [*techne*] und Einsicht [*episteme*] vermagst du über den Homer zu sagen, was du vermagst, sondern vermöge göttlicher Führung und Begeisterung. (*Ion*, 533a–535b)

Diese Kette ist es, die derjenige zerreißen muss, der sich zum Herren und Autor über sein eigenes Sprechen machen will, derjenige der also, dem Rat Platons folgend, entscheidet zu wissen, was er sagt, und durch *technē* und *epistēmē* zu sprechen, anstatt durch Eingebung zu wiederholen. Die ganze Polemik Platons gegen die Dichtung erlangt ihren eigentlichen Sinn nur aus der Perspektive dieser Bewegung, die die Kette der Dichtung im *Ion* zerreißt und eine Kenntnis durch Anamnese (also ein Vergessen und ein Wiedererinnern implizierend) gegen das »auswendig Wissen« und die von mündlicher Tradition eingegebene Wiederholung behauptet.

Die Bedeutung dieses Problems ist den Dichtern, die es direkt anging, nicht entgangen. Die ganze Literatur des Mittelalters ist eine *quête* nach dem Buch und der Vorzeitigkeit der Rede verpflichtet, die das literarische Werk rechtfertigen soll. Es gibt eine sehr große Anzahl von Werken, die das *incipit* als Abschrift oder Übersetzung eines vorangegangenen Sprechens präsentiert, handle es sich (wie in der *Geschichte vom Gral* des Chrétien de Troyes) um ein Buch, das dem Autor vermacht wurde oder eher um jene (wie in den *Lais* der Marie de France) wunderbaren mythischen Lieder, die bretonischen *lais*, von denen wir kaum mehr wissen, als dass Marie de France ihre Texte als Gedenken an sie konzipiert hat. Der Terminus Roman selbst kommt vom Ausdruck »ins Romanische setzen«, das heißt »in die Volkssprache übersetzen« und impliziert die Idee eines Sprechens, das von außerhalb oder woanders herkommt; und man weiß, dass diese Fiktion eines empfangenen Wortes, das der Autor nur transkribiert oder übersetzt, seither integraler Bestandteil der Romantradition ist.

Bemerkenswerte und bedeutsame Ausnahme: die großen höfischen Lieder der provenzalischen Troubadours, jenes *trobar clus*, das sich in sich selbst einschließt und auf keine vorgängige *parole* zurückverweist und also das Nichts als seine Quelle setzen kann: »Farai un vers de dreyt nien«, »Ich werde ein Lied aus dem reinen Nichts machen«, besagt der erste Vers des rätselhaftesten Liedes Wilhelms IX.

Wir können dieses Sujet hier nicht thematisch behandeln: aber wir wollen wenigstens das grundlegende, sich direkt daraus ergebende Problem der Inspiration erwähnen. Die Musen, Beatrice, Laura, Délie: bezeichnen nicht all diese Namen den abwesenden Ursprung des literarischen Sprechens, was für den Dichter – ist der Übergang von der mündlichen Tradition zur Schrift einmal vollbracht – zum Problem wird? Es geschieht sogar – am Ende einer Wegstrecke, deren äußerste Punkte Dante und Mallarmé sind –, dass der Dichter den Tod Beatrices und die Abschaffung des Ursprungsortes des Sprechens behaupten muss. Es kann sogar sein, dass er sein Sprechen nur auf dieses Außerkraftsetzen gründen kann; das ist die Geste Mallarmés, wenn er behauptet: »La Destruction fut ma Béatrice« [die Zerstörung war meine Beatrice][14].

Genau das Problem der *archē* des literarischen Sprechens, seines Bezugs auf ein ursprüngliches Sprechen, wird das wesentliche Thema des Autors Segalen werden. Sein Werk wird davon so sehr heimgesucht, dass man sagen kann, es sei immerzu auf der Suche nach seinem eigenen Ort zwischen dem mündlich tradierten Sprechen des Mythos und dem Buchstaben. In der genannten

Studie sprechen Jakobson und Bogatyrev von jenen Grenzfällen in der Folklore oder der Literatur, die einen Grenzbereich, ein Dazwischen bilden, das keinem von beiden eindeutig zugeordnet werden kann. Obwohl es unbestritten dem literarischen Feld zugehört, überschreitet das Werk Segalens dasselbe fortwährend, nicht um auf den Mythos zu verweisen, sondern auf jene *Mitte*, jene andere Dimension, in der die Differenz zwischen Mythos und Literatur, zwischen *langue* und *parole* schließlich aufgehoben wäre. Denn wenn wir Jakobsons und Bogatyrevs Definition des folkloristischen Werks (das aus der Ordnung der *langue* kommt) und des literarischen Werks (das aus der Ordnung der *parole* kommt), wieder heranziehen, könnten wir also sagen, dass der absolute Mythos – zugestanden, dass etwas Derartiges existiert – eine *Sprache ohne Sprechen* ist, während die absolute Literatur – wenn sie denn existierte – ein *Sprechen ohne Sprache* wäre. Folglich zielt das Spiel von Vergessen und Vergegenwärtigen, das Segalen zwischen dem Sprechen des Mythos und dem Sprechen der Literatur initiiert, genau darauf, diesen Punkt der Indifferenz einzuholen, wo das Sprechen ohne Sprache der Literatur die Sprache, die ihr fehlt, wiederfinden könnte und wo die Sprache ohne Sprechen des Mythos schließlich in einem vollen Sprechen hervorgebracht werden könnte. Gewiss ist dieses Spiel eine Fiktion, aber eine, die ernst genommen werden muss und die auf die Grenze zwischen Literatur und Mythos ein neues Licht werfen kann. Denn man muss vielleicht aufhören, Mythos und Literatur als zwei abgegrenzte Substanzen zu betrachten, deren Kommunikation ein Problem der Transsubstantiation darstellt: Man müsste sie vielmehr als zwei differentielle Kategorien erwägen, die niemals in Reinform existieren, oder als zwei Asymptoten, die von der Hyperbel des menschlichen Sprechens nur in einer unendlichen Annäherung berührt werden.

Auf diese Weise definiert Segalen im ersten Gedicht der *Odes* die Stimme der Dichtung als »eine antike Stimme«, als einen »Wind der Reiche«, der »vom Grund der Zeiten« herrührt. Im Kommentar lesen wir, dass dieser »Wind« der »Hauch der Vergangenheit« ist, die ursprüngliche Stimme des Gedichts also immer Hauch und Atem der Vergangenheit ist, »bisweilen im Triumph in die Gegenwart dringend«, in diese Gegenwart, die nichts ist als ein Kadaver (»widerliche Kadavergegenwart«), einen Augenblick außer Kraft gesetzt, und vom Überfließen der Vergangenheit aufgebrochen (»das Altertum tritt über die Ufer und der Augenblick birst«). Die letzte Zeile des Kommentars besagt jedoch: »Diese Ode an die Vergangenheit kann also nicht alt hergebracht sein: sie muss von heute datieren.«[15]

Diese unerwartete Verkehrung drückt perfekt das Paradox aus, das Segalens wesentliches Problem bildet: Wie ins Werk dessen Zeitgenossenschaft einschreiben, seine unwiderrufliche Zugehörigkeit zur Gegenwart und zum Sprechen, und zugleich seine Herkunft von einem abgelegenen Ursprung, die aus jedem Werk ein aus der Vergangenheit der Sprache suggeriertes und inspiriertes Sprechen macht? Diese Perspektive ist es, aus der wir Segalens Exotismus betrachten müssen: Es handelt sich dabei um etwas durchaus anderes als das, was wir für gewöhnlich unter diesem Begriff verstehen: Weit davon entfernt, ein von außen dem Werk hinzugefügtes Dekor zu sein, um diesem einen Anschein von Leben zu geben, verbirgt Segalens Exotismus das wesentliche Drama des literarischen Sprechens als solchem. Jedes literarische Sprechen ist notwendig exotisch, denn aus der Vergangenheit gehaucht, kommt es von einem fernen Ursprung her, aber gerade deshalb ist das literarische Sprechen, wie »die schönen ursprünglichen Reden«, die Terii nicht über die Lippen bringt, unabwendbar abgeschafft [*abolita*],[16] im etymologischen Sinn des lateinischen Wortes, das heißt: von Ferne gekommen *(ab-oleo)*. Hierin liegt der Sinn des Spiels von Vergessen und Vergegenwärtigung, das Segalen dem Schriftsteller als Ort zuweist: wie für den Mimen, von dem Mallarmé uns sagt, er agiere »zwischen Verüben und Erinnern: hier, vorausgehend, da erinnernd, in die Zukunft, an die Vergangenheit, in der falschen Erscheinung der Gegenwart«, genauso kann man vom Schriftsteller sagen, dass er »auf diese Weise eine reine Mitte einführt, die Fiktion«.[17] Denn es geht darum, das ursprüngliche Sprechen über den Umweg seiner Abwesenheit zur Herrschaft zu bringen, wie die Stele mit dem Titel »Lob und Macht der Abwesenheit«, das heißt, sie vermittels ihrer Spuren herrschen lassen (»Meine zweihundsiebzig Paläste (…) sind einzig erfüllt vom Wechsel meiner Fußspuren«).[18] Spuren: das was einen Ursprung in genau dem Moment beschwört, in dem es sein Verschwinden bezeugt.

Aus dieser Perspektive kommt die *quête* der Literatur auf der Suche nach dem Ursprung nicht umhin, das Abenteuer der zwei westlichen Reisenden zu evozieren, die – in der Erzählung *La tête* [Der Kopf] –, fasziniert von dem wundervollen, lächelnden Kopf eines Buddha, die Statue köpfen, um das göttliche Angesicht vom »schlechten Rumpf, der ihm Fäulnis und Schmutz brächte«[19] zu trennen. Dieser abgeschlagene Kopf, diese Enthauptung eines Gottes (in der Erzählung heißt es: »eine Exekution Gottes«), ist sie nicht – wie es Roger Dragonetti[20] in seiner Analyse des Prosagedichts *Blasser Bettlerjunge* von Mallarmé, dessen ursprünglicher Titel derselbe war wie der von Segalens Erzählung *La tête*, gezeigt hat[21] –, das Bild des Spiels von Abschaffen und Identifizieren, das die Literatur mit ihrem Ursprung treibt, das Bild dieser *mimesis*, die das Abschaffen ihres eigenen Modells mit einbegreift? Denn ebenso wie im Text Mallarmés der abgeschlagene Kopf des jungen Sängers »sich umso höher reckt, je lauter [die] Stimme wird«, entflieht in der Erzählung Segalens der abgeschlagene Kopf und rollt vor seinen Entführern her; und seine Wiedererlangung, die Wiedervereinigung mit dem Ursprung, kann sich nur in dem halluzinierten Augenblick vollziehen, in dem der Kopf sich mysteriöserweise in die Luft hebt und – sagt der Erzähler – »zurückgewendet auf mein Angesicht, Stirn an Stirn und Mund zu Mund virtuell wird«[22].

Dieses »Mund zu Mund« mit dem Ursprung ist der Endpunkt der Suche Segalens, dort feiern die Sprache ohne Sprechen des Mythos und das Sprechen ohne Sprache der Literatur ihre Wiederbegegnung und ihre wechselseitige Befreiung. Und es ist dieser Moment, den Segalen – sich einer dynastischen Metapher bedienend – mit dem Siegel bezeichnet, das er als Devise und Imprimatur der *Stelen* entworfen hatte: jenes Siegel, in dem von einer Dynastie »sans avènement dynastique« die Rede ist, Traum von einer Kontinuität, die von keiner Nachfolge jemals zerschlagen wird. Solchermaßen ist die *parole*, die ihre *langue* wiedergefunden hat, nicht mehr geteilt zwischen Gegenwart und Vergangenheit, sondern verwirklicht schließlich diese »Außerkraftsetzung der Zeit des literarischen Textes«, von der Segalen uns in einem kürzlich publizierten Fragment spricht.[23]

Von diesem dynastischen Traum, von dieser außerzeitlichen Anrufung des Ursprungs, hat das letzte Buch Segalens, *Der Sohn des Himmels* (dieser »lächerliche Roman, der kühn sein will«, dessen Held just eine unsterbliche Figur sein muss oder vielmehr eine, die ohne Unterlass wieder geboren wird) uns ein beunruhigendes Bild hinterlassen, das sich wiederum als eine Art Selbstenthauptung präsentiert. Wir denken an die Szene des Romans, in der der Kaiser die Musiker rufen lässt, damit sie die Hymne spielen, die ausersehen ist, die Ahnen zu beschwören. Sobald die Hymne erklungen ist, fragt der Kaiser gemäß dem Ritual, das vorsieht, dass ein Lebender den beschworenen Ahnen verkörpert: »Aber wo ist der Platzhalter des Toten?«

> Aber hier, schreibt Segalen, gehörte der Ahnherr zur erloschenen, verflossenen Dynastie. Niemand im Palast und am Hofe konnte diese Aufgabe für sich in Anspruch nehmen, sie übernehmen, noch sie erfassen. [...] Die Musiker verstummten. Da hielt der Kaiser reglos den Atem an, rollte seine brechenden Augen, sein Angesicht wurde plötzlich violett. Er keuchte mehrmals, ohne frei atmen zu können. Und dann fiel das kaiserliche Haupt auf die Brust.[24]

Dieselbe Szene wiederholt sich am folgenden Tag, als der Kaiser die Musiker aufs Neue zusammengerufen hat, um seine Befähigung auf die Probe zu stellen, wiederzuerkennen »von welchem Ort, von welcher Epoche, von welcher Dynastie, aus welchem Jahr, von welchem Mond und schließlich welchem Tag die vorgetragene Ode Glanz oder Elend schildert, wiedergibt und neu zum Leben erweckt«.[25] Während die Musiker die Hymne des Ahnen spielten, »sammelte sich der Kaiser« dieses mal wieder »auf dem Grunde der Zeiten und sagte kein Wort. Aber plötzlich umfasste er mit den Händen seinen Hals, öffnete den Mund, schöpfte Atem. Alsbald wurde das ganze kaiserliche Gesicht bläulich und violett, die Augen brachen, und der Kaiser schien auf der Stelle sterben zu wollen.«[26]

Es sei uns erlaubt, in diesem strangulierten Kopf, in den verdrehten Augen, in diesem Ersticken, in dem sich Gegenwart und Vergangenheit, Spur und Ursprung, *parole* und *langue* wechselseitig das Leben und den Tod geben, eine der ergreifendsten Spiegelungen zu sehen, in der die abendländische Literatur – diese seit jeher auf der Suche nach ihrem Ursprung befindliche Praxis – ihr Bild auf ewig fixiert hat.

Aus dem Französischen und Italienischen von Maria Zinfert

Anmerkungen

1 Victor Segalen, *Die Unvordenklichen*, aus dem Französischen von Erika Tophoven-Schöningh, Frankfurt am Main, 1986, S. 9. [Abweichend von der hier zitierten Übersetzung wird *originels* mit *ursprünglich* wiedergegeben. – A. d. Ü.]
2 Ebd. S. 12.
3 Vgl. Gerard Macé, *L'arbre analogique*, in: *Granit*, no. 3 / 4.
4 Victor Segalen, *Die Unvordenklichen*, S. 13 [Abweichend von der hier zitierten Übersetzung wird *Récitant* mit *Rezitator* wiedergegeben. – A. d. Ü.]
5 Victor Segalen, *Die Unvordenklichen*, S. 16.
6 Ebd., S. 17.
7 Ebd., S. 115.
8 Vgl. Alfred Métraux, *Les tablettes de l'Ile des Paques*, in: *Arts et Métiers graphiques*, 64 (1938).
9 Victor Segalen, *Die Unvordenklichen*, S. 188.
10 Die in der zitierten Übersetzung ausgelassene Klammer aus dem Original wurde von der Übersetzerin ergänzt.
11 Victor Segalen, *Essai sur l'Exotisme*, in: ders., *Œuvres Complètes*, Bd. I., Paris: Laffont 1995. Dt.: *Die Ästhetik des Diversen*, übers. v. Uli Wittmann, Frankfurt am Main: Fischer 1983, S. 36.
12 Claude Lévi-Strauss, *Mythos und Vergessen* in: Ders., *Der Blick aus der Ferne*, München: Fink 1985, S. 279–288.
13 Jakobson und Bogatyrev, *Le Folklore en tant que forme autonome de création, Donum natalicium Schrijnen*, Nijmegen–Utrecht, 1929. Dt. in: Roman Jakobson, *Poetik*, Frankfurt am Main: Suhrkamp 1979, S. 146.
14 Mallarmé, Brief an Eugène Lefebure, in: ders., *Œuvres Complètes* II, hg. v. B. Marcha, Paris Gallimard, 1998, S. 717.
15 Victor Segalen, *Odes, suivies de Thibet*, Paris, Mercure de France, 1963, S. 18f.
16 *abolir* wurde im Text bisher mit *abschaffen* oder *aufheben* wiedergegeben.
17 Stéphane Mallarmé, *Crayonné au théâtre*, in: Ders., *Œuvres complètes*, Bd. II, Paris: Gallimard 2003, S. 178f.

18 Victor Segalen *Stèles*, Paris Gallimard: 1973, S. 127. Dt.: *Stelen*, übers. v. Rainer G. Schmidt, Graz: Praschl 2000, S. 161.

19 Victor Segalen, *La Tête*, in: *Œuvres Complètes*, I., S. 795–809.

20 Roger Dragonetti, *Le démon de l'analogie de Mallarmé*, in: *Strumenti critici* 24 (1974).

21 Der Titel lautet im Original *Pauvre enfant pâle*, die hier zitierte Übersetzung stammt von Carl Fischer, in: Mallarmé, *Sämtliche Gedichte*, Heidelberg: Schneider 1984 [A. d. Ü.].

22 Victor Segalen, *La Tête*, in: *Œuvres Complètes* I., S. 808.

23 *Le Livre*, in: *L'immédiate* 14 (1977–1978), wieder veröffentlicht in: Maurice Berne (Hg.), *Victor Segalen, voyageur et visionnaire*, Paris: Bibliothèque nationale de France (1938) 1999. [Die zitierte Stelle lautet im Original: »mise hors la loi du Temps du texte littéraire«. – A. d. Ü.].

24 Victor Segalen, *Der Sohn des Himmels*, übers. v. Simon Werle, Frankfurt am Main: Qumran 1983, S. 196. [Satz von der Übers. ergänzt].

25 Ebd., S. 198.

26 Ebd., S. 200.

Walter Benjamin und das Dämonische

Glück und geschichtliche Erlösung im Denken Benjamins

1.

Walter Benjamin und sein Engel lautet der Titel eines im Jahre 1972 veröffentlichten Aufsatzes, in dem Gershom Scholem eine scharfsinnige Interpretation von Benjamins kurzer und rätselhafter Schrift *Agesilaus Santander* vorlegt. Nach dieser, in vielfacher Hinsicht beispielhaften Deutung verrät die Figur des Engels, die in Benjamins Denken bekanntlich eine besondere Bedeutung hat, hinter ihrem leuchtenden Schein die düsteren, dämonischen Züge des *Angelus Satanas*. Die überraschende Verwandlung der Engelsgestalt wirft dann aber ein melancholisches Licht auf den gesamten Horizont von Benjamins Nachdenken über die Philosophie der Geschichte, in deren Rahmen der Engel seine rettende Mission entfaltet.

Wenn ich meinen Beitrag unter den Titel *Walter Benjamin und das Dämonische* stelle, mache ich es mir zur Aufgabe, die Interpretation des Jerusalemer Forschers zu ergänzen und gelegentlich auch zu korrigieren, indem ich versuche, den Benjamin'schen Text für eine alternative Lektüre offenzuhalten. Eine Revision von Scholems Interpretation ist aber letztlich nicht das Ziel dieses Versuchs. Vielmehr ist beabsichtigt, die Grundzüge einer Ethik bei Benjamin zu umreißen (die beim gegenwärtigen Stand auch nur vorläufigen Charakter haben können). Unter Ethik wird hier allerdings – entsprechend der Bedeutung, die das Wort bei seinem Auftreten in der griechischen Philosophie hatte – die »Lehre vom Glück« verstanden. Den Griechen war der Zusammenhang zwischen dem Dämonischen (*daimonion*) und dem Glück bereits in dem Wort evident, das sie gebrauchten, um das Glück zu bezeichnen: *eudaimonia*. Ganz ähnlich erscheint in dem uns interessierenden Text die Gestalt des Engels an einen Glücksbegriff gebunden, den Benjamin mit folgenden Worten umschreibt: Der Engel »will das Glück: den Widerstreit, in dem die Verzückung des Einmaligen*, Neuen, noch Ungelebten mit jener Seligkeit des Nocheinmal, des Wiederhabens, des Gelebten liegt.« (*S*, 102)[1]

Wir wollen gerade diese doppelte Gestalt des Glücks, die Benjamin in einem anderen Text am Gegensatz von Hymne und Elegie (*GS* II.1, 313) illustriert, herauszuarbeiten versuchen. Vergegenwärtigt man sich jedoch, dass der zweiten These *Über den Begriff der Geschichte* zufolge Glück* und Erlösung* untrennbar miteinander verbunden sind, so wird als Arbeitshypothese einleuchten, dass eine Darstellung von Benjamins Überlegungen zum Glücksbegriff nur durch eine Erläuterung seiner Gedanken zur Philosophie der Geschichte vorangetrieben werden kann, die um jenen Begriff der Erlösung kreisen.

2.

In Scholems Deutung des Benjamin'schen Textes bildet die Entzifferung des »geheimen Namens« Agesilaus Santander als Anagramm von *der Angelus Santanas* das Leitmotiv. Diese Dechiffrierung stellt zwar eine geistreiche, zudem von einem unvergleichlichen Kenner der kabbalistischen Tradition stammende

Hypothese dar; im Grunde kann ihr jedoch weder zugestimmt, noch kann sie bestritten werden. Denn jede hermeneutische Konstruktion dieser Art besitzt vor allem divinatorischen Charakter und kann daher *an sich* gar nicht verifiziert werden. Gleichwohl ist an einer solchen Hypothese die Notwendigkeit ihrer Konstruktion verifizierbar, nämlich ob sie in der Lage ist, den Text ohne Umstände zu erklären, ohne problematische Stellen zu ignorieren und ohne mit dem in Widerspruch zu geraten, was wir vom Denken des Autors bereits wissen. Scholems anagrammatische Entdeckung des satanischen Namens, den der scheinbar harmlose von Agesilaus Santander verbirgt, ist nun für seine Deutung des ganzen Fragments derart bestimmend, dass sie vorab, noch ehe sie im sechsten Kapitel explizit ausgesprochen wird, einen beunruhigenden Schatten auf die Gestalt des Engels wirft. So lesen wir auf S. 106, »daß Benjamin damals«, nämlich kurze Zeit nach dem Erwerb von Klees Aquarell *Angelus Novus*, »mit dem Bilde noch keine satanisch-luziferischen Gedanken verband«. Der Vorgriff, der in diesen Worten liegt, wird zwei Seiten weiter nochmals bekräftigt: »Der Engel, noch nicht wie später ins Melancholische versunken [...]«. Auf S. 109, immer noch vor der Enträtselung des geheimen Namens, wird dann die Existenz eines »luziferischen Elements« in Benjamins Meditationen über das Bild von Klee für gewiss gehalten. Ja, es wird sogar auf dessen nichtjüdische Herkunft hingewiesen: »Das luziferische Element kam in die Meditationen Benjamins über Klees Bild aber nicht direkt aus der jüdischen Tradition, sondern aus seiner ihn so viele Jahre faszinierenden Beschäftigung mit Baudelaire. Das luziferische Element der Schönheit des Satanischen, das aus dieser Seite von Benjamins Interessen stammt, tritt in seinen Schriften und Aufzeichnungen oft genug hervor.« Es muss angemerkt werden, dass in den an dieser Stelle von Scholem zitierten Texten das Adjektiv »satanisch« zwar tatsächlich vorkommt, es jedoch mit der Gestalt des Engels in keinerlei Verbindung steht. Was im Übrigen die mögliche Herkunft von luziferischen Elementen im Denken Benjamins aus seiner Beschäftigung mit Baudelaire anbelangt (einem Dichter, der, zu Recht oder zu Unrecht, gewöhnlich mit dem Satanismus in Verbindung gebracht wird), so darf man nicht vergessen, was Benjamin in einem Brief an Adorno schreibt: »Ich lasse meinen christlichen Baudelaire von lauter jüdischen Engeln in den Himmel heben.« (*B* II, 825) Diese Aussage wörtlich zu nehmen, legt Benjamins gleich darauf folgende Bemerkung nahe, diese Engel würden Baudelaire »kurz vor dem Eingang in die Glorie*« fallen lassen, wobei Glorie in der jüdischen Mystik der Terminus technicus *(Kabod)* für die Manifestation des göttlichen Wesens ist.

Am Schluss der Passage, aus der wir schon mehrfach zitierten, nimmt Scholem vollends seine Auslegung des luziferischen Sinnes von *Agesilaus Santander* vorweg, obwohl sie bis dahin durch keinen Textbefund gestützt wird: »die Menschenähnlichkeit des sich ins Luziferische wandelnden Kleeschen Engels [ist] nicht mehr vorhanden, als er ein (vielleicht zwei) Jahre später die uns hier beschäftigende Niederschrift verfaßte.«

Wenn Scholem dann in dem darauffolgenden Kapitel seine anagrammatische Hypothese darlegt, erscheint der ganze Text bereits derart ins Licht des Dämonischen getaucht, dass sich nun das luziferische Element mühelos auf jedes Textdetail übertragen lässt. Schreibt Benjamin etwa, dass der Engel – erinnert sei daran, dass Benjamin in diesem Text immer und ausschließlich von einem Engel spricht – »seine weibliche Gestalt der männlichen im Bilde auf dem längsten Weg nach[schickte], obschon doch beide einmal – nur kannten sie einander nicht, aufs innigste benachbart gewesen waren«, so interpretiert Scholem dies in dem Sinne, dass »der Engel […], hierin echter Satanas, Benjamin durch seine ›weibliche Gestalt‹ […] vernichten [wollte]«, ohne dabei die Tatsache zu berücksichtigen, dass der Text für diese Verbindung von weiblichem und satanischem Element gar keine Anhaltspunkte liefert und dass diese Interpretation auch noch nahelegt, Benjamin hätte ein satanisches Element ausgerechnet in den zwei von ihm am zärtlichsten geliebten Frauen (Jula Cohn und Asja Lacis, wenn man Scholem folgt) gesehen.

3.

Nur an diesem Punkt hält sich Scholem, und zwar recht flüchtig, bei dem einzigen Aspekt in Benjamins Text auf, der zu seiner Auslegung des Engels in Richtung aufs Satanische ausdrücklich berechtigen konnte. »In den beiden Fassungen«, so schreibt er, »wird der satanische Charakter des Engels durch die Metapher von dessen Klauen und messerscharfen Schwingen betont, die sich auf die Darstellung in Klees Bild stützen konnte. Kein Engel, sondern nur der Satan besitzt Klauen und Krallen, wie das etwa in der weitverbreiteten Vorstellung zum Ausdruck kommt, daß die Hexen beim Sabbat die ›kralligen Hände‹ des Satans küssen«. (*S*, 119f.)

Hier müssen wir nun eine erste die Ikonologie betreffende Korrektur vornehmen. Die Behauptung, »kein Engel, sondern nur der Satan besitzt Klauen und Krallen«, ist ungenau. Zwar steht, einer verbreiteten Bildtradition entsprechend, fest, dass der Satan neben anderen tierischen Missbildungen auch Klauen besitze. Aber diese Gestalt des Satans hat die Konnotation des Engels gänzlich eingebüßt; sie ist einfach jene schreckliche Teufelsgestalt, die uns aus unzähligen – vor allem christlichen – ikonographischen Variationen vertraut ist. In solcher rein teuflischen

Eigenschaft erscheint der Satan in den von Scholem herangezogenen Bildern, in denen die Hexen des Sabbats dem Satan die Hände (oder häufiger, wie etwa im Ritus vom *osculum infame*, einen anderen, schambesetzten Körperteil) küssen.

Es gibt im gesamteuropäischen Bildergut nur eine einzige Gestalt, die rein engelhafte Züge mit dem dämonischen Merkmal der Klauen zugleich in sich vereinigt: Aber diese Gestalt ist nicht Satan, sondern Eros, Amor. Nach einem zum ersten Mal bei Plutarch (der Eros »Hauer und Klauen« zuschreibt) begegnenden Topos, den auch andere, nicht sehr häufige, aber exemplarische ikonographische Erscheinungen gut bezeugen, wird Amor in der Tat als eine geflügelte, mit Klauen ausgestattete Engelsgestalt (gelegentlich mit weiblichen Zügen) dargestellt. In dieser Gestalt erscheint er sowohl in Giottos Allegorie der Keuschheit als auch auf dem Wandgemälde im Schloss von Sabbionara (dessen Modell, Panofskys Annahme zufolge, ein »›mythographischer‹ oder ›niedriger‹ Cupido« war), ferner aber auch in den beiden Engelsgestalten mit Klauen, die die rätselhafte, geflügelte Frauenfigur auf der dem Meister des heiligen Martin zugeschriebenen Geburtsschale im Louvre flankieren.[2]

Die Benjamin'sche Figur des Engels mit Klauen und messerscharfen Schwingen führt uns also mit großer Wahrscheinlichkeit in die Sphäre des Eros – d.h. nicht eines Dämons in jüdisch-christlichem Sinn, sondern eines *daimōn* im griechischen Sinn (wie etwa bei Platon Eros als der Dämon schlechthin begegnet). Das ist umso wahrscheinlicher als Benjamin dieser einzigartige ikonographische Typus, insbesondere von der Allegorie Giottos her, durchaus bekannt war. In dem Buch über den *Ursprung des deutschen Trauerspiels* spricht Benjamin in diesem Zusammenhang tatsächlich von der »Vorstellung des Amor als Dämon der Unkeuschheit mit Fledermausflügeln und Krallen«. (*GS* I.1, 399)

Jeden Zweifel darüber, dass es sich bei Benjamins Engel in keinem Fall um eine satanische Figur handelt, beseitigt endgültig eine Variante zum Aufsatz über Karl Kraus: »Man muß [...] schon mit Bert Brecht die Armut des Herrn Keuner [...] ermessen und mit Paul Klee über die Krallenfüße des Angelus Novus geblickt haben – dieses Raubengels, der die Menschen lieber befreite, indem er ihnen nähme[,] als beglückte, indem er ihnen gäbe [...].« (*GS* II.3, 1112) – (In der Endfassung des Essays ist das Detail der Krallenfüße ebenso wie der Hinweis auf Brecht weggefallen, so dass man jetzt liest: »Man muß [...] Klees ›Neuen Engel‹, welcher die Menschen lieber befreite, indem er ihnen nähme, als beglückte, indem er ihnen gäbe, gesichtet haben, um eine Humanität zu fassen, die sich an der Zerstörung bewährt.« – *GS* II.1, 367) Die Klauen des Angelus Novus (die Füße des Engels im Bild von Klee könnten tatsächlich an die eines Raubvogels erinnern) haben also keine satanische Bedeutung, sondern sie kennzeichnen die zugleich destruktive und befreiende Macht des Engels.

Damit haben wir eine Übereinstimmung zwischen dem mit Klauen versehenen Engel aus *Agesilaus Santander* und dem befreienden Engel festgestellt, der dem Schluss des Kraus-Essays zufolge seinen Sieg über den Dämon dort feiert, »wo Ursprung und Zerstörung einander finden«. Zugleich ist damit aber auch das einzige Element im Text weggefallen, das die geheime luziferische Identität des Engels aus *Agesilaus Santander* begründen könnte. Das bedeutet nicht, dass die Interpretation Scholems falsch sei, sondern nur, dass ihre Gültigkeit umso mehr daran zu messen sein wird, inwieweit sie in der Lage ist, die schwierigen Partien des fraglichen Textes ohne Weitschweifigkeiten zu erklären.

4.

Gerade in dieser Hinsicht jedoch erweist sich seine Interpretation als unbefriedigend. Die Stelle, an der Benjamin von einer weiblichen Figur neben der männlichen des Bildes von Klee spricht, haben wir bereits angeführt. Zur Erläuterung dieser beiden Gestalten des Engels (die, wie Benjamin schreibt, einst aufs Innigste geeint waren) trägt Scholems Deutung nichts Wesentliches bei. Dass mit der »weiblichen Gestalt« Jula Cohn gemeint sein könnte, wäre in Hinblick auf die Biographie gewiss möglich (obwohl ein inzwischen aufgefundener Brief beweist, dass Benjamin sich auf eine Frau bezieht, die er auf Ibiza kennengelernt hatte).[3] Doch die Verbindung der weiblichen Gestalt mit einem satanischen Element erscheint nicht nur in biographischer Hinsicht wenig glaubwürdig, sondern sie erklärt auch auf der Ebene des Textes – und darauf kommt es hier an – die *doppelte* Gestalt des Engels in keiner Weise. Im Übrigen stellt in der jüdischen Tradition Lilith, d.h. eine vom Satan deutlich unterschiedene Gestalt, die weibliche Figur der »anderen Seite« *par excellence* dar.

Gerade hierzu hätte die Tradition der jüdischen Mystik hochinteressante Parallelen liefern können. Wer sich in irgendeiner Form mit der jüdischen Mystik beschäftigt hat – insbesondere, wer die herrlichen Bücher gelesen hat, die Scholem ihrer Wiederentdeckung gewidmet hat –, kennt die Vorstellung der *Schechina* als des weiblichen Moments der Gottheit und als Gestalt ihrer Gegenwart in der Welt. An einer Stelle des *Sohar*, die für uns von besonderem Interesse ist, wird die *Schechina* mit dem rettenden Engel von *Gen* 48,16 identifiziert und als ein sowohl männliches als auch weibliches Wesen charakterisiert. Lesen wir diese Stelle in der Übersetzung, die Scholem selbst in seinem Buch *Von der mystischen Gestalt der Gottheit* gibt:

> Und das ist der ›Engel‹, der zu Zeiten männlich und zu Zeiten weiblich ist. Denn wenn er der Welt die Kräfte des Segens zuleitet, die er vorher von oben empfangen hat, ist er männlich und heißt männlich. Wie das Männliche dem Weiblichen den Befruchtenden Segen spendet, so spendet er ihn an die untere Welt. Wenn er aber zur Welt im Verhältnis des Gerichtes steht [das heißt: wenn er sich als richtende und einschränkende Macht manifestiert], so heißt er weiblich. Wie das Weib mit dem Embryo schwanger geht, so ist er voll von der richtenden Gewalt und heißt dann weiblich.[4]

Die weibliche Gestalt des Engels von *Agesilaus Santander* tritt in dieser Perspektive nicht nur nicht als eine satanische Erscheinung auf, sondern sie könnte als die Erscheinung der *Schechina* in ihrer urteilenden Eigenschaft betrachtet werden, während die männliche Gestalt die andere – barmherzige – Seite desselben rettenden Engels darstellen würde.[5] In der Tat bezeichnen die Kabbalisten (mit Formulierungen, die an die Schlusszeilen von *Agesilaus Santander* erinnern) die *Schechina* als »die ewige Gegenwart«, welche der Kabbala zufolge die eigentümliche Dimension des Glücks bildet, oder als die »Rückkehr«, da alles, was von ihr seinen Ausgang nimmt, in letzter Instanz in sie zurückkehren muss.[6]

5.

Eine andere wichtige jüdische (in Wahrheit nicht nur jüdische) Parallele berührt Scholem selbst, wenn er auf »die Vorstellung der jüdischen Tradition vom persönlichen Engel eines jeden Menschen, der sein geheimes Selbst darstellt und dessen Namen ihm doch verborgen bleibt«, hinweist (*S*, 108), und noch einmal weiter unten, wo er schreibt: »In der Phantasmagorie wird das Bild des Angelus Novus für Benjamin zu einem Bild seines Engels als der okkulten Realität seiner selbst.« (*S*, 127) Im Schlussteil seiner Untersuchung verbindet Scholem die Engelsgestalt aus *Agesilaus Santander* mit dem Engel der Geschichte aus der neunten These *Über den Begriff der Geschichte*. »Hier«, schreibt Scholem, »ist der persönliche Engel Benjamins, der zwischen Vergangenheit und Zukunft steht und ihn veranlaßt, ›dahin zurückzufahren, woher ich kam‹, in einer neuen Deutung von Klees Bild zum Engel der Geschichte geworden.« (*Sm*, 130f.) Das gleiche melancholische Licht, das die Entzifferung des Engelnamens in satanischem Sinn auf *Agesilaus Santander* warf, fällt nun aber auch auf den Engel der Geschichte der geschichtsphilosophischen *Thesen*. Dieser ist nach Scholem »eine melancholische Figur, die in der Immanenz der Geschichte scheitert [...]. Es läßt sich darüber streiten, ob man hier – wozu ich eher neige – von einer melancholischen, ja desperaten Ansicht der Geschichte sprechen will [...].« (*S*, 133f.) Benjamin hätte also demnach »die von der Geschichtsanschauung des Judentums kristallisierte Funktion des Messias aufgeteilt: in die des Engels, der an seiner Aufgabe scheitern muß, und die des Messias, der sie erfüllen kann«. (*S*, 134)

Diese Interpretation widerspricht ganz offensichtlich der Aussage des Benjamin'schen Textes, der zufolge die Gestalt des Engels gerade an die Idee des Glücks gebunden ist. »Der Engel«, heißt es an der eingangs schon zitierten Stelle, »will das Glück: den Widerstreit, in dem die Verzückung des Einmaligen, Neuen, noch Ungelebten mit jener Seligkeit des Nocheinmal, des Wiederhabens, des Gelebten liegt«. Wenn der Benjamin'sche Engel »eine melancholische Figur, die in der Immanenz der Geschichte scheitert«, ist, wie kann es dann im *Agesilaus Santander* von ihm heißen, dass er auf dem Weg der Heimkehr »einen neuen Menschen mit sich nimmt«? Entscheidender noch ist der Gegensatz, in den die Deutung Scholems zu einem anderen Benjamin'schen Text tritt, der in dem uns beschäftigenden Zusammenhang besonders wichtig ist. Es handelt sich um jenes *Theologisch-politische Fragment*, das Scholem zufolge aus den Jahren 1920–21 stammt und das Adorno hingegen den letzten Lebensjahren Benjamins zuordnet. In diesem Text erscheint die messianische Ordnung zwar als geschieden von der des Glücks, aber der Letzteren – nicht dem Messianischen – wird die Funktion zugesprochen, Leitidee der historisch-profanen Ordnung zu sein. Gerade weil der Messias alles historische Geschehen vollendet, sagt Benjamin, »kann nichts Historisches von sich aus sich auf Messianisches beziehen wollen«, denn das Reich Gottes ist »nicht Ziel, sondern Ende«. Daher die Verneinung jedes politischen Sinns der Theokratie; daher aber auch die Behauptung, dass die Ordnung des Profanen sich auf die Idee des Glücks zu gründen habe (weshalb denn auch, wie Benjamin schreibt, »die Beziehung dieser Ordnung aufs Messianische [...] eines der wesentlichen Lehrstücke der Geschichtsphilosophie [ist]«). Die historisch-profane Ordnung des Glücks ist nämlich in keiner Weise derjenigen des Messianischen entgegengesetzt, sondern sie ermöglicht vielmehr ihren Anbruch.

> Denn im Glück erstrebt alles Irdische seinen Untergang, nur im Glück aber ist ihm der Untergang zu finden bestimmt. – Während freilich die unmittelbare messianische Intensität des Herzens, des innern einzelnen Menschen durch Unglück, im Sinne des Leidens hindurchgeht. Der geistlichen Restitutio in integrum, welche in die Unsterblichkeit einführt, entspricht eine weltliche, die in die Ewigkeit eines Unterganges führt und der Rhythmus dieses ewig vergehenden, in seiner Totalität vergehenden, in seiner räumlichen aber auch zeitlichen Totalität verge-

> henden Weltlichen, der Rhythmus der messianischen Natur, ist Glück. Denn messianisch ist die Natur aus ihrer ewigen und totalen Vergängnis. Diese zu erstreben, auch für diejenigen Stufen des Menschen, welche Natur sind, ist die Aufgabe der Weltpolitik, deren Methode Nihilismus zu heißen hat. (*GS* II.1, 203 f.)

Wenn die Gleichsetzung des Engels aus *Agesilaus Santander*, der das Glück will, mit dem Engel der Geschichte aus der IX. These korrekt ist, dann kann der Benjamin'sche Engel freilich nicht die melancholisch-luziferische Gestalt eines Schiffbruchs sein, sondern er muss eine lichtvollere sein, in der sich – infolge der tiefen Solidarität von Glück und geschichtlicher Erlösung – jene Beziehung der Ordnung des Profanen aufs Messianische vollendet, in der Benjamin eines der wesentlichen Probleme der Geschichtsphilosophie erblickte.

6.

Wir müssen also das von Scholem nur flüchtig berührte Bild des persönlichen Engels noch einmal genauer befragen, um darin die Elemente einer möglichen Klärung zu suchen. Wir blicken hier auf eine außerordentlich reiche und ungewöhnlich kohärente Überlieferung, die sich nicht auf den Umkreis des Judentums beschränkt, sondern (als *idios daimōn*) sowohl innerhalb der neuplatonischen Mystik und des spätantiken Hermetismus als auch in der Gnosis und dem Urchristentum stark vertreten ist und außerdem noch in der persischen und moslemischen Angelologie Vorläufer und genaue Entsprechungen kennt. Dieser Tradition hat Scholem eine beispielhafte Untersuchung gewidmet, die den Titel *Zelem; die Vorstellung vom Astralleib* trägt; von einschneidender Bedeutung sind aber auch die Beiträge, die Henry Corbin, der große Erforscher der persisch-arabischen Mystik (und erster Übersetzer von Heideggers Schriften ins Französische) zur Rekonstruktion dieser Überlieferung geliefert hat. Wir wollen hier in gebotener Kürze versuchen, die Grundzüge dieser Lehre zu umreißen.

Ihr liegt eine Verschmelzung des alten heidnischen und neuplatonischen Motivs des *idios daimōn* eines jeden Menschen mit dem jüdischen Motiv vom himmlischen Urbild zugrunde, *Demuth* oder *Zelem* genannt, nach dessen Ebenbild jeder Mensch geschaffen wird. Die *Genesis*-Stelle 1, 27: »Gott schuf den Menschen nach seinem *zelem*, nach dem *zelem* Gottes schuf er ihn« (die die Vulgata übersetzt: *creavit deus hominem ad imaginem suam: ad imaginem dei creavit illum*), wird von den Kabbalisten dahingehend gedeutet, dass der zweite *zelem* die ursprüngliche Engelsgestalt (und später den Astralleib) bezeichnet, nach deren Ebenbild jeder Mensch geschaffen wurde. So lesen wir im *Sohar*:

> In der Stunde, da der Mensch dazu kommt, sich mit seinem Weibe in heiliger Absicht zu vereinigen, wird ein heiliger Geist, der aus Männlichem und Weiblichem zusammengesetzt ist, über ihm erweckt, und Gott winkt einem Boten, der über die Empfängnis der Menschenkinder gesetzt ist, und befiehlt ihm diesen Geist an und tut ihm kund, nach welchem Ort er ihn bringen soll. Und hiervon heißt es in Hiob 3,3: Zur Nacht sprach er: es ist ein Mann empfangen, das heißt, zu jenem Engel, der [nach talmudischer Überlieferung über die Empfängnis gesetzt ist und] Nacht heißt, sagt er: von N. N. ist ein Männliches empfangen worden. Und Gott unterweist diesen Geist über alles, was er ihn lehren will, wie das erklärt worden ist. Dann steigt jener Geist [die Seele] herab und eine Gestalt [*Zulma*, aramäisch für *Zelem*] mit ihm, nämlich jene, in deren Gestalt [*Dijoqna*] er oben [im himmlischen Paradies] existierte. In diesem *Zelem* ist es erschaffen worden in diesem *Zelem* geht er in dieser Welt einher,

> und davon heißt es [Psalm 39, 7]: Ja, im *Zelem* geht der Mensch einher. Solange dies *Zelem* sich bei ihm befindet, hat der Mensch in dieser Welt Bestand [...]. Und in diesem *Zelem* sind die Tage des Menschen vorgezeichnet und hängen von ihm ab.[7]

Der *Zelem*-Engel stellt also eine Art *alter ego* oder himmlischen Doppelgänger dar – das Urbild, in dem jeder Mensch im Himmel existierte und das ihn auch auf Erden begleitet. (So verhält es sich auch nach der neuplatonischen Lehre vom *idios daimōn*, der den Worten des Jamblichus zufolge »als Paradigma schon existiert, bevor die Seele in den Prozeß des Werdens hinabsteigt« – *Myst.*, 9, 6, 8–10). Für unsere Fragestellung ist es wichtig, dass diese – gleichsam die Vorgeschichte und Präexistenz des Menschen betreffende – Thematik eine enge Verbindung sowohl mit prophetischen und sophiologischen Motiven eingeht, die die Theorie der mystischen Erkenntnis anbelangen, als auch mit soteriologischen und eschatologischen Motiven, die wiederum das Schicksal und die Rettung des Menschen zum Gegenstand haben – also mit solchen Motiven, die gleichsam die Geschichte und die Nachgeschichte des Menschen betreffen. Die Vision des persönlichen Engels fällt in der Tat nach einer Lehre, die man sowohl im kabbalistischen als auch im hermetischen Schrifttum findet, mit der prophetischen Entrückung und der höchsten Erkenntnis zusammen. In einer auf das XIII. Jahrhundert zurückgehenden kabbalistischen Textsammlung (*Schuschan Sodoth*) erscheint die Prophetie als eine plötzliche Vision des eigenen Ebenbildes: »[...] das vollkommene Geheimnis der Prophetie [besteht] für den Propheten darin, daß er plötzlich die Gestalt seines Selbst vor sich stehen sieht und sein Selbst vergißt und es von ihm entrückt wird und er die Gestalt seines Selbst vor sich sieht, wie sie mit ihm spricht und ihm das Zukünftige verkündet«.[8] In einem weiteren kabbalistischen Text (von Isaak Kohen, um 1270) wird die prophetische Erfahrung als eine Verwandlung des Menschen in seinen eigenen Engel beschrieben: »Beim Propheten und Seher werden alle Arten seiner [physischen und seelischen] Kräfte schwach und verwandeln sich von Form zu Form, bis er sich in die Kraft der Form einkleidet, die ihm erscheint, und dann wird seine Kraft in die Form eines Engels verwandelt, und diese Form, die in ihm substituiert wird, gibt ihm die Kraft, die prophetische Kraft [welche ein Influxus von oben ist] aufzunehmen [...].«[9]

Diese Vision des eigenen engelhaften Selbst betrifft nicht nur die prophetische Erkenntnis, sondern sie bildet zugleich – nach einer von gnostischen, manichäischen, jüdischen und persischen Texten bezeugten Tradition – die höchste soteriologische und messianische Erfahrung. Erscheint der Engel – etwa in dem arabischen Traktat, das unter dem Namen *Picatrix* einen beträchtlichen Einfluss auf den Hermetismus der Renaissance ausgeübt hat – als eine Gestalt von wunderbarer Schönheit, die, vom Philosophen nach ihrer Identität gefragt, antwortet: »Ich bin Deine vollkommene Natur«, so wird die rettende Begegnung mit dem Engel in einem mandäischen Text folgendermaßen beschrieben: »Ich gehe meinem Bild entgegen und mein Bild kommt mir entgegen; es umarmt mich und drückt mich an sich, wenn ich aus der Gefangenschaft herausgekommen bin«; und in dem sogenannten *Perlenlied* aus dem *Thomas-Evangelium* findet der schließlich in seine orientalische Heimat zurückkehrende Prinz sein Bild als ein leuchtendes Gewand wieder: »Die Gestalt erschien plötzlich vor mir wie ein Spiegelbild meiner selbst. Ich sah sie ganz in mir und ich war ganz in ihr, denn wir waren zwar voneinander getrennt, zwei, und doch nur einer von ähnlicher Form«.[10]

In dem persischen Motiv des Engels Daênâ, welcher jedem Menschen nach dem Tod in der Gestalt eines jungen Mädchens begegnet und der sein archetypisches Bild und zugleich das Resultat aller seiner irdischen Taten ist, vereinigen sich Ursprung und Erlösung, Schöpfungslehre und Soteriologie in der Vorstellung einer Wiedergeburt am Jüngsten Tag, in der Schöpfer und Geschöpf sich identifizieren und wechselseitig schaffen:

> Die Geburt Daênâs durch die und in der menschlichen Seele als ihr eigener Akt ist gleichzeitig Geburt der Seele im und durch den Engel Daênâ […]. Es handelt sich um die Vorstellung einer eschatologischen Vermählung des Heiligen [hiérogamie], die sich *in novissimo die* vollzieht, das Mysterium einer neuen Geburt, bei der sich ein Wesen nach dem Bild seines himmlischen Doppels [Double céleste] erschafft […]. Solche Motive trifft man immer wieder dort an, wo die Spaltung eines irdisch-himmlischen Urpaares das Mysterium des Ursprungs ausdrückt; die Wiederherstellung seiner Zwei-Einheit [de sa bi-unité, de sa *dualitude*] zeichnet sich dann als die Norm einer inneren Ethik ab, welche gerade durch die Begegnung und das eschatologische Sich-Wiedererkennen des Menschen und seiner Engel sanktioniert wird.[11]

In diesem Horizont wird verständlich, wie auch in der jüdischen Mystik der *Zelem*-Engel eine messianische Bedeutung erlangen und als der Astralleib erscheinen kann, in den die Seele im Moment des Todes einzieht, um ins Paradies zurückzukehren. In der Gestalt des Engels, in der der Ursprung tatsächlich durch seine Geschichte konstruiert wird, erscheinen prophetische Erfahrung und messianische Erfahrung in einer Perspektive vereinigt, die auf einen Denker wie Benjamin, der sich das Motto von Karl Kraus, »Ursprung ist das Ziel«, zu eigen gemacht hatte, einen großen Einfluss ausgeübt haben kann.

Vor diesem komplexen Hintergrund sind sowohl die Epiphanie des Engels, die in *Agesilaus Santander* geschildert wird, als auch die engelhafte Gestalt der neunten These zu sehen. In diesen Kontext zurückgestellt, erscheint die Begegnung mit dem Engel weder als eine satanische Täuschung noch als die melancholische Allegorie eines Schiffbruchs, sondern vielmehr als die Chiffre der schwierigsten historischen Aufgabe und der höchsten Glückserfahrung, die Benjamin zufolge dem Menschen zugemessen werden kann. Nun können wir die Figur des Engels verlassen, um uns der Darstellung der Benjamin'schen Gedanken über das Glück und die Philosophie der Geschichte zuzuwenden, die das eigentliche Hauptziel unseres Beitrags darstellen. Denn nach einer für Benjamins Denken zutiefst charakteristischen Auffassung ist die Erkenntnis erst dort auf der Höhe ihrer Aufgaben, wo das Esoterische und das Alltägliche, das Mystische und das Profane, theologische und materialistische Kategorien sich restlos durchdringen.

7.

Bevor wir zu dieser Darstellung übergehen, müssen wir allerdings noch bei einem Text kurz verweilen, der die Behauptung zu stützen scheint, Benjamin habe doch aus dem Erbe der Dämonologie und nicht aus dem der Angelologie geschöpft. Ich meine den Aufsatz über Karl Kraus, in dem es ein Kapitel gibt, der den Titel *Dämon* trägt. In der dämonischen Gestalt, die hier zur Debatte steht, konvergieren zweifelsohne Motive – vom sokratischen *daimonion* bis zu dessen Auferstehung bei Goethe und zu Bachofens Idee einer präethischen Existenzstufe der Menschheit –, die mehrfach im Werk Benjamins auftauchen.

In einer Jugendschrift (von 1916) beleuchtet das dämonische Licht, das in dem Essay von 1931 auf Karl Kraus fallen wird, die

Stirn des Sokrates. Benjamin spricht dort mit Blick auf die Vermischung von sexuellen und geistigen Anschauungen, die die sokratische Rede charakterisiert, von »dämonischer Ununterschiedenheit«. (*GS* II.1, 131) In der Studie von 1919 über *Schicksal und Charakter* spricht Benjamin von der »dämonischen Existenzstufe der Menschen [...], in der Rechtssatzungen nicht deren Beziehungen allein, sondern auch ihr Verhältnis zu den Göttern bestimmten«, und von einem »dämonischen Schicksal«, das in der Tragödie, »in der das Haupt des Genius aus dem Nebel der Schuld sich zum ersten Mal erhob«, überwunden wird (*GS* II.1, 174). Noch in dem Aufsatz *Zur Kritik der Gewalt* aus dem Jahre 1921 wird die Zweideutigkeit als die vorherrschende Eigenschaft der dämonischen Sphäre und gleichermaßen als das Kennzeichen des Rechtes bestimmt. Schließlich begegnet in der großen Abhandlung von 1921–22 über die *Wahlverwandschaften* der eigentümliche Goethe'sche Begriff des Dämonischen – d.i. eines »unfaßlichen« und »furchtbaren Wesens«, das weder göttlich noch menschlich, teuflisch oder engelhaft sei – als das Merkmal der mythischen Menschheit und ihrer Angst vor dem Tod. Dieses Dämonische wird einer Kritik unterworfen, die in ihm die Chiffre einer sittlichen Unzulänglichkeit Goethes erkennt.

In allen diesen Schriften bezieht sich der Begriff des Dämonischen auf ein vorgeschichtliches, von Recht und Schuld beherrschtes, zugleich präreligöses und präethisches Stadium der Menschheit. Anregungen und Impulse zu dieser Anschauung verdankt Benjamin wahrscheinlich den Theorien von Preuss über den Präanimismus als vorreligiöse Entwicklungsstufe der Menschheit sowie denen von Bachofen über die chtonisch-neptunische Zeit und jene hetärische Promiskuität, deren – in Benjamins Werk wiederholt und insbesondere im Kafka-Essay vorkommendes – Symbol nach dem Basler Forscher der Sumpf ist.

Alle diese Motive kehren zehn Jahre später im Kraus-Aufsatz wieder. Der dunkle Grund, von dem sich das Bild von Kraus abhebt, lesen wir hier, sei weder die zeitgenössische noch die moralische Welt, »sondern die Vorwelt oder die Welt des Dämons« (*GS* II.1, 345). Dementsprechend »versteht [man] nichts von diesem Manne, solange man nicht erkennt, daß mit Notwendigkeit alles [...] für ihn sich in der Sphäre des Rechts abspielt.« (*GS* II.1, 349) Außerdem bewegen sich in dieser dämonischen Sphäre, wie schon in der Jugendschrift über Sokrates, »Geist und Sexus (...) in einer Solidarität, deren Gesetz Zweideutigkeit ist« (*GS* II.1, 350). An diesem Punkt führt Benjamin aber einen eigentümlichen Zug ein, der, obgleich er von Scholem nicht unter den jüdischen Elementen im Denken seines Freundes vermerkt wurde, keine andere Herkunft als die jüdische Dämonologie haben kann. Die Solidarität von Geist und Sexus wird als die von Witz einerseits und von Onanie andererseits gedeutet: »im Witzwort kommt die Lust und in der Onanie die Pointe zu ihrem Recht« (*GS* II.1, 350). Vom Dämon heißt es weiter unten, er komme auf die Welt »als Zwitter aus Geist und Sexus«. Diese Bestimmung der Onanie wird in den vorbereitenden Entwürfen und den Textvarianten ausdrücklich bekräftigt; ein Schema stellt sie der platonischen Liebe als Identität von Leib und Sprache, Lust und Witz entgegen. (*GS* II.3, 1100)

Woher bezieht der Dämon das Attribut der Onanie, und in welchem Sinn meint Benjamin, dass er als Zwitter aus Geist und Sexus in die Welt komme? Eine klärende Antwort auf diese Fragen liefert die jüdische Dämonologie. Nach der talmudischen Tradition sind die Dämonen reine Geister, die, von Gott am Freitagabend in der Dämmerung erschaffen, keinen Leib mehr erhalten konnten, weil inzwischen der Sabbat schon angebrochen war. Seitdem versuchen die Dämonen unablässig, sich einen Leib zu verschaffen; zu diesem Zweck nähern sie sich den Männern und versuchen, sie zu Sexualpraktiken zu verführen, bei denen der weibliche Partner fehlt, damit sie sich aus dem ins Leere fallenden Samen einen Leib bauen können.

Hier erscheint der Dämon tatsächlich als ein Zwitter aus bloßem Geist und bloßem Sexus, und es wird denn auch vollkommen verständlich, warum er mit der Onanie in Zusammenhang gebracht wird. Diese Gedanken wurden später von den Kabbalisten dahingehend fortentwickelt, dass bei dem Tod eines jeden Mannes alle Kinder, die er im Laufe seines Lebens zusammen mit den Dämonen gezeugt hat, erscheinen, um an der Totenklage teilzunehmen. »Denn«, so heißt es in einem kabbalistischen Text aus dem XVIII. Jahrhundert, »all jene Geister, die aus seinem Samentropfen ihren Körper gebaut haben, erachten ihn für ihren Vater. So muss er denn dafür vor allem am Tage der Beerdigung Strafe erleiden; denn wenn man ihn zu Grabe trägt, umschwärmen sie ihn wie die Bienen und rufen: ›Unser Vater bist du‹ und jammern und klagen hinter seiner Bahre, weil sie nun ihren Heimatplatz verlieren und man sie mit den übrigen Dämonen, die [körperlos] in der Luft schweben, quält.«[12]

Die Gestalt des Dämons in dem Aufsatz über Kraus stammt also auch aus dieser finsteren, dämonischen Phantasmagorie und nicht allein aus der Welt der vorgeschichtlichen Menschheit. Die gespenstischen Züge werden hier allerdings durch eine kühne Polarisierung ins Positive gewendet. Der gespenstische Larvenschwarm der Nicht-Geborenen, die nach der jüdischen Dämonologie ihren Jammer und ihre Klage vor der Bahre des Toten erheben, verwandelt sich in die unerbittliche »dämonische« Gestalt des Karl Kraus, der der Menschheit »die ewig neue ›Zeitung‹ […], die von der Geschichte der Schöpfung zu melden ist: die ewig neue, die unausgesetzte Klage« entgegenschreit (*GS* II.1, 345).

Im Vergleich nämlich mit der Verlogenheit des herrschenden

falschen Humanismus erscheint der Dämon als die Chiffre einer schuldbeladenen Menschheit, die ihre Schuld ausdrücklich bekennt, bis sie die Rechtsordnung selbst – der sie nicht etwa im Zeichen einer erlösten Menschheit und einer befreiten Natur, sondern, wie Benjamin sagt, »als Element der Natur schlechtweg, einer archaischen und geschichtslosen in ihrem ungebrochenen Ursein« angehört – in den Anklagezustand versetzt hat. »Seine Idee von Freiheit«, heißt es in der Tat über Kraus, »ist nicht dem Bereich der Schuld entrückt, den er von Pol zu Pol durchmessen hat: vom Geist zum Sexus.« (*GS* II.1, 354)

Deshalb – und nur deshalb – soll auch der Dämon am Ende überwunden werden. Ins Grab bringt ihn nicht ein neuer Mensch, sondern ein unmenschliches Wesen: ein neuer Engel. »Nicht Reinheit und nicht Opfer«, schreibt Benjamin, »sind Herr des Dämons geworden; wo aber Ursprung und Zerstörung einander finden, ist es mit seiner Herrschaft vorüber.« (*GS* II.1, 367) In den vorbereitenden Entwürfen wird dieser Gedanke folgendermaßen erläutert: »Verklärung als der Stand der Kreatur im Ursprung; Zerstörung als das Walten der Gerechtigkeit sind Herr des Dämons geworden.« (*GS* II.1, 1107) Der neue Engel, der an der Stelle auftritt, wo sich Ursprung und Zerstörung begegnen, ist also eine zerstörerische Gestalt, zu der die Klauen gut passen, die er im *Agesilaus Santander* besitzt; und doch ist er keine dämonische Gestalt, sondern »der Bote realeren Humanismus«. (*GS* II.1, 366)

Damit haben wir die Schwelle zu jenen geschichtsphilosophischen Kategorien erreicht, die wir untersuchen wollten.

8.

Den Zusammenhang zwischen Glück und Erlösung spricht Benjamin in der zweiten These über den Begriff der Geschichte aus:

> das Bild von Glück, das wir hegen [ist] durch und durch von der Zeit tingiert […], in welche der Verlauf unseres eigenen Daseins uns nun einmal verwiesen hat. Glück, das Neid in uns erwecken könnte, gibt es nur in der Luft, die wir geatmet haben, mit Menschen, zu denen wir hätten reden, mit Frauen, die sich uns hätten geben können. Es schwingt, mit andern Worten, in der Vorstellung des Glücks unveräußerlich die der Erlösung mit. Mit der Vorstellung von Vergangenheit, welche die Geschichte zu ihrer Sache macht, verhält es sich ebenso. Die Vergangenheit führt einen heimlichen Index mit, durch den sie auf die Erlösung verwiesen wird. Streift denn nicht uns selber ein Hauch der Luft, die um die Früheren gewesen ist? ist nicht in Stimmen, denen wir unser Ohr schenken, ein Echo von nun verstummten? haben die Frauen, die wir umwerben, nicht Schwestern, die sie nicht mehr gekannt haben? Ist dem so, dann besteht eine geheime Verabredung zwischen den gewesenen Geschlechtern und unserem. Dann sind wir auf der Erde erwartet worden. Dann ist uns wie jedem Geschlecht, das vor uns war, eine *schwache* messianische Kraft mitgegeben, an welche die Vergangenheit Anspruch hat. (*GS* I.2, 693 f.)

In dieser Passage ist der Glücksbegriff unauflöslich an den der Erlösung gebunden. Letztere hat die Vergangenheit zum Gegenstand. Kein anderes Glück ist möglich als dasjenige, das sich dieser Aufgabe, der »geheimen Verabredung zwischen den gewesenen Geschlechtern und unserem«, gestellt hat. In diesen Ausführungen, in denen das zentrale Problem des Glücks in ein Verhältnis zur Vergangenheit eingeordnet wird, liegt eine tiefe und für Benjamin entscheidende Intuition, die wir sowohl in dem der Vergangenheit zugewandten Blick des Engels als auch im Gesamtzusammenhang der Überlegungen zum Problem geschichtlicher Erkenntnis wiederfinden. Aber was bedeutet denn hier Erlösung*? Was heißt die Vergangenheit erlösen?

Eine Antwort gibt darauf die folgende These, wo wir lesen, dass »erst der erlösten Menschheit ihre Vergangenheit vollauf zu[fällt]. Jeder ihrer gelebten Augenblicke wird zu einer citation à l'ordre du jour – welcher Tag eben der jüngste ist.« (*GS* I.2, 694)

Wirklich erlöst, wirklich gerettet ist nur die Menschheit, die von ihrer Vergangenheit völlig Besitz ergriffen hat. Die Vergangenheit völlig zu besitzen bedeutet aber nach Benjamin, sie zitieren zu können. Wie ist dieses »Zitieren« zu verstehen?

Bruchstücke zu einer Antwort finden sich in der kurzen Theorie des Zitats im letzten Teil des Kraus-Aufsatzes. Dort erscheint das Zitieren als ein destruktives Verfahren *par excellence*, dem die Kraft innewohnt, »nicht zu bewahren, sondern zu reinigen, aus dem Zusammenhang zu reißen, zu zerstören«. (*GS* II.1, 365) Seine destruktive Kraft ist aber die der Gerechtigkeit: Im gleichen Maße, in dem das Zitieren das Wort aus dem Zusammenhang reißt und diesen zerstört, ruft es auch das Wort an seinen Ursprung zurück. Daher schreibt Benjamin, dass Ursprung und Zerstörung im Zitat einander durchdringen und (an der oben zitierten Stelle), dass es allein die »Verklärung, als der Stand der Kreatur im Ursprung« und die »Zerstörung als das Walten der Gerechtigkeit« sind, die den Dämon unterwerfen.

Überträgt man diese Zitat-Theorie auf die Idee einer in all ihren Momenten zitierbaren Vergangenheit, die das Spezifikum der erlösten Menschheit sein soll, so erscheint die geschichtliche Erlösung untrennbar daran gebunden, dass es gelingt, die Vergangenheit ihrem Kontext zu entreißen, diesen zu zerstören, um ihn verklärt dem Ursprung zu restituieren. Ein Bild von Erlösung liegt hier vor, das alles andere als tröstlich ist und das verständlich macht, wie Benjamin in einer Textvariante der geschichtsphilosophischen Thesen davon sprechen konnte, »die destruktiven Kräfte [zu] entbinden, welche im Erlösungsgedanken liegen«. (*GS* I.2, 1246)

Die Rückführung zum Ursprung, um die es hier geht, bedeutet also keineswegs, dass etwas seinem vergangenen Urzustand als wirklicher und ewiger Form seiner Wahrheit wieder assimiliert werden soll. Diese Aufgabenstellung geschichtlicher Erkenntnis ist gerade für den Historismus kennzeichnend, der in den geschichtsphilosophischen Thesen die hauptsächliche Zielscheibe der Kritik Benjamins ist. »Der Historismus«, so schreibt er, »stellt das ›ewige‹ Bild der Vergangenheit, der historische Materialist eine Erfahrung mit ihr, die einzig dasteht.« (*GS* I.2, 702) Benjamins Kritik am Historismus und dessen Vorstellung einer linearen und homogenen Zeit, welcher er eine messianische Stillstellung des Geschehens entgegensetzt, ist zwar bereits unzählige Male analysiert und so oft wiederholt worden, dass sie zu einem Gemeinplatz geworden ist; doch haben es die Interpreten nicht gewagt, die letzten Konsequenzen aus der einzigartigen Erfahrung mit der Vergangenheit zu ziehen, um die es hierbei geht. Nur selten wurde die einfache Frage gestellt, was aus der erlösten Vergangenheit wird. Denn die Versuchung war zu groß, die Kategorien Benjamins in den Rahmen einer inzwischen herrschenden Praxis der Geschichtsschreibung zu beugen, die es als ihre Aufgabe ansieht, alternative, bisher vernachlässigte Traditionen zurückzugewinnen und sie umstandlos in die herrschende Kulturüberlieferung zu integrieren. Diese Art der Geschichtsschreibung geht von der Grundannahme aus, dass die Tradition der unterdrückten Klassen hinsichtlich ihrer Ziele und Strukturen durchaus zu der der herrschenden Klasse analog sei (einigen zufolge wäre sie sogar deren Erbe) und dass sie sich von ihr allein im Hinblick auf die Inhalte unterscheide.

Im Gegensatz dazu – und gerade darin liegt die Radikalität seines Denkens – heißt die Vergangenheit erlösen bei Benjamin nicht, sie wieder in ihre Würde einzusetzen, um sie als Erbschaft den künftigen Generationen zu übermitteln. Gegen diese Auffassung hat er sich mit einer Deutlichkeit geäußert, die keine Zweifel zulässt.

> So stark wie der destruktive Impuls, so stark ist in der echten Geschichtsschreibung der Impuls der Rettung. Wovor kann aber etwas Gewesenes gerettet werden? Nicht sowohl vor dem Verruf und der Mißachtung, in die es geraten ist als vor einer bestimmten Art seiner Überlieferung. Die Art, in der es als ›Erbe‹ gewürdigt wird, ist unheilvoller als seine Verschollenheit es sein könnte. (*GS* I.3, 1242)

Demgegenüber kommt es Benjamin zufolge darauf an, die Überlieferung abzubrechen, um die Vergangenheit zu vollenden, d.h., im wörtlichen Sinne, sie ein für alle Mal zu ihrem Ende zu bringen. Sowohl für den einzelnen Menschen als auch für die Menschheit bedeutet die Vergangenheit erlösen das Vermögen, sie zum Ende kommen zu lassen, den Blick auf sie zu werfen, der sie vollendet. »Die Erlösung«, liest man in einer bemerkenswerten Aufzeichnung zum Kafka-Essay, »ist keine Prämie auf das Dasein, sondern sein einziger Ausweg.« (*GS* II.3, 1230) Und in dem Essay über Fuchs findet man die folgenden Zeilen: »Sie [die Kulturgeschichte] vermehrt wohl die Last der Schätze, die sich auf dem Rücken der Menschheit häufen. Aber sie gibt ihr die Kraft nicht, diese abzuschütteln, um sie dergestalt in die Hand zu bekommen.« (*GS* II.2, 478)

Benjamin visiert also einen Umgang mit der Vergangenheit an, welcher sowohl ein Abschütteln als auch ihre Besitzergreifung beinhaltet – immerhin ein recht ungewöhnlicher Ansatz für das Verständnis von Tradition. Die Überlieferung richtet sich hier nicht darauf, Vergangenes zu verewigen oder zu wiederholen, sondern darauf, es seinem Untergang entgegenzuführen, und zwar in einer Perspektive, in der Vergangenheit und Gegenwart, zu Überlieferndes und Akt der Überlieferung, das, was einmalig ist, und das, was wiederholbar ist, restlos zusammenfallen. In einem Brief an Scholem hat Benjamin dieses Problem mit Bezug auf Kafka paradox als eine »Erkrankung der Tradition« umschrieben, bei der auf die eigentlich zu tradierende Wahrheit verzichtet wird, nur um nicht auf die Tradierbarkeit selbst Verzicht leisten zu müssen. (*B* II, 763) Die beiden jüdischen Kategorien der *Halacha*, die das Gesetz an sich, also die von jedem narrativen Aspekt losgebundene Wahrheit bezeichnet, und der *Hagada*, d.i. die Wahrheit in ihrer Tradierbarkeit, werden hier so gegeneinander ausgespielt, dass sie sich gegenseitig aufheben. (Im selben Brief sagt Benjamin, dass Kafkas Erzählungen sich nicht schlicht zu Füßen der Lehre legen, wie sich die *Hagada* der *Halacha* zu Füßen legt, sondern, dass sie, »wenn sie sich gekuscht haben, [...] unversehens eine gewichtige Pranke gegen sie [heben]«.) Und am Schluss des Essays über Kafka hat er dieses besondere Verhältnis zur Vergangenheit und die Idee von Kultur, die aus ihm folgt, in dem Bild der »Schüler, denen die Schrift abhanden kam«, festgehalten: das Pferd Bucephalus, das seinen mythischen Reiter überlebt hat, und Sancho Pansa, dem es gelungen ist, seinen Ritter Don Quixote von sich abzulenken und ihn voranzuschicken. »Ob Mensch, ob Pferd«, heißt es da abschließend, »ist nicht mehr so wichtig, wenn nur die Last vom Rücken genommen ist.« (*GS* II.2, 438)

Daher ist es wahrscheinlich, dass alle, die in dem Engel der Geschichte der neunten These – in dessen Augen die ganze Kette der geschichtlichen Ereignisse tatsächlich als einzige Katastrophe erscheint – für eine melancholische Figur halten, entsetzt erschaudern würden, wenn sie Zeugen dessen sein müssten, was geschehen würde, wenn der Engel, dessen Flügel sich im Sturm des Fortschritts verfangen haben, stehen bleiben könnte, um sein Werk zu vollenden. Benjamins Intention unterscheidet sich in diesem Punkt nicht allzu sehr von der, die Marx in einem Satz ausdrückte, der ihn beeindruckt haben muss. Anlässlich der Tatsache, dass im Laufe der Geschichte jedes Ereignis dahin tendiere, in Form einer Komödie wiederzukehren, wirft er in der Einleitung der Schrift *Zur Kritik der Hegelschen Rechtsphilosophie* die Frage auf: »Warum dieser Gang der Geschichte?« »Damit die Menschheit«, lautet die Antwort, »heiter von ihrer Vergangenheit scheide«.[13]

In dieser Perspektive stimmt Benjamins Theorie des Glücks abermals mit seiner Philosophie der Geschichte überein. Die Idee des Glücks begegnet im *Theologisch-politischen Fragment* in der Tat als diejenige, die den Untergang der Ordnung der Geschichte ermöglicht. Die weltliche *restitutio in integrum*, die die eigentliche geschichtliche Erlösung darstellt und die zur Aufgabe der Weltpolitik erklärt wird, »[führt] in die Ewigkeit eines Unterganges [...] und der Rhythmus dieses ewig vergehenden, in seiner räumlichen, aber auch zeitlichen Totalität vergehenden Weltlichen, der Rhythmus der messianischen Natur, ist Glück.« (*GS* II.1, 204)

9.

Lassen diese Überlegungen auch keinen Zweifel an der Radikalität und an den destruktiven Kräften, die Benjamins Begriff der Erlösung impliziert, so bedeutet dies allerdings nicht, dass wir es hier mit einer bloßen Liquidation der Vergangenheit zu tun haben. (Vielmehr zeigen hier beide aus der Wirtschaftssphäre stammenden Metaphern ihre Differenz, da nämlich *redemptio*[14] ein Los- bzw. Zurückkaufen ist, während Liquidation die Umwandlung in flüssige Zahlungsmittel ist.)

Heutzutage steht der Geschichtserkenntnis, die jedes menschliche Werk (so wie alles Vergangene) als den Ursprung eines unendlichen Überlieferungsprozesses auffasst, der wiederum die unantastbare und mythische Einmaligkeit des Werkes aufrechterhält, als verkehrtes Spiegelbild ein verantwortungsloses Verfahren gegenüber, das die Einmaligkeit des Ursprungsphänomens einfach durch die gehäufte Vervielfältigung von Kopien und Simulakren liquidiert bzw. verflacht. Diese scheinbar entgegengesetzten Verfahren sind in Wirklichkeit die zwei Seiten ein und derselben kulturellen Überlieferung, für die zu Tradierendes und Tradition derart endgültig gespalten sind, dass sie nur das Ursprungphänomen ins Unendliche wiederholen oder durch seine Simulakren auslöschen kann, aber nicht imstande ist, es zu vollenden oder in Besitz zu bringen. Denn die Idee vom Ursprung beinhaltet gleichermaßen sowohl das Element der Einmaligkeit als auch das Element der Reproduzierbarkeit, und solange eines von beiden bestehen bleibt, ist jeder Versuch, das andere zu überwinden, wie verzaubert dazu verurteilt, hinter sein Ziel zurückzufallen.

In Blanquis und Nietzsches Idee der ewigen Wiederkehr erblickt Benjamin, vielleicht zu Unrecht, die Chiffre dieses »Zauberbild[es] der Geschichte« (*GS* I.3, 1153), in dem die Menschheit versucht, »die beiden antinomischen Prinzipien des Glücks miteinander zu verbinden: nämlich das der Ewigkeit und das des: noch einmal« (*GS* I.2, 683), um sich doch nur, wie Benjamin sagt, »die Strafe des Nachsitzens«* einzuhandeln, die darin besteht, den gleichen Text unzählige Male zu kopieren. Es ist aber festzuhalten, dass Benjamin die revolutionäre Sprengkraft wahrnimmt, die das Bild der ewigen Wiederkehr insoweit impliziert, als es die mythische Wiederholung bis zu ihrer Verflüchtigung steigert: »Der Gedanke der ewigen Wiederkunft«, schreibt er, »ist das Neue, das den Ring der ewigen Wiederkunft sprengt indem es ihn bestätigt.« (*GS* I.3, 1152) »Er stellt eine vorbehaltlose Unterwerfung dar, zugleich aber die furchtbarste Anklage gegen eine Gesellschaft, die dieses Bild des Kosmos als ihre Projektion an den Himmel wirft.« (*B* II, 742)

An dieser Stelle muss die Interpretation der Dialektik des Einmaligen und Wiederholbaren, der Benjamin seine Philosophie der Geschichte und seine Ethik anvertraut, zwangsläufig an den Kategorien von Ursprung, Idee und Phänomen gemessen werden, die Benjamin in der *Erkenntniskritischen Vorrede* zum Buch über den *Ursprung des Trauerspiels* entwickelt. Ebenso ist die Erlösung der Vergangenheit mit der in diesem Text thematisierten platonischen Rettung der Phänomene zu vergleichen. Je tiefer man bei der Analyse des Benjamin'schen Denkens vordringt, desto klarer erkennt man, dass es entgegen einer weitverbreiteten Auffassung in der Tat von einer streng systematischen Intention geleitet ist. (Ähnlich urteilte Benjamin über Friedrich Schlegel, einen weiteren Philosophen, dessen Denken gewöhnlich für fragmentarisch gehalten wird.)

In der *Erkenntniskritischen Vorrede* entwickelt Benjamin den Ursprung nicht als eine logische, sondern als eine historische Kategorie:

> Ursprung, wiewohl durchaus historische Kategorie, hat mit Entstehung dennoch nichts gemein. Im Ursprung wird kein Werden des Entsprungenen, vielmehr dem Werden und Vergehen Entspringendes gemeint. Der Ursprung steht im Fluß des Werdens als Strudel und reißt in seine Rhythmik das Entstehungsmaterial hinein. Im nackten offenkundigen Bestand des Faktischen gibt das Ursprüngliche sich niemals zu erkennen, und einzig einer Doppeleinsicht steht seine Rhythmik offen. Sie will als Restaura-

> tion, als Wiederherstellung einerseits, als eben darin Unvollendetes, Unabgeschlossenes andererseits erkannt sein. In jedem Ursprungsphänomen bestimmt sich die Gestalt, unter welcher immer wieder eine Idee mit der geschichtlichen Welt sich auseinandersetzt, bis sie in der Totalität ihrer Geschichte vollendet daliegt. Also hebt sich der Ursprung aus dem tatsächlichen Befunde nicht heraus, sondern er betrifft dessen Vor- und Nachgeschichte. Die Richtlinien der philosophischen Betrachtung sind in der Dialektik, die dem Ursprung beiwohnt, aufgezeichnet. Aus ihr erweist in allem Wesenhaften Einmaligkeit und Wiederholung durcheinander sich bedingt. Die Kategorie des Ursprungs ist also nicht, wie Cohen meint, eine rein logische, sondern historisch. (*GS* I.1, 226)

Versuchen wir, die Auffassung vom Ursprung zu vertiefen, die Benjamin in dieser Passage vorträgt und die dem Goethe'schen *Urphänomen* näherkommt als dem gewöhnlichen Ursprungsbegriff. In keiner Weise lässt sich der Ursprung auf der Tatsachenebene als ein bestimmtes, nachweisbares Ereignis fassen; gleichwohl erscheint er auch nicht als ein mythischer Archetyp. Vielmehr wirkt er, mit Benjamins Worten, wie ein Strudel im Fluss des Werdens, der sich erst im Zusammenspiel von Restauration und Unabgeschlossenheit manifestiert. Dem Ursprung wohnt, mit anderen Worten, eine Dialektik inne, die jedes »Ursprungsphänomen« als ein gegenseitiges Sich-Bedingen von Einmaligkeit*[15] und Wiederholung zeigt. In der Tat geht es bei jedem Ursprungsphänomen, wie Benjamin schreibt, um »die Gestalt, unter welcher immer wieder eine Idee mit der geschichtlichen Welt sich auseinandersetzt*«. Hier zeigt sich der Zusammenhang der Theorie des Ursprungs mit der in der *Vorrede* vorgetragenen Ideenlehre.

Für diese Lehre ist die Auffassung wesentlich, dass Darstellung der Ideen und Rettung der Phänomene sich zugleich vollziehen und sich in einer einzigen Geste verschränken. In ihr findet eine Auseinandersetzung*, eine Wechselbestimmung von Idee und historischer Totalität der Phänomene statt. Das Sein der Idee, schreibt Benjamin in der Tat, »ersättigt sich nicht am Phänomen, sondern erst an der Aufzehrung seiner Geschichte«. (*GS* I.1, 228) Bei dieser Aufzehrung bleibt das Phänomen nicht mehr das, was es war, d.h. ein Singuläres, sondern es »wird was es nicht war – Totalität«. (*GS* I.1, 227) Wir finden hier die Verschränkung von »Verklärung, als der Stand der Kreatur im Ursprung« und »Zerstörung, als das Walten der Gerechtigkeit« wieder, die wir als Kennzeichen der geschichtlichen Erlösung erkannt haben. Dic Rettung der Phänomene in der Idee (bzw. die Darstellung der Idee in den Phänomenen) bedeutet, sie in ihrer historischen Aufzehrung, als vollendete Totalität zu zeigen. Dies ist in Bezug auf das Kunstwerk die Aufgabe der Kritik und für die geschichtliche Erkenntnis die Aufgabe der Prophetie. Deshalb schreibt Benjamin, dass »Kritik und Prophetie die Kategorien sein [sollten], die in der ›Rettung‹ der Vergangenheit zusammentreffen«. (*GS* I.3, 1245) Und wie für die Kunstwerke die Darstellung der Idee, die sie rettet, mit ihrer »Mortifikation« (*GS* I.1, 357) zusammenfällt, die ihre »Vielheit verlöschen« macht (*GS* I.1, 119), so kommen bei der Erlösung der Vergangenheit die Verklärung und das Walten der zerstörerischen Gerechtigkeit, die die Totalität der historischen Phänomene aufzehrt, überein.

10.

Wenden wir uns jetzt dem Bild des Engels erneut zu, von dem unsere Analyse ausgegangen war, so können wir in ihm einige nicht zufällige Analogien zu den Ideen von Ursprung und Erlösung erkennen, die wir soeben umrissen haben.

Wie der Engel zum einen das Urbild ist, nach dem der Mensch geschaffen wurde, und zum anderen die Aufzehrung der geschichtlichen Totalität menschlicher Existenz bedeutet, die sich am Jüngsten Tag vollzieht – so dass in der Engelsgestalt Ursprung und Ende zusammenfallen –, so stellt auch die Rückführung in den Ursprung, die bei der Erlösung der Vergangenheit stattfindet, zugleich deren Aufzehrung dar. Dass sich diese Erlösung, wie Benjamin wiederholt sagt, im Medium eines »dialektischen Bildes« vollzieht, führt uns keineswegs aus dem Bereich der Angelologie heraus, sondern vielmehr in deren Zentrum hinein. Das dialektische Bild ist seinem Wesen nach »aufblitzend«. Es ist »die unwillkürliche Erinnerung der erlösten Menschheit«. (*GS* I.3, 1233) »Nur als Bild, das auf Nimmerwiedersehen im Augenblick seiner Erkennbarkeit eben aufblitzt, ist die Vergangenheit festzuhalten«, liest man in der fünften These. Daher lässt sich die Rettung, die sich in ihm vollzieht, »immer nur als auf der Wahrnehmung von dem unrettbar sich verlierenden gewinnen«. (*GS* I.1, 682)

Heißt dies nun, dass die Erlösung ihr Ziel verfehlt und dass in Wahrheit gar nichts in ihr gerettet wird? Das wäre ungenau. Unrettbar verloren ist allein das, was gewesen ist, das Vergangene als solches. Aber gerettet wird dasjenige, was nie gewesen ist, etwas Neues. Dies ist der Sinn jener »Verklärung«, die im Ursprung stattfindet. In der *Erkenntniskritischen Vorrede* sagt Benjamin es ausdrücklich: das Phänomen, das in der Idee gerettet wird, »wird was es nicht war – Totalität«. (*GS* I.1, 227) Und in einer Aufzeichnung, die den Titel *Das dialektische Bild* trägt, wird die Methode der historischen Erkenntnis auf die Formel gebracht: »Was nie geschrieben wurde, lesen«. (*GS* I.3, 1238) Wie der Engel, der dem Menschen entgegentritt, letztendlich kein Urbild ist, sondern das Bild, das jeder selbst durch seine Taten geformt hat, so ereignet sich in der geschichtlichen Erlösung das, was nie gewesen ist. Dies ist die Rettung.

Nun wird verständlich, warum der Engel von *Agesilaus Santander* keine andere Hoffnung kennt als die »auf dem Weg der Heimkehr«: Dasjenige, was er mit sich führt, ist in der Tat »ein neuer Mensch«.

Diese tiefe angelologische Bedeutung, die das dialektische Bild hat, legt Benjamin in dem Stück dar, das den Titel trägt *Aus einer kleinen Rede über Proust, an meinem vierzigsten Geburtstag gehalten.* In Bezug auf die *mémoire involontaire* schreibt er dort: »[...] ihre Bilder kommen nicht allein ungerufen, es handelt sich vielmehr in ihr um Bilder, die wir nie sahen, ehe wir uns ihrer erinnerten. Am deutlichsten ist das bei jenen Bildern, auf welchen wir – genau wie in manchen Träumen – selber zu sehen sind. Wir stehen vor uns, wie wir wohl in Urvergangenheit einst irgendwo, doch nie vor unserm Blick, gestanden haben. Und gerade die wichtigsten – die in der Dunkelkammer des gelebten Augenblicks entwickelten – Bilder sind es, welche wir zu sehen bekommen. Man könnte sagen, dass unsern tiefsten Augenblicken gleich jenen Päckchenzigaretten – ein kleines Bildchen, ein Photo unsrer selbst – ist mitgegeben worden. Und jenes ›ganze Leben‹ das, wie wir oft hören, an Sterbenden oder an Menschen, die in der Gefahr zu sterben schweben, vorüberzieht, setzt sich genau aus diesen kleinen Bildchen zusammen. Sie stellen einen schnellen Ablauf dar wie jene Hefte, die Vorläufer des Kinematographen, auf denen wir als Kinder einen Boxer, einen Schwimmer oder Tennisspieler bei seinen Künsten bewundern konnten.« (*GS* II.3, 1064)

In der paradoxen Form dieses Gedächtnisses, das erinnert, was niemals gesehen wurde, vollzieht sich die Erlösung der Vergangenheit.

Auch für das Glück gibt es ein ähnliches Bild, denn auch dem Glück wohnen eine Polarität und eine Dialektik inne. Es gibt »eine hymnische und eine elegische Glücksgestalt«. (*GS* II.1, 313) Bei Ersterer stellt das Unerhörte, das Neue, den Gipfel der Glückseligkeit dar; bei Letzterer ist es die ewige Wiederholung des Ursprungs. Auch diese Dialektik erfährt ihre Vollendung in einer neuen Geburt, die Benjamin in lichtvoller Verkürzung in einer Schrift festhält, die vermutlich aus der gleichen Zeit wie *Agesilaus Santander* stammt und die *Nach der Vollendung* betitelt ist: »Oft hat man sich die Entstehung der großen Werke im Bild der Geburt gedacht. Dieses Bild ist ein dialektisches; es umfaßt den Vorgang nach zwei Seiten. Die eine hat es mit der schöpferischen Empfängnis zu tun und betrifft im Genius das Weibliche. Dieses Weibliche erschöpft sich mit der Vollendung. Es setzt das Werk ins Leben, dann stirbt es ab. Was im Meister mit der vollendeten Schöpfung stirbt, ist dasjenige Teil an ihm, in dem sie empfangen wurde. Nun aber ist diese Vollendung des Werkes – und das führt auf die andere Seite des Vorgangs – nichts Totes. Sie ist nicht von außen erreichbar; Feilen und Bessern erzwingt sie nicht. Sie vollzieht sich im Innern des Werkes selbst. Und auch hier ist von einer Geburt die Rede. Die Schöpfung nämlich gebiert in ihrer Vollendung den Schöpfer neu. Nicht seiner Weiblichkeit nach, in der sie empfangen wurde, sondern an seinem männlichen Element. Beseligt überholt er die Natur: denn dieses Dasein, das er zum ersten Mal aus der dunklen Tiefe des Mutterschoßes empfing, wird er nun einem helleren Reiche zu danken haben. Nicht wo er geboren wurde, ist seine Heimat, sondern er kommt zur Welt, wo seine Heimat ist. Er ist der männliche Erstgeborene des Werkes, das er einstmals empfangen hatte.« (*GS* IV. 1, 438)

An diesem Punkt, an dem Erinnerung und Hoffnung, Einmaliges und Wiederholung ähnlich dem Schaffenden und dem Geschaffenen ihre Rollen tauschen, gelangt das Glück zur Vollendung. Neuer Engel oder neuer Mensch: Hier ereignet sich, was nie gewesen ist. Aber dieses *Niegewesene* ist die sowohl geschichtliche als auch vollkommen gegenwärtige Heimat der Menschheit.

Aus dem Italienischen übersetzt von Giorgio Giacomazzi

Anmerkungen

1 Die Zitate aus Benjamins *Gesammelte Schriften* (Frankfurt am Main, Suhrkamp, 1974) werden im Text unter der Sigle *GS* und unter Angabe von Band, Teilband und Seitenzahl ausgewiesen. Die Zitate aus den Briefen (Sigle *B*) verweisen auf: Walter Benjamin, *Briefe*, Bd. I–II, Frankfurt am Main: Suhrkamp, 1966. Der Text von *Agesilaus Santander* sowie der Aufsatz von Scholem, in dessen Rahmen Ersterer veröffentlicht wurde, werden unter der Sigle *S* zitiert nach: Gershom Scholem, *Walter Benjamin und sein Engel*, Frankfurt am Main: Suhrkamp 1972.

2 Mit der Vorgeschichte dieses ikonographischen Motivs habe ich mich befasst in: *Stanze. La parola e il fantasma nella cultura occidentale.* Turin 1977, S. 142–144. Dt. *Stanzen. Das Wort und das Phantasma in der abendländischen Kultur*, Zürich–Berlin: diaphanes, 2005. [Bei der Geburtsschale handelt es sich nach dem *Catalogue sommaire illustré des peintures du musée du Louvre*, Paris: Ed. de la Réunion des musées nationaux 1981, Bd. 2, S. 201 um das unter der Signatur R. F. 2089 registrierte Werk mit dem

Titel *Le triomphe de la Vénus vénérée par six amoureux légendaires*, das ebenda dem Maître de la prise de Tarente zugeschrieben wird. – A. d. Ü.]

3 Vgl. Walter Benjamin / Gershom Scholem: *Briefwechsel 1933–1940,* Frankfurt am Main: Suhrkamp 1980, S. 96.

4 Gershom Scholem: *Von der mystischen Gestalt der Gottheit.* Frankfurt am Main: Suhrkamp 1977, S. 180.

5 In dieser Perspektive könnte der Umstand, der mit der Veröffentlichung des Buches von Werner Fuld: *Walter Benjamin zwischen den Stühlen.* München 1979, ans Licht gekommen ist, nämlich dass Benjamin tatsächlich einen »geheimen Namen« = Benedix Schönflies – besessen haben soll, seine volle Bedeutung erlangen. Die zwei Bestandteile des geheimen Namens entsprächen genau den zwei Gesichtern und Namen des rettenden *Schechina*-Engels.* Es ist mir nicht bekannt, ob schon bemerkt wurde, dass Benjamin an einer Stelle des *Wahlverwandtschaften*-Aufsatzes, die Ottiliens Schönheit betrifft, den Zunamen seiner Mutter, Schönflies, als Namen von einer der Okeaniden (Kallirhoë) heraufbeschwört. (*GS* I.1, 183) [* Vgl. dazu: Gershom Scholem, *Die geheimen Namen Walter Benjamins,* zuerst in: *Neue Rundschau* 1978, S. 663–666, jetzt in: Gershom Scholem: *Walter Benjamin und sein Engel. Vierzehn Aufsätze und kleine Beiträge* hg. v. Rolf Tiedemann, Frankfurt am Main: Suhrkamp 1983, S. 73–77 als *Nachtrag* zum Hauptaufsatz veröffentlicht. – A. d. Ü.]

6 Scholem, *Von der mystischen Gestalt*, S. 170.

7 Ebd., S. 261 f. [In diesem Zitat stammen die eckigen Klammern von Scholem selbst. – A. d. Ü.]

8 Ebd., S. 251.

9 Ebd., S. 258.

10 Vgl. Henry Corbin: *En Islam iranien*, Bd. II. Paris: Gallimard 1971, S. 294–322.

11 Ebd., S. 322. [Der Wortlaut einiger besonderen Begriffe bei Corbin ist hier in Eckklammern hinzugefügt worden. – A. d. Ü.]

12 Gershom Scholem: *Zur Kabbala und ihrer Symbolik,* Frankfurt am Main: Suhrkamp 1981, S. 204.

13 Karl Marx, *Zur Kritik der Hegelschen Rechtsphilosophie,* in: *MEW* 1, Berlin: Dietz 1974, S. 382.

14 [Auf eine Übersetzung von *redenzione* ins Deutsche ist hier zugunsten des lateinischen Wortes *redemptio* verzichtet worden, um so die etymologische Deutung des Vf. verständlich zu machen. Während in *redenzione* die altlateinische Bedeutung von *redemptio* (Loskauf), auf die der Vf. anspielt, fortlebt, eignet diese Sinnschicht im Deutschen etwas *einlösen* bzw. *auslösen*; beide passen aber in den vorliegenden Textzusammenhang nicht. Dagegen würde *erlösen* im wirtschaftlichen Sinn einem veralteten Wortgebrauch zufolge bedeuten: einen Geldbetrag (den Erlös) bei einem Verkauf einnehmen, erzielen. – A. d. Ü.]

15 In Anlehnung an Bobi Bazlens, der zur Übersetzung von *Erstmaligkeit* den Neologismus *primavoltità* vorschlug, möchten wir *Einmaligkeit* mit *unavoltità* übersetzen.

Kommerell, oder von der Geste

Die Kritik hat drei Ebenen, die sich, wenn man so will, als drei konzentrische Sphären versinnbildlichen lassen: die philologisch-hermeneutische, die physiognomische und die gestische. Die erste entwickelt die Interpretation des Werkes, die zweite verortet es (in die historische wie auch in die natürliche Ordnung) gemäß dem Gesetz der Ähnlichkeit, die dritte löst dessen Absicht in eine Geste (oder in eine Konstellation von Gesten) auf. Man kann sagen, dass jeder authentische Kritiker alle drei Bereiche durchläuft, wobei ihn seine Gemütsart in dem einen oder anderen mehr oder weniger lang verweilen lässt. Das Werk von Max Kommerell – mit Sicherheit nach Benjamin der größte deutsche Kritiker des 20. Jahrhunderts und vielleicht die letzte große Persönlichkeit aus dem Deutschland der Zwischenkriegszeit, die es noch zu entdecken gilt – schreibt sich fast vollständig in den dritten Bereich ein, wo andere große Talente seltener werden (unter den Kritikern des 20. Jahrhunderts lassen sich außer Benjamin nur Rivière, Fénéon und Contini mit vollem Recht dazuzählen).

Was ist – aus der uns hier interessierenden Perspektive – eine Geste? Man braucht den Essay über Kleist *Die Sprache und das Unaussprechliche* nur einmal zu überfliegen, um die Zentralität und Komplexität des Themas der Geste bzw. der Gebärde im Denken Kommerells zu ermessen sowie die Entschiedenheit, mit der er die letzte Absicht des Werkes stets auf diese Sphäre zurückführt. Die Gebärde ist kein grundsätzlich nicht-sprachliches Element, sondern unterhält mit der Sprache die intimste Beziehung. Vor allem ist sie eine in der Sprache selbst wirkende Kraft, die älter und ursprünglicher als der begriffliche Ausdruck ist: Als »Sprachgebärde«* definiert Kommerell diese Schicht, die sich nicht in der Kommunikation erschöpft und die Sprache in ihren gleichsam einsamsten Momenten erfasst.

> Der Sinn dieser Gebärden, deren artikulierteste die Sprachgebärde ist, erschöpft sich nicht in Mitteilung. Die Gebärde ist, so zwingend sie für den anderen sein mag, niemals nur für ihn da; nur weil sie auch für sich selber da ist, kann sie für den anderen so zwingend sein. Auch ein Gesicht, das ohne Zeugen ist, hat sein Mienenspiel, und es ist sehr die Frage, ob die Gebärden, durch die ein Wesen sich mit seinesgleichen verständigt, oder die, die ihm die Einsamkeit und die Zwiesprache mit sich selber auferlegt, in seiner körperlichen Erscheinung eine tiefere Spur hinterlassen. Oft scheint uns ein Gesicht die Geschichte seiner einsamen Momente zu erzählen.[1]

In diesem Sinne kann Kommerell schreiben, dass »das Wort [...] die Urgebärde* [ist], aus der sich die einzelnen Gebärden ableiten« und dass der dichterische Vers seinem Wesen nach Gebärde ist (»Die Sprache ist zugleich begrifflich und mimisch. Das eine überwiegt in der Prosa, das andere im Vers. Prosa ist in erster Linie Verständigung über einen Inhalt, der Vers ist dazuhin und vielleicht stärker eine Ausdrucksgebärde«[2]). Wenn das stimmt, wenn das Wort die ursprüngliche Geste ist, dann geht es hier nicht so sehr um einen vorsprachlichen Inhalt als vielmehr um das andere Gesicht der Sprache, um die Stummheit, die dem sprachlichen Wesen des Menschen innewohnt, um sein Wohnen *ohne Worte* in der Sprache. Je mehr Sprache der Mensch besitzt, umso stärker wirkt das Gewicht des Unsagbaren auf ihn, bis schließlich beim Dichter, der unter den Sprechenden am meisten

Worte hat, »das Winken und Deuten müde wird und etwas Scharfes, gegen ihn selbst Arbeitendes aufsteht: der Grimm auf das Wort«.[3]

Im Essay über Kleist sind die drei Grade dieses Seins ohne Worte in der Sprache das »Rätsel«*, in dem der Sprecher immer unverständlicher wird, je mehr er sich in Worten auszudrücken versucht (wie dies mit den Figuren in Kleists Dramen geschieht); das »Geheimnis«*, das im Rätsel unausgedrückt bleibt und nichts anderes als das Sein des Menschen selbst ist, sofern er in der Wahrheit der Sprache lebt; das »Mysterium«*, das die pantomimische Inszenierung des Geheimnisses ist. Schließlich erscheint der Dichter als derjenige, der »wortlos blieb im Sprechen und für die Wahrheit des Zeichens starb.«[4]

Weil die Geste nichts ausdrückt und nichts über das hinaus zu sagen hat, was in der Sprache gesagt wird, sondern das Sein der Sprache selbst zum Ausdruck bringt, ist sie immer die Geste des Sich-nicht-Zurechtfindens im Wort, sie ist immer *gag* im eigentlichen Sinne des Wortes: was man in den Mund nimmt, um das Sprechen zu verhindern bzw. die Improvisation des Schauspielers, der eine Sprachunfähigkeit auszugleichen versucht. Aber es gibt eine Geste, die sich glücklich in dieser Leere der Sprache einnistet und sie, ohne sie auszusprechen, zur eigensten Stätte des Menschen macht: Die Verirrung wird hier Tanz und der *gag* Mysterium.

Im Buch über Jean Paul, das einige für sein Meisterwerk halten, umreißt Kommerell auf seine Weise diese Dialektik der Geste:

> Der Anfang ist ein Ichgefühl, das in jeder möglichen, zumal in jeder eigenen Gebärde ein Falsches, eine Verunstaltung des Innern erfährt, dem also gerade die treueste Darstellung den Geist zu lästern scheint, und das in den Spiegel schauend ein ihm angeheftetes, je einverleibtes Pamphlet auf sich gewahr wird, nach au-

> ßen blickend in den Gesichtern seiner Mitmenschen die Fülle komischer Masken klagend bestaunt. [...] Das Mißverhältnis der Erscheinung zum Wesen liegt dem Erhabenen wie dem Komischen zugrund: das Körperliche als das geringe Zeichen deutet auf das Unbeschreibliche.[5]

Der überzogenen Gebärde Jean Pauls setzt Kommerell jene Goethes entgegen, der die Rätselhaftigkeit seiner Figuren im Symbol bewahrt:

> Ganz selten und eigentlich nur für das entzückende Übermaß seiner beiden mädchenhaften Dämonen erlaubt sich Goethe das Außerordentliche einer nur ihnen zustehenden Gebärde. Es ist eine, die wiederholt wird, und die Person irgendwie erhält, ihr Symbol. Der Gehilfe beschreibt, auf welche Weise Ottilie etwas von ihr Gefordertes, ihr jedoch Untunliches abzulehnen pflege: »sie drückt die flachen Hände, die sie in die Höhe hebt, zusammen und führt sie gegen die Brust, indem sie sich nur wenig vorwärts neigt, und den dringend Fordernden mit einem solchen Blick ansieht, daß er gern von allem absteht, was er verlangen oder wünschen möchte.« Ähnlich ist von Mignon berichtet, sie lege die rechte Hand vor die Brust, die linke vor die Stirn und bücke sich tief. Mit so einfachen Mitteln wird Goethe einer Natur habhaft, die am Rande des Menschlichen steht. Aber die Gebärden sind nicht wie bei Jean Paul zudringlich, sondern verhalten, und verwahren das Rätsel der Gestalt in sich.[6]

Jenseits dieser Ordnung der Gesten, die Kommerell auch als »Seelengebärden« bezeichnet, steht eine höhere Sphäre, die er als die der reinen Gebärden charakterisiert:

> Und über den Seelen- und Naturgebärden Jean Pauls ist noch ein Drittes, das man reine Gebärden nennen darf. Deren Zeitrechnung ist die Ewigkeit von Jean Pauls Träumen. Diese Träume, geträumt in einem übermenschlichen Schlaf hellster Wachheit, sind Bruchstücke einer Überwelt in Jean Pauls Seele. Weltweisheit, Frömmigkeit und Kunst sind in ihr ungesondert,

> und nicht Beziehung ist ihr Wesen, wie das der romantischen Träume, sondern die Seele selbst, ohne irdischen Brennstoff erglühend in ihrem eigenen Abenteuer. Es verhalten sich die tönenden und leuchtenden Schwingungen dieser Träume zu den Lebensgeschichten des Dichters so wie sich die Farben, die das Auge aus sich hervorbringt, die physiologischen Farben, verhalten zu den außen wahrgenommenen. Die Worteingebungen, in denen sich hier die Seele ausdrückt [...], sind die reine Möglichkeit des Sprechens selbst, und zeigen, mit den Seelen- und Naturgebärden zusammengestellt, deren überwirkliche Herkunft an. Diese »reinen Gebärden« haben jeden Anspruch an Wirklichkeit aufgegeben ... verzehrend innig malt sich die Seele selber mit ihren eigenen Lichtfarben.[7]

Das sind die Gebärden, von denen am Ende des Kleist-Essays gesagt wird: »Eine neue Schönheit fängt an, die wie die Schönheit der Gebärden eines Tieres ist, der sanften und der drohenden«.[8] Sie erinnern an die erlöste Welt, deren unsichere Gesten Benjamin in denselben Jahren in Kafkas *Naturtheater von Oklahoma* zu entziffern versuchte: »Eine der bedeutsamsten Funktionen dieses Naturtheaters ist die Auflösung des Geschehens ins Gestische. [...] Dann wird man mit Sicherheit erkennen, daß Kafkas ganzes Werk einen Kodex von Gesten darstellt, die keineswegs von Hause aus für den Verfasser eine sichere symbolische Bedeutung haben, vielmehr in immer wieder anderen Zusammenhängen und Versuchsanordnungen um eine solche angegangen werden. Das Theater ist der gegebene Ort solcher Versuchsanordnungen«.[9] Die Kritik ist die Rückführung des Werkes in die Sphäre der reinen Geste. Diese Sphäre befindet sich jenseits der Psychologie und auch gleichsam jenseits jeder Interpretation. Sie führt weder in die Literaturgeschichte noch in die Gattungstheorie, sondern vielmehr zu einer Bühne, auf der – wie im Theater von Oklahoma oder in Caldérons *Das große Welttheater* (Caldéron ist Kommerells letzte kritische Anstrengung gewidmet, die *Beiträge zu einem deutschen Caldéron*) – die Werke ihrer eigensten Geste überlassen sind und wie Geschöpfe im Licht des Letzten Tages die Zerstörung ihrer formalen Hülle und ihres begrifflichen Inhalts überleben. Es geht ihnen wie den Figuren jener Commedia dell'arte, die Kommerell so sehr liebte: Harlekin, Pantalone, Colombina, der Kapitän haben sich von einem geschriebenen Text und einer vollständig bestimmten Rolle emanzipiert und oszillieren zwischen Wirklichkeit und Virtualität, Leben und Kunst, Singularität und Allgemeinheit. Im *canovaccio*, das die Kritik an die Stelle der Literaturgeschichte setzt, hören die *Recherche* oder die *Commedia* auf, jener bestimmte Text zu sein, den der Kritiker nur erforscht, um ihn anschließend unberührt und unveränderbar der Überlieferung zu übergeben: Sie sind vielmehr die Gebärde, die in jenem wunderbaren Text nur eine riesige Gedächtnislücke exponiert, nur der *gag*, der einen unheilbaren Sprachfehler verbergen soll.

2.

»In San Gimignano habe ich mir die Hände an den Dornen eines allerdings stellenweise überraschend schön blühenden Rosenbuschs aus Georges Garten zerschunden«.[10] Das Buch, auf das Benjamin in diesem Brief an den Freund Scholem vom 27. Juli 1929 kryptisch verweist, ist *Der Dichter als Führer in der deutschen Klassik*, das Erstlingswerk des sechsundzwanzigjährigen Max Kommerell. Ich habe die Erstausgabe (1928) nicht zur Hand, aber nach den typographischen Gepflogenheiten von Bondi, dem Verleger des George-Kreises, müsste sie ein Hakenkreuz (allerdings ein wirklich haken- und nicht nur gammaförmiges Kreuz, wie jenes, das Jahre später zum Symbol von Hitlerdeutschland wurde) als Siegel tragen, das die »Werke der Wissenschaft aus dem Kreise der Blätter für die Kunst« markierte (wo u. a. die Essays von Gundolf über Goethe und George, das Buch von Bertram über Nietzsche und *Herrschaft und Dienst* von Wolters, der in Marburg Kommerells Lehrer gewesen war, erschienen sind). Die letzte Beteiligung am George-Kreis und der anschließende entschlossene Bruch (ähnlich dem früheren Bruch Benjamins mit Wyneken) prägen auf tiefgreifende Weise die Jugend Kommerells. Wollte man den George-Kreis durch ein bestimmtes Merkmal charakterisieren, dann könnte man sagen, dass er seine tiefste Angst in einem Ritual zu bändigen versuchte. Entscheidend bei George ist der Kontrast zwischen der prophetischen Hellsicht in der Diagnose über die eigene Zeit und das esoterische Gebaren, das daraus resultiert. Vielleicht kam diese Diagnose nirgends mit vergleichbarer Radikalität zum Ausdruck wie in dem Vers, der das Gebot enthält, das der Dichter zu befolgen hat: »Kein Ding sei, wo das Wort gebricht«.[11] Wie unerträglich für George die Erfahrung dieser Leere in Wirklichkeit war, geht insbesondere aus einem der Träume hervor, die der Dichter in *Werke und Tage* aufzeichnete: Darin versucht er um jeden Preis den sprechenden Kopf zum Reden zu bewegen, den er in seinem Zimmer aufgehängt hat, indem er dessen Lippen mit den Fingern aufreißt.[12] Man kann sagen, dass das gesamte Werk des George-Kreises der angstgeladene Versuch ist, dort zu sprechen, wo kein Wort (und daher nichts) mehr möglich ist. Wo das Wort und die Sache fehlen, errichtet es ein Ritual des Bevorstehens. Der Sinn des George'schen »Geheimen Deutschland« liegt gerade in der Vorbereitung dessen, was sich sowieso ereignen wird: das Schicksal einer Wiederbelebung des deutschen Volkes. Auf diese Weise verletzt er sein eigenes Gebot und – wenn auch in der Form der Erwartung – setzt eine Sache, wo kein Name mehr möglich ist. Auch Heidegger, der doch genau verstanden hatte, dass die Sache, an der das Wort gebricht, hier nichts anderes als das Wort selbst ist, zögert zuweilen vor dieser Beschwörung eines Bevorstehenden. Die Weissagung, und betreffe sie auch und vor allem das Geschehen der Sprache, kann niemals die Form der Erwartung annehmen: Nur als Unterbrechung der existierenden Worte (und Sachen) ist sie berechtigt. Daher hat sich die Geschichte am Geheimen Deutschland gerächt, indem sie es, in den Worten Benjamins, dazu verdammte, »von dem offiziellen zuletzt nur das Arsenal [zu sein], in welchem die Tarnkappe neben dem Stahlhelm liegt«.[13] Und, ein zweites Mal, indem sie den heroischen Anschlag auf Hitler vereitelte, mit dem einer von Kommerells intimsten Freunden aus dem Kreis, Claus von Stauffenberg, die deutsche Ehre zu retten versucht hatte.

Mit seiner scharfen Sensibilität für die falschen Gesten löste sich Kommerell Ende 1930 von George, und zwar anlässlich der Veröffentlichung von Wolters Buch *Stefan George und die Blätter für die Kunst*, das die George'sche Hagiographie einleitete. Streng verurteilte er dort die »liturgische Pathetik«, die in die Dichtung Eintritt gewann, und das »Faustrecht im Geistigen«: »Zwischen schlechter Magie (nämlich kirchenartiger oder kulissenartiger) und geistig maskiertem Philistertum bestehen zwar tiefe Unterschiede der Wirkungsmittel, aber keine der Qualität.«[14] Auf Kommerells Einspruch, dass Wolters Buch nicht der Wahrheit entspreche, erwiderte der Meister: »Es geht hier nicht um die Wahrheit, es geht um den Staat« (Staat war nicht umsonst der Ausdruck, mit dem die Anhänger sich auf den Kreis bezogen). Es blieb nichts anderes als der Bruch. Aber die Verbindung war zu eng gewesen, um keine Opfer zu fordern: Am 25. Februar 1931 nahm sich Hans Anton, ein anderer Jünger, dem Kommerell leidenschaftlich verbunden war, in der Unfähigkeit, sich zwischen dem Freund und dem Meister zu entscheiden, das Leben.

Das tragische Licht, das dieser Selbstmord auf die Jugend Kommerells wirft, ist vielleicht die Ursache jener Unterlassung, welche die Grenze seines Werkes markiert: Niemals hat sich dieser große Kritiker über seine Zeitgenossen geäußert. Nicht nur für ihn (dem keine der großen kulturellen Traditionen Europas fremd war) schien es, als hätte es Kafka, Proust oder Walser nie gegeben. In seinen Schriften fehlt jeder auch noch so beiläufige Bezug auf die Gegenwart. In dieser sicherlich nicht zufälligen Askese kann man den letzten Reflex jener Gegenwartsblindheit erblicken, die Benjamin dem George-Kreis vorwarf, als er mahnte, dass es »der Stier« sei, »dessen Blut die Grube erfüllen muß, wenn an ihrem Rande die Geister der Abgeschiedenen erscheinen sollen«.[15]

3.

Am Ende des Buches über Jean Paul spricht Kommerell vom modernen Menschen als jemandem, der seine Gebärden verloren hat. Das Zeitalter Jean Pauls ist die Epoche, in der die Bourgeosie, bei Goethe noch in festem Besitz ihrer Symbole, der Innerlichkeit zum Opfer fällt:

> Aus dieser Lage des Bürgertums, daß die Lebensformen ihre Innigkeit und ihre Einfalt verloren haben und die läppische Kleinlichkeit alles Äußeren das Innere aus sich verweist, ist Jean Pauls Humor so gut die Philosophie des Idealismus abzuleiten. Goethe wie Jean Paul sind Dichter des Bürgertums [...] – aber in Goethe ist das Bürgertum noch ein Stand*, in Jean Paul nur noch Mißstand*. Solang das »äußere« Leben noch schön gesehen, oder, wofern es Melodie hat, schön gehört werden kann, steht es dem

> Geist nicht unbegrenzt frei es zu verwerfen [...]. Der völlig entbundene Geist ist eine Folgeerscheinung des Bürgertums, das seine Gebärde verlor.[16]

Eine Epoche, die ihre Gebärden verloren hat, ist ebendeshalb von ihnen besessen; für Menschen, denen jede Natürlichkeit genommen wurde, wird die Gebärde zum Schicksal. Und je mehr die Gebärden unter der Einwirkung unbekannter Mächte ihre Unbefangenheit verloren, umso unentzifferbarer wurde das Leben. Als die einfachsten und alltäglichsten Gebärden fremd wie das Gestikulieren von Marionetten wurden, war die Menschheit – deren eigene körperliche Existenz genau in dem Maße heilig, wie sie auch undurchdringlich wurde – bereit für das Massaker.

Nietzsche markiert den Punkt, an dem diese polare Spannung innerhalb der europäischen Kultur zwischen der Auslöschung der Gesten einerseits und ihrer Transfiguration zum Schicksal andererseits ihren Höhepunkt erreicht. Denn nur als eine Geste, in der Vermögen und Verwirklichung, Natur und Manier, Kontingenz und Notwendigkeit ununterscheidbar geworden sind (und daher, in letzter Analyse, nur als Theater), wird der Gedanke der ewigen Wiederkunft verständlich. *Also sprach Zarathustra* ist der Tanz einer Menschheit, die ihre Gesten verloren hat. Und als eine Epoche (allzu spät!) dessen gewahr wurde, begann der hastige Versuch, noch *in extremis* die verlorenen Gesten wiederzuerlangen. Der Tanz von Isadora und Diaghilev, der Roman von Proust, die große Dichtung des Jugendstils von Pascoli bis Rilke und schließlich, vielleicht am exemplarischsten, der Stummfilm, zeichnen den magischen Kreis, in dem die Menschheit ein letztes Mal das wachzurufen versuchte, was ihr allmählich und für immer entglitt. In denselben Jahren leitete Aby Warburg jene Untersuchungen ein, die nur die Kurzsichtigkeit einer psychologisierenden Kunstgeschichte als eine »Wissenschaft des Bildes« bezeichnen konnte. In ihrem Zentrum standen vielmehr die Geste als Kristallisationspunkt des geschichtlichen Gedächtnisses, ihre allmähliche Verhärtung zum Schicksal sowie der unermüdliche Versuch der Künstler (für Warburg bis an den Rand des Wahnsinns), sie durch eine dynamische Polarisierung von sich selbst zu befreien.

Keiner wusste diesen Impuls der Epoche zu einer Befreiung und zugleich Verabsolutierung der Geste besser zu lesen als Kommerell. Im Essay *Die Dichtung in freien Rhythmen und der Gott der Dichter* betrachtet er die Dichtung allein in der Perspektive, dass das, was die Dichter im Engel, im Halbgott, in der Marionette, im Tier jedes Mal suchen, keine benennbare Substanz ist. Vielmehr handelt es sich hierbei um Gestalten des Nichts in der menschlichen Existenz, um ihren »negativen Umriß« und zugleich ihre Selbstüberwindung nicht in Richtung eines Woanders, sondern in die »Innigkeit des hiesigen und augenblicklichen Lebens«,[17] in ein profanes Mysterium, dessen einziger Gegenstand die Existenz selbst ist. Nirgendwo hat er mit solcher Klarheit das letzte Anliegen seines Schreibens zum Ausdruck gebracht wie im Essay zu *Wilhelm Meister*; dort findet man, wie bereits bemerkt wurde[18], das ausdrücklichste Geständnis, das ihm möglich war:

> Ja, dieser Weg, den Wilhelm Meister geht, ist aller Weltlichkeit ein Weg der Einweihung; eingeweiht wird er in das Leben selber [...]. Ein Einweihungsweg unterscheidet sich von einem Unterricht oder einem Lehrgang. Er ist weniger und mehr. [...] Wenn das Leben also einweiht, so tut es dies nicht kraft einer heiligen Einrichtung, sondern gerade außerhalb derselben. Wenn der Staat noch schulen, die Gesellschaft noch erziehen, die Kirche noch heiligen könnte [...], so dürfte, so könnte nicht das Leben einweihen. Es ist das Leben, rein weltlich, rein irdisch, rein zufällig, und gerade es weiht ein. Es ist also dem Leben eine Gewalt übertragen, die sonst nur innerhalb heiliger Sphären ausgeübt wird; es selbst ist die heilige Sphäre, die einzige, die bleibt. Und in was weiht es ein? Nicht in seinen Sinn, nur in sich. In etwas,

> das, so wie es sich mischt aus Schönheit, Leid und Rätsel, überall an Sinn grenzend, aber nie ihn aussprechend, vollkommen unbenennbar bleibt. Es hat also ein Geheimnis, ja es ist Geheimnis. Es kehrt nach jeder einzelnen, noch so bindenden Erfüllung, noch so schrecklichen oder schalen Entzauberung, in sein Geheimnis zurück. Und wenn in älteren Romanen der christlich barocken Zeitrechnung die Reihe der einzelnen Ernüchterungen abgeschlossen wird durch die Ernüchterung des Menschen über die Welt und über sich, für immer, unwiderruflich, so führen hier alle Ernüchterungen nur dazu, daß das Leben selbst geheimnisvoll bleibt, ja, daß sein Reiz wächst, und es zwar nicht das hält, was es versprach, aber viel mehr, als es versprach. Heilig sollte man es vielleicht nicht nennen; denn wir sind gewöhnt, den Begriff der Heiligkeit mit einer bestimmten religiösen oder neuerdings sittlichen Sphäre zu verbinden. Nein, es entsteht dadurch, daß dem Leben diese Kraft, einzuweihen, zugetraut wird, ein Neues, ein Mysterium des Täglichen und Weltlichen, das der Besitz dieses Dichters ist.[19]

Jener Mensch, der im George-Kreis das sakrale Pathos der Sekte kennengelernt hatte und in den Mythos der Dichter als »Führer« und als »Vorbilder einer Gemeinschaft als wirkende Personen«[20] eingeweiht wurde, löst sich nun von seiner jugendlichen Weihe, um in der Dichtung nur noch die Selbsteinweihung des Lebens zu sich selbst zu sehen. Aber gerade die Idee dieses vollends profanen Mysteriums, in dem die Menschen, die sich von jeder Sacertät entzaubert haben, im wechselseitigen Eingeständnis der Abwesenheit eines Geheimnisses ihre eigenste Geste finden, erreicht Kommerells Kritik jene politische Dimension, die in seinem Werk so hartnäckig zu fehlen scheint: da die Politik die Sphäre der absoluten, vollständigen Gestik der Menschen ist und es keinen anderen Namen für sie als ihr griechisches Pseudonym gibt, das hier nur genannt werden soll: Philosophie.

Anmerkungen

1 Max Kommerell, *Gedanken über Gedichte*, Frankfurt am Main: Klostermann [4]1985, S. 36.
2 Ders., *Dichterische Welterfahrung*, Frankfurt am Main: Klostermann 1952, S. 153 u. 155.
3 Ders., *Jean Paul*, Frankfurt am Main: Klostermann [3]1957, S. 42.
4 Ders., *Geist und Buchstabe der Dichtung*, Frankfurt am Main: Klostermann [4]1956, S. 317.
5 Ders., *Jean Paul*, a. a. O., S. 48.
6 Ebd., S. 44 f.
7 Ebd., S. 47.
8 Ders., *Geist und Buchstabe*, a. a. O., S. 316.
9 Walter Benjamin, *Franz Kafka*, in: Ders., *Gesammelte Schriften*, hg. v. R. Tiedemann und H. Schweppenhäuser, Bd. II.1, Frankfurt am Main: Suhrkamp 1977, S. 418.
10 Ders., *Gesammelte Briefe* 1925–1930, hg. v. C. Gödde und H. Lonitz, Frankfurt am Main: Suhrkamp 1997, S. 478.
11 Es handelt sich um den letzten Vers des Gedichtes *Das Wort* in der Sammlung *Das Neue Reich*.
12 Stefan George, *Werke*, 2. Bde., Düsseldorf–München: Küpper vorm. Bondi 1968, Bd. 1, S. 490.
13 Walter Benjamin, *Wider ein Meisterwerk*, in: ders. *Gesammelte Schriften*, Bd. III, Frankfurt am Main: Suhrkamp 1991, S. 259.
14 Max Kommerell, *Briefe und Aufzeichnungen*, hg. v. Inge Jens, Olten–Freiburg: Walter 1967, S. 197.
15 Benjamin, *Wider ein Meisterwerk*, a. a. O., S. 259.
16 Kommerell, *Jean Paul*, a. a. O., S. 418.
17 Ders., *Gedanken*, a. a. O., S. 500.
18 Vgl. Gert Mattenklott, »Max Kommerell. Versuch eines Portraits«, in: *Merkur* 40 (1986), S. 541–554.
19 Max Kommerell, *Essays, Notizen, poetische Fragmente*, hg. v. Inge Jens, Olten–Freiburg: Walter 1969, S. 82 ff.
20 Ders., *Der Dichter als Führer in der deutschen Klassik*, Frankfurt am Main: Klostermann [3]1982, S. 7.

Der Messias und der Souverän

Das Problem des Gesetzes bei Walter Benjamin

1.

In der achten These über den Begriff der Geschichte schreibt Benjamin:

> Die Tradition der Unterdrückten belehrt uns darüber, daß der ›Ausnahmezustand‹, in dem wir leben, die Regel ist. Wir müssen zu einem Begriff der Geschichte kommen, der dem entspricht. Dann wird uns als unsere Aufgabe die Herbeiführung des wirklichen Ausnahmezustands vor Augen stehen [...].[1]

In einem anderen Fragment, das die Herausgeber der *Gesammelten Schriften* unter den Notizen zu den Thesen veröffentlicht haben, benutzt Benjamin einen ähnlichen Begriff, um die messianische Zeit zu charakterisieren:

> Das apokryphe Wort eines Evangeliums: worüber ich einen jeden treffe, darüber will ich ihn richten – wirft ein eigentümliches Licht auf den jüngsten Tag. Es erinnert an Kafkas Notiz: das jüngste Gericht ist ein Standrecht. Aber es fügt dem etwas hinzu: der jüngste Tag würde sich, nach diesem Worte, von den andern nicht unterscheiden. Dieses Evangelienwort gibt jedenfalls den Kanon für den Begriff der Gegenwart ab, den der Historiker zu dem seinen macht. Jeder Augenblick ist der des Gerichts über gewisse Augenblicke, die ihm vorangegangen. (*GS* I.3, 1245)

In diesen beiden Passagen setzt Benjamin den Begriff der messianischen Zeit, der den theoretischen Kern der *Thesen* bildet, in ein Verhältnis zu einer Kategorie des öffentlichen Rechts. Die messianische Zeit hat die Form eines Ausnahmezustands* und eines Standrechts* (das heißt eines Urteils, das im Ausnahmezustand ausgesprochen wird).

Die vorliegende Schrift beabsichtigt, dieses Verhältnis zu untersuchen. Eine solche Untersuchung versteht sich als ein Beitrag zu jener Geschichte der komplexen Beziehungen zwischen Philosophie und Gesetz, die Leo Strauß durch all seine Werke hindurch zu skizzieren versucht hat. Es handelt sich hierbei nicht nur um ein Problem der politischen Philosophie im engeren Sinn, sondern um eine entscheidende Frage, die die Existenz der Philosophie als solche angeht, und zwar in ihrem Verhältnis zum gesamten kodifizierten Korpus der Überlieferung, sei es die islamische *shari'a*, die jüdische *halakah* oder das christliche Dogma. *Die Philosophie befindet sich immer schon, und das ist für sie konstitutiv, in einem Verhältnis zum Gesetz, und jede Philosophie ist immer buchstäblich eine* Entscheidung *dieses Verhältnisses.*

2.

In der achten These findet sich der Ausdruck *Ausnahmezustand* in Anführungsstrichen, als käme er von einem anderen Autor oder würde einem anderen Werk Benjamins entstammen. In der Tat handelt es sich um ein Zitat in beiderlei Sinn: Der Ausdruck stammt aus Carl Schmitts *Politischer Theologie* (1922) und aus der Souveränitätslehre, die Benjamin bereits in seiner gescheiterten Habilitationsschrift* über den Ursprung des deutschen Trauerspiels kommentiert und entfaltet hatte. Und auch der Ausdruck *Standrecht* findet sich bei Schmitt, so zum Beispiel in seinem Aufsatz über *Die Wendung zum totalen Staat* von 1931.

Souverän ist, in Schmitts Worten, »wer über den Ausnahmezustand entscheidet«[2], womit er die Person oder Gewalt meint, welche die Geltung des Gesetzes rechtmäßig aufheben kann, indem sie den Ausnahmezustand oder das Kriegsrecht verhängt. Das Paradox, das in dieser Definition enthalten ist (und das wir das Paradox der Souveränität nennen können), betrifft den Umstand, dass der Souverän, der die rechtmäßige Macht zur Aufhebung des Gesetzes besitzt, sich zugleich in- und außerhalb der Rechtsordnung befindet. Die Präzisierung »zugleich« ist keinesfalls trivial, denn der Souverän setzt sich *rechtmäßig* außerhalb des Gesetzes. Daher lässt sich das Paradox auch folgendermaßen formulieren: »Ich, der Souverän, der ich außerhalb des Gesetzes stehe, erkläre, dass es kein Außerhalb des Gesetzes gibt.« Carl Schmitt definiert die Souveränität demnach als einen »Grenzbegriff« der juristischen Theorie und exemplifiziert dessen Struktur an der Form der Ausnahme.

Was aber ist eine Ausnahme? Die Ausnahme ist eine Art von Ausschließung; sie ist ein Einzelfall, der von der allgemeinen Norm ausgeschlossen ist. Doch was eine Ausnahme eigentlich kennzeichnet, ist der Umstand, dass das, was ausgeschlossen wird, deshalb nicht einfach ohne Bezug zur Norm ist; im Gegenteil, diese bleibt in der Form der Aufhebung auf die Ausnahme bezogen. *Die Norm wendet sich auf die Ausnahme an, indem sie sich von dieser abwendet, sich von ihr zurückzieht.* Der Ausnahmezustand ist daher nicht das Chaos, das der juridischen Ordnung vorausgeht, sondern die Situation, die aus ihrer Aufhebung hervorgeht. In diesem Sinne ist die Ausnahme (*exceptio*) wirklich, der Etymologie gemäß (*ex-capere*), »herausgenommen« und nicht einfach nur ausgeschlossen. Einen Vorschlag von Jean-Luc Nancy aufgreifend, nennen wir diese ursprüngliche Struktur des

Gesetzes *Bann* (hergeleitet aus dem germanischen Ausdruck, der sowohl den Ausschluss aus der Gemeinschaft als auch den Befehl und das Banner des Souveräns bedeutet). In der Struktur des Banns erhält sich das Gesetz auch in seiner eigenen Aufhebung und wendet sich auf das an, was es aus sich ausgeschlossen, verbannt, *verlassen* [*abbandonato*] hat. Der Bann ist in diesem Sinne die grundlegende Struktur des Gesetzes, die dessen souveränen Charakter zum Ausdruck bringt: die Macht durch Ausschließung einzuschließen. Daher kann Schmitt sagen: »die Ausnahme ist interessanter als der Normalfall. Das Normale beweist nichts, die Ausnahme beweist alles; sie bestätigt nicht nur die Regel, die Regel lebt überhaupt nur von der Ausnahme*«.[3]

3.

Es ist dieser letzte Satz, den Benjamin in der achten These zitiert und verfälscht. Statt »die Regel lebt überhaupt nur von der Ausnahme« schreibt er »der Ausnahmezustand, in dem wir leben, [ist] die Regel«. Es ist der Sinn dieser bewussten Abwandlung, den wir nun nachvollziehen müssen. Indem er das messianische Reich in der Terminologie von Schmitts Souveränitätslehre charakterisiert, scheint Benjamin eine Parallele zwischen der Ankunft des Messias und dem Grenzbegriff der Staatsgewalt zu etablieren. In den Tagen des Messias, die auch »der Ausnahmezustand, in dem wir leben« sind, kommt der verborgene Grund des Gesetzes ans Licht, und das Gesetz selbst tritt in einen Zustand der permanenten Aufhebung ein.

Indem er diese Analogie herstellt, tut Benjamin nichts anderes, als eine genuin messianische Tradition zum Äußersten zu treiben.

Der vielleicht wesentlichste Charakter des Messianismus liegt genau in seinem Verhältnis zum Gesetz. Sowohl im jüdischen als auch im christlichen oder schiitischen Kontext bedeutet das messianische Ereignis zunächst eine Krise und eine radikale Transformation der gesamten Rechtsordnung. Die These, die ich vorschlagen möchte, ist, dass das messianische Reich keine Kategorie unter anderen innerhalb der religiösen Erfahrung, sondern dass sie vielmehr deren Grenzbegriff darstellt. *Der Messias ist die Figur, in der die Religion dem Problem des Gesetzes begegnet und mit diesem endgültig abrechnet.* Und da die Auseinandersetzung mit dem Gesetz ein konstitutives Anliegen der Philosophie ist, bildet der Messianismus den Punkt größter Nähe zwischen Religion und Philosophie. Aus diesem Grund haben die großen monotheistischen Religionen stets mit allen Mitteln versucht, ihre jeweils wesentlichen messianischen Züge zu kontrollieren und zu reduzieren, jedoch ohne wirklichen Erfolg.

4.

In seinem Essay über *Der Sinn der Tora in der jüdischen Mystik*[4] fasst Scholem das komplexe Verhältnis zwischen Messianismus und Gesetz unter zwei Fragen zusammen: Erstens, was waren Inhalt und Form der Thora vor Adams Fall? Und zweitens, wie wird die Struktur der Thora zum Zeitpunkt der Erlösung sein, wenn also der Mensch zu seinem ursprünglichen Stand zurückgekehrt sein wird? Die Autoren der *Ra'ja Mehemma* und der *Tiqqune Sohar*, zwei Bücher, die zu den ältesten Schriften des *Sohar* gehören, unterscheiden zwei Aspekte der Thora: die Thora *beri'a*, das heißt die Thora im Stand der Schöpfung, und die Thora *aziluth*, das heißt die Thora im Stand der Emanation. Die Thora *beri'a* ist das Gesetz der unerlösten Welt und wird als solches mit dem äußeren Gewand der göttlichen Anwesenheit verglichen, die, hätte Adam nicht gesündigt, sich in ihrer Nacktheit gezeigt hätte. Die Thora von *aziluth*, die zur ersten wie die Erlösung zum Exil steht, erschließt dagegen die Bedeutung der Thora in ihrer ursprünglichen Fülle. Die Verfasser dieser zwei Bücher etablieren darüber hinaus eine Entsprechung zwischen den zwei Aspekten der Thora und den zwei Bäumen des Paradieses, dem Baum des Lebens und dem Baum der Erkenntnis. Der Baum des Lebens stellt die reine und ursprüngliche Macht des Heiligen dar, frei von jeder Verunreinigung mit dem Bösen und dem Tod. Nach Adams Fall wird die Welt allerdings nicht mehr vom Baum des Lebens getragen, sondern vom Mysterium des zweiten Baumes, an dem sowohl das Gute als auch das Böse teilhaben. Dementsprechend ist die Welt in zwei unterschiedliche Sphären aufgeteilt: das Heilige und das Profane, das Reine und das Unreine, das Erlaubte und das Untersagte. Unsere heutige Auffassung der Offenbarung ist mit der positiven Seite des Gesetzes verbunden, der *halakah*, welche die Vorschriften und Verbote enthält. Solange die Welt vom Baum der Erkenntnis getragen wird, wird das Gesetz das Böse weder überwinden noch abschaffen können, sondern nur dessen Macht abschwächen und isolieren. In den Tagen des Messias dagegen wird die Herrlichkeit der ursprünglichen Thora wieder errichtet sein und das Gesicht des Gesetzes sich ändern.[5]

Die entscheidende Stelle, an der alle Knoten zusammenlaufen, kommt nun in der folgenden Frage zum Ausdruck: »Wie sollen wir uns die ursprüngliche Struktur der Thora vorstellen, wenn der Messias sie einmal in ihrer Fülle wieder errichtet haben wird?« Der Gegensatz zwischen dem messianischen Gesetz und dem Gesetz des Exils kann offensichtlich nicht der zweier Gesetze mit derselben Struktur und bloß unterschiedlichen Befehlen und Verboten sein. Der Messias kommt nicht einfach nur, um eine neue Gesetzestafel zu bringen, und auch nicht bloß, um die *halakah* abzuschaffen. Seine Aufgabe – die Benjamin einmal mit dem Bild einer kleinen Veränderung, die alles beinahe unverändert belassen wird, ausgedrückt hat (vgl. *GS* II.2, 432 u. VI.1, 419) – ist komplexer, weil die ursprüngliche Struktur des Gesetzes, das es wieder zu errichten gilt, komplexer ist.

5.

Aus dieser Perspektive müssen nun jene Theorien über die Natur der ursprünglichen Thora untersucht werden, die die Kabbalisten bereits seit dem 16. Jahrhundert entwickelt haben, als sie die Ideen aus *Sohar* und von Nachmanides zum Äußersten trieben. Moses Cordovero behauptet in seinem *Shi'ur qomah*, dass »die Tora ihrem innersten Wesen nach aus göttlichen Buchstaben zusammengesetzt ist, die ihrerseits nichts anderes sind als Konfigurationen des göttlichen Lichtes. Erst auf weiteren Stufen fortschreitender Materialisierung schließen sich diese Buchstaben auf verschiedene Weisen zusammen. Zuerst bilden sie Namen, das heißt Gottesnamen, später Appellative und Prädikationen, die das Göttliche umschreiben, und noch später kombinieren sie sich auf neue Weise, in der sie Worte bilden, die sich nun auf irdische Ereignisse und materielle Gegenstände beziehen.« (*Kab.*, 97) Impliziter Ausgangspunkt dieser Konzeption ist, dass die ursprüngliche Thora gar kein bestimmter Text war, sondern nur aus der Gesamtheit der möglichen Kombinationen des jüdischen Alphabets bestand.

Den entscheidenden Schritt in Richtung dieser allmählichen Entsemantisierung des Gesetzes ging Rabbi Eliyhau Kohen Ittamari aus Smirne im 18. Jahrhundert, indem er für die rabbinische Vorschrift, dass die Thora ohne vokalische Zeichen und ohne Interpunktion geschrieben sein muss, eine Erklärung gab, die für Scholem einer regelrechten »Relativierung« (*Kab.*, 99) des Gesetzes gleichkommt – wir werden dagegen sehen, dass sie in Wirklichkeit etwas Anderes und Komplexeres ist. Scholem schreibt:

> Dem Autor zufolge enthält dieser Sachverhalt »einen Hinweis auf den Zustand der Tora, wie sie vor Gottes Antlitz existierte und bevor sie an die niederen Sphären weitergegeben wurde. Denn es gab vor Ihm eine Anzahl Buchstaben, die nicht zu Wörtern vereinigt worden waren, wie es jetzt der Fall ist, weil die eigentliche jeweilige Anordnung der Wörter sich nach der Art und Weise richten würde, wie diese untere Welt sich verhielte. Wegen der Sünde Adams ordnete Gott die Buchstaben vor ihm zu Wörtern an, welche den Tod und andere irdische Gegenstände, beispielsweise die Vorschrift über die Leviratsehe einer Witwe, beschreiben. Dieselben Buchstaben wären zu Wörtern vereinigt worden, die eine andere Geschichte erzählt hätten. [...] Die ursprüngliche Absicht Gottes in der Tora wird aber offenbar werden, wenn der Messias kommen wird, der den Tod für immer verschlingen wird, so daß es keine weitere Anwendungsmöglichkeiten mehr für Dinge in der Tora geben wird, die mit Tod, Unreinheit und dergleichen zu tun haben. Denn dann wird Gott die gegenwärtige Buchstabenkombination, die die Wörter unserer jetzigen Tora bilden, aufheben und wird die Buchstaben zu anderen Wörtern neu zusammenstellen [...]. (*Kab.*, 101–102)

Es gibt auch eine weitere, sehr ähnliche Formulierung, die Baalschem zugeschrieben wird, dem Begründer des Chassidismus in Polen: »In der Tat ist es wahr«, soll er nach Rabbi Pinchas aus Koretz gesagt haben, »daß die heilige Tora ursprünglich nur in einem unzusammenhängenden Durcheinander von Buchstaben geschaffen wurde. […] So waren in der Tat all jene Buchstaben der Tora durcheinandergemischt, und erst wenn irgendein bestimmter Vorgang in der Welt sich ereignete, traten die Buchstaben zu den Wortverbindungen zusammen, in denen dies Ereignis berichtet wird.« (*Kab.*, 103–104)

Die interessanteste – vielleicht auch befremdlichste – Implikation dieser Auffassung ist nicht so sehr die Idee der absoluten Veränderbarkeit und Plastizität des Gesetzes (die Scholem eben als eine »Relativierung der Tora« bezeichnet) als vielmehr die These, nach der die ursprüngliche Form der Thora eine ordnungslose Ansammlung von Buchstaben – also *ohne Bedeutung* – ist. Moshe Idel, nach Scholems Tod heute einer der besten Kenner der Kabbala, wies mich darauf hin, dass die Kabbalisten diese letzte, logisch unausweichliche Implikation wahrscheinlich niemals so krude geäußert hätten. In ihren Augen stünde vielmehr die dazu symmetrische Implikation im Vordergrund, dass die ursprüngliche Thora alle möglichen Bedeutungen enthalte. Diese Bedeutungen waren in ihr, um eine Terminologie zu verwenden, die den Kabbalisten sicherlich vertraut war, nur in Potenz enthalten; im Akt ähnelte die Thora jener noch unbeschriebenen Schreibtafel, von der Aristoteles spricht. In dem Sinne, in dem man in der Logik von »sinnvollen Sätzen« spricht, konnte die ursprüngliche Thora als eine Ansammlung von Buchstaben ohne Ordnung und Artikulation keinerlei Bedeutung haben, und mein Eindruck ist, dass viele der Widersprüche und Aporien des Messianismus ihren Grund und ihre Lösung in ebendieser erstaunlichen These finden, nach der die ursprüngliche Form des Gesetzes kein sinnvoller Satz, sondern gleichsam ein Befehl ist, der nichts befiehlt. Sollte das wahr sein, dann besteht das Kernproblem des Messianismus in folgender Frage: Wie kann der Messias ein Gesetz, das keine Bedeutung hat, wieder errichten?

6.

Bevor wir uns dieser Frage zuwenden, möchte ich eine Interpretation des Messianismus anführen, die in unserem Jahrhundert von jenem Gelehrten vorgeschlagen wurde, der mehr als alle anderen dazu beigetragen hat, unsere Kenntnisse der Kabbala zu erneuern: Gershom Scholem. Der zentralen These seines Essays *Zum Verständnis der messianischen Idee im Judentum* von 1959 zufolge (die dann unzählige Male von Forschern und Kommentatoren wiederholt wurde) wird der Messianismus durch zwei entgegengesetzte Tendenzen angetrieben: Die erste ist eine restaurative Tendenz, die auf eine *restitutio in integrum* des Ursprungs zielt, die zweite ein utopischer Impuls, der dagegen auf Zukunft und Erneuerung ausgerichtet ist. Der aus diesen zwei konfligierenden Kräften hervorgehende Widerspruch erklärt sowohl die Antinomien des Messianismus wie auch das, was Scholem als dessen Grundzug darstellt: ein »Leben im Aufschub«*, in dem nichts zur Erfüllung kommen und nichts endgültig vollzogen werden kann. »Die jüdische sogenannte ›Existenz‹«, schreibt Scholem, »hat das Gespannte, niemals sich wahrhaft Entladende, das nicht Ausgebrannte an sich« (*Judaica*, 74). Eine Variation dieser These ist die von Klausner und von Mowinckel geäußerte Ansicht, nach der der Messianismus zwei entgegengesetzte Tendenzen aufweist: eine erste politische und weltliche sowie eine zweite geistige und übernatürliche. Der unmögliche Versuch, diese zwei antagonistischen Tendenzen zu versöhnen, bezeichnet die Grenze des Messianismus und verleiht der messianischen Zeit ihren eigentümlichen Charakter einer Übergangperiode zwischen zwei Epochen und zwei Zeiten.

Trotz meiner Achtung für diese Gelehrten möchte ich eine Umkehrung ihrer These und damit auch der Vulgata des Messianismus vorschlagen. Nicht die Spannung zwischen zwei unvereinbaren Tendenzen kann die Aporien des Messianismus erklären, vielmehr ist dessen antinomische Geste die einzige Strategie, die auf der Höhe des spezifischen Problems liegt, mit dem der Messianismus fertig werden muss: das Problem des Gesetzes in seiner ursprünglichen Struktur. Die Vorstellung einer Thora, die nur aus bedeutungslosen Buchstaben besteht, ist kein Freud'scher Kompromiss, um zwei unvereinbare Elemente zu versöhnen, sondern bringt im Gegenteil eine tiefe philosophische Intuition bezüglich der Struktur des Gesetzes zum Ausdruck und stellt somit gleichzeitig den radikalsten Versuch dar, sich mit ihr auseinanderzusetzen.

Jede Interpretation der aporetischen Aspekte des Messianismus muss sie daher vor allem innerhalb dieser Perspektive verorten.

7.

Ich werde hier nur einige dieser Aspekte anführen. Zunächst einmal gibt es jene Passage im *Pesiqta rabbati*, in dem der aus der talmudischen Abhandlung *Sanhedrin* entnommene (und sich auf die Tage des Messias beziehende) Satz »Das Gesetz wird zu seinen Schülern zurückkehren« in »Das Gesetz wird zu seiner neuen Form zurückkehren« abgewandelt wird. Klausner hat den paradoxen Charakter dieser »Rückkehr zum Neuen« hervorgehoben (eine »unnatürliche Erfahrung«, wie er schreibt,[6] die uns Anhängern der Benjamin'schen Gnosis aber vollkommen vertraut ist). Noch paradoxer ist die Idee eines Gebots, dem durch Übertretung entsprochen wird; eine Idee, die für die antinomischeren messianischen Strömungen charakteristisch ist, wie etwa jene von Sabbatai Zwi, der behauptete, dass »die Verletzung der Thora ihre Erfüllung« sei. Diese Formel ist nicht nur nach gängiger Auffassung der Ausdruck einer antinomischen Tendenz, die im Messianismus immer am Werk ist; sie setzt vielmehr eine eigentümliche Auffassung der Struktur des Gesetzes, und insbesondere des Verhältnisses zwischen der Thora von *beri'a* und der Thora von *atziluth*, voraus. Entscheidend ist hier der Begriff der Erfüllung. Er impliziert, dass die Thora in gewisser Weise weiterhin gelte und nicht von einer zweiten Thora außer Kraft gesetzt wurde, die das Gegenteil der ersten befiehlt. Wir finden diesen Begriff mit derselben Bedeutung auch in der christlichen Konzeption des *plērōma* des Gesetzes, wie etwa in *M* 5,17: »Non veni solvere [*katalysai*] sed adimplere [*plērōsai*]«[7] und in der Theorie des Gesetzes, die Paulus im Römerbrief darlegt (8,4: »Ut iustificatio legis impleretur in nobis«)[8]. Es handelt sich hier nicht einfach nur um antinomische Tendenzen, sondern um einen Versuch, dem pleromatischen Zustand der Thora zu begegnen, wenn sie ihrer ursprünglichen Gestalt zurückgegeben wird, in der sie weder Gebote noch Verbote, sondern nur eine ordnungslose Ansammlung von Buchstaben enthält. Von dieser Perspektive aus muss die eigenartige Behauptung im tanaitischen *midrash Mekilte* gelesen werden, nach der »am Ende die Tora dazu bestimmt ist, vergessen zu werden«, eine Ansicht, die im sabbatischen Kontext so reformuliert werden könnte: »Die Erfüllung der Tora ist ihre Vergessenheit.«

Ähnliche Überlegungen können auch für den sogenannten »Interims«-Charakter des messianischen Reiches angestellt werden, der in den Worten Herings zwischen »dem gegenwärtigen und dem zukünftigen Zeitalter zu oszillieren« scheint. Am Anfang repräsentierte der Messias nämlich die eschatologische Verwirklichung des göttlichen Reiches, wenn Jahwe als König erscheinen und seinem Volk das Heil bringen würde. In der rabbinischen Literatur bedeutet allerdings der Ausdruck »die Tage des Messias« nur die Periode zwischen gegenwärtiger Zeit und kommender Welt (›*olam ha-ba*‹). In der Abhandlung *Sanhedrin* (97 a) lesen wir: »Die Welt wird sechstausend Jahre dauern: zweitausend im Chaos, zweitausend unter dem Gesetz, zweitausend in der messianischen Zeit«. Mowinckel erklärt diesen Interimscharakter der messianischen Zeit als einen Versuch, die zwei entgegengesetzten Tendenzen des Messianismus zu versöhnen: die politische und die übernatürliche.[9] Ich möchte allerdings Ihre Aufmerksamkeit auf die Worte lenken, die im Text des *Sanhedrin* unmittelbar auf jene folgen, die ich gerade zitiert habe: »Wegen unserer Boshaftigkeit ist aus der letzten Periode Zeit verloren gegangen« (d.h.: die Zeit unter dem Gesetz ist vorbei, aber der Messias ist noch nicht gekommen). Hier, genauso wie im Denken Benjamins, wo die messianische Zeit von der historischen Zeit nicht chronologisch unterschieden wird, sind die Tage des Messias keine zeitliche Abfolge, die zwischen der historischen Zeit und der kommenden Welt verortet ist. Vielmehr sind sie gleichsam in der Form eines Aufschubs und einer Verschiebung der Zeit unter dem Gesetz, und somit als Effekt einer fehlenden Zeit in der Geschichte, anwesend.

Eine der Paradoxien des messianischen Reiches ist in der Tat, dass eine andere Welt und eine andere Zeit in dieser Welt und dieser Zeit anwesend werden sollen. Das heißt, dass die historische Zeit nicht einfach nur gelöscht werden und dass auf der anderen Seite die messianische Zeit auch nicht vollkommen mit der Geschichte homogen sein kann: Die zwei Zeiten müssen vielmehr nach Modalitäten zusammenwohnen, die sich der binären Logik (diese Welt / jenseitige Welt) nicht fügen. In diesem Sinne hat der klügste italienische Mythenforscher Furio Jesi, um die Seinsweise des Mythos zu erfassen, einmal vorgeschlagen, im logischen Gegensatz »ist / ist nicht« einen dritten Terminus einzuführen: »es (gibt) ist nicht« [*ci non è*].[10] Eher als mit einer Kompromissbildung zwischen zwei unvereinbaren Thesen haben wir es hier vielleicht mit dem Versuch zu tun, die verborgene Struktur der historischen Zeit als solche ans Licht zu bringen.

8.

Wenn wir nun zu unserem Ausgangspunkt, der achten These Benjamins, zurückkehren, zeigt sich unter diesem Blickwinkel die Berechtigung und Stichhaltigkeit der Parallele, die er zwischen historischer Zeit und Ausnahmezustand etablierte. Ebenfalls können wir in diesem Licht versuchen, die strukturelle Analogie, die das Gesetz in seinem ursprünglichen Zustand mit dem Ausnahmezustand verbindet, zu erhellen. Genau dieses Problem steht im Zentrum des Briefwechsels zwischen Benjamin und Scholem von Juli bis September 1934, als Benjamin die erste Version seines Kafka-Essays für die *Jüdische Rundschau* beendet hatte. Das Thema jener Briefe ist die Gesetzesauffassung in Kafkas Werk.

Schon bei der ersten Lektüre des Essays stimmt Scholem mit seinem Freund in diesem Punkt nicht überein. »Da bist Du«, schreibt er, »mit der Ausschaltung der Theologie viel zu weit gegangen, das Kind mit dem Bade auszuschütten.« Scholem definiert die Beziehung zum Gesetz in Kafkas Romanen und insbesondere im *Process*, als ein »Nichts der Offenbarung« und meint mit dieser Wendung »ein Stand, in dem [die Offenbarung] bedeutungsleer erscheint, in dem sie zwar noch sich behauptet, in dem sie *gilt*, aber nicht *bedeutet*.* Wo der Reichtum der Bedeutung wegfällt und das Erscheinende, wie auf einen Nullpunkt des eigenen Gehalts reduziert, dennoch nicht verschwindet […], da tritt sein Nichts hervor.« Ein Gesetz, das sich in einem solchen Zustand befindet, schreibt Scholem weiter, »ist nicht abwesend, sondern unvollziehbar«: »Nicht so sehr Schüler, denen die Schrift abhanden gekommen ist […] als Schüler, die sie nicht enträtseln können, sind jene Studenten, von denen Du am Ende sprichst.«[11]

Geltung ohne Bedeutung* – dies ist für Scholem die richtige Definition des Gesetzeszustands in Kafkas Roman. Eine Welt, in der sich das Gesetz in diesem Zustand befindet und wo »jeder Schritt so unvollziehbar wird«, ist keine idyllische Welt, sondern eine verworfene. Dennoch erhält sich das Gesetz dort, wenn auch in äußerster Reduzierung, am »Nullpunkt des eigenen Gehalts«.

Wenn ich mich nicht täusche, vergleicht Scholem in keiner seiner späteren Untersuchungen diese prägnante Definition des Gesetzes im Kafka'schen Universum – Geltung ohne Bedeutung – mit der kabbalistischen und messianischen Auffassung der Thora als einer Ansammlung von Buchstaben ohne Ordnung und Bedeutung. Allerdings zeigt sich bereits nach kurzer Überlegung, dass wir es hier mit mehr als einer bloßen Analogie zu tun haben. Die Formel »Geltung ohne Bedeutung«* passt ausgezeichnet zum Zustand der Thora vor Gott, wenn sie zwar gilt, jedoch weder einen bestimmten Inhalt noch eine bestimmte Bedeutung angenommen hat. Die Entsprechung gilt aber auch bezüglich des Ausnahmezustands und seiner Verabsolutierung, die in den Texten Benjamins, von denen wir ausgegangen sind, angedacht wird. Ich möchte in der Tat die Hypothese aufstellen, dass die Formel »Geltung ohne Bedeutung« nicht nur den Zustand der Thora vor Gott, sondern auch und vor allem unser gegenwärtiges Verhältnis zum Gesetz – den Ausnahmezustand, in dem wir laut Benjamin leben – ausmacht. Kaum eine andere Formel bringt die Auffassung des Gesetzes, die unsere Zeit vor sich hat und mit der sie nicht fertig wird, besser zum Ausdruck.

Was ist nämlich ein Ausnahmezustand, wenn nicht ein Gesetz, das in Geltung ist, aber nichts bedeutet? Die Selbstaufhebung des Gesetzes, das sich auf den Einzelfall anwendet, indem es sich von diesem abwendet, zurückzieht und ihn jedoch in seinen Bann hält, ist die paradigmatische Gestalt einer Geltung ohne Bedeutung*. Benjamins Diagnose hat mithin nach fünfzig Jahren weder ihre Aktualität noch ihre Triftigkeit eingebüßt. Denn inzwischen ist in jedem Bereich unserer kulturellen Überlieferung von der Politik zur Ökonomie, von der Philosophie zur Literatur der Ausnahmezustand zur Regel geworden. Auf dem gesamten Planeten, in Europa wie in Asien, in den fortgeschrittenen Industrieländern wie in der dritten Welt, leben wir heute im Bann einer Überlieferung, die sich in einem permanenten Ausnahmezustand befindet. Und jede Macht, ob demokratisch oder totalitär, traditionell oder revolutionär, ist in eine Legitimitätskrise geraten, in welcher der Ausnahmezustand, der das verborgene Fundament des Systems war, ans volle Licht tritt. Wenn das Paradox der Souveränität die Form hatte: »Es gibt kein Außerhalb des Gesetzes« kehrt sich das Paradox in unserer Zeit, wo die Ausnahme zur Regel geworden ist, in exakt symmetrischer Form um: »Es gibt kein Innerhalb des Gesetzes«, alles – auch das Gesetz – ist außerhalb des Gesetzes. Und die gesamte Menschheit, der gesamte Planet werden nun eine Ausnahme, die das Gesetz in seinen Bann zusammenhalten muss. Wir leben heute in diesem messianischen Paradox, und jeder Aspekt unserer Existenz ist davon gezeichnet.

Der Erfolg der Dekonstruktion in unserer Zeit gründet sich genau in der Tatsache, dass sie den gesamten Text der Überlieferung, das ganze Gesetz als eine Geltung ohne Bedeutung* auffasst. In den Worten Scholems könnten wir sagen, dass das zeitgenössische Denken dazu tendiert, das Gesetz (im weitesten

Sinne des Wortes als gesamte Überlieferung in ihrer regulativen Funktion) zu einem Nichts zu reduzieren und dennoch dieses Nichts als »Nullpunkt des eigenen Gehalts« aufrechtzuerhalten. Auf diese Weise wird das Gesetz unbegreiflich und gerade deshalb unüberwindbar, nicht absetzbar (in den Worten der Dekonstruktion: unentscheidbar). Wir können die Situation unserer Zeit mit der eines versteinerten oder gelähmten Messianismus vergleichen, der, wie jeder Messianismus, das Gesetz vernichtet, um ihn dennoch als ein Nichts der Offenbarung in einem permanenten und unendlichen Ausnahmezustand aufrechtzuerhalten, »den Ausnahmezustand, in dem wir leben«.

9.

Nur vor diesem Hintergrund gewinnen die Thesen Benjamins ihre eigentliche Bedeutung. Im Brief vom 11. August 1934 schreibt er an Scholem, dass er Kafkas Drängen auf das Gesetz »für den toten Punkt seines Werkes« hält (*Briefw.*, 167); in einem Entwurf desselben Briefes fügt er hinzu, dass auch seine Interpretation sich schließlich daran wird messen müssen (»Sollte [das Drängen auf das Gesetz] in Kafkas Werk dennoch eine Funktion haben – was ich dahingestellt sein lasse – so wird auch eine Interpretation die von Bildern ausgeht – wie die meinige – auf sie führen.« – *GS* II.3, 1245). Wenn wir die Äquivalenz von Messianismus und Nihilismus akzeptieren (von der sowohl Scholem als auch Benjamin, wenn auch auf jeweils unterschiedliche Weise, überzeugt waren), so müssen wir zwischen zwei verschiedenen Formen von Messianismus (oder von Nihilismus) unterscheiden: eine erste (die wir auch unvollkommener Messianismus nennen können), die das Gesetz vernichtet, aber dessen Nichts in eine andauernde und unendlich aufgeschobene Geltung aufrechterhält, und ein vollkommener Messianismus, der die Geltung nicht jenseits von dessen Bedeutung überleben lässt, sondern wie Benjamin von Kafka schreibt »auf der Kehrseite dieses ›Nichts‹ […] die Erlösung zu ertasten versucht« (*Briefw.*, 160). Gegen Scholems Konzeption einer Geltung ohne Bedeutung, eines Gesetzes, das gilt, aber nichts befiehlt oder vorschreibt, wendet Benjamin ein:

> Ob sie den Schülern abhanden gekommen ist oder ob sie sie nicht enträtseln können, kommt darum auf das gleiche hinaus, weil die Schrift ohne den zu ihr gehörigen Schlüssel eben nicht Schrift ist, sondern Leben. Leben wie es im Dorf am Schloßberg geführt wird. In dem Versuch der Verwandlung des Lebens in Schrift sehe ich den Sinn der »Umkehr«, auf welche zahlreiche Gleichnisse Kafkas […] hindrängen. (*Briefw.*, 155–156)

Von dieser Perspektive aus gesehen, wird die Aufgabe des Messias umso schwieriger: Er muss nicht einfach nur einem Gesetz entgegentreten, das befiehlt und verbietet, sondern einem Gesetz, das, wie die ursprüngliche Thora, gilt, ohne zu bedeuten. Dies ist jedoch die Aufgabe, an der wir uns, die wir in einem zur Regel gewordenen Ausnahmezustand leben, ebenfalls zu messen haben.

10.

Ich ziehe es vor, meine Darstellung der Benjamin'schen Auffassung des messianischen Gesetzes an dieser Stelle zu unterbrechen und ausgehend von dieser Perspektive stattdessen zu versuchen,

Kafkas Parabel *Vor dem Gesetz* zu lesen, die sowohl in *Ein Landarzt* als auch im *Proceß* zu finden ist. Hierbei möchte ich natürlich nicht nahelegen, dass Benjamin die Parabel so gelesen hätte, wie ich sie lesen werde, sondern vielmehr auf indirektem Weg versuchen, Benjamins Konzeption der messianischen Aufgabe in Form der Kafka'schen Allegorie zu interpretieren. Die Geschichte des Türhüters ist bekannt, der vor dem Tor zum Gesetz steht, in das der Mann vom Lande um Eintritt bittet und sein ganzes Leben lang vergeblich darauf wartet, bloß um am Ende gesagt zu bekommen, dass dieses Tor allein für ihn bestimmt war. Die These, die ich vorschlagen möchte, ist, dass diese Parabel eine Allegorie über den Zustand des Gesetzes in der messianischen Zeit, der Zeit der Geltung ohne Bedeutung, ist. Das offene Tor, in das man nicht eintreten kann, ist eine Chiffre für diesen Zustand des Gesetzes. Die zwei jüngsten Interpretationen der Parabel von Jacques Derrida und Massimo Cacciari beharren beide auf ebendiesem Punkt. Das Gesetz, schreibt Derrida, »bewahrt sich, ohne sich zu bewahren, bewacht von einem Wächter, der nichts bewacht, da die Tür offen bleibt, geöffnet auf nichts«.[12] Und Cacciari unterstreicht mit Entschiedenheit die Tatsache, dass die Macht des Gesetzes gerade in der Unmöglichkeit liegt, in das bereits Offene einzutreten: »Wie können wir hoffen, das Tor zu ›öffnen‹, wenn es bereits offen ist? Wie können wir hoffen, in das Offene einzutreten? [...] Das bereits Offene macht bewegungsunfähig. Der Mann vom Lande kann nicht eintreten, weil es ontologisch unmöglich ist, in das bereits Offene hineinzutreten.«[13] Es fällt nicht schwer, die Analogie zwischen der Situation in der Parabel und dem Gesetz im Zustand der Geltung ohne Bedeutung, in dem es genau in dem Maße gilt, wie es nichts mehr vorschreibt und nicht mehr vollstreckt werden kann, zu erblicken. Der Mann vom Lande ist der Macht des Gesetzes ausgeliefert, weil es von ihm nichts verlangt, ihm nichts anderes als seinen Bann gebietet.

Wenn diese Interpretation stimmt und das offene Tor ein Bild des Gesetzes in Zeiten seiner messianischen Vernichtung ist, wer ist dann aber der Mann vom Lande? In seiner Analyse der Parabel schlägt Kurt Weinberg vor, im sturen, aber schüchternen Mann vom Lande eine »verhinderte Messiasfigur« zu sehen.[14] Diesem Vorschlag kann nur zugestimmt werden, wenn wir den messianischen Kontext in seiner gesamten Tiefe miteinbeziehen. Wer das Buch von Sigmund Hurwitz *Die Gestalt des sterbenden Messias* gelesen hat, wird sich erinnern, dass in der jüdischen Tradition die Gestalt des Messias eine zweifache ist. Seit dem 2. Jahrhundert v. Chr. spaltet sich der Messias in ein Mashiach ben Yosef und in ein Mashiach ben Dawid: Während der Messias aus dem Haus Josephs stirbt und im Kampf gegen die Mächte des Bösen besiegt wird, ist der aus dem Haus Davids ein siegreicher, der am Ende Armilos besiegt und das Reich wieder errichtet. Obwohl die christlichen Theologen gewöhnlich versuchen, diese Verdoppelung der messianischen Gestalt im Dunklen zu lassen, ist offensichtlich, dass Christus, der stirbt und wiederaufersteht, die zwei Messiasse der jüdischen Tradition in seiner Person vereint. Man tut gut zu unterstreichen, dass Kafka seinerseits diese Tradition durch Max Brods Buch *Heidentum, Christentum, Judentum* geläufig war.

Scholem hat einmal geschrieben, dass der Mashiach ben Yosef eine trostlose Gestalt ist, die nichts erlöst und deren Zerstörung der Zerstörung der Geschichte gleichkommt. Obwohl diese Diagnose sicherlich stimmt, bin ich keinesfalls sicher, ob sie sich vollständig aufrechterhalten lässt, wenn man die Funktion bedenkt, die der Mashiach ben Yosef in der Ökonomie der Verdoppelung der messianischen Gestalt erfüllen musste (und die Kafka im Sinn gehabt haben muss, als er seinen ländlichen Messias ersann). Auch in der christlichen Tradition, die einen einzigen Messias kennt, hat dieser eine doppelte Aufgabe, weil er gleichzeitig

Erlöser und Gesetzgeber ist; und gerade die Dialektik zwischen diesen zwei Aufgaben stellt für die Theologien das spezifische Problem des Messianismus dar. (In seiner Abhandlung über das Gesetz charakterisiert Campanella, gegen Luther und Abaelard polemisierend, die Gestalt des Messias genau durch diese Dialektik: »Luterus non agnoscit legislatorem, sed redemptorem, Petrus Abelardus agnoscit solum legislatorem, non autem redemptorem. Ecclesia catholica utrumque agnoscit.«)[15]

Ein eigentümlicher Zug von Kafkas Allegorien ist, dass sie häufig am Ende die Möglichkeit einer Umkehrung enthalten, die ihre Bedeutung vollkommen umstößt. Alle Interpreten der Parabel *Vor dem Gesetz* lesen sie in letzter Instanz als Apolog einer Niederlage, des irreparablen Scheiterns des Mannes vom Lande vor der unmöglichen Aufgabe, die ihm das Gesetz stellt. Auf diese Weise scheinen sie aber gerade die Worte zu vergessen, mit denen die Geschichte endet: »Hier konnte niemand sonst Einlaß erhalten, denn dieser Eingang war nur für dich bestimmt. Ich gehe jetzt und schließe ihn.*« Wenn es stimmt, dass, wie wir gesehen haben, die unbesiegbare Macht des Gesetzes gerade in seiner Offenheit lag, dann können wir uns auch vorstellen, dass das Verhalten des Mannes vom Lande nichts anderes als eine ausgeklügelte Strategie war, die Schließung des Gesetzes zu bewirken und damit dessen Geltung ohne Bedeutung zu unterbrechen. Der letzte Sinn der Legende ist dann nicht einfach nur, in den Worten Derridas, der eines »Ereignisses [...], das dazu kommt, nicht einzutreffen«[16] (oder das geschieht, ohne zu geschehen: »Un événement qui arrive à ne pas arriver.«*), im Gegenteil: hier wird wirklich und endgültig etwas vollendet. Die scheinbaren Aporien des Mannes vom Lande drücken daher vielmehr die Komplexität der messianischen Aufgabe aus, die in ihnen allegorisiert ist.

In diesem Sinne muss man die rätselhafte Passage aus den

Oktavheften lesen, in der gesagt wird, dass der »Messias [...] erst kommen [wird], wenn er nicht mehr nötig sein wird, er wird erst nach seiner Ankunft kommen, er wird nicht am letzten Tag kommen, sondern am allerletzten«.[17] Die durch dieses messianische *theologoumenon* implizierte eigentümliche doppelte Struktur entspricht dem Paradigma, das Benjamin im Sinn gehabt haben muss, als er in der achten These von einem »wirklichen Ausnahmezustand« spricht, der dem Ausnahmezustand, in dem wir leben, entgegengesetzt ist. Dieses Paradigma ist die einzige Weise, in der so etwas wie ein *eschaton* – also etwas, das der historischen Zeit und ihrem Gesetz angehört und ihnen zugleich ein Ende setzt – gedacht werden kann. In der Perspektive einer Geltung ohne Bedeutung haben wir es hier nur mit Ereignissen zu tun, die eintreten, ohne sich zu ereignen, und sich auf diese Weise ins Unbestimmte aufschieben. Hier dagegen wird das messianische Ereignis vermittels einer einheitlichen und zugleich doppelten Figur gedacht, die wahrscheinlich den wahren Sinn der Spaltung des einzigen Messias (wie auch des einzigen Gesetzes) in zwei unterschiedlichen Figuren darstellt: eine, die sich mit dem Verzehr der Geschichte verzehrt, und eine andere, die sich gleichsam nur am Tag nach ihrer Ankunft ereignet. Nur auf diese Weise kann das Ereignis des Messias mit der historischen Zeit übereinstimmen und gleichwohl nicht mir ihr identisch sein: indem im *eschaton* jene »kleine Verschiebung« wirksam wird, in der, nach dem rabbinischen Spruch, den Benjamin aufgreift, das messianische Reich besteht.

Anmerkungen

1 Walter Benjamin, *Gesammelte Schriften* (= *GS*), Bd. 1.2, hg. v. R. Tiedemann und H. Schweppenhäuser, Frankfurt am Main: Suhrkamp 1974, S. 697.
2 Carl Schmitt, *Politische Theologie. Vier Kapitel zur Lehre von der Souveränität*, München–Leipzig: Duncker & Humblot 1922, S. 13.
3 Ebd., S. 21.
4 Gershom Scholem, »Der Sinn der Tora in der jüdischen Mystik«, in: ders., *Zur Kabbala und ihrer Symbolik* (= *Kab.*), Zürich: Rhein-Verlag 1960, S. 49–116.
5 Vgl. »Zum Verständnis der messianischen Idee im Judentum«, in: Gershom Scholem, *Judaica* 1 (= *Judaica*), Frankfurt am Main: Suhrkamp 1963, S. 47–50.
6 Joseph Klausner, *The Messianic Idea in Israel*, New York: Macmillan 1955, S. 445–446.
7 »ich bin nicht gekommen, um aufzulösen, sondern zu erfüllen, *Mt* 5,17.
8 »auf daß die Gerechtigkeit, vom Gesetz erfordert, in uns erfüllt würde«, *Röm* 8,4.
9 Vgl. Sigmund Mowinckel, *He that cometh. The Messianic Concept in the Old Testament and Later Judaism*, Oxford: Blackwell 1956, S. 277.
10 Vgl. Furio Jesi, *Lettura del* Bateau Ivre *di Rimbaud*, Macerata: Quodlibet 1996, S. 29.
11 Walter Benjamin / Gerscholm Scholem, *Briefwechsel 1933–1940* (= *Briefw.*), hg. v. G. Scholem, Frankfurt am Main: Suhrkamp 1980, S. 154, 158 u. 175.
12 Jacques Derrida, *Préjugés*, Wien: Passagen 1999, S. 66.
13 Massimo Cacciari, *Icone della legge*, Milano: Adelphi 1985, S. 69.
14 Kurt Weinberg, *Kafkas Dichtungen. Die Travestien des Mythos*, Bern–München: Francke 1963, S. 132.
15 »Luther anerkennt nicht den Gesetzgeber, sondern nur den Erlöser; Petrus Abelardus anerkennt allein den Gesetzgeber, nicht aber den Erlöser. Die katholische Kirche anerkennt beide.«

16 Derrida, *Préjugés*, a. a. O., S. 73.

17 Franz Kafka, *Beim Bau der chinesischen Mauer*, in: Ders., *Gesammelte Werke in zwölf Bänden*, Bd. 6., Frankfurt am Main: Fischer 1994, S. 182.

III. Vermögen

Die Macht des Denkens

Was heißt »Ich kann«?

Der Begriff der Potenz bzw. des Vermögens hat innerhalb der abendländischen Philosophie eine lange Geschichte und nimmt darin, zumindest seit Aristoteles, eine zentrale Stellung ein. Aristoteles kontrastiert – und verbindet dadurch zugleich – das Vermögen (*dynamis*) und die Verwirklichung (*energeia*). Diese Gegenüberstellung, die sowohl seine Metaphysik als auch seine Physik durchzieht, bildet das Erbe, das er zunächst der Philosophie, darüber hinaus aber auch der Wissenschaft des Mittelalters und der Neuzeit hinterließ. Wenn ich beschlossen habe, hier und heute über den *Begriff der Potenz bzw. des Vermögens* zu sprechen, dann deshalb, weil meine Absicht keine rein historiographische ist. Es handelt sich für mich nicht darum, philosophische Kategorien zu aktualisieren, die längst in Vergessenheit geraten sind. Ich bin im Gegenteil davon überzeugt, dass dieser Begriff niemals aufgehört hat, im Leben und in der Geschichte, im Denken und in der Praxis jenes Teils der Menschheit zu wirken, der seine eigene *Potenz* [*potenza*] derart angereichert und entfaltet hat, dass er seine *Macht* [*potere*] nun dem ganzen Planeten aufzwingt. Vielmehr ließe sich das Thema meiner Überlegungen – und darin folge ich Wittgensteins Hinweis, dass philosophische Probleme klarer werden, wenn wir sie als Fragen nach der Bedeutung der Worte reformulieren – als Versuch beschreiben, die

Bedeutung des Syntagmas »ich kann« zu verstehen. Was meinen wir, wenn wir sagen: »ich kann, ich kann nicht«?

In der kurzen Einleitung zu dem Gedichtband *Requiem* erzählt Anna Achmatowa, wie die darin enthaltenen Gedichte entstanden sind. Es waren die Jahre der Eschowschina, und seit Monaten stand die Dichterin vor der Haftanstalt von Leningrad Schlange in der Hoffnung, etwas über den Verbleib ihres Sohnes zu erfahren, der wegen politischer Verbrechen festgenommen worden war. Mit ihr standen Dutzende anderer Frauen an, die sich jeden Morgen am selben Ort wieder versammelten. Eines Morgens wurde sie von einer dieser Frauen wiedererkannt. Die Frau richtete eine einzige Frage an sie: »Können sie das sagen?« Achmatowa verstummte einen Augenblick lang, und dann ging ihr plötzlich, ohne zu wissen, warum, folgende Antwort von den Lippen: »Ja, ich kann.«

Ich habe mich oft gefragt, was Achmatowa damit sagen wollte. Etwa, dass sie über ein ansehnliches poetisches Talent verfügte? Dass sie die Sprache mit derart viel Geschick handhabte, dass sie in der Lage war, diese so grauenvolle, so schwer auszudrückende Erfahrung zu beschreiben? Ich glaube nicht; das war es wohl nicht, was sie sagen wollte. Für jeden Menschen kommt irgendwann der Augenblick, in dem er dieses »ich kann« aussprechen muss, das sich auf keinerlei Gewissheit stützt und auf keinerlei bestimmte Fähigkeit verweist – und ihn dennoch vollständig in Anspruch nimmt und aufs Spiel setzt. Dieses »ich kann«, jenseits von jeglicher Befähigung und von jedweder Fertigkeit, diese Behauptung, die nichts bedeutet, stellt das Subjekt der möglicherweise anspruchsvollsten – und dennoch unabwendbaren – Erfahrung gegenüber, an der es sich zu messen hat: der Erfahrung der Potenz.

Was ist ein Vermögen?

> Es gibt dennoch eine Aporie: warum gibt es keine Wahrnehmung der Sinne selbst? [*tōn aisthēseōn … aisthēsis*] Warum bringen diese ohne die Außendinge keine Wahrnehmung hervor, obgleich doch Feuer, Erde und die anderen Elemente in ihnen vorhanden sind, die Gegenstand der Wahrnehmung sind? Es ist klar, dass das Wahrnehmungsvermögen [*to aisthētikon*] nicht aktuell, sondern nur potentiell [*dynamei monon*] da ist. Deshalb nimmt es nicht wahr, wie das Brennbare nicht ohne den Zündstoff brennt: denn sonst würde es sich selbst verbrennen und bedürfte mitnichten des wirklich existierenden [*entelecheia … ontos*] Feuers.

Wir sind so sehr daran gewöhnt, die Sinnlichkeit als ein Vermögen der Seele vorzustellen, dass uns diese Stelle aus *De anima* (417 a 2–9) keinerlei Schwierigkeiten zu bereiten scheint. Das Vokabular der Potenz und des Vermögens ist derart tief in uns verankert, dass wir nicht merken, wie in diesen Zeilen zum ersten Mal ein grundlegendes Problem auftaucht, das als solches nur in einigen entscheidenden historischen Momenten zutage tritt (einer dieser Momente im neuzeitlichen Denken stellt Kants Werk dar). Dieses Problem – das nichts anderes ist als das ursprüngliche Problem der Potenz – findet in folgender Frage seinen Ausdruck: »Was heißt es, ein Vermögen zu haben? Auf welche Weise existiert so etwas wie ein ›Vermögen‹?«

Im archaischen Griechenland wurden weder die Sinnlichkeit noch der Verstand (und noch viel weniger der Wille) als »Vermögen« eines Subjekts aufgefasst. Als Handlungsbezeichnung mit der Endung *-sis* drückt das Wort *aisthēsis* selbst eine reale Tätigkeit aus. Wie kann es dann aber eine Wahrnehmung ohne Wahrnehmungsgeschehen geben, eine *aisthēsis* im Zustand der Anästhesie? Diese Fragen führen uns unmittelbar vor das Problem, das Aristoteles als *dynamis* oder Vermögen bezeichnet (man sollte immer bedenken, dass dieser Begriff sowohl Potenz als auch Möglichkeit bedeutet und dass diese beiden Bedeutungen nie voneinander getrennt werden sollten, was in modernen Übersetzungen leider der Fall ist). Wenn wir sagen, dass ein Mensch das »Vermögen« zu sehen oder zu sprechen hat (oder, wie Hegel schreibt und Heidegger auf seine Weise wiederholt, den Tod »vermag«), wenn wir einfach sagen, »das liegt nicht in meinem Vermögen«, dann bewegen wir uns bereits in der Sphäre der Potenz. Mithin drückt der Begriff »Vermögen« die Art und Weise aus, wie eine bestimmte Handlung von sich selbst getrennt ist und einem Subjekt zugesprochen wird, die Art und Weise, wie ein Lebewesen seine Lebenspraxis »hat«. So etwas wie ein »Vermögen« wahrzunehmen, wird vom aktuellen Wahrnehmen unterschieden, damit das Wahrnehmen dem Subjekt als etwas eigenes zugewiesen werden kann. In diesem Sinne enthält die aristotelische Vermögenslehre eine Archäologie der Subjektivität, es ist die Art und Weise, in der sich das Problem des Subjekts einem Denken ankündigt, das davon noch keinen Begriff hat. *Hexis* (von *echō*, »haben«), die Haltung oder das Vermögen, ist der Name, mit dem Aristoteles diese In-Existenz der Wahrnehmung (und seiner weiteren Vermögen) in einem Lebewesen benennt. Das, was es auf diese Weise »hat«, ist keine bloße Abwesenheit, sondern nimmt vielmehr die Form einer Privation an (in Aristoteles' Wortschatz steht *sterēsis*, »Privation«, in einem strategischen Verhältnis zu *hexis*), etwas also, das die Präsenz dessen bezeugt, was im Akt fehlt. Eine Potenz bzw. ein »Vermögen« haben heißt dann: eine Privation haben. Aus diesem Grund nimmt die Wahrnehmung sich selbst nicht wahr, so wie der Brennstoff nicht an sich selbst brennt. Das Vermögen ist daher die *hexis* einer *sterēsis*: »Manchmal«, heißt es in *Metaph.* 1019 b 5–8, »ist der Vermögende deshalb vermögend, weil er etwas hat, manchmal weil es ihm fehlt. Wenn die Privation auf irgendeine Weise eine *hexis* ist, so ist der Vermögende entweder deshalb vermögend, weil er eine bestimmte *hexis* hat, oder aber, weil er dessen *sterēsis* hat«.

Eine Privation haben

Dass sich Aristoteles für diese zweite Form des Vermögens interessiert (das Haben einer Privation), geht aus dem Absatz von *De anima* hervor, der gleich an denjenigen anschließt, mit dem wir ansetzten. Aristoteles unterscheidet hier (417 a 21 f.) ein allgemeines Vermögen einerseits, wonach wir von einem Kind sagen, dass es das Vermögen zur Wissenschaft hat oder dass es potentiell ein Architekt oder ein Staatsoberhaupt ist, vom Vermögen andererseits, das demjenigen zukommt, der bereits die einem bestimmten Wissen oder einer bestimmten Fertigkeit entsprechende *hexis* besitzt. In diesem zweiten Sinne sagt man, dass der Architekt auch dann das Vermögen zum Bauen hat, wenn er gerade nicht baut, oder dass der Lautenspieler auch dann das Vermögen zu spielen hat, wenn er gerade nicht spielt. Das Vermögen, um das es hier geht, unterscheidet sich wesentlich von dem allgemeinen Vermögen, das dem Kind zukommt. Das Kind, schreibt Aristoteles, ist insofern vermögend, als es durch den Lernprozess eine Veränderung wird durchmachen müssen; derjenige, der bereits eine Technik beherrscht, muss hingegen keine Veränderung erleiden, sein Vermögen beruht vielmehr auf einer *hexis*, die er entweder nicht aktualisieren oder eben aktualisieren kann, indem er von einem Zustand der Nicht-Verwirklichung in einen Zustand der Verwirklichung übergeht (*ek tou … mē energein de, eis to energein*, 417 a 32b–1). Das Vermögen ist somit wesentlich als die Möglichkeit seiner Nicht-Ausübung definiert, so wie *hexis* bedeutet: Verfügbarkeit einer Privation. Der Baumeister ist also insofern vermögend, als er nicht-bauen kann, und der Lautenspieler ist es deshalb, weil er, im Gegensatz zu demjenigen, der bloß in einem allgemeinen Sinne vermögend genannt wird und der schlechterdings die Laute nicht spielen kann, die Laute nicht-spielen kann.

Das ist in der *Metaphysik* Aristoteles' Antwort auf die These der Megariker, die (im Übrigen nicht ohne guten Grund) behaupteten, die Potenz existiere nur im Akt (*hotan energē monon dynasthai, hotan de mē energē ou dynasthai*, 1046 b 29–30). Wenn dies der Fall wäre, gibt Aristoteles zu bedenken, so könnten wir den Architekten nicht als Architekten ansehen, wenn er nicht baut und den Arzt nicht als Arzt bezeichnen, wenn er seine Kunst nicht ausübt. In Frage steht somit die Seinsweise der Potenz, die in der Gestalt der *hexis*, der Herrschaft über die Privation, *existiert*. Es gibt eine Form, eine Präsenz dessen, was nicht aktuell ist und diese privative Präsenz ist die Potenz. Wie Aristoteles in einem außerordentlichen Passus der *Physik* rückhaltlos behauptet: »Die *sterēsis*, die Privation ist wie eine Form [*eidos ti*, eine Art Anblick: *eidos* von *eidenai,* »sehen«]« (193 b 19–20).

Vom Dunklen

Eine der aufschlussreichsten Erscheinungsweisen dieser privativen Präsenz des Vermögens in *De anima* ist das Dunkle (*to skotos*). Aristoteles behandelt hier die Sinneswahrnehmung und insbesondere das Sehen (418 a 26 – 418 b 31). Der Gegenstand des

Sehsinns, schreibt er, ist die Farbe, sowie darüber hinaus etwas anderes, für das wir keinen Namen haben, das wir aber, so Aristoteles' Vorschlag, das Diaphane (*diaphanes*) bzw. das Durchscheinende nennen könnten. Der Ausdruck bezeichnet hier nicht bloß durchsichtige Körper wie die Luft oder das Wasser, sondern eine bestimmte »Natur« (*physis*), die in jedem von ihnen enthalten ist und die das konstituiert, was in jedem Körper eigentlich zu sehen ist. Aristoteles definiert diese Natur nicht, sondern beschränkt sich darauf, ihre Existenz zu postulieren (*esti de ti diaphanes*, »es gibt also das Diaphane«); andererseits behauptet er, dass der Akt dieser Natur als solcher das Licht ist und dass die Dunkelheit dessen Potenz darstellt (418 b 9–10). Und wenn das Licht, wie er wenig später hinzufügt, die Farbe des Diaphanen im Akt ist (*to de phōs hoion chrōma esti tou diaphanous, hotan ē entelecheia diaphanes*), so wäre es nicht verkehrt, wenn man das Dunkle, die *sterēsis* des Lichts also, nun als die Farbe der Potenz definierte. In jedem Falle ist es ein und dieselbe Natur, die sich einmal als Dunkelheit und einmal als Licht darstellt (*hē gar autē physis hote men skotos hote de phōs estin*, 418 b 31 – 419 a 1).

(Der Gemeinplatz, wonach die antike Metaphysik eine Lichtmetaphysik gewesen sei, ist in dieser Hinsicht ungenau. Es handelt sich vielmehr um eine Metaphysik des Diaphanen, dieser anonymen *physis*, die sowohl der Dunkelheit wie auch des Lichts fähig ist.)

Wenn es einige Seiten später um den Gemeinsinn *sensus communis* geht, fragt sich Aristoteles, wie es kommt, dass wir uns, wenn wir sehen, als Sehende wahrnehmen bzw. wir uns, wenn wir hören, als Hörende wahrnehmen (*aisthanometha hoti horōmen*, 425 b 12). Was das Sehen betrifft, so könnten wir uns entweder durch einen anderen Sinn oder aber durch das Sehen selbst wahrnehmen. Aristoteles' Antwort lautet, dass wir uns mit demselben Sinn als Sehende wahrnehmen, mit dem wir auch sehen. Darin liegt aber eine Aporie:

> Da nun das Wahrnehmen mit dem Sehsinn Sehen heißt, die Farbe aber oder das, was Farbe hat, gesehen wird, so muss, wenn wir das Sehende sehen, dieses Prinzip des Sehens [*to horōn prōton*] seinerseits notwendig farbig sein. Es ist also deutlich, dass das Wahrnehmen mit dem Sehsinn mehr als nur eine Bedeutung hat. Denn selbst wenn wir nicht sehen, können wir mit dem Sehsinn dennoch die Dunkelheit vom Licht unterscheiden, wenn auch auf andere Weise. Folglich ist das Prinzip des Sehens gewissermaßen farbig. (425 b 17–25)

In diesem grandiosen Absatz, in dem das Wesensverhältnis zwischen dem Problem der Potenz und dem der Selbstaffektion sichtbar wird, wiederholt und entfaltet Aristoteles die anfängliche Frage: »Warum gibt es, in Abwesenheit äußerer Gegenstände, keine Wahrnehmung der Sinne selbst?«, die er damit beantwortet hatte, dass dies deshalb der Fall sei, weil die Wahrnehmung lediglich potentiell, nicht aber aktuell sei. Die darauf folgenden Überlegungen lassen den Sinn dieser Antwort deutlicher werden. Wenn wir nicht sehen (d.h. wenn unser Sehen potentiell bleibt), können wir dennoch die Dunkelheit vom Licht unterscheiden, wir sehen gleichsam das Dunkle als die Farbe des Sehens in Potenz. Das Prinzip des Sehens »ist gewissermaßen farbig«, und seine Farben sind die Dunkelheit und das Licht, die Potenz und der Akt, die Privation und die Präsenz. Dass man sich als sehend wahrnehmen kann, bedeutet dann, dass das Prinzip des Sehens sowohl als Vermögen zu sehen als auch als Vermögen nicht-zu-sehen existiert und Letzteres nicht bloß eine Abwesenheit ist, sondern etwas Existierendes, die *hexis* einer Privation.

Die moderne Neurophysiologie scheint in diesem Punkt mit Aristoteles einig zu sein: Wenn wir aufgrund einer fehlenden

Lichtquelle oder aber weil unsere Augen geschlossen sind, keine äußeren Gegenstände sehen, bedeutet dies noch keineswegs, dass unsere Netzhaut nicht tätig ist. Das Fehlen des Lichts aktiviert im Gegenteil eine Reihe von Randzellen, *off-cells* genannt, die jene besondere Selbstaffektion der Netzhaut bewirken, die wir Dunkelheit nennen. Die Dunkelheit ist wahrlich die Farbe der Potenz, und die Potenz ist wesentlich die Verfügbarkeit einer *sterēsis*, das Vermögen nicht-zu-sehen.

Vermögen zur Dunkelheit

In dem *De anima*-Kommentar erfasst Themistios mit besonderer Schärfe sämtliche Implikationen dieses Abschnitts:

> Besäße die Wahrnehmung nicht sowohl die Potenz zum Akt wie zum Nicht-im-Akt-Sein, wäre sie also stets und einzig nur aktuell, so könnte sie weder jemals die Dunkelheit wahrnehmen [*tou skotous*] noch könnte sie das Schweigen hören. Ebenso könnte das Denken [*nous*], wäre es nicht sowohl des Denkens wie des Nicht-Denkens [*anoian*] fähig, niemals etwas Schlechtes, Formloses [*amorphon*] oder Gestaltloses [*aneideon*] denken [...] Hätte das Denken nichts mit der Potenz gemein, könnte es auch keine Privation denken [*tas sterēseis*] [...].

Die Größe – aber auch das Elend – des menschlichen Vermögens besteht darin, dass es auch und in erster Linie eine Potenz ist, nicht zum Akt überzugehen, ein Vermögen zur Dunkelheit. Wenn man bedenkt, dass *skotos* in Homers Griechisch zunächst die Dunkelheit ist, die im Augenblick des Todes in den Menschen eindringt, lassen sich alle Folgen jener amphibolischen Berufung der Potenz abschätzen. Die Dimension, die die Potenz dem Menschen verleiht, ist die Erkenntnis der Privation, nichts weniger also als die Mystik als geheime Grundlage jedes menschlichen Wissens und Handelns (die mittelalterliche Idee eines *Aristoteles mysticus* erweist sich hier als durchaus berechtigt). Wenn nämlich die Potenz schlichtweg das Vermögen wäre, zu sehen oder zu tun, wenn sie tatsächlich allein im Akt existierte, der sie verwirklicht (ein solches Vermögen nennt Aristoteles naturhaft und spricht es den Naturelementen und den *logos*-unfähigen Tieren zu), dann könnten wir niemals die Erfahrung der Dunkelheit und der Anästhesie machen, wir könnten niemals die *sterēsis* erkennen und somit beherrschen. Der Mensch herrscht über die Privation, weil er mehr denn jedes andere Lebewesen der Potenz wesentlich zugeeignet ist. Das heißt jedoch zugleich, dass er der Potenz anheimgegeben und überlassen ist, insofern jedes Handelnkönnen für ihn ein konstitutives Nichthandeln-Können und jedes Erkennen ein Nicht-erkennen-Können ist.

Jedes Vermögen ist Unvermögen

Das Buch Theta der *Metaphysik* ist das Buch, in dem sich Aristoteles um eine erschöpfende Auseinandersetzung mit den Ambivalenzen und Aporien seiner Theorie des Vermögens bemüht hatte. Das vielleicht entscheidende Moment dieser Auseinandersetzung stellen die Abschnitte dar, in denen er die konstitutive wechselseitige Zugehörigkeit von Vermögen und Unvermögen bestimmt: »Das Unvermögen [*adynamia*]«, schreibt Aristoteles (1046 a 29–31), »ist eine Privation, die dem Vermögen [*dynamei*] entgegengesetzt ist. Jedes Vermögen ist Unvermögen desselben und in Bezug auf das Selbe [von dem es das Vermögen ist; *tou au-*

tou kai kata to auto pasa dynamis adynamia].« *Adynamia*, »Unvermögen«, heißt hier nicht die Abwesenheit jedes Vermögens, sondern Vermögen-nicht-zu (Potenz, nicht zum Akt überzugehen), *dynamis mē energein*. Jene These definiert somit die spezifische Ambivalenz jedes menschlichen Vermögens, das sich in seiner ursprünglichen Struktur zur eigenen Privation verhält, das somit stets – und in Bezug auf dasselbe – sowohl ein Vermögen ist, zu-sein als auch nicht-zu-sein, sowohl zu tun als auch nicht zu tun. Dieses Verhältnis ist es, das für Aristoteles das Wesen des Vermögens auszeichnet. Das Lebewesen, das einzig potentiell existiert, ist zu seinem eigenen Unvermögen fähig, und nur so besitzt es sein eigenes Vermögen. Es kann sein und tun, weil es sich zu seinem eigenen Nicht-Sein und Nicht-Tun verhält. In der Potenz ist die Wahrnehmung konstitutiv eine Anästhesie, das Denken ein Nicht-Denken und das Werk grundlegend entwerkt.

Ein paar Zeilen weiter bestimmt Aristoteles jenen amphibolischen Status des menschlichen Vermögens genauer: »Das, was ist [*to dynaton*], vermag [*endechetai*] nicht-aktuell [*mē energein*] zu sein. Was in der Lage ist zu sein, kann sowohl sein als auch nicht sein [*to auto ara dynaton kai einai kai mē einai*].« (1050 b 10–12). *Dechomai* heißt »ich empfange, ich nehme an, ich lasse zu«. Vermögen ist das, was das Nicht-Sein empfängt und sein lässt und dieser Empfang des Nicht-Seins zeichnet das Vermögen als grundlegende Passivität und Passion aus. In diesem doppelten Charakter des Vermögens – das geht aus dem Wort selbst hervor, mit dem Aristoteles das Kontingente ausdrückt (*to endechomenon*) – wurzelt das Problem der Kontingenz, der Möglichkeit, nicht zu sein.

Wenn wir uns daran erinnern, dass die Beispiele des Vermögens-nicht-zu in der *Metaphysik* fast immer aus dem Bereich der Techniken und des menschlichen Wissens stammen (Grammatik, Musik, Architektur, Medizin usw.), so lässt sich behaupten, dass der Mensch dasjenige Lebewesen ist, dessen Existenz auf eminente Weise in der Dimension der Potenz, der Macht und des Nicht-Könnens steht. Jedes menschliche Vermögen ist gleichursprünglich ein Unvermögen; jedes Sein- oder Tun-Können steht für den Menschen in einem konstitutiven Verhältnis zu seiner eigenen Privation. Hierin liegt der Ursprung für die Maßlosigkeit des menschlichen Vermögens, das das Vermögen der anderen Lebewesen um ein Vielfaches an Gewalt und Wirksamkeit übertrifft. Die anderen Lebewesen können allein ihr spezifisches Vermögen, sie sind nur zu diesem oder jenem Verhalten fähig, das in ihre biologische Bestimmung eingeschrieben ist; der Mensch aber ist das Tier, das *sein eigenes Unvermögen kann*. Die Größe seines Vermögens misst sich am Abgrund seines Unvermögens.

Vermögen, nicht Freiheit

Man könnte geneigt sein, in dieser Lehre der amphibolischen Natur jeglichen Vermögens den Ort zu sehen, an dem das moderne Problem der Freiheit seine Grundlegung erfährt – erwächst das Problem der Freiheit doch gerade daher, dass jedes Können unmittelbar auch ein Nicht-Können, jede Macht auch eine Ohnmacht ist. Authentisch frei wäre in diesem Sinne jemand, der nicht bloß diesen oder jenen Akt vollziehen kann oder auch nicht, sondern jemand, der, indem er sich zur eigenen Privation verhält, sein eigenes Unvermögen kann.

Doch warum verwendet Aristoteles dann in diesem Kontext nicht nur das Wort »Freiheit« gar nicht, sondern warum thematisiert er ebenso wenig in irgendeiner anderen Weise das Problem der Freiheit und der Entscheidung? Wie Shlomo Pines klar herausstellte, bezeichnet Freiheit für einen Griechen einen Status und eine soziale Stellung und nicht etwa – wie für die Neuzeit – etwas, das auf die Erfahrung und auf den Willen eines Subjekts bezogen werden könnte. Entscheidend ist jedoch, dass die Potenz für Aristoteles, insofern sie als *hexis* eines Mangels bestimmt wird, als Vermögen nicht-zu-tun und nicht-zu-sein, keinem Subjekt als ein Recht oder ein Eigentum zugesprochen werden kann. In dem philosophischen Wörterbuch, das im Buch Delta der *Metaphysik* enthalten ist, heißt es, dass, wenn die *hexis* ein Verhältnis ist zwischen dem, was hat, und dem, was gehabt wird, es unmöglich sei, »eine *hexis* zu haben [*echein hexin*; *hexis* bzw. *habitus* ist, wie wir gesehen haben, eine Substantivierung von »haben«], weil man ansonsten, wenn es möglich wäre, die *hexis* dessen zu haben, was man hat, ins Unendliche geriete« (1022 b 7–10).

Dass die *hexis* eines Vermögens ihrerseits nicht besessen werden kann, bedeutet, dass ein Subjekt im modernen Sinne, als selbstreflexives Bewusstsein und als Mittelpunkt zugeschriebener Fähigkeiten und Habitualitäten, hier nicht denkbar ist. Das bedeutet jedoch auch, dass das Problem der Potenz für einen Griechen – und das wohl zu Recht – nichts mit dem Problem der Freiheit eines Subjekts zu tun hat.

Nichts wird unvermögend sein

Es ist nun an der Zeit, das Verhältnis zwischen Vermögen und Unvermögen, zwischen Können und Nicht-Können, näher zu hinterfragen. Wie kann nun die Potenz zum Akt übergehen, wenn jede Potenz stets eine Potenz ist, nicht zum Akt überzugehen? Und wie lässt sich die Verwirklichung des Vermögens-nicht-zu denken? Denn gewiss ist die Verwirklichung des Vermögens des Klavierspielens für den Klavierspieler die Ausführung eines Stückes am Klavier; doch was mag für ihn die Verwirklichung seines Vermögens, nicht zu spielen, sein? Und was geschieht mit diesem Vermögen, nicht zu spielen, in dem Augenblick, in dem er anfängt zu spielen? Entsprechend ist die Verwirklichung des Vermögens des Denkens, diesen oder jenen Gedanken zu denken; doch wie lässt sich die Verwirklichung des Vermögens des Nicht-Denkens denken? Verhalten sich möglicherweise diese beiden Vermögen so asymmetrisch und heterogen zueinander, dass diese Fragen schlichtweg keinen Sinn haben? Und dennoch: Wenn, in Aristoteles' Worten, »jedes Vermögen ein Unvermögen des Gleichen und in Bezug auf das Gleiche ist«, kann das Problem der Bestimmung des Unvermögens im Übergang zum Akt nicht einfach beiseitegeschoben werden.

Aristoteles' Antwort auf diese Frage stellt, in ihrer drastischen Kürze, eine der außerordentlichen Leistungen seines philosophischen Genies dar, dennoch wurde ihr in der philosophischen Tradition keine Aufmerksamkeit zuteil:

> *Esti de dynaton touto hō ean hyparchē hē energeia hou legetai echein tēn dynamin, outhen estai adynaton* (*Metaph.*, 1047 a 24–25)
>
> Vermögen ist dasjenige, wofür, wenn derjenige Akt geschieht, von dem man sagt, dessen Vermögen besitze es, nichts unvermögend sein wird.

Die gewöhnliche Lesart versteht diesen Satz so, als hätte Aristoteles sagen wollen: Dasjenige ist möglich, in Bezug auf welches nichts unmöglich ist. Schon Heidegger spottete in seiner Vorlesung über das Buch Theta der *Metaphysik* über den »leeren Scharfsinn der Ausleger«, die Aristoteles mit einem »gewissen versteckten Triumphgefühl« eine solche Tautologie unterstellen.[18] Das Unvermögen, von dem es heißt, es sei im Akt nichts, muss vielmehr diejenige *adynamia* sein, die Aristoteles zufolge jeder *dynamis* zukommt: das Vermögen nicht-zu (sein oder haben). Die richtige Übersetzung muss darum lauten: »Vermögen ist dasjenige, wofür, wenn derjenige Akt geschieht, von dem man sagt, dessen Vermögen besitze es, nichts vermögend nicht zu (sein oder haben) sein wird.« Doch wie nun lässt sich »nichts vermögend nicht zu« verstehen? Auf welche Weise kann das Vermögen das Unvermögen neutralisieren, das ihr zugehörig ist?

Eine Stelle aus *De interpretatione* liefert wertvolle Hinweise. Innerhalb der Verneinungsarten modaler Aussagen unterscheidet und verbindet Aristoteles das Problem der Potenz und dasjenige der Modalaussage. Während die Verneinung einer Modalaussage den Modus und nicht das *dictum* negieren soll (weshalb die Verneinung von »möglich, dass« »nicht möglich, dass« lautet und die Verneinung von »möglich, dass nicht« »nicht möglich, dass nicht«), sehen die Dinge auf der Ebene der Potenz anders aus, da Negation und Affirmation einander nicht ausschließen. »Da das, was potent ist, nicht immer aktuell ist«, schreibt Aristoteles, »gehört ihm auch die Verneinung: in der Tat kann das, was in der Lage ist zu gehen, auch nicht gehen und das, was in der Lage ist zu sehen, auch nicht sehen« (21 b 14–16). Daher hat, wie wir gesehen haben, die Negation des Vermögens (oder besser gesagt deren Privation) im Buch Theta und im *De anima* stets die Form des »Nicht-Könnens« (und niemals des bloßen nicht Könnens). »Es scheint daher, als folgten die Ausdrücke ›möglich, dass‹ und ›möglich, dass nicht‹ aufeinander, da das Gleiche sowohl sein als auch nicht sein kann. Aussagen dieser Art sind also nicht widersprüchlich. ›Möglich, dass‹ und ›nicht möglich, dass‹ können hingegen niemals zusammen gegeben sein« (21 b 35–22 a 2).

Wenn wir den Status der Verneinung in der Potenz als Privation verstehen, wie lässt sich dann die doppelte Verneinung in folgendem Satze im *modus privativum* verstehen: »Nichts wird

Vermögen sein nicht zu (sein oder tun)«? Insofern das Vermögen-nicht-zu-sein mit dem Vermögen-zu-sein nicht im Widerspruch steht, darf sich das Vermögen-zu-sein nicht schlichtweg auflösen. Es muss vielmehr in Bezug auf sich selbst die Gestalt annehmen eines Nicht-Nicht-Seinkönnens. Die privative Negation von »vermögend, nicht zu sein« lautet folglich »vermögend, nicht nicht zu sein« (und nicht »nicht vermögend, nicht zu sein«).

Das, was Aristoteles in dem besagten Abschnitt erklärt, ist mithin sehr verschieden und um einiges interessanter als das, was ihm die tautologische Lesart der modernen Kommentatoren in den Mund legt. *Wenn das Vermögen, nicht zu sein, jeder Potenz bereits ursprünglich angehört, dann ist allein derjenige wirklich vermögend, der im Augenblick des Übergangs zum Akt sein eigenes Vermögen-nicht-zu weder schlichtweg auflöst noch hinter sich zurücklässt, sondern vielmehr das Vermögen-nicht-zu als solches in den Akt übergehen lässt; allein derjenige also, der fähig ist, seine Potenz nicht nicht zu aktualisieren.*

Gabe und Rettung

Lassen sich nun diejenigen Fragen beantworten, die sich eingangs stellten: Was geschieht mit dem Vermögen-nicht-zu in dem Augenblick, in dem sich der Akt verwirklicht? Wie lässt sich der Akt als ein Vermögen-nicht-zu denken? Die Interpretation, die hier vorgeschlagen werden soll, zwingt uns dazu, das Verhältnis zwischen Potenz und Akt auf eine neue und alles andere als selbstverständliche Art und Weise zu denken. Weder löst der Übergang zum Akt die Potenz auf, noch geht sie vollends in den Akt über, vielmehr bleibt sie im Akt als solche erhalten und lässt sich in der eminenten Gestalt eines Vermögens-nicht-zu (sein oder tun) erfassen. Klar zum Ausdruck bringt dies Aristoteles an einer Stelle von *De anima* (417 b 2–7), deren entscheidende Implikationen wir nun nachvollziehen können:

> Erleiden [*paschein*] ist kein einfacher Begriff, sondern einerseits eine bestimmte Zerstörung aufgrund der Wirkung des Entgegengesetzten, auf der anderen Seite ist es eher eine Erhaltung [*sōtēria*] dessen, was potentiell ist, in dem, was aktuell ist und dem potentiell Seienden ähnelt, genauso wie die Potenz [sich gegenüber] dem Akt [erhält]. Denn derjenige, der die Wissenschaft besitzt, wird in Wirklichkeit ein Betrachtender [*theōroun*] und dies ist keine Veränderung [*alloiousthai*, »Anderswerden«], da es eine Gabe [*eis hauto … epidosis*] zu einem selbst hin und zur eigenen Verwirklichung bedeutet.

Die Potenz (die einzige, die Aristoteles interessiert, nämlich die von einer *hexis* ausgehende) erfährt im Übergang zum Akt keine Zerstörung oder Veränderung; ihr *paschein*, ihre Passivität steht vielmehr in einer Erhaltung und in einer Vervollkommnung ihrer selbst (*epidosis*, wörtlich »Zu-Gabe«, bedeutet auch »Vergrößerung«: Wilhelm von Moerbeke übersetzt *in ipsum id additio* und Themistios umschreibt es mit *teleiōsis*, »Vollendung«).

Die Konsequenzen dieser Gestalt der Potenz, die sich erhält und im Akt vermehrt, indem sie zur Selbst(zu)gabe wird, müssen wir erst noch ermessen. Sie zwingt uns dazu, nicht nur das Verhältnis zwischen Akt und Potenz, zwischen Möglichem und Wirklichem, von Grund auf neu zu durchdenken, sondern ebenfalls, in der Ästhetik, den Status des künstlerischen Aktes und des Kunstwerks sowie, in der Politik, das Problem des Erhalts der konstituierenden Macht in der konstituierten Macht neu zu konzipieren. Die gesamte Auffassung vom Leben muss hinterfragt werden, wenn das Leben tatsächlich als Vermögen gedacht werden soll, das seine eigenen Formen und Verwirklichungen stets übersteigt. Möglicherweise lässt sich die Natur des Denkens allein in einer solchen Perspektive verstehen, wenn tatsächlich, wie Aristoteles unermüdlich betont, die Essenz des Denkens durch dessen Potenz bestimmt ist. Wie es an einer zusammenfassenden Stelle von *De anima* (429 b 5–9) heißt:

> Wenn [das Denken] jeder Gegenstand geworden ist, wie man von demjenigen, der wissend ist, sagt, er sei es im Akt (und dies geschieht, wenn er sich aus sich selbst zu betätigen vermag), so bleibt er auch dann in gewisser Weise in der Potenz [...] und kann sich dann selbst denken.

Das, was wir durch die philosophische Tradition geprägt als den Höhepunkt des Denkens und zugleich als den Kanon der *energeia* und des reinen Akts überhaupt ansehen – das Denken des Denkens – ist in Wirklichkeit die äußerste Gabe der Potenz, nämlich die Selbst(zu)gabe als die vollendete Gestalt der Macht des Denkens.

Aus dem Italienischen von Emmanuel Alloa

Anmerkungen

1 Martin Heidegger, *Aristoteles, Metaphysik Θ 1–3: Von Wesen und Wirklichkeit der Kraft*, in: ders., *Gesamtausgabe*, hg. v. Heinrich Hüni, Frankfurt am Main: Klostermann 1981, Bd. 33, S. 220.

Die Passion der Faktizität

Die abwesende Stimmung*

Es ist darauf hingewiesen worden, dass die Frage der Liebe im Werk Heideggers abwesend ist. Obgleich in *Sein und Zeit* die Furcht, die Angst und die Stimmungen* im Allgemeinen ausführlich behandelt werden, wird die Liebe nur ein einziges Mal erwähnt: in einer Fußnote, die zwei Zitate von Pascal und Augustinus wiedergibt. So haben Koepp[1] 1928 und Binswanger[2] 1942 Heidegger den Vorwurf gemacht, in seiner ausschließlich auf die Sorge* gegründeten Analytik des Daseins* der Liebe keinen Platz eingeräumt zu haben. Jaspers schließlich hielt in einer zweifellos feindseligen Notiz zur Philosophie* Heideggers fest, sie sei »ohne Liebe. Daher auch im Stil unliebenswürdig«.[3]

Wie schon Karl Löwith bemerkt hat,[4] bleibt solche Kritik jedoch leer, solange es ihr nicht gelingt, die Heidegger'sche Analyse durch eine auf der Liebe gründende Analyse zu ersetzen. Gleichwohl wirft das Schweigen – oder das scheinbare Schweigen – Heideggers über die Liebe Fragen auf. Denn wir wissen, dass Heidegger zwischen 1923 und 1926, als er an seinem Hauptwerk arbeitete, eine leidenschaftliche Beziehung zu Hannah Arendt unterhielt, die zu dieser Zeit in Marburg seine Studentin war. Wenn auch die Briefe und Gedichte, die diese Beziehung bezeugen und sich jetzt im Deutschen Literaturarchiv* in Marbach befinden, noch nicht zugänglich sind,[5] wissen wir aus einer Mitteilung von Hannah Arendt selbst, dass Heidegger noch zwanzig Jahre nach Beendigung ihrer Liebesbeziehung beteuerte, »daß dies nun einmal die Passion seines Lebens gewesen sei«.[6] Die Abfassung von *Sein und Zeit* stand also unter dem Zeichen der Liebe.

Wie aber lässt sich dann die Abwesenheit der Liebe in der Daseinsanalytik erklären? Zumal seitens Hannah Arendt aus dieser Beziehung tatsächlich ein Buch über die Liebe hervorging. Ich beziehe mich auf die (1929 veröffentlichte) Doktordissertation* *Der Liebesbegriff bei Augustin*, in der der Einfluss Heideggers unschwer auszumachen ist. Weshalb also schweigt sich *Sein und Zeit* so hartnäckig über die Liebe aus?

Lassen Sie uns die Anmerkung über die Liebe aus *Sein und Zeit* näher betrachten. Sie findet sich im § 29, der der Erörterung der Befindlichkeit* und der Stimmungen* gewidmet ist. Die Fußnote enthält kein einziges Wort Heideggers, sondern lediglich zwei Zitate: das erste von Pascal (»Et de là vient qu'au lieu qu'en parlant des choses humaines on dit qu'il faut les connaître avant que de les aimer, ce qui a passé en proverbe, les saints au contraire disent en parlant des choses divines qu'il faut les aimer pour les connaître, et qu'on n'entre dans la vérité que par la charité, dont ils ont fait une de leurs plus utiles sentences.« [»Und daher kommt es, dass man sagt, wenn man von den menschlichen Dingen redet, man müsse sie erkennen, bevor man sie liebe, was zum Sprichwort geworden ist; die Heiligen dagegen sagen, wenn sie von den göttlichen Dingen sprechen, man müsse sie lieben, um sie zu erkennen, und dass man nur durch die Barmherzigkeit in die Wahrheit eintrete, woraus sie einen ihrer nützlichsten Denksprüche gemacht haben.«[7]]), ein zweites von Augustinus (*non intratur in veritatem, nisi per caritatem* [In die Wahrheit tritt man nur durch die Liebe ein][8]). Beide Zitate – und insbesondere das zweite – behaupten also, dass die Liebe im Zugang zur Wahrheit eine Art ontologischen Vorrang hat. Dank der Veröffentlichung der letzten Marburger Vorlesungen des Sommersemesters 1928 wissen wir, dass sich der Hinweis auf die grundlegende Rolle der Liebe Gesprächen mit Max Scheler über das Problem der Intentionalität verdankt. »Erst Scheler«, schreibt Heidegger, »hat deutlich gemacht, besonders in dem Aufsatz ›Liebe und Erkenntnis‹, daß die intentionalen Verhaltungen ganz verschieden sind, und daß z. B. Liebe und Haß sogar das Erkennen fundieren; Scheler nimmt hier Motive von Pascal und Augustinus auf«. (GA 26, 169)[9] Sowohl in dem von Heidegger erwähnten Aufsatz als auch in einem zur selben Zeit entstandenen Text, der jedoch erst postum unter dem Titel *Ordo Amoris* veröffentlicht wurde, betont Scheler wiederholt die grundlegende Stellung der Liebe. »Der Mensch«, lesen wir in *Ordo Amoris*, »ist, ehe er ein ens cogitans ist oder ein ens volens, ein *ens amans*.«

Heidegger war sich also über die grundlegende Bedeutung der Liebe für die Erkenntnis und den Zugang zur Wahrheit vollkommen im Klaren. Andrerseits steht der Hinweis auf die Liebe in der Vorlesung des Sommersemesters 1928 im Kontext einer Erörterung des Problems der Intentionalität, in der Heidegger den gängigen Begriff der Intentionalität als Erkenntnisrelation zwischen einem Subjekt und einem Objekt der Kritik unterzieht. Dieser Text ist insofern von großem Wert, als Heidegger in dieser selbst seinen Lehrer Husserl nicht verschonenden Kritik vorführt, wie sich seine Überschreitung des Begriffs der Intentionalität in Richtung auf jene transzendentale Struktur vollzogen hat, die in *Sein und Zeit* den Namen »In-der-Welt-Sein« tragen wird. Wenn man die Intentionalität als Beziehung zwischen einem Subjekt und einem Objekt versteht, bleibt laut Heidegger eben das ungeklärt, was einer Erklärung am meisten bedarf, nämlich die Beziehung selbst:

> Diese Ungeklärtheit schlägt zurück auf die Unbestimmtheit dessen, was da in Beziehung steht […]. Jüngste Versuche fassen die Subjekt-Objekt-Beziehung als eine ›Seinsbeziehung‹ […] Mit diesem Titel ist nichts gewonnen, solange nicht gesagt wird, welche Art von Sein gemeint ist, und solange die Seinsart des Seienden, wozwischen diese Beziehung sein soll, dunkel bleibt […] Sein [wird] – und auch bei Nicolai Hartmann und Max Scheler – als Vorhandensein genommen […] Diese Beziehung ist nicht nichts, aber sie ist eben nicht seiend als etwas Vorhandenes […] Eine der vorbereitenden Hauptaufgaben von *Sein und Zeit* ist, diese ›Beziehung‹ in ihrem ursprünglichen Wesen radikal ans Licht zu stellen. (*GA* 26, 163 f.)

Ursprünglicher noch als die Subjekt-Objekt-Beziehung ist für Heidegger die Selbsttranszendenz des *In-der-Welt-Seins*, in der sich das Dasein* jenseits jeder Subjektivität auf die Welt öffnet. Noch bevor sich ein Subjekt oder ein Objekt konstituieren können, ist das Dasein* – so lautet eine zentrale These von *Sein und Zeit* – schon auf die Welt hin geöffnet: »das Erkennen selbst gründet vorgängig in einem Schon-sein-bei-der-Welt«. (*SuZ*, 61) Ihrer Seinsart entsprechend kann die Intentionalität überhaupt nur auf der Grundlage dieser ursprünglichen Transzendenz gedacht werden.

Wenn also Heidegger, obschon er der Liebe durchaus einen grundlegenden Rang zuerkennt, gleichwohl keine thematische Darstellung des Problems gibt, so darum, weil gewissermaßen die aller Erkenntnis vorausgehende Seinsweise der Öffnung (die Augustinus und Scheler zufolge in der Liebe stattfindet) das zentrale Problem von *Sein und Zeit* ist. Daraus folgt aber auch, dass die Liebe, sofern man sie ausgehend von dieser ursprünglichen Offenheit verstehen will, nicht wie weithin üblich als eine Beziehung zwischen einem Subjekt und einem Objekt oder eine Beziehung zwischen zwei Subjekten begriffen werden darf. Ihren Ort und ihre eigentliche Artikulation findet sie vielmehr in jenem

Schon-sein-bei-der-Welt*, das die Transzendenz des Daseins* kennzeichnet.

Welche Seinsweise hat nun dieses Schon-sein-bei-der-Welt*? Inwiefern ist das Dasein* immer schon bei der Welt und den Dingen, die es umgeben, noch bevor es sie erkennt? Wie ist es dem Dasein* möglich, sich auf etwas zu öffnen, ohne es zum gegenständlichen Korrelat eines erkennenden Subjekts zu machen? Und wie kann die intentionale Beziehung selber hinsichtlich ihrer besonderen Seinsweise und ihrer Vorgängigkeit gegenüber Subjekt und Objekt ans Licht gebracht werden?

Dies ist der Zusammenhang, in dem Heidegger seinen Begriff der Faktizität* einführt.

Faktizität und Dasein*

Der bedeutendste Beitrag, den die (eben erst begonnene) Veröffentlichung der Vorlesungen der frühen zwanziger Jahre leistet, besteht darin, dass man nunmehr nicht umhinkommt, die zentrale Stellung der Begriffe Faktizität und faktisches Leben* für die Entwicklung des Heidegger'schen Denkens anzuerkennen. Erst die Einführung der Kategorie der Faktizität machte die Preisgabe des Begriffs der Intentionalität (wie auch dessen Korrelats, des Subjektbegriffs) überhaupt möglich; die Stationen dieses Wegs lauten: Intentionalität – Faktizität – Dasein*. Zweifelsohne besteht eine der Aufgaben, der sich die Heidegger-Philologie in den kommenden Jahren anzunehmen hat, darin, diesen Übergang ausführlich darzustellen und seine Genealogie zu rekonstruieren (wie auch das allmähliche Verschwinden des Begriffs der Faktizität aus dem Denken des späten Heidegger zu erklären). Die folgenden Überlegungen können nicht mehr als ein erster Schritt in diese Richtung sein.

Vorausgeschickt werden muss, dass schon die ersten Schüler Heideggers darauf hingewiesen haben, welche bedeutende Rolle der Begriff der Faktizität in der Entwicklung des Denkens ihres Lehrers spielte. In einer Publikation, die den zweiten Teil ebenjenes *Jahrbuchs für Philosophie und Phänomenologische Forschung* einnahm, in dem die erste Ausgabe von *Sein und Zeit* erschien, kam der Mathematiker und Philosoph Oskar Becker bereits 1927 zu folgendem Ergebnis: Für Heidegger bedeutet Ontologie »soviel wie ›Hermeneutik der Faktizität‹. Damit ist gemeint die Auslegung des Lebens als eines faktischen auf die Weise seines Da-seins hin.«[10] Becker bezieht sich hier auf den Titel der Freiburger Vorlesung des Sommersemesters 1923: *Ontologie oder Hermeneutik der Faktizität*.[11] Was besagt dieser Titel? Inwiefern ist die Ontologie, die Lehre vom Sein, eine Lehre der Faktizität?

Der Verweis auf Husserl und Sartre, der sich gemeinhin in den Wörterbüchern der Philosophie unter dem Eintrag »Faktizität« findet, ist insofern trügerisch, als der Heidegger'sche Wortgebrauch unzweifelhaft ein anderer ist. Heidegger unterscheidet die Faktizität* des Daseins* von der bloßen Tatsächlichkeit* des innerweltlich Seienden. Es war Husserl, der zu Beginn seiner *Ideen* die Tatsächlichkeit der Erfahrungsgegenstände bestimmt hatte. Diese bieten sich, schreibt er, als etwas dar, das sich an einer bestimmten Stelle in Raum und Zeit befindet und einen bestimmten Realitätsgehalt aufweist, seinem Wesen nach jedoch auch anderswo und anders sein könnte. Husserl besteht also auf der Zufälligkeit* als dem wesentlichen Merkmal der Tatsächlichkeit. Für Heidegger jedoch ist das, was die Faktizität auszeichnet, nicht die Zufälligkeit*, sondern die Verfallenheit*. Alles kompliziert sich, weil bei Heidegger das Dasein* nicht einfach

– wie bei Sartre – in das Da einer bereits gegebenen Kontingenz geworfen ist, sondern sein Da ist und sein muss, es selbst ist das Da* des Seins. Einmal mehr Seinsweisen von entscheidender Bedeutung.

Sehr wahrscheinlich ist die Herkunft der Heidegger'schen Verwendung des Begriffs nicht bei Husserl zu suchen, sondern eher bei Augustinus, der schreibt: »facticia est anima«,[12] die Seele des Menschen ist faktisch in dem Sinne, dass Gott sie »gemacht« hat. Im Lateinischen bildet *facticius* den Gegensatz zu *nativus* und bedeutet »qui non sponte fit«, das, was nicht natürlich, was nicht durch sich selbst ins Sein getreten ist (»was von Hand gemacht ist, nicht von der Natur«, heißt es beim alten Calepinus). Man muss diesen Begriff in seiner ganzen Herbheit verstehen, denn desselben Adjektivs bedient sich Augustinus, um die heidnischen Idole zu bezeichnen, und zwar in der Bedeutung, die unserem Begriff »Fetisch« vollkommen zu entsprechen scheint: »genus facticiorum deorum«, ein Geschlecht geschaffener Götter.

Dieser Herkunft des Wortes, die es in den semantischen Bereich der Nicht-Ursprünglichkeit und des Gemachtseins verweist, muss man eingedenk bleiben, will man die Entwicklung verstehen, die der Begriff in Heideggers Denken durchlaufen hat. Festzuhalten bleibt, dass die Erfahrung der Faktizität, also einer konstitutiven Nicht-Ursprünglichkeit für Heidegger nichts anderes ist als die ursprüngliche Erfahrung der Philosophie, der einzig legitime Ausgangspunkt des Denkens.

Zum ersten Mal taucht dieser Wortgebrauch von faktisch* wohl (soweit man dies beim gegenwärtigen Stand der Gesamtausgabe* beurteilen kann) in der Vorlesung des Sommersemesters 1921 über Augustinus und den Neuplatonismus auf, über die wir dank der Aussagen von Pöggeler und Oskar Becker unterrichtet sind.[13] Heidegger wollte hier zeigen, dass der urchristliche

Glaube (im Unterschied zur neuplatonischen Metaphysik, die das Sein als etwas »stets Vorhandenes«* gedacht hatte und folglich die *fruitio dei*[14] als Genuss einer ewigen Anwesenheit) eine Erfahrung des Lebens in seiner Faktizität und wesentlichen Unruhe* war. Beispielhaft für diese »faktische Lebenserfahrung«* analysiert Heidegger einen Passus des 23. Kapitels des 10. Buches der *Bekenntnisse*, in dem Augustinus nach dem Verhältnis des Menschen zur Wahrheit fragt:

> Vielen bin ich begegnet, die andere täuschen wollten, jedoch keinem, der getäuscht sein wollte [...] Weil sie nicht getäuscht werden wollen, selbst aber täuschen möchten, lieben sie die Wahrheit, wenn sie sich offenbart, hassen sie jedoch, wenn sie selbst durch sie offenbart werden [*cum se ipsa indicat ... cum eos ipsos indicat*]. Und die Strafe, die die Wahrheit ihnen auferlegt, ist diese: Auch wenn sie von ihr nicht enthüllt werden wollen, sie enthüllt sie doch, sie selbst aber bleibt ihnen verhüllt. So ist des Menschen Herz: blind und träge, garstig und unanständig, er will verborgen bleiben, aber ihm soll nichts verborgen bleiben [*latere vult se autem ut lateat aliquid non vult*]. Es widerfährt ihm nun aber, dass er der Wahrheit nicht verborgen bleibt, während die Wahrheit ihm verborgen bleibt.

Was Heidegger hier als Kennzeichen der faktischen Erfahrung interessiert, ist die Dialektik von Verborgenheit und Unverborgenheit, diese zweifache Bewegung, nach der jener, der alles erkennen, sich selbst jedoch im Wissen verbergen möchte, von einem Erkennen erkannt wird, das ihm verborgen bleibt. Die Faktizität ist die Bedingung dessen, was in seiner Erschließung verborgen bleibt, desjenigen, was durch seine Verbergung selber zur Ausstellung kommt. Von Beginn an zeichnet sich die Faktizität durch ebendiese Zusammengehörigkeit von Verborgenheit und Unverborgenheit aus, die für Heidegger die Erfahrung der Wahrheit und des Seins kennzeichnet.

Es ist dieselbe Bewegtheit, jene Unruhe der Faktizität, die im Zentrum der Freiburger Vorlesung des Wintersemesters 1921/22 steht. Mag ihr Titel auch *Phänomenologische Interpretationen zu Aristoteles* lauten, zu großen Teilen ist sie eine Analyse dessen, was Heidegger nunmehr das »faktische Leben« nennt – das später zum Dasein* wird. Heidegger beginnt hier den ursprünglichen und irreduziblen Charakter der Faktizität für das Denken zu behaupten:

> [Die Bestimmungen des faktischen Lebens sind] nicht bloß so belanglos konstatierbare Beliebigkeiten, wie wenn ich sage: »Das Ding ist rot«. Daß sie am Leben sind in der Faktizität, d. h. aber: faktische Möglichkeiten in sich beschließen, von diesen nie (und Gott sei Dank nie) zu befreien sind, daß mithin eine philosophische Interpretation, die die Hauptsache in der Philosophie, die Faktizität gesehen hat, sofern sie echt ist, faktisch ist, so zwar, daß sie als philosophisch-faktisch Entscheidungsmöglichkeiten radikal vorgibt, und damit sich selbst. Das kann sie aber nur, wenn sie da ist – in der Weise ihres Daseins. (*GA* 61, 99)

Die Faktizität stellt sich nicht wie bei Husserl und Sartre als eine unveränderliche Sachlage dar, sondern bezeichnet einen Seinscharakter* und die dem Leben eigene Bewegtheit*. Diese Analyse Heideggers kann gleichsam als Vorgeschichte der Analytik des Daseins*[15] und der Selbsttranszendenz des In-der-Welt-Seins*, verstanden werden, da man in ihr, wenn auch unter anderem Namen, alle Grundbestimmungen wiederfindet. Denn die Faktizität ist niemals wie ein bloßer Gegenstand in der Welt:

> Die Bewegtheit [des faktischen Lebens] ist eine solche, die als Bewegung in sich selbst sich zu ihr selbst verhilft; es ist die Bewegtheit des faktischen Lebens, die dieses selbst macht, so zwar, daß das faktische Leben, als in der Welt lebend, die Bewegung eigentlich (!) nicht selbst macht, sondern die Welt als das Worin und Worauf und Wofür des Lebens lebt.[16]

Die Grundbewegung* des faktischen Lebens nennt Heidegger Ruinanz* (aus lat. *ruina*, Zusammenbruch, Sturz): Hier taucht erstmals auf, was in *Sein und Zeit* Verfallenheit* heißen wird. Die Ruinanz* weist dieselbe Verflechtung von Eigentlichem und Uneigentlichem, von *spontaneus* und *facticius* auf, die die Geworfenheit* des Daseins* kennzeichnet: »eine Bewegung, die sich selbst bildet und doch nicht sich, sondern die Leere, in die sie sich bewegt; ihre Leere ist ihre Bewegungsmöglichkeit«. (*GA* 61, 131) Und insofern in der Faktizität die grundlegende Struktur des Lebens zum Ausdruck kommt, wird sie von Heidegger dem aristotelischen *kinēsis*-Begriff zur Seite gestellt.[17]

Was in den Vorlesungen der frühen zwanziger Jahre noch nach einem angemessenen Vokabular sucht, findet in *Sein und Zeit* die theoretische Anordnung, die uns vertraut ist. Bekanntlich führt Heidegger bereits in § 12, als es um die Bestimmung der Grundverfassung* des Daseins* geht, den Begriff der Faktizität ein. Um diesen Begriff richtig einzuordnen, muss man ihn zuvorderst in den Kontext einer Unterscheidung zwischen Seinsweisen stellen. In-der-Welt-sein*, sagt Heidegger, bezeichnet nicht die Eigenschaft eines Vorhandenen, beispielsweise eines Körperdings*, das in einem anderen Seienden derselben Seinsweise wäre wie das Wasser im Glas oder das Kleid im Schrank. Das In-sein* drückt vielmehr die eigentliche Struktur des Daseins* aus: Es handelt sich um ein Existenzial*, nicht um ein Kategorial*. Denn zwei weltlose Seiende können durchaus Seite an Seite stehen (so sagt man, dass der Stuhl nahe bei der Wand steht), sich sogar berühren. Doch damit wir noch von einer Berührung im Wortsinn sprechen können, damit der Stuhl tatsächlich der Wand nahe ist (in der Bedeutung von Sein-bei-der-Welt*), muss die Wand für den Stuhl etwas sein, das diesem begegnen kann.

Was geschieht aber mit dem Dasein*, das nun seinerseits nicht weltlos* ist? Man darf die begriffliche Schwierigkeit nicht unterschätzen, die hier im Spiel ist. Wenn das Dasein* einfach nur ein innerweltlich Seiendes wäre, könnte es weder dem Seienden begegnen, das es selbst ist, noch anderem Seienden; würde es jedoch jeglicher Dimensionen des Faktischen entbehren, wie könnte ihm dann andererseits etwas begegnen? Um beim Seienden zu sein, um Welt zu haben, muss das Dasein gleichsam ein Faktum* sein, ohne tatsächlich zu sein, es muss ein Faktum sein und zugleich eine Welt haben. Der Begriff der Faktizität kommt an dieser Stelle zum Einsatz:

> [Das Dasein] *kann* mit einem gewissen Recht in gewissen Grenzen als nur Vorhandenes *aufgefaßt* werden. Hierzu ist ein völliges Absehen von, bzw. Nichtsehen der existenzialen Verfassung des In-Seins notwendig. Mit dieser möglichen Auffassung des »Daseins« als eines Vorhandenen und nur noch Vorhandenen darf aber nicht eine dem Dasein *eigene* Weise von »Vorhandenheit« zusammengeworfen werden. Diese Vorhandenheit wird nicht zugänglich im Absehen von den spezifischen Daseinsstrukturen, sondern nur im vorherigen Verstehen ihrer. Dasein versteht sein eigenstes Sein im Sinne eines gewissen »tatsächlichen Vorhandenseins«. Und doch ist die »Tatsächlichkeit« der Tatsache des eigenen Daseins ontologisch grundverschieden vom tatsächlichen Vorkommen einer Gesteinsart. Die Tatsächlichkeit des Faktums Dasein, als welches jeweilig jedes Dasein ist, nennen wir seine *Faktizität*. Die verwickelte Struktur dieser Seinsbestimmtheit ist selbst *als Problem* nur erst faßbar im Lichte der schon herausgearbeiteten existenzialen Grundverfassungen des Daseins. Der Begriff der Faktizität beschließt in sich: das In-der-Welt-sein eines »innerweltlichen« Seienden, so zwar, daß sich dieses Seiende verstehen kann als in seinem »Geschick« verhaftet mit dem Sein des Seienden, das ihm innerhalb seiner eigenen Welt begegnet. (*SuZ*, 55 f.)

Formal betrachtet konfrontiert uns die Faktizität mit dem Paradox eines Existenzials*, das auch ein Kategorial* ist und eines nicht faktischen Faktums. Weder vorhanden* noch zuhanden*, weder reine Verfügbarkeit noch Gebrauchsgegenstand, ist die Faktizität eine besondere Seinsweise. Und die ihr angemessene Begrifflichkeit zu finden ist ein wesentliches Kennzeichen der Heidegger'schen Reformulierung der Seinsfrage. Denn dabei handelt es sich – das sollte man nicht vergessen – vor allem um eine neue Artikulierung der Seinsweisen.

Die klarste Erklärung der Faktizität findet sich im § 29, der der Analyse der Befindlichkeit* und der Stimmung* gewidmet ist. In der Stimmung* findet eine Erschlossenheit, eine Offenheit statt, die bekanntlich jeglicher Erkenntnis und jeglichem Erlebnis* vorausgeht: Sie ist die »primäre Entdeckung der Welt«*. Was aber diese Enthüllung charakterisiert; ist nicht das helle Licht des Ursprungs, sondern eben eine Faktizität und eine undurchdringliche Opazität. Das Dasein* wird also von den Stimmungen* vor die anderen Seienden und vor jenes Seiende, das es selbst ist, gebracht; doch da es sich nicht selbst in sein Da* gebracht hat, ist es unwiderruflich demjenigen überantwortet, das nunmehr vor ihm steht und es anblickt wie ein unergründliches Rätsel.

> In der Gestimmtheit* ist immer schon stimmungsmäßig das Dasein* als *das* Seiende erschlossen, dem das Dasein* in seinem Sein überantwortet wurde als dem Sein, das es existierend zu sein hat. Erschlossen besagt nicht, als solches erkannt [...] Das pure »daß es ist« zeigt sich, das Woher und Wohin bleibt im Dunkel [...] Diesen in seinem Woher und Wohin verhüllten, aber an ihm selbst um so verhüllter erschlossenen Seinscharakter des Daseins*, dieses »Daß es ist« nennen wir die *Geworfenheit* dieses Seienden in sein Da [...] Der Ausdruck Geworfenheit soll die *Faktizität der Überantwortung* andeuten [...] *Faktizität ist nicht die Tatsächlichkeit des factum brutum eines Vorhandenen, sondern ein in die Existenz aufgenommener, wenngleich zunächst abgedrängter* Seinscharakter des Daseins.* (*SuZ*, 134f.)

Bleiben wir einen Moment bei den Zügen dieser Faktizität stehen, diesem faktischen Geworfensein (wir haben gesehen, dass Heidegger die Geworfenheit* auf die Faktizität zurückführt), das, als die bestimmende Kategorie der Analytik des Daseins*, in der Regel auf seine Herkunft und eigentliche Struktur hin unbefragt bleibt.

Der erste Zug der Faktizität ist die »ausweichende Abkehr«*. Die Erschlossenheit des Daseins überantwortet es etwas, dem es sich nicht entziehen kann, das ihm zuvorderst jedoch gleichwohl entgeht und seiner steten Streuung unzugänglich bleibt:

> Die Befindlichkeit* erschließt das Dasein* in seiner Geworfenheit und zunächst und zumeist in der Weise der ausweichenden Abkehr*. (*SuZ*, 136)

Diesem Seinscharakter des Daseins* eignet also von Anfang an eine Art ursprüngliche Verdrängung. Das Adjektiv abgedrängt*, dessen sich Heidegger bedient, bezeichnet etwas Verschobenes, Verdrängtes, jedoch nicht gänzlich Getilgtes, etwas, das gewissermaßen, der Freud'schen Verdrängung* nicht unähnlich, als Verborgenes anwesend bleibt.[18]

Der Grundzug der Faktizität jedoch, aus dem sich alle anderen ableiten, wird von Heidegger in einer Form ausgedrückt, die viele Variationen kennt, deren begrifflicher Kern aber unverändert bleibt: »das Dasein* ist dem Seienden überantwortet, das es existierend zu sein hat«, »das Dasein* ist und hat sein Da* zu sein«, »Dasein* ist je seine Möglichkeit«, »dem Dasein* geht es in seinem Sein um dieses Sein selbst«. Was bedeuten diese Formeln als Ausdruck der Faktizität? Die Vorlesung des Sommersemesters 1928 in Marburg (die oft wertvolle Kommentare gewisser einschlägiger Stellen von *Sein und Zeit* liefert) erklärt es unmissverständlich: »[Dasein*] bezeichnet das Seiende, dem seine eigene Weise zu sein in einem bestimmten Sinne ungleichgültig ist.« (*GA* 26, 171)

Das Dasein* ist und soll seine Seinsweise, seine Manier sein; »sa guise«, wie man mit einem Wort übersetzen könnte, das etymologisch und semantisch dem deutschen »Weise«[19] entspricht. Über diese paradoxe Formulierung ist nachzudenken, die für Heidegger die ursprüngliche Erfahrung des Seins ausmacht und ohne die weder die Wiederholung der Seinsfrage* noch auch die in § 9 von *Sein und Zeit* entworfene Beziehung zwischen Wesen und Existenz auch nur ansatzweise verstanden werden könnten. Die beiden Grundbestimmungen der klassischen Ontologie, *existentia* und *essentia*, *quod est* und *quid est*, Daßsein* und Wassein* werden zu einer spannungsgeladenen Konstellation zusammengezogen. Für das Dasein* (insofern es sein Da* ist und sein soll) gilt dieselbe Unauflöslichkeit des *on* und des *poion*, des Seins und des Soseins, des Dass- und Wieseins, die Platon im Siebten Brief für die Seele behauptet:[20]

> *Das »Wesen« des Daseins liegt in seiner Existenz.* Die an diesem Seienden herausstellbaren Charaktere sind daher nicht vorhandene »Eigenschaften« eines so und so »aussehenden« vorhandenen Seienden, sondern je ihm mögliche Weisen zu sein und nur das. Alles Sosein dieses Seienden ist primär Sein. (*SuZ*, 42)

»Alles Sosein dieses Seienden ist primär Sein«: Eher als an die Bestimmung des ontologischen Status Gottes (*Deus est suum esse*)[21] sollte man hier vielleicht an die positive Philosophie Schellings denken und seinen Begriff »›das Seyende-Sein‹«*, wo das Verb sein im transitiven Sinn zu verstehen ist: Das Dasein* soll sein Sosein sein, soll sein Wesen existieren und seine Existenz verwesentlichen.[22]

Als Seinscharakter* ist die Faktizität also der Ausdruck des ursprünglichen ontologischen Charakters des Daseins*. Dass Heidegger in ein und derselben Geste aufs Neue die Frage nach dem Sinn des Seins stellen und Abstand von der Ontologie nehmen kann, liegt daran, dass das Sein, um das es in *Sein und Zeit* geht, von Beginn an den Charakter der Faktizität hat. Deshalb ist jede Qualität, jedes Sosein des Daseins*, nicht dessen »Eigenschaft«, sondern bloß eine »mögliche Weise zu sein«*, eine Formel, die man nach derselben ontologischen Kontraktion verstehen muss, wie sie im *possest* des Nikolaus von Kues zum Ausdruck kommt. Die ursprüngliche Erschlossenheit vollzieht sich in jener faktischen Bewegung, in der das Dasein* seine Weise*, seine Seinsweise zu sein hat und in der sein Sein und seine Weise zugleich eins und unterscheidbar sind.

Dies ist als der Ursprung der »ausweichenden Abkehr«* und der konstitutiven Uneigentlichkeit des Daseins* anzusehen: Weil das Dasein* seine Weise zu sein hat, kann es sich diese nie aneignen – in seiner Öffnung verschlossen, in seiner Ausstellung verhüllt, verdunkelt durch sein eigenes Licht. Derart ist die faktische Dimension jener Lichtung*, deren Bezeichnung wahrhaft ein *lucus a non lucendo* ist.[23] Die Behauptung, die Heidegger'sche Ontologie sei eine Hermeneutik der Faktizität, gewinnt nun ihre volle Bedeutung. Die Faktizität kommt dem Dasein* nicht nachträglich zu, sondern ist in die Struktur seines Seins eingeschrieben. Man sieht sich hier mit etwas konfrontiert, das man mit einem Oxymoron als Urfaktizität* bestimmen könnte. Und es ist eine solche Urfaktizität, die die Vorlesung des Sommersemesters 1928 als »transzendentale Zerstreuung«* oder auch »ursprüngliche Streuung«* bezeichnet. Ich möchte es mit der Interpretation dieser Stellen hiermit bewenden lassen, da sie bereits von Jacques Derrida analysiert wurden.[24] Es genügt, daran zu erinnern, dass Heidegger hier die Figur einer ursprünglichen Faktizität entwirft, die »die innere Möglichkeit für die faktische Zerstreuung in die Leiblichkeit und damit in die Geschlechtlichkeit« (*GA* 26, 173)[25] bildet.

Faktizität und Fetischismus

Wie haben wir diese ursprüngliche Faktizität zu verstehen? Ist die Weise* etwas wie eine Maske, die das Dasein* anziehen muss? Oder gilt vielmehr im Gegenteil, dass eine Heidegger'sche Ethik gerade hier ihren eigentlichen Ort finden könnte?

Hier zeigt sich die Stichhaltigkeit der Worte »faktisch« und »Faktizität«. Das deutsche Adjektiv *faktisch**, wie auch das französische *»factice«* und das italienische *fattizio* tauchten verhältnismäßig spät im Wortschatz der europäischen Sprachen auf: im Deutschen in der zweiten Hälfte des 18. Jahrhunderts, im Französischen nur wenig früher. Doch in beiden Fällen handelt es sich um gelehrte Bildungen, Lehnübersetzungen aus dem Lateinischen, die eine erheblich ältere Sprachgeschichte überlagern. Bereits im 12. Jahrhundert hatte das Französische aus dem lateinischen *facticius* in strikter Befolgung seiner Lautgesetze des Adjektiv *faitis* (oder *faitiche*, *fetiz*) wie auch das Substantiv *faitisseté* (*faiticheté*) bezogen. Das Deutsche hatte zur selben Zeit, womöglich aus dem Französischen entlehnt, das Adjektiv *feit* gebildet. Nun bedeuten aber *faitis* wie auch sein deutsches Pendant *feit* schlicht »schön« oder »hübsch«. Im *Roman de la rose* kann man lesen: »Faitisse estoit et avenante / je ne sais femme plus plaisante«; aber auch bei anderen Autoren wird man fündig: »votre gens corps votre beauté faictisse« (Baudes), »voiz comme elles se chaucent bien et faitissement« (Jean de Meun), »ils ont doubz regard et beaulté / et jeunesse et faitischeté« (Gaces). Es ist jedoch ein Text von Villon, der uns die eigentliche Bedeutung des Wortes *faitis* am besten erfassen lässt: »Hanches charnues, / eslevées, propres, faictisses / à tenir amoureuses lisses«. Seiner Etymologie entsprechend bezeichnet *faitis* hier dasjenige an einem menschlichen Körper, worauf offensichtlich Fleiß verwendet wurde, was kunstvoll gestaltet und ebendarum das Begehren und die Liebe auf sich zieht. Als ob sich das Sosein eines Seienden, seine Weise oder Manier in einer Art paradoxer Selbsttranszendierung als Schönheit von ihm ablösten. Diese Bedeutungsgeschichte bildet den Zusammenhang, in den das Auftauchen des Wortes Fetisch* (fr. *fétiche*, it. *feticcio*) eingeordnet werden muss. Die Wörterbücher belehren uns, dass dieses Wort im 18. Jahrhundert durch das portugiesische *feitiço* Eingang in die europäischen Sprachen gefunden hat. Tatsächlich aber ist das Wort morphologisch mit dem französischen Adjektiv *faitis* (*faitiche*) identisch, das durch die Entlehnung aus dem Portugiesischen gleichsam nur zu neuem Leben erweckt wurde.

In dieser Hinsicht ist eine Analyse der Wortbedeutung im Freud'schen und Marx'schen Gebrauch besonders erhellend. Es sei daran erinnert, dass für Marx der Fetischcharakter der Ware, der ihren ungreifbaren Charakter ausmacht und sie in etwas Mystisches verwandelt, nicht einfach in ihrem künstlichen Charakter besteht, sondern vielmehr in der Tatsache, dass ein Produkt menschlicher Arbeit zugleich mit einem Gebrauchswert und einem Tauschwert versehen ist. Ebenso ist für Freud der Fetisch kein unechter Gegenstand: Er ist zugleich die Gegenwart von etwas und das Zeichen seiner Abwesenheit, es ist ein Objekt und auch wieder nicht. Und als solches zieht es den Wunsch unwiderstehlich an, ohne ihn je befriedigen zu können.

Insofern könnte man sagen, dass dem Aufbau des Daseins* eine Art ursprünglicher Fetischismus, ein Urfetischismus*[26] oder eine Urfaktizität* innewohnt, infolge dessen es sich das Seiende, dem es gleichwohl unwiderruflich überantwortet ist, nie wird aneignen können. Weder Vorhandenes* noch Zuhandenes*, weder Tausch- noch Gebrauchswert: Das Sein, das seine Seinsweisen zu sein hat, existiert faktisch. Doch gerade deshalb sind seine Weisen* keine Simulakren, die es als freies Subjekt annehmen könnte oder nicht. Von Beginn an eignen sie seiner Existenz und bilden ursprünglich sein *ethos*.[27]

Eigentliches und Uneigentliches

Unter diesem Blickwinkel gilt es, die unentschiedene Dialektik von eigentlich* und uneigentlich* zu lesen, der Heidegger einige der schönsten Seiten von *Sein und Zeit* gewidmet hat. Bekanntlich wurde Heidegger nicht müde, darauf hinzuweisen, dass die Ausdrücke »eigentlich« und »uneigentlich« in ihrer etymologischen Bedeutung von »eigen« und »nicht zueigen« verstanden werden müssen. Infolge ihrer Faktizität ist die Offenheit des Daseins* von einer ursprünglichen Uneigentlichkeit gekennzeichnet; sie ist konstitutiv in Eigentlichkeit* und Uneigentlichkeit* gespalten. Heidegger weist wiederholt darauf hin, dass die Dimension der Uneigentlichkeit und der Alltäglichkeit des Man* nichts Abgeleitetes darstellt, in das das Dasein* sozusagen zufällig fällt; sie ist vielmehr ebenso ursprünglich wie die Eigentlichkeit und die Authentizität. Das Dasein* ist gleichursprünglich in der Wahrheit und der Unwahrheit, im Eigenen und dem, was ihm nicht zu eigen ist. Mit großer Beharrlichkeit hat Heidegger diese ursprüngliche Zusammengehörigkeit behauptet: »Das Dasein ist, weil wesenhaft verfallend, seiner Seinsverfassung nach in der ›Unwahrheit‹ ...«; »Erschlossen in seinem ›Da‹, hält es sich gleichursprünglich in der Wahrheit und der Unwahrheit«. (*SuZ*, 222 u. 298)

Zuweilen scheint Heidegger vor der Radikalität dieser These zurückgeschreckt zu sein und sich selbst bekämpft zu haben, um einen Vorrang des Eigenen und des Wahren aufrechtzuerhalten. Doch eine genauere Untersuchung zeigt, dass nicht nur die

Gleichursprünglichkeit niemals dementiert wird, sondern sich verschiedene Belegstellen finden, die auf einen Vorrang der Uneigentlichkeit schließen lassen. Immer dann, wenn es in *Sein und Zeit* darum geht, die Erfahrung des Eigenen zu erfassen (beispielsweise im eigentlichen Sein zum Tode), wird diese immer und ausschließlich durch eine Analyse der Uneigentlichkeit (z.B. dem faktischen Sein zum Tode) zugänglich. Das faktische Verhältnis dieser beiden Dimensionen des Daseins* ist so ursprünglich und intim, dass Heidegger schreiben kann: »die *eigentliche* Existenz ist nichts, was über der verfallenden Alltäglichkeit schwebt, sondern existenzial nur ein modifiziertes Ergreifen dieser«; (*SuZ*, 179) und zum Thema der eigentlichen Entschlossenheit: »[Das Dasein] eignet sich die Unwahrheit eigentlich zu.« (*SuZ*, 299) Einziger Inhalt der authentischen Existenz ist die unauthentische, das Eigene nichts als das Ergreifen des Uneigentlichen. Diese Unvermeidbarkeit des nicht Zueigenen, die diese Formulierungen beinhalten, gilt es zu bedenken. Selbst noch im eigentlichen Sein zum Tode und der Entschlossenheit ergreift das Dasein* nichts als seine Uneigentlichkeit, bemeistert sich einer Entfremdung, richtet seine Aufmerksamkeit auf eine Zerstreuung. So stellt sich der ursprüngliche Status der Faktizität dar. Doch was soll man sich unter dem Ergreifen einer Uneigentlichkeit vorstellen? Wie kann man sich die Unwahrheit eigentlich aneignen? Wenn man diesen Fragen nicht nachgeht, wenn man Heidegger weiterhin den einfachen Vorrang des Eigenen und Authentischen unterstellt, wird man nicht nur die Intention, die der Analytik des Daseins* in *Sein und Zeit* zugrunde liegt, nicht verstehen, sondern man verstellt sich auch den Zugang zu jenem Denken des Ereignisses*, das den Schlüsselbegriff des Denkens des späten Heidegger bildet und das hier, in der die Dialektik von eigentlich* und uneigentlich* seine Urgeschichte* im Benjamin'schen Sinn hat.

Theorie der Leidenschaften

Kehren wir nach dieser langen, aber vielleicht nur scheinbaren Abschweifung zum Problem der Liebe zurück, das unser Ausgangspunkt gewesen ist. Eine sorgfältigere Untersuchung zeigt, dass die Behauptung, Heideggers Denken sei »ohne Liebe«* nicht nur von einem philosophischen Standpunkt aus ungenau ist. Auf philologischer Ebene ist sie es ebenso. Dafür können etliche Texte herangezogen werden. Ich möchte mich darauf beschränken, die beiden Texte näher zu betrachten, die ich in diesem Zusammenhang für die wichtigsten halte.

Annähernd zehn Jahre nach Beendigung seiner Beziehung zu Hannah Arendt, in einer 1936 gehaltenen Vorlesung über Nietzsche (*Der Wille zur Macht als Kunst*) thematisiert Heidegger auf wenigen, sehr dichten Seiten die Liebe und entwirft eine regelrechte Theorie der Leidenschaften. Er entreißt zunächst die Affekte und Leidenschaften der Sphäre der Psychologie, und bestimmt sie als die »Grundweisen* [...] wie der Mensch das ›Da*‹, die Offenheit und Verborgenheit des Seienden, in denen er steht, besteht«. (*N*, I, 55) Gleich darauf aber unterscheidet er säuberlich Liebe und Hass von den anderen Gefühlen und stellt sie als Leidenschaften* den einfachen Affekten* gegenüber.

Während die Affekte, wie Freude oder Zorn, gelegentlich aufleben und ersterben, sind Liebe und Hass als Leidenschaften in uns immer schon anwesend und durchziehen seit Anbeginn unser Sein. Deshalb können wir sagen: ein Hass wird genährt, aber nicht: ein Zorn wird genährt*. (*N*, I, 58) Lesen wir wenigstens die entscheidende Passage über die Leidenschaften:

> Weil der Haß uns im ganzen Wesen viel ursprünglicher durchzieht, hält er uns auch zusammen, er bringt in unser Wesen, entsprechend wie die Liebe, eine ursprüngliche Geschlossenheit und einen dauernden Zustand ... Aber diese beständige Ge-

> schlossenheit, die durch den Haß in das menschliche Dasein kommt, schließt es nicht ab, macht es nicht blind, sondern sehend; ... nur der Zorn ist blind. Liebe ist nie blind, sondern hellsichtig; nur Verliebtheit ist blind, flüchtig und anfällig, ein Affekt, keine Leidenschaft. Zu dieser gehört das weit Ausgreifende, sich Öffnende; auch im Haß geschieht das Ausgreifen, indem er das Gehaßte ständig und überallhin verfolgt. Dieser Ausgriff in der Leidenschaft hebt uns aber nicht einfach über uns weg, er sammelt unser Wesen auf seinen eigentlichen Grund, er eröffnet diesen erst in dieser Sammlung, so daß die Leidenschaft jenes ist, wodurch und worin wir in uns selbst Fuß fassen und hellsichtig des Seienden um uns und in uns mächtig werden. (*N*, I, 558f.)

Liebe und Hass sind also die beiden Grundweisen*, in denen das Dasein* das Da* erfährt, das heißt die Erschließung und Verbergung des Seienden, die es ist und zu sein hat. Im Gegensatz zu den Affekten, die selbst für das blind sind, was sie uns offenbaren, und wie die Stimmungen* nur in der Zerstreuung enthüllen, lassen Liebe und Hass den Menschen in dem, in das er geworfen ist, gründlicher Fuß fassen, er eignet sich und erfährt die eigene Faktizität. Es ist also kein Zufall, wenn der Hass in seiner »ursprünglichen Geschlossenheit« eine entscheidende Stellung neben der Liebe (wie auch das Böse in der Vorlesung über Schelling und das Grimmige* im *Brief über den Humanismus*) erhält. Die Dimension, die hier in Frage steht, ist ebenjene ursprüngliche Erschlossenheit des Daseins*, in der »aus dem Sein selbst die Zuweisung* derjenigen Weisungen* kommen kann, die für den Menschen Gesetz und Regel werden müssen«. (*WM*, 191)

Potentia passiva

Der ursprüngliche Status der Liebe (oder genauer der Leidenschaft) wird an einer Stelle im *Brief über den Humanismus* bekräftigt, deren Bedeutung für das Problem, das uns beschäftigt, nicht hoch genug eingeschätzt werden kann. Hier wird »lieben«* in die Nähe von mögen* (das zugleich wollen und können meint) gerückt und Letzteres mit dem Sein identifiziert, in einer Perspektive, wo die Kategorie von Vermögen-Möglichkeit auf völlig neue Weise gedacht wird:

> Sich einer »Sache« oder einer »Person« in ihrem Wesen annehmen, das heißt: sie lieben*: sie mögen*. Dieses Mögen bedeutet, ursprünglicher gedacht: das Wesen schenken. Solches Mögen ist das eigentliche Wesen des Vermögens*, das nicht nur dieses oder jenes leisten, sondern etwas in seiner Her-kunft »wesen«*, das heißt sein lassen kann. Das Vermögen des Mögens ist es, »kraft« dessen etwas eigentlich zu sein vermag. Dieses Vermögen ist das eigentlich »Mögliche«, jenes, dessen Wesen im Mögen* beruht […] Das Sein als das Vermögend-Mögende* ist das »Mög-liche*«. Das Sein als das Element ist die »stille Kraft«* des mögenden Vermögens*, das heißt des Möglichen. Unsere Wörter »möglich« und »Möglichkeit« werden freilich unter der Herrschaft der »Logik« und »Metaphysik« nur gedacht im Unterschied zu »Wirklichkeit«, das heißt aus einer bestimmten – der metaphysischen – Interpretation des Seins als *actus* und *potentia*, welche Unterscheidung mit der von *existentia* und *essentia* identifiziert wird. Wenn ich von der »stillen Kraft des Möglichen« spreche, meine ich nicht das *possibile* einer nur vorgestellten *possibilitas*, nicht die *potentia* als *essentia* eines *actus* der *existentia*, sondern das Sein selbst […] (*WM*, 148)

Um die thematische Einheitlichkeit zu verstehen, die hier heraufbeschworen wird, muss man sie dem Problem der Freiheit annähern, wie dies auf den letzten Seiten von *Vom Wesen des Grun-*

des geschieht. Wieder einmal ist die Dimension der Faktizität (besser: der ursprünglichen oder transzendentalen Faktizität) wesentlich:

> Existieren besagt immer: inmitten von Seiendem befindlich zu Seiendem – zu nicht-daseinsmäßigem, zu sich selbst und seinesgleichen – sich verhalten, so zwar, daß es in diesem befindlichen Verhalten um das Seinkönnen des Daseins selbst geht. Im Weltentwurf ist ein Überschwung von Möglichem gegeben, im Hinblick worauf und im Durchwaltetsein von dem in der Befindlichkeit umdrängenden Seienden (Wirklichen) das Warum entspringt. (*WM*, 64)

Die Freiheit stellt so das Dasein* in seinem Wesen als »Seinkönnen in Möglichkeiten, die vor seiner endlichen Wahl, d.h. in seinem Schicksal, aufklaffen«. (*WM*, 70) Insofern das Dasein* faktisch existiert (das heißt, insofern es seine Seinsweisen zu sein hat), existiert es im Modus des Möglichen: im Überschuss der Möglichkeiten bezüglich des Seienden und zugleich in deren Ermangelung, denn die Möglichkeiten verkehren sich im Angesicht des Seienden, dem das Dasein immer schon überantwortet ist, in radikalem Unvermögen.

Es ist diese Zusammengehörigkeit von *Vermögen* und *Unvermögen*, die in der Vorlesung des Sommersemesters 1928 einer Untersuchung unterzogen wird, in der sich der Fragehorizont von *Vom Wesen des Grundes* bereits andeutet und die die Überlegenheit der Kategorie des Möglichen in ihrer Beziehung zum Wirklichen behauptet:

> Sofern nun die Freiheit (transzendental genommen) das Wesen des Daseins ausmacht, ist dieses als existierendes wesensnotwendig immer »weiter« als jegliches faktische Seiende. Aufgrund dieses Überschwunges ist das Dasein jeweils dem Seienden über, wie wir sagen, aber freilich gerade so, daß es das Seiende in dem Widerstand allererst erfährt als das, wogegen das transzendie-

> rende Dasein ohnmächtig ist. Die Ohnmacht ist metaphysisch, d. h. als wesenhaft zu verstehen: sie kann nicht widerlegt werden durch den Hinweis auf die Naturbeherrschung, auf die Technik, die heute wie eine entfesselte Bestie in die »Welt« hineinwütet; denn diese Herrschaft ist der eigentliche Beweis für die metaphysische Ohnmacht des Daseins, das die Freiheit nur in seiner Geschichte sich gewinnt […] Und nur weil wir im faktischen intentionalen Verhalten zum Seienden jeglicher Art zuvor überschwingend aus Möglichkeiten darauf zurück- und zukommen, deshalb können wir das Seiende selbst das sein lassen, was und wie es ist. Und umgekehrt: weil das transzendierende Dasein als faktisch existierendes je schon mit Seiendem sich auseinandersetzt, und daher, metaphysisch genommen, die Ohnmacht gegenüber dem Seienden mit der Transzendenz und dem Welteingang offenkundig ist, deshalb muß sich das Dasein, das (metaphysisch) nur als freies ohnmächtig sein kann, an die Bedingung der Möglichkeit seiner Ohnmacht halten: an die Freiheit zum Grunde. Und deshalb stellen wir wesenhaft jedes Seiende als Seiendes unter die Frage nach seinem Grunde. Wir fragen nach dem Warum im Verhalten zu Seiendem jeglicher Art, weil in uns selbst die Möglichkeit höher ist als die Wirklichkeit, weil mit dem Dasein selbst dieses Höhersein existent wird. (*GA* 26, 279f.)

Die Passage im *Brief über den Humanismus*, die dem Verb mögen* (und seinem Zusammenhang mit der Liebe) gewidmet ist, muss in enger Verbindung mit dem Vorrang des Möglichen gelesen werden. Die *potentia*, um die es Heidegger geht, ist nämlich wesentlich eine *potentia passiva*, jene *dynamis tou paschein*, deren verschwiegene Solidarität mit dem tätigen Vermögen (*dynamis tou poiein*) er in seiner Vorlesung des Sommersemesters 1932 über die *Metaphysik* des Aristoteles herausgearbeitet hat. Jedes Vermögen (*dynamis*), schreibt Heidegger in seiner Aristotelesinterpretation, ist Unvermögen (*adynamia*) und jedes Können (*dynasthai*) wesentlich Passivität (*dechsthai*). (*GA* 33, 114) Aber in dieser Ohnmacht findet ein Urgeschehen statt, das das Sein des Daseins* bestimmt und den Abgrund seiner Freiheit öffnet:

> *Daß* es der Möglichkeit nach ein Selbst und dieses faktisch je entsprechend seiner Freiheit ist, *daß* die Transzendenz als Urgeschehen sich zeitigt, steht nicht in der Macht dieser Freiheit selbst. Solche Ohnmacht (Geworfenheit) aber ist nicht erst das Ergebnis des Eindringens von Seiendem auf das Dasein*, sondern sie bestimmt dessen Sein als solches. (*WM*, 70)

Die Leidenschaften, die *potentia passiva*, sind also die radikalste Erfahrung der Möglichkeit, des mögen*, um die es im Dasein* geht: ein *Vermögen*, das nicht nur seine Potenz vermag (die real möglichen Seinsweisen), sondern auch und vor allem seine Ohnmacht, sein Unvermögen. Deshalb fällt für das Dasein*, die Erfahrung der Freiheit mit der der Ohnmacht zusammen. Sie befindet sich auf der Ebene jener ursprünglichen Faktizität oder »ursprünglichen Streuung«*, die laut der Vorlesung des Sommersemesters 1928 die »innere Möglichkeit« der faktischen Zerstreuung des Daseins* bildet.

Die Leidenschaft, die Passion, als passives Vermögen und Mögen*, vermag ihre eigene Ohnmacht. Sie lässt nicht nur das Mögliche, sondern auch das Unmögliche sein und versammelt derart das Dasein* auf seinem Grund, um es zu öffnen, dass es zugleich des inneren und des äußeren Seienden mächtig werde. Insofern ist die »stille Kraft des Möglichen« wesentlich Leidenschaft, Passion, passive Potenz: *(ver)mögen* heißt *lieben*. Doch wie kann es zu einer solchen Aneignung kommen, die sich keine Sache, sondern das Unvermögen und die Uneigentlichkeit selber aneignet? Wie ist es möglich, nicht so sehr eine Möglichkeit und Potenz, sondern vielmehr eine Unmöglichkeit und Ohnmacht zu vermögen? Was ist das für eine Freiheit, die in erster Linie Passion ist?

Die Passion der Faktizität

Nun zeigt sich die Nähe der als Leidenschaft begriffenen Liebe zu jenem Gegenstand, der seit den vierziger Jahren im Mittelpunkt der Reflexion Heideggers steht: dem Ereignis*. Vielleicht ist es gerade die Liebe als Passion der Faktizität, die diesen Begriff etwas näher zu beleuchten erlaubt. Bekanntlich leitet Heidegger das Wort Ereignis* von eigen* her und versteht es mithin als »Aneignung«, indem er es unausgesprochen in der Dialektik von Eigentlichkeit* und Uneigentlichkeit* in *Sein und Zeit* fundiert. Es handelt sich jedoch um eine Aneignung, in der das, was angeeignet wird, nicht aus einem fremden, anderen zu einem eigenen werden oder aus dem Schatten ins Licht treten soll. Das Einzige, was in ihr angeeignet und weniger ans Licht als in die Lichtung* gebracht wird, ist eine Enteignung, Verborgenheit als solche. »Das Ereignis«, schreibt Heidegger, »ist in ihm selber *Enteignis*, in welches Wort die frühgriechische *lēthē* im Sinne des Verbergens ereignishaft aufgenommen ist.« (*SD*, 44) Insofern ist das Denken des Ereignisses* »kein Tilgen der Seinsvergessenheit, sondern das Sichstellen in sie und ein Stehen in ihr. So ist das Erwachen aus der Seinsvergessenheit zu ihr das Entwachen in das Ereignis*«. (*SD*, 32)[28] So kommt es, dass »die Verbergung sich nicht verbirgt, ihr gilt vielmehr das Aufmerken des Denkens«. (*SD*, 44)

Was bedeuten diese scheinbar so rätselhaften Sätze? Wenn das, was der Mensch sich aneignen soll, nicht ein verborgenes Ding, sondern dessen Verborgenheit als solche, mithin die Uneigentlichkeit und Faktizität des Daseins* selber ist, kann deren Aneignung nur besagen: eigentlich uneigentlich sein, sich dem, was nicht angeeignet werden kann, überlassen. Die Verbergung, die *lēthē* muss als solche ins Denken treten, die Faktizität sich in ihrer Verschlossenheit und Undurchsichtigkeit zeigen. Mithin ist der Versuch, das Ereignis* als Ende der Seinsgeschichte zu denken, gewissermaßen als Wiederaufnahme und Vollendung des Denkens der Faktizität zu verstehen, das die Reformulierung der Seinsfrage* beim frühen Heidegger geprägt hatte. Denn es handelt sich hier nicht einfach um die vielfältigen Weisen der faktischen Existenz des Daseins*, sondern um jene ursprüngliche Faktizität (oder transzendentale Streuung), die seine »innere Möglichkeit«* ausmacht. Das Mögen* dieser Möglichkeit* ist weder Potenz noch Akt, weder Wesen noch Existenz, sondern ein Unvermögen, dessen Passion dem Dasein* in Freiheit den Grund öffnet. Im Ereignis* entzieht sich die Urfaktizität nicht länger in flüchtiger Zerstreuung oder geschichtemachendem Geschick, vielmehr wird sie in ihrem Ausweichen angeeignet, in ihrer *lēthē*, ihrer Verborgenheit angenommen. Die Dialektik von Eigentlichkeit und Uneigentlichkeit gelangt hier an ihr Ende. Das Dasein* hat nicht mehr sein Da*, nicht mehr seine Weisen zu sein: Es bewohnt sie nunmehr definitiv in den Modi des Wohnens* und der Gewohnheit*, die im § 12 von *Sein und Zeit* das In-sein* des Daseins* kennzeichnen.

Unter dem Wort Ereignis* muss also das lateinische *assuescere*, sich an etwas gewöhnen, Gewöhnung, verstanden werden – unter der Bedingung, in diesem Wort das *suus* (das *sich*) zu denken, das dessen semantischen Kern bildet. Und wenn man sich daran erinnert, dass der Ursprung des geschicklichen Charakters des Daseins* (laut einer Randbemerkung auf Seite 42 von *Sein und Zeit*) sein Zu-sein-Haben ist, versteht man auch, warum das Ereignis* kein Schicksal hat, geschicklos* ist. Das Sein (das Mögliche) hat hier wahrhaftig seine historischen Möglichkeiten erschöpft und das Dasein*, das sein Unvermögen vermag, erreicht seine äußerste Manier: die unbewegte Kraft des Möglichen.

Das bedeutet nicht, dass jede Faktizität aufgehoben wäre, jede Bewegtheit ausgelöscht. »Die Geschicklosigkeit des Ereignisses* besagt also nicht, das ihm jede ›Bewegtheit‹ fehlt. Sie besagt vielmehr, daß sich dem Denken allererst die dem Ereignis eigenste Weise der Bewegtheit, die Zuwendung im Entzug* ist, als das zu Denkende zeigt.« (*SD*, 44) Das ist die Bedeutung jener Gelassenheit*, die ein später Text als »Offenheit für das Geheimnis« definiert: (*GA*, 16, 517–529) die Gelassenheit* ist die Bewegtheit des Ereignisses*, eine niemals epochale Öffnung für »das Uralte, das sich in dem Namen *A-lētheia* verbirgt«. (*SD*, 25)

Vielleicht können wir uns nun einer weniger vorläufigen Bestimmung der Liebe nähern. Was der Mensch in die Welt einführt, sein »Eigenes«, ist nicht nur das Licht und die Eröffnung der Erkenntnis, sondern vor allem und zum ersten Mal, die Offenheit für Verschlossenheit und Opazität. Die *alētheia*, die Wahrheit ist die Bewahrung der *lēthē*, der Unwahrheit; das Gedächtnis Bewahrung des Vergessens, das Licht Bergung des Dunkels. Nur in der Insistenz dieser Gelassenheit, in dieser alles vergessenden Bergung wird vielleicht so etwas wie Erkenntnis möglich. All das erleidet (in der etymologischen Bedeutung des Wortes Passion: *pati*, *paschein*) die Liebe. Die Liebe ist die Passion der Faktizität, in der der Mensch jene Verlassenheit und Opazität erträgt und sich zu eigen macht (*adsuefacit*), indem er sie als solche bewahrt. Sie ist, gemäß einer Dialektik des Begehrens, weder Selbstbejahung noch Negation des Liebesobjekts, sondern das Erleiden und Ausstellen der Faktizität selber, der irreduziblen Uneigentlichkeit des Seienden. In der Liebe tritt – verhüllt in ewiger Faktizität und jenseits des Seins – der/die Geliebte im selben Moment wie die/der Liebende ans Licht. (Womöglich ist es das, was Hannah Arendt meinte, als sie in einem gemeinsam mit ihrem ersten Ehemann verfassten Text von 1930 mit Rilkes Worten schrieb, die Liebe sei die »Möglichkeit, sich ›miteinander das Los zu verdecken‹«.)

Ebenso wie im Ereignis* die Aneignung des Uneigentlichen

das Ende der Seinsgeschichte und ihrer epochalen Verbergung bedeutet, kommt auch in der Liebe die Dialektik des Eigentlichen und des Uneigentlichen an ihr Ende. Deshalb hat es im Grunde wenig Sinn, zwischen eigentlicher und uneigentlicher Liebe zu unterscheiden, zwischen himmlischer und irdischer (*pandēmos*) Liebe, zwischen der Liebe Gottes und der Selbstliebe. Liebende erdulden noch die äußerste Uneigentlichkeit der Liebe, damit das Eigentliche in der Aneignung jenes freien Unvermögens entstehen kann, das die Leidenschaft zum Höhepunkt gebracht hat. In sinnloser und dämonischer Promiskuität stoßen die Liebenden bis an die Grenze der Uneigentlichkeit. Sie richten sich ein: in der Lust und in der Sprache der Liebe, in immer neuen Regionen der Faktizität und der Uneigentlichkeit, bis sie sie entschärfen und als solche ausstellen. Denn der Mensch hält sich nicht ursprünglich im Eigenen auf, aber er bewohnt auch nicht einfach (laut dem zu schlichten Erklärungsversuch des zeitgenössischen Nihilismus) das Uneigentliche und Grundlose. Er ist vielmehr derjenige, dessen Leidenschaft sich eigentlich am Uneigentlichen entzündet, er ist das einzige Lebewesen, das sein Unvermögen vermag. Denn wenn wahr ist, dass, wie es Jean-Luc Nancy einmal so schön formuliert hat, die Liebe etwas ist, dessen wir uns nicht bemeistern können, etwas, zu dem wir niemals gelangen, das uns jedoch stets widerfährt,[29] ist es ebenso wahr, dass der Mensch sich dieses Unvermögen aneignen kann und dass, wie Hölderlin an Böhlendorff schreibt, »der freie Gebrauch des Eigenen das Schwerste ist«.

Aus dem Italienischen von Andreas Hiepko

Anmerkungen

1 Wilhelm Koepp, »Merimna und Agape«, in: *Reinhold-Seeberg-Festschrift*, Bd. 1, hg. v. Wilhelm Koepp, Leipzig: Deichert 1929, S. 99–139.

2 Ludwig Binswanger, *Grundformen und Erkenntnis menschlichen Daseins*, Zürich: Niehaus 1942. Zwanzig Jahre später hat Heidegger im Zollikoner Seminar, in dem er den Namen Binswangers ausdrücklich nennt, auf dessen Kritik geantwortet: »Weil man die Sorge lediglich als Grundverfassung des zum Subjekt isolierten Daseins sieht und sie als eine lediglich anthropologische Bestimmung des Daseins auffaßt, erweist sie sich mit guten Gründen als eine einseitige, weil trübsinnige Auslegung des Daseins, die einer Ergänzung durch die ›Liebe‹ bedarf. Aber *Sorge* ist recht, d.h. fundamentalontologisch verstanden, niemals unterscheidbar gegen die ›Liebe‹, sondern ist der Name für die ekstatisch-zeitliche Verfassung des Grundzuges des Daseins, nämlich als Seinsverständnis. Die Liebe gründet ebenso entschieden im Seinsverständnis wie die anthropologisch gemeinte Sorge. Es steht sogar zu erwarten, daß die Wesensbestimmung der Liebe, die in der fundamentalontologischen Bestimmung des Daseins einen Leitfaden sucht, eine wesentlich tiefere und weittragendere wird als jene Kennzeichnung der Liebe, die in ihr lediglich das Höhere im Vergleich zur Sorge sieht« (Martin Heidegger, *Zollikoner Seminare*, Frankfurt am Main: Klostermann 1987, S. 237f.).

3 Karl Jaspers, *Notizen zu Martin Heidegger*, hg. v. Hans Saner, München: Piper 1978, S. 34.

4 Karl Löwith, »Phänomenologische Ontologie und protestantische Theologie«, in: *Heidegger. Perspektiven zur Deutung seines Werks*, hg. v. Otto Pöggeler, Königstein/Ts.: Athenäum 1984, S. 54–77, hier: S. 76.

5 Die Briefe sind inzwischen veröffentlicht worden: Hannah Arendt/Martin Heidegger, *Briefe 1925 bis 1975*, hg. v. Ursula Ludz, Frankfurt am Main: Klostermann 1998.

6 Das Zitat stammt aus einem Brief Arendts vom 8.2.1950 aus

Wiesbaden an Heinrich Blücher. Vgl. H. A. / H. B., *Briefe 1936–1968*, hg. v. Lotte Köhler, München / Zürich: Piper 1996, S. 208.]

7 Blaise Pascal, *Pensées et obscules*, hg. v. Léon Brunschvicg, Paris: Hachette 1912, S. 185.

8 Augustinus, *Opera*, Contra faustum lib. 32, cap. 18.

9 Die Bände der Gesamtausgabe* werden unter der Sigle *GA* (gefolgt von der Nummer des Bandes und der Seitenzahl) zitiert. Andere Ausgaben von Texten Heideggers werden wie folgt abgekürzt: *SuZ* = *Sein und Zeit*, Tübingen: Niemeyer 1972; *WM* = *Wegmarken*, Frankfurt am Main: Klostermann 1967; *N* = *Nietzsche*, Pfullingen: Neske 1961; *SD* = *Zur Sache des Denkens*, Tübingen: Niemeyer 1969.

10 Oskar Becker, »Mathematische Existenz. Untersuchungen zur Logik und Ontologie mathematischer Phänomene«, in: *Jahrbuch für Philosophie und Phänomenologische Forschung* 8 (1927), S. 439–809, hier: S. 621.

11 Das Buch wurde als Band 63 der *Gesamtausgabe** veröffentlicht unter dem Titel: *Ontologie. Phänomenologische Hermeneutik der Faktizität*, Frankfurt am Main: Klostermann, 1988. Auch für die in Band 59 der *Gesamtausgabe** veröffentlichte Vorlesung des Sommersemesters 1920 (*Phänomenologie der Anschauung und des Ausdrucks*, Frankfurt am Main: Klostermann 1993) ist der Begriff der »faktischen Lebenserfahrung« von zentraler Bedeutung.

12 Vgl. den Artikel *facticius* im *Thesaurus linguae latinae* und den Artikel *facio* im *Dictionnaire étymologique* von Ernout und Meillet.

13 Otto Pöggeler, *Der Denkweg Martin Heideggers*, Pfullingen: Neske 1963, S. 36–45. Vgl. auch Oskar Becker, *Dasein und Dawesen*, Pfullingen: Neske 1963, sowie Karl Lehmann, »Christliche Geschichtserfahrung und ontologische Frage beim jungen Heidegger«, in: Otto Pöggeler, *Heidegger. Perspektiven, op. cit.*, S. 140–168. Inzwischen wurde das Seminar als Bd. 60 der *Gesamtausgabe** veröffentlicht: *Phänomenologie des religiösen Lebens*, Frankfurt am Main: Klostermann 1995.

14 Das augustinische Gegensatzpaar *uti* (sich eines Dings zu an-

deren Zwecken bedienen) und *frui* (ein Ding um seiner selbst willen genießen) ist für die Vorgeschichte der Unterscheidung von Vorhandenheit* und Zuhandenheit* in *SuZ* von eminenter Wichtigkeit. Wie wir noch sehen werden, steht die Faktizität des Daseins* sowohl der Vorhandenheit* als auch der Zuhandenheit* gegenüber und kann folglich weder Gegenstand eines *frui* noch eines *uti* werden.

15 Vgl. die in dieselbe Richtung gehende Überlegenheit von Hartmut Tietjen, »Philosophie und Faktizität«, in: *Heidegger Studies* 2 (1986), S. 11–40.

16 Ebd., S. 130.

17 »Problem der Faktizität, *kinêsis*-Problem«, ebd., S. 117. Wenn man sich der grundlegenden Rolle, die laut Heidegger die *kinēsis* im Denken des Aristoteles spielt (noch in den Seminaren von Le Thor führt er die *kinēsis* als die grundlegende Erfahrung des aristotelischen Denkens ein), erinnert, kann man besser abschätzen, welche zentrale Stellung der Begriff der Faktizität im Denken des frühen Heidegger einnimmt.

18 Die Ähnlichkeit ist offensichtlich rein formaler Natur.

19 Das Wort »Weise« (aus derselben Wurzel wie »wissen« und lat. *videre*) muss als ein *terminus technicus* des Heidegger'schen Denkens betrachtet werden. In der Vorlesung des Wintersemesters 1921/22 spielt Heidegger mit jedem möglichen Sinn des Verbs »weisen« und seiner Ableitungen: »Leben bekommt jeweils eine Grundweisung mit und es wächst in eine solche hinein [...] Bezugssinn je in einer Weise ist in sich ein Weisen und hat in sich eine Weisung, die das Leben sich gibt, die es erfährt: Unter-Weisung« (*GA* 61, S. 98).

20 *Ep.* VII, 343 b–c.

21 Im *Brief über den Humanismus* (*WM*, S. 158f.) lehnt Heidegger ausdrücklich diese Interpretation der *existentia-essentia*-Beziehung ab: »Die letzte Verirrung wäre es jedoch, wollte man den Satz über das eksistente Wesen des Menschen so erklären, als sei er die säkularisierte Übertragung eines von der christlichen Theologie über Gott ausgesagten Gedankens (Deus est ipsum esse) auf den Menschen; denn die Ek-sistenz ist weder die Ver-

wirklichung einer Essenz, noch bewirkt und setzt die Ek-sistenz gar selbst das Essentielle.« Eine andere Stelle desselben Briefes (*WM*, S. 160) zeigt, dass das Verhältnis *essentia / existentia* ein grundlegender Einsatz im Denken Heideggers bleibt, sogar noch nach *SuZ*. »In ›Sein und Zeit‹ kann ein Satz über das Verhältnis von essentia und existentia noch gar nicht ausgesprochen werden, denn es gilt dort, ein Vor-läufiges vorzubereiten.«

22 Eine Genealogie der Heidegger'schen Kontraktion von *essentia* und *existentia* würde zeigen, dass dieses Verhältnis oft auf viel komplexere Weise gedacht worden ist denn als einfacher Gegensatz. Von Platon ganz zu schweigen (der im Siebten Brief ausdrücklich die Ununterscheidbarkeit von *on* und *poion* behauptet), kann selbst das aristotelische *ti ēn einai* aus dieser Perspektive verstanden werden. Der Begriff des *idiōspoion* – der Substanzbegriff der Stoiker – wiederum setzt das Paradox eines Soseins (*poion*), das eigentlich ist, voraus. So konnte Victor Goldschmidt zeigen, dass die »Seinsweisen« (*pōs echein*) nicht eine äußerliche Bestimmung der Substanz bilden, sondern diese enthüllen und ausüben (sie sind, um das schöne Bild Epiktets zu gebrauchen, »deren Gymnastik«*, in dem das Verb *gym nazō* auch die Idee der Nacktheit enthält). Was noch zu untersuchen bleibt, ist das Verhältnis, das zwischen der spinozistischen Definition und der *causa sui* (»cuius essentia involvit existentiam«) und der Heidegger'schen Bestimmung des Daseins* (»das Wesen des Daseins liegt in seiner Existenz«) besteht.

23 Die Beobachtung ist von Leonardo Amoroso, »La *Lichtung* di Heidegger come *lucus a (non) lucendo*«, in: *Il pensiero debole*, hg. v. Gianni Vattimo und Pier Aldo Rovatti, Mailand: Feltrinelli 1983, S. 137–163. [Zuerst in einer kürzeren deutschen Version in *Philosophisches Jahrbuch* 90 (1983), S. 153–168; A. d. Ü.]

24 Jacques Derrida, »Geschlecht (Heidegger)«, Wien: Passagen 1998.

25 Im selben Text bringt Heidegger die Faktizität des Daseins* mit seiner »Räumlichkeit«* in Verbindung. Wenn man bedenkt, dass das Wort Streuung* dieselbe Wurzel hat wie das lat. *sternere* (*stratum*), das auf Weite und Horizontalität verweist, so ist es

durchaus nicht abwegig, in dieser »ursprünglichen Streuung«* einen der Gründe dafür zu sehen, dass, wie die abschließende Behauptung des Vortrags *Zeit und Sein* lautet, die Räumlichkeit des Daseins* nicht auf die Zeitlichkeit zurückgeführt werden kann.

26 Selbstredend ist dieses Wort hier nicht psychologisch, sondern ontologisch zu verstehen. Nur weil die Faktizität dem Dasein* ursprünglich eignet, kann es so etwas wie einem Fetisch im engeren Wortsinn überhaupt begegnen. Zur Stellung des Fetischs in § 17 von *SuZ* vgl. die wichtigen Überlegungen von Werner Hamacher: »Peut-être la question«, in: *Les fins de l'homme*, Paris: Galilée 1981, S. 353 f.

27 »Das Dasein existiert faktisch. Gefragt wird nach der ontologischen Einheit von Existenzialität und Faktizität, bzw. der wesenhaften Zugehörigkeit dieser zu jener« (*SuZ*, S. 181).

28 Anscheinend ist das Denken, das hier zum Ausdruck kommt, so verwirrend, dass die französischen Übersetzer (und in ihrer Gefolgschaft die italienischen) nicht wahrhaben wollten, was offensichtlich ist: dass nämlich das Wort entwachen* nicht dasselbe bedeuten kann wie erwachen*. Heidegger führt hier eine Unterscheidung ein, die der zwischen Enteignis* und Ereignis* vollkommen entspricht.

29 Jean-Luc Nancy, »L'amour en éclats«, in: *Alea* 7, (1986).

Heidegger und der Nazismus

Levinas' Essay über die *Philosophie des Hitlerismus* ist vermutlich der einzig gelungene Versuch der Philosophie des 20. Jahrhunderts, mit dem entscheidenden politischen Ereignis dieser Zeit abzurechnen: dem Nazismus. Genau genommen gab es auch andere Versuche – so wie der Heideggers in seiner Rektoratsrede von 1933 –, die jedoch allesamt ohne Unterlass mit dem unverzeihlichen Desaster verschweißt waren. Gerade weil der Nazismus ein derart entscheidendes Ereignis war, konnte man sich nicht vormachen, ihn – genauso wie den Stalinismus – nach eigenem Gutdünken zu diesem oder jenem Ufer zu lenken. Levinas bemerkt sofort die Neuheit des Hitlerismus gegenüber der philosophisch-politischen Tradition des Abendlandes. Das jüdisch-christliche und das liberale Denken, so argumentiert er erhellend, tendieren zu einer Befreiung des Geistes aus den Fesseln sinnlicher und historisch-gesellschaftlicher Gegebenheiten, denen der Mensch immer wieder ausgeliefert ist, indem sie ein ewiges Reich der Vernunft von dem des Körpers unterscheiden. Die Philosophie des Hitlerismus gründet sich dagegen auf eine vorbehaltlose Bejahung der geschichtlichen und materiellen Situation, die sie als untrennbarer Zusammenhang von Geist und Körper, natürlichem und kulturellem Erbe betrachtet. Was die Diagnose von Levinas tatsächlich unvergleichlich macht, ist der Mut, mit dem er in der Philosophie des Hitlerismus dieselben Kategorien am Werk sieht, die in jenen Jahren auch im Zentrum seiner eigenen philosophischen Werkstatt (und implizit auch jener seines Lehrers in Freiburg) standen oder stehen würden.

Ziehen wir den wunderschönen Essay von 1935 *Ausweg aus dem Sein* heran. Hier analysiert Levinas einige unmittelbare und nur scheinbar randständige Erfahrungen wie das körperliche Bedürfnis, die Scham, den Ekel, um daraus den ausgezeichneten Ort jener, wie er sie nennt, »Erfahrung des reinen Seins«,[1] des Seins »in seiner unerbittlichsten Äußerung« (*AS*, S. 43): die einfache Tatsache, dass etwas unentrinnbar, irreparabel existiert. Der Ekel ist (einem Paradigma entsprechend, das wahrscheinlich Ausgangspunkt für die berühmten, einige Jahre später entstandenen Beschreibungen Sartres war) in diesem Sinne die »uns widerwärtige Gegenwart unserer selbst« (*AS*, S. 47), eine ebenso absolute wie unbedingte, ebenso brutale wie unerträgliche Anwesenheit. Sie ist die »Unmöglichkeit, zu sein, was man ist« (*AS*, S. 49), und überantwortet uns zugleich an uns selbst, sie nagelt uns an unsere erstickende Anwesenheit fest, an das pure Faktum unserer Existenz. Auf vergleichbare Weise sind wir in der Scham und in der Nacktheit mit der Erfahrung konfrontiert, das, was wir verheimlichen möchten, nicht verbergen zu können:

> So äußert sich in der Scham [...], daß wir an uns selbst gekettet sind, die gnadenlose Anwesenheit vor sich selbst. [...] Beschämend ist also unsere Intimität, d.h. die Gegenwart unserer selbst. (*AS* 41–43)

Die Kategorie, von der Levinas' Analyse hier geleitet wird, ist die einer ausweglosen Auslieferung an uns selbst oder an eine, wie Levinas schreibt, Situation des *être rivé* (wörtlich: an etwas festgenagelt oder auf es platt gedrückt zu sein; *river* zeigt die Geste des wiederholten Klopfens eines Nagels an, um es vollständig ins Holz einzuschlagen). Dieser regelrechte *terminus technicus* des Levinas'schen Frühwerks taucht bemerkenswerterweise auch im

Text über den Hitlerismus auf, um dort das neue Verhältnis des nationalsozialistischen Menschen zu seiner Leiblichkeit zu definieren:

> Eine dem europäischen Begriff des Menschen wahrhaft entgegenstehende Konzeption wäre also nur möglich, wenn die Situation, an die er unlösbar gekettet ist [*rivé*], sich ihm nicht von außen her auferlegen, sondern vielmehr den eigentlichen Grund seines Seins ausmachen würde. Ein paradoxer Anspruch, der in der Erfahrung unseres Leibes erfüllt zu sein scheint.[2]

Für den Nationalsozialismus ist der Körper nämlich nicht mehr nur der ewige Fremdling der christlichen und liberalen Tradition:

> Der Leib ist uns nicht nur näher und vertrauter als der Rest der Welt, und er bestimmt auch nicht nur unser psychologisches Leben, unsere Stimmungen und unsere Handlungen. Jenseits all dieser banalen Beobachtungen gibt es auch das Gefühl der Identität. Werden wir uns nicht bereits in dieser einzigartigen Wärme unseres Körpers offenbar, lange bevor das Ich, das sich von ihm zu unterscheiden versucht, hervorbricht? Halten jene Bande, die, lange noch vor dem Erwachen des Geistes, aus dem Blut hervorgehen, hier nicht jeder Prüfung stand? Bei einem gefährlichen sportlichen Unternehmen oder bei einer riskanten Übung, in denen – angesichts der tödlichen Gefahr – selbst noch die kleinsten Bewegungen eine fast abstrakte Perfektion erreichen müssen, verschwindet jeder Dualismus zwischen dem Ich und dem Leib. Und empfindet nicht auch der Kranke in der Ausweglosigkeit des physischen Schmerzes die unteilbare Einheit seines Seins, wenn er sich auf seinem Leidensbett wälzt, um eine Position zu finden, die ihm Ruhe verschafft? […] Der Leib ist nicht nur ein glücklicher oder unglücklicher Zufall, der uns mit der unerbittlichen Welt der Materie in Beziehung setzt – *seine Zugehörigkeit zum Ich ist ein Wert an sich selbst.* Es ist eine Verbindung, der *niemand entkommt* und die durch keinerlei metaphorische Rede-

> weise mit der Anwesenheit eines äußeren Gegenstandes verwechselt werden kann; denn diese Verbindung stellt eine Einheit dar, an deren tragischem Charakter der Endgültigkeit nichts etwas ändern kann. [...] Das Wesen des Menschen liegt nicht mehr in der Freiheit, sondern in einer Art des Gefesseltseins. Wahrhaft man selbst zu sein, heißt nicht, sich noch einmal über die Kontingenz der Ereignisse, die auf immer mit der Freiheit des *Ich* unvereinbar sein werden, zu erheben; es bedeutet im Gegenteil, sich das ursprüngliche, unabweisbare und stets einzigartige Gefesseltsein an unseren Leib bewusst zu machen und es vor allem auch zu akzeptieren. [...] Gefesselt an seinen Leib erkennt der Mensch, dass er keine Macht hat, sich selbst zu entkommen. Die Wahrheit liegt für ihn nicht mehr in der Betrachtung eines ihm äußerlichen Schauspiels – sie gleicht vielmehr einem Drama, in dem der Mensch selbst der Autor ist. Es ist die Last der ganzen Existenz – die auf Gegebenheiten beruht, auf die man nicht mehr zurückkommen kann –, unter der der Mensch sein Ja oder Nein zu sagen hat. (*Unvorh.*, 29–32)

Die Nähe zwischen diesem Ausgeliefertsein, ja gleichsam Gefesseltsein an einen Körper sowie an eine bestimmte faktische Situation und den Analysen der zeitgenössischen Phänomenologie des 20. Jahrhunderts (einschließlich jener, die, wie wir gesehen haben, das Denken des frühen Levinas prägten) ist allzu offensichtlich. Sicherlich sucht Levinas in der Erfahrung des nackten und ausweglosen Faktums der Existenz gerade etwas wie einen Fluchtweg (»eine Grenzsituation, in der die Nutzlosigkeit jeglichen Tuns Anzeichen des höchsten Augenblicks ist, in dem nichts anderes bleibt als herauszutreten« – *AS*, S. 49), genauso wie für Heidegger die Geworfenheit kein »abgeschlossenes Faktum« darstellt, sondern in sich die Möglichkeit der Offenheit des Daseins als solche trägt. Es war weder Rosenzweig noch Levinas an der Debatte in Davos entgangen, dass die große Neuerung der Heidegger'schen Phänomenologie gerade in ihrer entschiedenen

Verwurzelung in der faktischen Situation bestand und sie zuallererst eine »Hermeneutik der Faktizität« war. Als Levinas seinen Text über den Hitlerismus im Jahre 1991 in den *Cahiers de l'Herne* wiederveröffentlicht, lässt er in seinem Nachwort keinerlei Zweifel hinsichtlich der These offen, die ein aufmerksamer Leser aber auch selbst zwischen den Zeilen hätte lesen können, nämlich dass die Möglichkeit des Nazismus als »elementalen [sic!] Bösen« der abendländischen Philosophie, und insbesondere in der Heidegger'schen Ontologie (»der Ontologie des Seins, das sich [...] ›sorgt‹ zu sein – des Seins ›dem es in seinem Sein um dieses Sein selbst geht‹« – *Unvorh.*, 34) eingeschrieben war.

Die Pointe des Essays von 1934 liegt in der Radikalität dieser Diagnose; ihr diese durch Verurteilungen oder Apologien auszutreiben, wäre vergeblich. Dieser Text ist weniger ein Akt der Anklage als vielmehr eine topographische Erhebung, die uns in jeder Hinsicht angeht. Auch wenn der Nazismus zumindest in seinen Anfängen die großen Philosophien des 20. Jahrhunderts berührte, so wäre es doch töricht zu glauben, man könne dieser unbequemen Nachbarschaft glimpflich entkommen, indem man den einen Philosophen verurteilt und den anderen freispricht. Die Frage, die der Essay implizit stellt, hört sechzig Jahre später nicht auf, nach einer Antwort zu verlangen. Was ist der Sinn dieser unmittelbaren Nähe? Sind wir dieser Nachbarschaft wirklich entkommen, oder halten wir uns immer noch, ohne es zu merken, an den Rändern des Nazismus auf?

Als 1994 die postum veröffentlichte Aufsatzsammlung von Hannah Arendt *Essays in Understanding* das Licht sah, stellte man mit Erstaunen fest, dass der Herausgeber neben Artikeln und Essays auch eine kurze Aufzeichnung mitaufgenommen hatte, die im vertraulichen Ton einer Tagebuchnotiz oder Klatschgeschichte gehalten war. Im Text, der den Titel *Heidegger the Fox* trägt, vergleicht Arendt ihren alten Lehrer mit einem Fuchs, und zwar mit einem ganz besonderen Fuchs, der, um sich, wie alle anderen Füchse, eine sichere Höhle zu bauen, zu ebendiesem Zweck eine Falle auswählt. Hinter diesem scheinbaren Klatsch verbirgt die Notiz einen wertvollen Hinweis zur Ontologie von *Sein und Zeit*. Es ist viel über den Begriff der Erschlossenheit als zentrale Kategorie des Heidegger'schen Denkens gesprochen worden, und allzu oft wurde dabei vergessen, dass die Besonderheit und Neuheit der Erschlossenheit genau darin besteht, zunächst Offenheit für und durch eine Verschlossenheit zu sein. Denn das Dasein ist von Anfang an ausweglos in seinem »Da« geworfen, es ist an eine Stimmung und eine Faktizität überantwortet, die ihm als undurchdringliches Rätsel vorstehen, so dass seine Erschlossenheit nahtlos mit seiner Verfallenheit übereinstimmt. In § 29 von *Sein und Zeit* heißt es:

> In der Gestimmtheit ist immer schon stimmungsmäßig das Dasein als *das* Seiende erschlossen, dem das Dasein in seinem Sein überantwortet wurde als dem Sein, das es existierend zu sein hat. Erschlossen besagt nicht, als solches erkannt. [...] Das pure »daß es ist« zeigt sich, das Woher und Wohin bleiben im Dunkel. [...] Diesen in seinem Woher und Wohin verhüllten, aber an ihm selbst um so unverhüllter erschlossenen Seinscharakter des Daseins, dieses »Daß es ist« nennen wir *Geworfenheit* dieses Seienden in sein Da [...]. Der Ausdruck Geworfenheit soll die *Faktizität der Überantwortung* andeuten. [...] Als Seiendes, das seinem Sein überantwortet ist, bleibt es auch dem überantwortet, daß es sich immer schon gefunden haben muß – gefunden in einem Finden, das nicht so sehr einem direkten Suchen, sondern einem Fliehen entspricht. Die Stimmung erschließt nicht in der Weise des Hinblickens auf die Geworfenheit, sondern als An- und Abkehr.

Dies ist die tatsächliche Verfasstheit jener »Lichtung«*, die das Dasein erschließt und deren Name mithin wirklich etwas wie ein *lucus a non lucendo* ist: Versunken in das, was es erschließt, verborgen in dem, was es exponiert, und verdunkelt durch sein eigenes Licht, hat dem Dasein vor allem das zu sein, dem es immer schon überantwortet und überlassen ist, seine eigenen Seinsweisen. Die Heidegger'sche Ontologie ist entschieden manieristisch und nicht existentialistisch: Das Dasein hat keine eigene Natur und vorgefasste Berufung, sondern ist ein absolut wesenloses Wesen, dessen Essenz als geworfene nunmehr vollständig in seiner Existenz liegt*, in seinen vielfältigen Weisen* zu sein.

Von dieser ontologischen Struktur des Daseins geht Levinas für seine Interpretation der Philosophie des Hitlerismus aus: Wie zu Recht bemerkt wurde, ist das *être rivé* (das bezeichnenderweise zum ersten Mal gerade im Aufsatz von 1932 über *Martin Heidegger et l'ontologie*[3] auftaucht) in diesem Sinne nichts anderes als eine Wiederaufnahme und Radikalisierung der Geworfenheit*. Der nationalsozialistische Mensch teilt mit dem Dasein die unbedingte Übernahme der Faktizität, die Erfahrung eines Seins ohne Essenz, das nur seine Seinsweisen zu sein hat. Das heißt allerdings, dass die Nähe zwischen dem Nazismus und der Philosophie des 20. Jahrhunderts, in deren Neuheit und Aktualität gegenüber der politischen Tradition des Abendlandes begründet ist, welche dagegen von der klaren Unterscheidung von Essenz und Existenz, Recht und Tatsache, *oikos* und *polis* ausgeht. Die Dimension, die sich hierdurch eröffnet, ist genau das Gegenteil dessen, was Arendt stets als öffentlichen Raum und politische Sphäre verstanden hat. Man begreift also, weshalb die Anekdote über den Fuchs, der sich eine Falle als Höhle gebaut hat, für sie so wichtig war: Sie enthält nicht nur einen Hinweis zu Heideggers Ontologie, sondern ist auch eine Parabel über den politischen Raum der Moderne.

Ich erinnere mich, als ich 1966 in Le Thor das Seminar über Heraklit besuchte, Heidegger gefragt zu haben, ob er Kafka gelesen habe. Er antwortete mir, dass ihn von dem wenigen, das er gelesen hatte, vor allem die Erzählung *Der Bau* beeindruckt hatte. Das namenlose Tier (Maulwurf, Fuchs oder menschliches Wesen), Hauptfigur der Erzählung, ist obsessiv mit dem Bau einer unbezwingbaren Höhle beschäftigt, die sich jedoch allmählich als eine ausweglose Falle erweist. Entspricht dies nicht genau dem, was im Abendland mit dem politischen Raum der Nationalstaaten geschehen ist? Die Häuser (die »Heimat«), an deren Errichtung sie arbeiteten, haben sich schließlich für die darin wohnenden »Völker« als tödliche Fallen entpuppt. (Und Kafka ist sicherlich der Autor, der am weitsichtigsten das Ende des politischen Raumes im Abendland und die absolute Unbestimmtheit beschrieben hat, die dadurch zwischen öffentlichem und privatem Raum, »Schloss« und Schlafzimmer, Gericht und Dachboden entsteht.)

Levinas' Text bietet also mit seiner schonungslosen Diagnose die Gelegenheit, uns der unangenehmen unmittelbaren Nähe zum Nazismus bewusst zu werden – nicht zu revisionistischen Zwecken, sondern um diese Nähe ein für alle Mal anzugehen. Wenn die Analytik des Daseins die politische Situation des Abendlandes definiert, in der wir uns immer noch befinden (was sich im Grunde von selbst versteht, kann doch jede Ontologie nicht umhin, eine Politik zu implizieren), und wenn diese in einigen nicht unerheblichen Zügen mit jener übereinstimmt, von der auch der Nazismus ausgeht, wie können wir dann den katastrophalen Folgen dieser Nähe entkommen? Unterdessen sollte klargeworden sein, dass die großen totalitären Staaten des 20. Jahrhunderts jeweils den Versuch darstellen, die weiterhin aktuelle Frage zu beantworten: Wie kann ein wesenloses Wesen, das keine andere Berufung [*vocazione*] und keine andere Substanz als die seiner faktischen Existenz kennt, das mithin seine eigenen Seinsweisen anzunehmen und zu sein hat, sich eine geschichtliche Aufgabe sowie eine eigene Bestimmung geben und für sich ein »Haus« errichten, die ihm nicht zur Falle werden? Seit dem Ersten Weltkrieg ist nämlich deutlich geworden, dass die europäischen Nationalstaaten keinen geschichtlichen Auftrag mehr haben. Wenn man die großen Versuche des Totalitarismus im 20. Jahrhundert lediglich als Fortführung der letzten Aufgaben der Nationalstaaten im 19. Jahrhundert – also des Nationalismus und Imperialismus – liest, so missversteht man ihre Natur vollends. Der Einsatz war inzwischen ein ganz anderer und weitaus extremer, denn es ging nun darum, sich die faktische Existenz der Völker – das heißt in letzter Instanz ihr nacktes Leben – zur Aufgabe zu machen. In diesem Punkt bilden die Totalitarismen wirklich die Kehrseite der Hegel-Kojève'schen Idee vom Ende der Geschichte: Der Mensch hat nunmehr sein geschichtliches *telos* erreicht, und nichts bleibt, außer der Depolitisierung der menschlichen Gesellschaften durch die unbedingte Entfaltung des Reiches der *oikonomia* beziehungsweise durch die Erhebung des biologischen Lebens zur höchsten politischen Aufgabe. Wenn aber das Haus – was in beiden Fällen zutrifft – zum politischen Paradigma wird, dann droht das Eigene, die intime Faktizität der Existenz, sich in eine verhängnisvolle Falle zu verkehren.

Seit 1934–1935 ist es ebendieses Problem, das die Seminare Heideggers in Freiburg beschäftigt hat. In den Vorlesungen des Wintersemesters versucht er das Verhältnis zwischen Faktizität und geschichtlicher Aufgabe ausgehend von Hölderlins Dialektik zwischen dem Nationalen* oder dem Eigenen* und dem Fremden* zu denken. Heidegger nennt das Eigene im Sinne der bestimmten geschichtlichen und materiellen Situation eines Volkes oder eines Einzelnen, »das Mitgegebene«* und das Fremde »das Aufgegebene«*:

> Die geschichtliche Bestimmung ist immer, das Mitgegebene, das »Nationelle«, in das Aufgegebene zu verwandeln: »der freie Gebrauch des Nationellen«, d. h. die Schaffung des Spielraums, in dem das Nationelle sich zur Geschichte frei einwirken kann. [...] Wir müssen das Mitgegebene erst wieder in die reine Verwahrung nehmen, aber nur um das Aufgegebene zu begreifen und zu ergreifen, d. h. zu ihm uns vor- und hindurchzufragen.[4]

Ist es ein Zufall, wenn einige Jahre später ein nationalsozialistischer Biologe und Ideologe fast in derselben Terminologie, wenngleich aus anderer Perspektive, schreiben konnte: »Erbanlage ist wohl Schicksal – zeigen wir uns aber als Meister dieses Schicksals, indem wir Erbanlage als uns gestellte Aufgabe ansehen, die wir zu erfüllen haben.«?[5] Die Aporie, die in beiden Texten zum Ausdruck kommt, ist die eines Willens, der die faktischen Gegebenheiten in eine geschichtliche Aufgabe verwandeln will. Man darf nicht vergessen, dass genau diese Aporie die historische Katastrophe des Nationalsozialismus kennzeichnet, in seinem irrsinnigen Versuch durch totale Mobilmachung aus dem *natürlichen* genetischen Erbe den *geschichtlichen* Auftrag des deutschen Volkes zu machen.

Möglicherweise ist die Welt, in der wir leben, dieser Aporie noch nicht entkommen. Sehen wir nicht um uns herum und unter uns wesen- und identitätslose Menschen und Völker, die gleichsam unentrinnbar ihrer Wesen- und Werklosigkeit ausgeliefert sind, überall tastend nach einem Erbe und einer Aufgabe, *einem Erbe als Aufgabe* suchen? Selbst die einfache Ablegung aller geschichtlichen Aufgaben (ihre Herabsetzung zu bloßen Funktionen der inneren oder internationalen Polizei) im Namen des Triumphs der *oikonomia* bekommt heute oft eine Emphase, in der das natürliche Leben als solches und dessen Wohlstand sich als die letzte geschichtliche Aufgabe der Menschheit präsentieren.

In einer entscheidenden Passage der *Nikomachischen Ethik* (1097 b 22ff.) fragt sich Aristoteles, ob es ein *ergon*, eine eigene Verwirklichung und Tätigkeit des Menschen gibt oder ob dieser nicht vielleicht wesentlich *argos*, ohne Werk, untätig sei:

> Wie für den Flötenspieler, den Bildhauer und jeden Handwerker und im Allgemeinen für all jene, die eine Tätigkeit und ein Handeln haben, das Gute und das Rechte in diesem *ergon* zu liegen scheinen, so müsste es auch für den Menschen als solchen sein, vorausgesetzt, dass es für ihn so etwas wie einen *ergon* gibt, eine eigene Tätigkeit. Oder muss man sagen, dass es für den Schreiner und den Schuster ein Werk und eine Tätigkeit gibt, der Mensch aber keine hat, dass er also *argos*, ohne Tätigkeit, geboren ist?

Die Politik ist das Korrelat der wesentlichen Untätigkeit der Menschen, der radikalen Werklosigkeit der menschlichen Gemeinschaften. Es gibt Politik, weil der Mensch *argos* ist, ein Wesen, das durch keine eigene Tätigkeit definiert ist – also: ein Wesen der reinen Potenz, das in keiner Identität und keiner Berufung aufgeht (darin liegt die genuin politische Bedeutung des Averroismus, der die politische Berufung des Menschen an den Verstand in Potenz knüpft). In welcher Weise könnten diese *argia*, diese wesenhafte Untätigkeit und Potentialität übernommen werden, ohne zur geschichtlichen Aufgabe zu werden; in welcher Weise könnte die Politik also in der Darstellung jenes Fehlens einer Tätigkeit des Menschen sowie von dessen schöpferischer Indifferenz gegenüber jeder Aufgabe bestehen und nur in diesem Sinn vollständig auf die Glückseligkeit ausgerichtet sein? – Dies ist, durch und jenseits der globalen Herrschaft der *oikonomia* des nackten Lebens, das Thema der kommenden Politik.

Anmerkungen

1 Emmanuel Levinas, *Ausweg aus dem Sein* (= *AS*), Hamburg: Meiner 2005, S. 49. [Übersetzung hier und im Folgenden leicht modifiziert und der italienischen angeglichen – A. d. Ü.]

2 Emmanuel Levinas, »Einige Überlegungen zur Philosophie des Hitlerismus«, in: *Die Unvorhersehbarkeiten der Geschichte* (= *Unvorh.*), Freiburg: Alber 2006, S. 28 [Übersetzung hier und im Folgenden leicht modifiziert und der italienischen angeglichen – A. d. Ü.]

3 In: *Revue philosophique 113*, n°5–6 (1932), S. 395–431.

4 Martin Heidegger, *Hölderlins Hymnen* Germanien *und* Der Rhein, Frankfurt am Main: Klostermann 1980, S. 292–294.

5 Otmar Verschuer, *Rassenhygiene als Wissenschaft und Staatsaufgabe*, Frankfurt am Main: Bechtold 1936, S. 11.

Das unvordenkliche Bild

In einem Notizheft, von dem man nicht genau weiß, wann es entstanden ist (auf jeden Fall vor 1916), schreibt Dino Campana: »Im schwindelerregenden Kreisen der ewigen Wiederkehr erstirbt das Bild unmittelbar.« Es steht außer Zweifel, dass sich diese Bemerkung auf Nietzsche bezieht, dass sie eine Lektüre Nietzsches voraussetzt, dessen Name in den unmittelbar vorausgehenden Fragmenten mehrere Male wiederkehrt. Weshalb aber fügt der Dichter ein Bild in die schwindelerregende Kreisbewegung der ewigen Wiederkehr ein? Taucht in Nietzsches Denken der ewigen Wiederkehr das Problem des Bildes auf, lässt sich darin dieses Problem selbst dann ausmachen, wenn Nietzsche nicht ausdrücklich nach dem Bild fragt? Wie soll man den Satz verstehen, dass das Bild in der ewigen Wiederkehr unmittelbar schwindet oder erstirbt?

Um auf diese Fragen zu antworten, werde ich mich zunächst mit dem Gegenstand der ewigen Wiederkehr beschäftigen, das heißt mit dem, was in der ewigen Wiederkehr ewig wiederkehrt: mit dem Gleichen. Die ewige Wiederkehr ist ja, wie Nietzsche selbst sagt, »ewige Wiederkehr des Gleichen«*.

Schenken wir unsere Aufmerksamkeit einen Augenblick lang dem Wort *gleich*. Es besteht aus der Vorsilbe *ge-* (sie zeigt einen Sammelnamen an, ein Versammelndes) und aus der Wortform *leich*, die auf das mhd. *lich*, auf das got. *leik* und schließlich auf die erschlossene Form *lig* (Anschein, Gestalt, Ähnlichkeit und, im modernen Deutsch, *Leiche*, der Tote) zurückgeht. »Gleich« heißt also: was denselben »lig«, dieselbe Gestalt hat. Die Form *lig* findet sich in der Nachsilbe *-lich* wieder, die im Deutschen dazu dient, Adjektive zu bilden (*weiblich* bedeutet ursprünglich: etwas, das Frauengestalt hat); sie findet sich auch im Adjektiv *solch* (der philosophische Ausdruck *als solches* meint das, was die eigene Gestalt, die eigene Form betrifft). Im Englischen gibt es eine genaue Entsprechung, *like*: man stößt darauf in dem Wort *likeness* und in den Verben *to like* und *to liken*; bei der Bildung von Adjektiven fungiert es ebenfalls als Nachsilbe. Es gibt also in der ewigen Wiederkehr eine Art Bild; die Behauptung Campanas ist, aus solcher Sicht, durchaus begründet. Das Denken der ewigen Wiederkehr ist vor allem ein Denken des *lich:* ein Denken dessen, was einem solchen oder, mit Benjamin zu reden, einem dialektischen Bild ähnelt. Nur dann, wenn man sie mit diesem Bedeutungsbereich in Verbindung bringt, erhält die ewige Wiederkehr den ihr eigenen Sinn.

Die Etymologen werfen die Frage auf, weshalb *Leiche** heute im Deutschen »Toter« bedeutet. Die semantische Entwicklung ist durchaus verständlich: Gerade die Leiche ist das, was *par excellence* dieselbe Gestalt hat. Wie sehr das zutrifft, lässt sich daran ablesen, dass bei den Römern der Tote mit dem Bild gleichgesetzt wird: Der Tote ist die *imago* schlechthin, und die *imago* ist zunächst das Bild eines Toten (*imagines* wurden die aus Wachs hergestellten Masken der Ahnen genannt, welche die römischen Patrizier in den Vorräumen ihrer Häuser bewahrten). Zu den Vorstellungen, welche die Totenrituale vieler Völker auszeichnen, gehört die, dass der Tod zunächst eine Verwandlung zur Folge hat: Der Tote verwandelt sich in einen Geist (die lateinische *larva*, das griechische *eidōlon* und *phasma*), in ein unbestimmtes und bedrohliches Wesen, das in der Welt der Lebenden verbleibt und an die Orte wiederkehrt, die der Verstorbene zu Lebzeiten aufsuchte. Sinn und Ziel der Totenrituale ist es, aus diesem Unbehagen auslösenden Wesen, das nichts anderes als das unablässig wiederkehrende Bild des Toten ist, einen Ahnen zu machen, also wiederum ein Bild, allerdings das eines wohlwollenden und von der Welt der Lebenden getrennten Wesens.

Es sind solche Bilder, die im heidnischen Hades ewig fortleben. Als Philologe, der sich dem Studium der Antike widmete, war Nietzsche mit dieser höllischen Schattenwelt vertraut, die Homer in einem berühmten Passus der *Odyssee* beschreibt und die Polygnotos auf einem nicht weniger berühmten, in Delphi gemalten Fresko, von dem uns die Beschreibung des Pausanias Kunde gibt, dargestellt hat. Nun treffen wir genau in diesen heidnischen Darstellungen der Hölle auf das Motiv der ewigen Wiederkehr; ich meine zum Beispiel die Strafe der Danaiden, die ewig in ein durchlöchertes Fass Wasser schöpfen, die Strafe des Sisyphos, der ewig einen immer wieder zurückrollenden Stein den Hang hinaufrollt, oder die Strafe des an ein Rad gefesselten und ewig mit ihm kreisenden Ixion.

Die Hölle der Alten erscheint aus dieser Perspektive als Hölle der Einbildung. Dass die Bilderflucht unendlich und die Ähnlichkeit unauslöschlich ist: Das ist die eigentliche Hölle.

Auch in der christlichen Theologie wird das Motiv des ewigen Lebens mit dem des Bildes in Zusammenhang gebracht. Die Kirchenväter, die als Erste über das Problem der Auferstehung nachdachten, haben sich an der Frage gestoßen, aus welcher Materie der auferstandene Körper besteht und welche Form ihm zukommt. Gleicht der auferstandene Körper dem Körper im Augenblick des Todes oder dem jugendlichen Körper? Wird der Verstorbene, wenn er fünf Jahre vor seinem Tod einen Arm verloren hat, als Einarmiger auferstehen oder mit beiden Armen?

Wird er vielleicht kahlköpfig auferstehen, wenn ihm sein Haar ausgefallen ist? Angenommen, der Tote war ein Menschenfresser, der sich ein Leben lang von Menschenfleisch ernährt hat, so dass dieses Fleisch zu einem Bestandteil seines eigenen Fleisches geworden ist: Wem gehört die verschlungene Materie im Augenblick der Auferstehung? Besteht der auferstandene Körper aus der gesamten Materie des lebendigen Körpers oder nur aus einer bestimmten Menge, etwa aus der Materie der Leiche? Solche Fragen mögen widersinnig anmuten. Es geht dabei allerdings um ein sehr ernstes Problem: um das Problem der Identität des Toten und des Auferstandenen, die einzig die Wirklichkeit des Heils, die Rettung verbürgen kann. Das Problem der Auferstehung geht also mit einem erkenntnistheoretischen Problem einher: dem des Wiedererkennens der Individualität und der Identität des Auferstandenen. (So gesehen stellt auch die ewige Wiederkehr des *Gleichen** vor ähnliche Schwierigkeiten; verständlich wird Zarathustras Ekel, der aufkommt, als er gewahr wird, dass die ewige Wiederkehr auch die ewige Wiederkehr des »kleinen Menschen« und alles Abscheulichen ist. Zarathustras Ekel erinnert an den in Platons *Parmenides* festgehaltenen Widerwillen, den der junge Sokrates gegenüber der Vorstellung empfindet, dass die Idee des Haars, die Idee des Schmutzes, die Idee des Schlamms ewige Ideen sind.) Origenes, dem größten christlichen Philosophen des 3. Jahrhunderts, verdanken wir eine Lösung des Problems, welche das Motiv des Heils oder der Rettung mit dem des Bildes und beide mit dem Motiv der ewigen Wiederkehr verbindet. Angesichts der Paradoxien, die sich aus einer streng materiellen Konzeption der Auferstehung ergeben (Auferstehung als Auferstehung der Leiche oder einer bestimmten Menge Materie), meint Origines, dass nicht die Materie des Körpers aufersteht, sondern dessen *eidos*, dessen Bild, das sich durch all seine stofflichen Umwandlungen hindurch identisch erhält. Weil aber das *eidos*, in den Augen des Origenes, noch ein stoffliches Prinzip ist – mag auch seine Materie eine geistige und besonders feine Materie sein –, ist es möglich, dass die Auferstandenen wiederum abfallen und mit einem schwereren Körper bekleidet werden, bis zum Augenblick der Apokatastasis, der endgültigen Wiederherstellung, da selbst die feine Materie des *eidos* aufgezehrt wird. Doch auch dann kann alles noch einmal beginnen: in diesem Fall ist das Bild unzerstörbar. Unabhängig davon, wie Origines die Ewigkeit des Bildes und dessen vollkommene Aufzehrung in der Apokatastasis nun genau aufgefasst hat, trifft es zu, dass das Denken der Erlösung des Gewesenen sich mit dem gnoseologischen Problem des Bildes auseinandersetzen muss. Jedes Mal, wenn wir es mit der Vergangenheit und deren Rettung zu tun haben, haben wir es mit einem Bild zu tun, da allein das *eidos* die Möglichkeit bietet, das Gewesene zu erkennen und zu identifizieren. Das Problem der Erlösung impliziert somit stets eine Ökonomie der Bilder, ein *ta phainomena sōzein*, um einen Ausdruck zu gebrauchen, der die platonische Weisheitslehre definiert.

In seiner aus dem Jahre 1939 stammenden Vorlesung über Nietzsche, die den Titel *Der Wille zur Macht als Erkenntnis* trägt, stellt Heidegger die Bedeutung des Willens zur Macht aus der Sicht der Erkenntnistheorie dar. Es ist bekannt, dass Nietzsche von einer Kritik der kantischen Erkenntnistheorie ausgeht, vor allem von einer Kritik der Unterscheidung, welche die Erscheinung vom Ding an sich trennt. In einem 1888 geschriebenen Fragment erklärt Nietzsche, dass die als Welt des Scheins gedeutete erscheinende Welt eine notwendige Wirkung des Perspektivismus ist, der sich vom Leben nicht absondern lässt und jenseits dessen man keine wahre Welt denken kann:

> [D]as Perspektivische also gibt den Charakter der »Scheinbarkeit« ab! Als ob eine Welt noch übrig bliebe, wenn man das Perspektivische abrechnete! Damit hätte man ja die Relativität abgerechnet. [J]edes Kraftcentrum hat für den ganzen Rest seine Perspektive, d.h. seine ganz bestimmte Werthung, seine Aktions-Art, seine Widerstandsart. Die »scheinbare Welt« reduziert sich auf eine bestimmte Art von Aktion auf die Welt, ausgehend von einem Centrum. Nun giebt es gar keine andere Art Aktion: und die »Welt« ist nur ein Wort für das Gesamtspiel dieser Aktionen. [...] Es bleibt kein Schatten von Recht mehr übrig, hier von Schein zu reden.[1]

Gerade weil die Perspektive mit dem Willen zur Macht selbst zusammenfällt, muss, so Nietzsche, der kantische Versuch, den Perspektivismus zu beseitigen, zwangsläufig scheitern: »›Weisheit‹ als Versuch, über die perspektivischen Schätzungen (d.h. über den ›Willen zur Macht‹) hinweg zu kommen ein lebensfeindliches und auflösendes Princip, Symptom wie bei den Indern usw. Schwächung der Aneignungskraft.«[2] Auf der anderen Seite kann »eine werdende Welt [...] im strengen Sinne nicht ›begriffen‹, nicht ›erkannt‹ werden; nur insofern der ›begreifende‹ und ›erkennende‹ Intellekt eine schon geschaffene grobe Welt vorfindet [...] giebt es etwas wie ›Erkenntniß‹: d.h. ein Messen der früheren und der jüngeren Irrthümer aneinander.«[3]

Jede Vorstellung von *Gleichheit**, von der Identität einer beständigen und wahren Welt, von einem Ding an sich, entspringt folglich einem notwendigen Irrtum. (In einem Fragment definiert Nietzsche das Ding an sich sogar als »Grundphänomen*«[4].) So kann er behaupten, dass der »Wille zur Gleichheit« nichts anderes als »Wille zur Macht« ist[5]; an anderer Stelle schreibt er, dass der Wille zur Macht Wille zum *Schein**, zum Werden ist. Hier wird deutlich, dass Nietzsche sich keineswegs damit begnügt, den Schein der Erscheinung einfach gegen das Ding an sich oder die Kunst gegen die Wahrheit auszuspielen: indem er sie im Lichte des für das Leben grundlegenden Perspektivismus betrachtet, zeigt er die gegenseitige Abhängigkeit beider Begriffe, ihre gegenseitige Zerstörung.

In einem späten Fragment, das *Rekapitulation* heißt, werden sowohl das Werden als auch das Sein als »Fälschungen« bestimmt:

> Dem Werden den Charakter des Seins aufzuprägen – das ist der höchste Wille zur Macht. Zwiefache Fälschung, von den Sinnen her und vom Geiste her, um eine Welt des Seienden zu erhalten, des Verharrenden, Gleichwertigen* usw. Daß Alles wiederkehrt, ist die extremste Annäherung einer Welt des Werdens an die des Seins; Gipfel der Betrachtung.[6]

Verweilen wir einen Augenblick bei diesem Fragment. Gemeint ist keinesfalls, dass die Welt des Werdens eine Urgegebenheit ist und dass der Wille zur Macht ihr den Charakter, das *Abbild**, wie Nietzsche in einem anderen Fragment schreibt, des Seins aufprägt. Wäre das gemeint, so würde Nietzsche denselben Fehler begehen, dessen er Kant bezichtigt; den Fehler nämlich, zu glauben, dass man sich von der perspektivischen Sicht des Willens zur Macht befreien kann. Einer solchen Deutung, die auch Heidegger zuweilen, wie es scheint, sich zu eigen macht, widerspricht auch der Wortlaut eines anderen Fragments, in dem Nietzsche deutlich sagt, dass »es [...] nicht erst ein Chaos [gab] und nachher allmählich harmonischere und endlich eine feste kreisförmige Bewegung aller Kräfte: vielmehr alles ist ewig, ungeworden* [...]. Der Kreislauf ist nichts Gewordenes, es ist das Urgesetz*.«[7] Nun erst erhält die »zwiefache Fälschung«, von der Nietzsche redet, ihren wahren Sinn: Es handelt sich nicht um eine Fälschung des Werdens als Urgegebenheit der Sinne, um eine Fälschung, welche das Werden in ein Verharrendes ummünzt. Die Fälschung ist subtiler und unauflösbar; man kann sich von ihr nicht loskaufen, weil sie jeder Gegebenheit vorausgeht, weil sie selbst das Urgesetz* darstellt. Es gibt nichts, was die Fälschung verfälscht; es gibt kein Sein, dessen Abbild dem Werden aufgeprägt werden muss: Das Sein entspringt dem Abbild. Ebenso wenig aber gibt es die Urgegebenheit eines Werdens, welches die Prägung in ein Sein verwandelt: Sonst hätte man den Perspektivismus überwunden, wäre man über ihn hinweggekommen.

Das Paradox, das zu denken uns Nietzsche aufgibt, ist das Paradox eines Abbildes*, das sowohl dem vorausgeht, wovon es ein Abbild ist, als auch dem, dem es sich aufprägt; es ist das Paradox einer Ähnlichkeit, die den Gegenstand vorwegnimmt, dem sie ähneln soll. Es reicht nicht aus zu sagen, dass das Denken der ewigen Wiederkehr ein Bild enthält: Dieses Bild ist das dem Sein und dem Werden, dem Subjekt und dem Objekt gegenüber vorgängige Original. Wie vermag jedoch ein Bild das Abgebildete vorwegzunehmen? Wie können wir eine Ähnlichkeit, eine *omoiosis* denken, die dem Gegenstand vorausgeht, dem sie ähnelt? Wie kann eine Prägung, ein Eindruck ursprünglicher sein als das Subjekt, das diesen Eindruck erleidet oder erfährt?

Versuchen wir, das Paradox zu fassen, das Nietzsche denken möchte. Das fragliche Bild bildet nichts ab, sondern ist vollkommen selbstbezüglich. Der Wille zur Macht* ist *Wille zur Gleichheit**, Wille zu einer reinen Ähnlichkeit ohne Subjekt und ohne Objekt: Selbst-Bildnis, Eindruck seiner selbst auf sich selbst, reine Selbst-Affektion. Was der *circulus vitiosus* der ewigen Wiederkehr ewig wiederbringt, ist also kein *vitium*, kein Fehler oder Mangel, sondern eine *virtus*, eine *dynamis* und ein unendliches Vermögen. Ein Vermögen, das auf sich selbst wirkt, da es kein

Subjekt und kein Objekt hat; ein Vermögen, das auf sich selbst gerichtet ist und beide Bedeutungen der aristotelischen *dynamis* in sich vereint, die Bedeutung der *potentia passiva* (Passivität und Rezeptivität) und die Bedeutung der *potentia activa* (Streben nach Verwirklichung und Spontaneität).

Wenn es aber stimmt, dass Nietzsche – wie Heidegger nahelegt – der Denker der absoluten Subjektivität ist, so ist das Paradox der Macht, in dem er das Zu-Denkende erblickt, das Paradox, in dem sich seit dem Anfang der abendländischen Philosophie der abgründige Grund der Subjektivität, die reine Selbstaffektion ist, zu erkennen gibt.

Nietzsche hätte in den Jahren 1882–1884 in der *Altpreussischen Monatsschrift* die Aufzeichnungen des *Opus postumum* von Kant lesen können: Reicke und Arnold haben sie veröffentlicht. Hätte er sie gelesen, was ich für möglich halte, so hätte es ihn sicherlich sehr überrascht zu sehen, dass die bevorzugte Zielscheibe seiner Kritik, der Denker, der streng Ding an sich und Erscheinung trennt, in den eintönigen, von Besessenheit zeugenden Notizen des *Opus postumum* dazu getrieben wird, das Paradox zu formulieren, das ihn, Nietzsche, bereits zu dem Zeitpunkt plagt, da er an seiner *Umwertung aller Werte* arbeitet – so dass sich beide Werke als unterirdisch verbunden erweisen.

Kant, der in der ersten *Kritik* sorgfältig darüber wacht, dass Rezeptivität und Spontaneität einzig durch ihren Zusammenschluss in der Erfahrung einen Gegenstand erhalten – für sich genommen aber leer bleiben –, folgt im *Opus postumum* der Idee einer »Erscheinung der Erscheinung«, die reine Selbstaffektion ist und als solche jedem Objekt und jedem Gedanken vorausgeht; reine Selbstaffektion, in der sich die beiden »Grundquellen«* der Erkenntnis verbinden, Selbstaffektion, die jede mögliche Erfahrung vorwegnimmt und begründet. Nietzsche hätte im *Opus postumum* folgende ganz und gar »nietzscheanische« Definition des Dinges an sich finden können:

> Das Ding an sich *(ens per se)* ist nicht ein Anderes Object sondern eine andere Beziehung *(respectus)* der Vorstellung auf dasselbe Objekt dieses sich nicht analytisch sondern synthetisch zu denken als den Inbegriff *(complexus)* der Anschauungsvorstellungen als Erscheinungen d. i. als solcher Vorstellungen welche einen blos subjectiven Bestim̄ungsgrund der Vorstellungen in der Einheit der Anschauung enthalten. Es ist *ens rationis* = x der Position seiner Selbst nach dem Princip der Identität wobey das Subject als sich selbst afficirend mithin der Form nach nur als Erscheinung gedacht wird.[8]

Wie bei Nietzsche im Falle des Abbildes* des Willens zur Macht wird das Subjekt nicht von einem Objekt affiziert, sondern von sich selbst: Es denkt allein seine reine Rezeptivität als ursprüngliche Selbstaffektion und gibt sich auf diese Weise sich selbst vor, erleidet sich selbst und öffnet sich der Welt.

Das Paradox der Macht – oder, wie wir es jetzt nennen können, das Paradox der auf sich selbst bezogenen Leiden-schaft, des Erleidens seiner selbst – ist in Wahrheit viel älter und dem Ursprung der abendländischen Metaphysik eingeschrieben. In seiner Schrift *De anima* denkt Aristoteles den Bereich der reinen Subjektivität so:

> Der sogenannte *nous* der Seele […] ist in Wirklichkeit kein Seiendes, bevor er nicht denkt. […] Selbst wenn er im Akt zu jedem Seienden geworden ist […], verweilt er dennoch irgendwie in der Potenz […] und vermag sich dann selbst zu denken. […] Wie wird er aber denken, wenn Denken ein Erleiden ist? […] Das Denken ist nämlich der Möglichkeit nach jeder Denkgegenstand, keines davon aber in Wirklichkeit, bevor es nicht denkt. Es muss einer Schreibtafel gleichen, auf der in Wirklichkeit noch nichts geschrieben steht. (429 a 22–430 a 2)

Diese unbeschriebene wächserne Oberfläche, die nie erschöpfte Passivität und Spontaneität, Potenz und Akt in sich verbindet, ist nichts Einfaches. Kurz vor der zitierten Stelle bestimmt Aristoteles das Wesen, den Kern dieser selbstbezogenen Leidenschaft:

> Erleiden ist kein einfacher Begriff, sondern einerseits eine bestimmte Zerstörung aufgrund der Wirkung des Entgegengesetzten, auf der anderen Seite ist es eher eine Rettung [*sōtēria*] dessen, was potentiell ist, durch das, was aktuell ist und dem potentiell Seienden ähnelt, wie die Potenz durch den Akt [...] und dies ist keine Veränderung, sondern Gabe [*epidosis*] zu einem selbst hin und zur eigenen Verwirklichung. (417 b 2–7)

Sind wir über das Paradox der Leiden-schaft über die Selbst-Gabe, über die *epidosis eis hauto*, welche die Morgenröte des Bewusstseins und der Subjektivität ist, hinausgegangen? Das gegenwärtige Denken, das den Versuch unternimmt, den Kreis der Subjektivität zu sprengen und den Knoten zu lösen, der darin *potentia activa* und *potentia passiva* verknüpft, hat den Pol der *potentia passiva*, der Passivität privilegiert und sie ins Extrem getrieben. Ich denke hier an Bataille und an seinen Begriff der Exstase, an Levinas und an seinen Begriff der Passivität, an Derrida und seinen Begriff der Ur-Spur, dessen Entfaltung einer neuen und strengen Darstellung des aristotelischen Paradoxes des Schreibtäfelchens gleichkommt sowie an Nancy und seine besonders schönen Untersuchungen über die erzitternde Subjektivität. Ich denke aber auch an Heidegger, an das Sein zum Tode und an die eigentliche Entschlossenheit, von denen er in *Sein und Zeit* spricht: Sie beschreiben einen »leiden-schaftlichen« Bereich, in dem jede Möglichkeit vorweggenommen, dem Dasein* jedoch noch nichts gegeben ist. So denkt das gegenwärtige Denken die äußerste Form der Subjektivität: das reine Zugrunde-liegende, das absolute *pathos**, die unbeschriebene Schreibtafel. Können wir aber mit Sicherheit behaupten, dass Nietzsche nicht genau das mit dem Gedanken der ewigen Wiederkehr des *Gleichen** und mit dem des Willens zur Macht denken wollte? Sind wir dessen gewiss, dass wir uns nicht weiterhin von einem Denken der Macht leiten lassen?

Wir sind daran gewöhnt, den Willen zur Macht einzig in der Gestalt der *potentia activa* zu denken. Die Macht ist aber vor allem *potentia passiva*, Passivität und Leiden-schaft. Nietzsche hat mit dem Gedanken der ewigen Wiederkehr versucht, das Zusammenfallen der beiden Vermögen zu denken, das heißt: den Willen zur Macht als Leiden-schaft zu denken, die sich selbst affiziert.

Fünfzig Jahre zuvor hatte Schelling den Versuch unternommen, das Paradox, um das es hier geht, zu denken und ist dabei auf die Idee des Unvordenklichen gestoßen. Wenn wir das Vermögen, das Seinkönnen, denken wollen, sagt er, müssen wir es als reines Können, das heißt als Können ohne Sein denken. Das gelingt uns aber nur, wenn es bereits, in sich und sich selbst zuvor, in das rein Seiende übergegangen ist: »Als das bloss Seynkönnende würde es vor allem Denken, oder, wie die deutsche Sprache vortrefflich sich ausdrückt, unvordenklicher* Weise in das Seyn übergehen.«[9]

Die reine Leiden-schaft, in der *potentia passiva* und *potentia activa* zusammenfallen, ist eigentlich unvordenklich. Das Gleiche*, das Bild, das ewig wiederkehrt, kann nicht erinnert werden. Seine ewige Wiederkehr ist seine Leidenschaft, und in ihr ist zwischen der Schrift und deren Löschung, wie Nietzsche schreibt, »keine Zeit«*. So behält Campana recht, wenn er bemerkt, dass »das Bild im schwindelerregenden Kreisen der ewigen Wiederkehr unmittelbar erstirbt«. Als Bild, das nichts abbildet, verschwindet das Gleiche* in seiner eigenen Erhaltung, wird es im

Augenblick seiner Rettung zerstört. Um aber einen anderen Satz Campanas zu zitieren: »Diese Erinnerung, die nichts erinnert, ist die stärkste Erinnerung.«

Aus dem Italienischen von Alexander García Düttmann

Anmerkungen

1 Friedrich Nietzsche, *Sämtliche Werke*, Kritische Studienausgabe, Bd. 13, hg. von G. Colli und M. Montinari, München: Dt. Taschenbuch-Verlag 1980, S. 371.

2 Ebd., Bd. 12, S. 190.

3 Ebd., Bd. 11, S. 561.

4 Ebd., Bd. 11, S. 206.

5 Ebd., Bd. 12, S. 203.

6 Ebd., Bd. 12, S. 312. Heidegger zitiert in seinen Nietzsche-Vorlesungen diesen Passus unter der Überschrift »Rekapitulation« und geht davon aus, dass Nietzsche darin seine Philosophie in wenigen Sätzen verdichtet habe. Die Überschrift ist aber in der Tat eine Einfügung von Heinrich Köselitz, dem einen Herausgeber von *Wille zur Macht*, und findet sich in der *Kritischen Studienausgabe* von Colli und Montinari entsprechend nicht mehr. [A. d. Ü.]

7 *Ebd.*, Bd. 9, S. 502.

8 Immanuel Kant, *Opus postumum*, in: *Gesammelte Schriften*, Band XXII, Akademie-Ausgabe, Berlin: de Gruyter 1936–38, S. 26f.

9 F. W. J. Schelling, *Philosophie der Offenbarung*, Band I, Darmstadt: Wissenschaftliche Buchgesellschaft 1955, S. 211.

Pardes

Die Schrift der Potenz

Pardes

Das zweite Kapitel des talmudischen Traktats *Chagiga* (wörtlich: »Festopfer«)[1] handelt von den Dingen, in denen man unterwiesen werden darf, und von denen, die auf keinen Fall erforscht werden dürfen. Die *Mischna*, die das Kapitel einleitet, besagt:

> Die Inzestgesetze dürfen nicht vor drei Personen, die Schöpfungsgeschichte darf nicht vor zwei Personen und der Thronwagen [d. i. die *Merkaba*, der Wagen, der im Zentrum der Vision Ezechiels steht und als Symbol für die mystische Erkenntnis galt] auch nicht vor einem Einzelnen erörtert werden, außer wenn er ein Gelehrter ist, der aus eigener Erkenntnis versteht. Wer über vier Dinge Betrachtungen anstellt, für den wäre es besser, wenn er auf die Welt nicht gekommen wäre. Diese vier Dinge sind: das, was oben, das, was unten, das, was vorn und das, was hinten ist [also der Gegenstand der mystischen Erkenntnis, aber auch der Metaphysik, welche sich anmaßt, den übernatürlichen Ursprung der Dinge zu erforschen.].

Das Blatt 14b bringt dann folgende Erzählung, die einen kurzen Zyklus von *Aggadoth* um Acher – wörtlich: »den Anderen« –, wie Elischa ben Awuja seit seiner Sünde genannt wird, eröffnet:

> Vier (Rabbi) traten in den Pardes ein und dies waren Ben Asai, Ben Soma, Acher und Rabbi Akiba. Rabbi Akiba sprach zu ihnen: »Wenn ihr an den Ort der glänzenden Marmorsteine

> kommt, so sprecht nicht: Wasser! Wasser! Denn es heißt: *Wer Lügen redet, soll nicht vor meinem Angesicht bestehen.*« Ben Asai sah und starb. Über ihn sagt die Schrift: *Kostbar ist in den Augen des Herrn der Tod seiner Frommen.* Ben Soma sah und wurde irrsinnig. Über ihn sagt die Schrift: *Hast du Honig gefunden, so iß, was dir genügt, daß du seiner nicht satt werdest und ihn ausspeiest.* […] Acher brach junge Zweige ab. […] Rabbi Akiba kam heil hinein und heil hinaus.

Der Pardes – das Paradies, der Garten – bedeutet nach rabbinischer Überlieferung die höchste Erkenntnis. Deshalb wird die *Schechina* – die Gegenwart Gottes – in der Kabbala *Pardes ha-Tora*, das Paradies der Thora, d.h. die Fülle und die vollendete Offenbarung der Thora, genannt. Diese gnostische Interpretation des Wortes »Paradies« ist zahlreichen häretischen Bewegungen gemeinsam, und zwar nicht allein jüdischen, sondern auch christlichen. Nach Amalrich von Bène, dessen Anhänger am 12. November 1210 auf den Scheiterhaufen stiegen, heißt das Paradies die »Erkenntnis der Wahrheit, und wir brauchen auf ein anderes nicht zu warten«.

Der Eintritt der vier Rabbiner in den Pardes ist also ein Bild für den Zutritt zur höchsten Erkenntnis, und die *Aggada* beinhaltet eine Parabel über die tödlichen Gefahren, die mit diesem Zutritt verbunden sind. Was bedeutet aber in dieser Perspektive, neben dem Tod von Ben Asai und dem Wahnsinn von Ben Soma, das »Abbrechen der jungen Zweige«, das die Erzählung Acher zuschreibt? Die Kabbala setzt das »Abbrechen der jungen Zweige« mit der schwerwiegendsten Sünde gleich, in die man auf dem Weg der Erkenntnis verfallen kann. Diese Sünde wird definiert als die »Abkapselung der Schechina« und besteht darin, dass die Schechina von den übrigen *Sefiroth* abgesondert und als eine selbständige Macht aufgefasst wird. Nach kabbalistischer Auffassung ist die *Schechina* die höchste unter den zehn *Sefiroth*, den

Attributen oder Namen Gottes; sie drückt die Gegenwart der Gottheit selbst, deren Manifestation und Wohnen auf Erden aus. Acher hat daher durch das Abbrechen der jungen Zweige, nämlich der anderen *Sefiroth*, die Erkenntnis und die Offenbarung Gottes von den anderen Bestimmungen der Gottheit losgerissen.

So erscheint es nicht als Zufall, wenn der Abbruch der jungen Zweige in anderen Texten mit der adamitischen Sünde identifiziert wird. Adam zog es nämlich vor, anstelle der Gesamtheit der *Sefiroth* die letzte *Sefira* allein zu betrachten, die ihm alle anderen in sich zu vereinigen schien; damit trennte er den Baum der Erkenntnis von dem des Lebens. Die Analogie zwischen Acher und Adam ist erhellend: Acher, der »Andere«, repräsentiert so wie Adam die Menschheit, indem er das Wissen zu seiner eigensten Bestimmung, seiner spezifischen Macht erhebt und damit die Erkenntnis, die nicht die vollendete Form der Manifestation Gottes ist, von den anderen *Sefiroth* trennt, in denen sich die Gottheit erst voll offenbart. In dieser Situation des »Exils« verliert die Schechina ihre Macht und wird unheilvoll. (Mit einem kühnen Bild sagen die Kabbalisten, dass sie »die Milch des Bösen aufsaugt.«)

Exil

Moses de Leon, der Autor des *Sohars*, hat uns eine andere Deutung der Geschichte von den vier Rabbiner, die in das Paradies traten, überliefert. Dieser Lektüre zufolge ist die *Aggada* in Wahrheit eine Parabel über die Exegese der heiligen Schrift, und zwar genauer über deren vier Sinnstufen. Jeder der vier Konsonanten im Wort Pardes repräsentiert eine Sinnstufe: P steht für

Peshat, den wörtlichen Sinn, R für *Remez*, den allegorischen Sinn, D für *Derascha*, die talmudische Deutung, und S für *Sod*, den mystischen Sinn. Dementsprechend verkörpert jeder der vier, die das Paradies betraten, nach dem *Tikkune Sohar* eine bestimmte Stufe der Interpretation: Ben Asai, der ins Paradies eintritt und stirbt, ist der wörtliche Sinn, Ben Soma der talmudische Sinn, Acher der allegorische Sinn und Akiwa, der das Paradies betritt und unversehrt wieder verlässt, der mystische Sinn.

Wie ist in dieser Perspektive nun die Sünde von Acher zu verstehen? Im Abbruch der jungen Zweige und der Absonderung der Schechina kann man eine in jedem Interpretationsakt und jeder Auseinandersetzung mit einem Text oder einer göttlichen bzw. menschlichen Rede implizite tödliche Gefahr erblicken. Diese Gefahr besteht darin, dass das Wort, welches nichts anderes als die Manifestation oder die Unverborgenheit von etwas ist, sich von dem scheidet, was es offenbart, und sich verselbständigt. Bezeichnenderweise definiert der *Sohar* an anderer Stelle die Isolation der *Schechina* als eine Trennung von Wort und Stimme (der *Sefira Tifereth*). Das Abbrechen der jungen Zweige erscheint von daher als ein *experimentum linguae*, eine Erfahrung der Sprache, welche darin besteht, das Wort sowohl von der Stimme, die es ausspricht, als auch von seinem Bezug zu trennen. Ein reines Wort, ohne Stimme und Bezug, in seinem semantischen Wert unbestimmt, isoliert für sich stehend: Das ist der Ort, an dem Acher, der »Andere«, im Pardes zu Hause ist. Deshalb kann er weder im Paradies der Sprache umkommen, indem er wie Ben Soma und Ben Asai dem wörtlichen bzw. talmudischen Sinn folgt, noch kann er wie Akiwa unversehrt wieder hinauskommen. Er macht bis auf den Grund die Erfahrung des Exils der *Schechina*, d. h. die Erfahrung der menschlichen Sprache. Über ihn sagt der Talmud: »er wird weder gerichtet werden, noch wird er in die kommende Welt einziehen.«

Terminus

Benjamin hat einmal geschrieben, dass die Terminologie das spezifische Element des Denkens sei und dass der *terminus* für jeden Philosophen bereits den Kern des Systems in sich berge. »Terminus« heißt auf Lateinisch »Grenze, Schranke«; ursprünglich war er der Name eines Gottes, der noch in klassischer Zeit als eine anthropomorphe Gestalt dargestellt wurde, deren Körper sich auf eine in die Erde fest eingekeilte Spitze zu verjüngte. In der mittelalterlichen Logik, die den modernen Sprachen die geläufige Bedeutung übermittelt hat, meint Terminus ein solches Wort, das nicht nur sich selbst bedeutet (*suppositio materialis*), sondern für die Sache steht, die es bedeutet, also etwas bezeichnet (*terminus supponit pro re*, *suppositio personalis*). Ein Denken ohne Termini, welches also die Schwelle nicht kennt, auf der es aufhört, sich auf sich selbst zu beziehen, und sich anschickt, sich in den Boden der Bezeichnung einzukeilen, ist dieser Auffassung zufolge kein philosophisches Denken. Ockham, das Haupt der Schule der sogenannten »Terministen«, schloss deshalb die Konjunktionen, die Adverbien und andere synkategorematischen Ausdrücke aus dem Kreis der Termini in engerem Sinn aus. Für die moderne philosophische Terminologie ist sowohl die klare Gegenüberstellung von Selbstbezüglichkeit und Bezeichnung als auch der Ausschluss synkategorematischer Termini nicht mehr möglich (falls sie es je gewesen sind). Ist es, auf der einen Seite, bereits für einige Grundbegriffe des kantischen Denkens (z. B. das transzendentale Objekt und das Ding an sich) nicht möglich zu sagen, ob sie etwas bezeichnen oder selbstbezüglich sind, so hat, auf der anderen Seite, die terminologische Relevanz von synkategorematischen Ausdrücken rapide zugenommen. Martin Puder hat auf die wichtige Rolle des Adverbs *gleichwohl** für die Artikulation des kantischen Denkgestus hingewiesen. Heidegger hat in den

Marburger Vorlesungen des Sommersemesters 1927 auf das häufige Vorkommen und die Relevanz des Adverbs *schon* für die eigene Bestimmung des Problems der Temporalität aufmerksam gemacht. Selbst ein einfaches Interpunktionszeichen kann in diesem Zusammenhang terminologischen Charakter erlangen: einem wachen Beobachter wie Karl Löwith ist die strategische Bedeutung des Bindestrichs in *Sein und Zeit*, etwa in Ausdrücken wie *In-der-Welt-Sein*, nicht entgangen.

Ist die Terminologie, wie treffend gesagt wurde, die Poesie der Philosophie, dann ist die eben geschilderte Verlagerung und Verwandlung des eigentlich *poetischen* Moments des Denkens zweifellos charakteristisch für die zeitgenössische Philosophie. Allerdings heißt das nicht, dass die philosophischen Termini ihren spezifischen Charakter verloren hätten, dass die Philosophie, indem sie den Gestus des Benennens aufgibt, einfach in die Literatur eingemündet und, wie behauptet wurde, dem »Gespräch« der Menschheit restituiert worden sei. Die philosophischen Termini sind und bleiben weiterhin Namen, aber ihre Eigenschaft zu bezeichnen kann nicht mehr einfach nach dem traditionellen Schema des Bedeutens begriffen werden, sondern impliziert eine andere und entscheidende Erfahrung der Sprache. Sie werden zum Ort eines wahren *experimentum linguae*.

Die (im etymologischen Sinn des Wortes) Krise der Terminologie ist heute die eigentümliche Lage des Denkens, und Jacques Derrida ist wahrscheinlich derjenige Philosoph, der sie am gründlichsten durchdacht hat. Sein Denken befragt und stellt gerade das terminologische Moment des Denkens (sein eigentlich poetisches Moment) in Frage; er bringt dessen *Krisis* zur Darstellung. Dies erklärt das Ansehen, das die Dekonstruktion in der zeitgenössischen Philosophie genießt, zugleich aber auch die Polemiken, die sie umgeben. Die Dekonstruktion hebt nämlich den terminologischen Charakter des philosophischen Vokabulars auf: inde-terminiert [*inde-terminati*] scheinen nun die Termini im Ozean des Sinnes uneingeschränkt [*interminabilmente*] zu fluktuieren. Es handelt sich bei der Dekonstruktion selbstverständlich nicht um ein Verfahren, das einer bloßen Laune oder unnatürlichen Gewaltsamkeit entspringt; vielmehr macht gerade die Hinterfragung der philosophischen Terminologie ihre unvergleichliche Aktualität aus.

Es wäre daher das schlimmste Missverständnis des Derrida'schen Gestus, würde man seine Intention auf eine dekonstruktive Praxis philosophischer Terminologie herunterschrauben, die diese Terminologie einem unkontrollierten Dahintreiben, einer unendlichen Interpretation anheimgäbe. Derrida verzichtet keinesfalls auf die Benennungskraft des Denkens, obwohl er dessen poetisch-terminologisches Moment hinterfragt. Er »nennt« noch beim Namen (so wie Spinoza, wenn er sagt: *»per causam sui intelligo …«* oder Leibniz, wenn er schreibt: *»la Monade, dont nous parlerons ici …«*). Es existiert für ihn durchaus eine philosophische Terminologie, nur dass diese bei ihm ihren Status völlig verändert, ja, den Abgrund offenbart, auf dem sie seit je ruht. Ganz so wie Acher tritt er in das Paradies der Sprache ein, wo die Termini an ihre Grenze stoßen, aber ebenso wie Acher »bricht er die jungen Zweige ab«: er macht m.a.W. die Erfahrung des Exils der Terminologie, ihres paradoxen Überlebens in der Abkoppelung von aller eindeutigen Bezeichnung.

Worum geht es dann aber bei den Termini seines Denkens? Was benennt eine philosophische Terminologie, die nicht mehr bloß etwas bezeichnen will und doch vor allem die Erfahrung der Tatsache macht, dass es Namen gibt? Was könnte ein *terminus interminatus* bedeuten? Welches ist, wenn sich alles Denken durch eine bestimmte Erfahrung der Sprache konstituiert, das *experimentum linguae* der Derrida'schen Terminologie?

Nomen innominabile

Derrida selbst hat an verschiedenen Stellen den Status seiner eigenen Terminologie definiert. In den nun folgenden drei Passagen wird dieser Status als Nicht-Name, Unentscheidbares und Spur bestimmt:

> Für uns bleibt die *différance* ein metaphysischer Name und alle Namen, die sie in unserer Sprache erhält, sind immer noch qua Namen metaphysisch. [...] Eine solche *différance*, »älter« noch als das Sein, hat keinen Namen in unserer Sprache. Aber wir »wissen bereits«, daß sie nicht nur vorläufig unnennbar ist, weil unsere Sprache diesen *Namen* noch nicht gefunden oder empfangen hätte, oder weil er in einer anderen Sprache, außerhalb des begrenzten Systems der unseren, gesucht werden müßte. Denn es gibt keinen *Namen* dafür, selbst nicht den der *différance*, die kein Name, die keine nominale Einheit ist und sich unaufhörlich in eine Kette von differierender Substitutionen auflöst. [...] Dieses Unbenennbare ist kein unaussprechliches Wesen, dem kein Name nahekommen könnte: Gott zum Beispiel. Dieses Unbenennbare ist jenes Spiel, das nominale Effekte bewirkt, verhältnismäßig einheitliche oder atomare Strukturen, die man Namen, Ketten von Namenssubstitutionen nennt, und in denen zum Beispiel der nominale Effekt »différance« selbst herbeigeführt, wiedergeschrieben wird [...].[2]

> Um diesen Abstand deutlicher zu kennzeichnen [...], mußte man von nun an bestimmte Zeichen [*marques*] analysieren und *in* dem Text der Geschichte der Philosophie ebenso wie *in* dem sogenannten »literarischen Text« [...] agieren lassen [...], die ich *per Analogie* [...] als Unentscheidbare bezeichnet habe, das heißt als Scheineinheiten, als »falsche« verbale, nominale oder semantische Eigenschaften, die nicht mehr innerhalb des philosophischen (binären) Gegensatzes verstanden werden können und ihm dennoch innewohnen, ihm widerstehen, ihn desorganisieren, aber *ohne jemals* einen dritten Ausdruck zu bilden [...].

> Es geht [...] darum, eine Maserung, eine Falte, einen Winkel zu be-merken (*re-marquer*), die die Totalisierung unterbrechen sollen: An einer gewissen, klar festgelegten Stelle kann keine Reihe semantischer Wertigkeiten sich noch schließen oder sammeln. Nicht daß sie für einen unerschöpflichen Reichtum oder die Transformation eines semantischen Überschusses offen wäre. Ein Zeichen (*mar-que*) bezeichnet (*marque*) mit diesem Winkel, dieser Falte, dieser Doppel-Falte (*re-pli*) eines Unentscheidbaren zugleich das Bezeichnete (*marqué*) und das Zeichen, den bemerkten (*re-marqué*) Ort des Zeichens. Die Schrift, die sich in diesem Augenblick selbst bemerkt (*re-marque*) (das ist alles andere als eine Selbstdarstellung), kann nicht mehr in der Liste der Themen hinzugezählt werden (sie ist kein Thema und kann auch unter keinen Umständen eines werden), sie muß abgezogen (Höhlung) und hinzugefügt (Relief) werden.[3]

Die Beziehung zwischen den beiden Texten, zwischen der *Anwesenheit* überhaupt und dem, was sie [...] übersteigt, läßt sich auf keinen Fall in Form von Anwesenheit lesen, setzt man voraus, daß sich etwas überhaupt je in einer solchen Form zu *lesen* gebe. Gleichwohl kann, was uns über die Umschließung hinaus zu denken gibt, nicht einfach abwesend sein. Als Abwesendes gäbe es uns überhaupt nichts zu denken, oder es wäre eine weitere negative Modifikation der Anwesenheit. Notwendigerweise ist demnach das Zeichen dieser Überschreitung vollends transzendierend im Hinblick auf jede mögliche Anwesenheit-Abwesenheit und auf jedes Erzeugen oder Verschwinden eines Seienden überhaupt, und demnach bezeichnet es sich zugleich in *gewisser Weise*. In gewisser, für die Metaphysik als solche unaussprechlicher Weise. Die Überschreitung der Metaphysik erfordert die Inschrift einer Spur in den metaphysischen Text als Hinweis nicht auf eine andere Anwesenheit oder andere Form von Anwesenheit, vielmehr auf einen ganz anderen Text. [...] Die Inschrift einer solchen Spur in den metaphysischen Text hat auf eine so undenkbare Art zu geschehen, daß sie als ein Erlöschen der Spur selbst zu beschreiben ist. Die Spur entsteht als ihr eigenes Er-

> löschen. Der Spur eignet, sich selbst auszulöschen und das selbst zu entziehen, was sie als Anwesenheit erhalten könnte. Die Spur ist weder sichtbar noch unsichtbar. […]
>
> Aber dies Erlöschen der Spur muß zur gleichen Zeit seine Spur in dem metaphysischen Text hinterlassen haben. Das Anwesen ist demnach weit davon entfernt, etwa *das* zu sein, *was* das Zeichen bezeichnet oder worauf die Spur hinweist, vielmehr ist das Anwesen die Spur der Spur oder die Spur des Erlöschens der Spur.[4]

Paradoxien

Welcher Status des Terminus wird in diesen drei dichten Passagen definiert? Zunächst bezieht sich der Nicht-Name *différance* (so wie die anderen Termini Derridas) nicht auf ein Unbenennbares im Sinne eines unaussprechlichen Referenten, ein *quid* jenseits der Sprache, für das uns Namen fehlen würden. Unbenennbar ist, *dass es Namen gibt* (»jenes Spiel, das nominale Effekte bewirkt«); ohne Namen und dennoch irgendwie bedeutend ist der Name selbst. Deshalb hat jede Interpretation der Derrida'schen Terminologie (ihres »wörtlichen Sinnes«, mit der kabbalistischen Exegese der *Aggada* von Acher gesprochen) von ihrer selbstbezüglichen Struktur auszugehen: »Notwendigerweise ist demnach das Zeichen dieser Überschreitung vollends transzendierend im Hinblick auf jede mögliche Anwesenheit-Abwesenheit […] und demnach bezeichnet es sich zugleich *in gewisser Weise*. Ein Zeichen (*marque*) bezeichnet (*marque*) mit diesem Winkel, dieser Falte, dieser Doppel-Falte (*re-pli*) eines Unentscheidbaren zugleich das Bezeichnete (*marqué*) und das Zeichen […].«

Der Terminus, der seine Bezeichnungskraft und den eindeutigen Bezug auf einen Gegenstand eingebüßt hat, bedeutet *in gewisser Weise* noch sich selbst; er ist selbstbezüglich. Daher lässt sich das Unentscheidbare Derridas (obwohl es dies nur »per Analogie« ist) in den Umkreis der Paradoxien der Selbstbezüglichkeit einordnen, die die Krise der modernen zeitgenössischen Logik gekennzeichnet haben. Hier tritt die Unzulänglichkeit des Grundansatzes ans Licht, der sowohl die philosophische als auch die linguistische Reflexion über die Frage der Selbstbezüglichkeit bisher geleistet hat. Dieser Ansatz bleibt der mittelalterlichen Unterscheidung von *intentio prima* und *intentio secunda* verpflichtet. Die *intentio prima* ist der mittelalterlichen Logik zufolge ein Zeichen, das kein Zeichen und keine *intentio*, sondern einen Gegenstand bedeutet; sie ist ein Terminus, der etwas bezeichnet. (*Signum natum supponere pro suo significato.*) Die *intentio secunda* ist dagegen ein solches Zeichen, das eine *intentio prima* bedeutet, ein Zeichen, das ein Zeichen bezeichnet. Was heißt aber ein Zeichen bezeichnen, eine *intentio* meinen? Wie kann man eine *intentio* meinen, ohne sie zu einem Gegenstand, einem *intentum*, zu machen? Sind die beiden Weisen der *intentio* (erste und zweite) wirklich homogen, und differieren sie nur bezüglich ihres Gegenstands?

Das Unzulängliche an diesem Denkansatz ist, dass die *intentio secunda* (das Meinen eines Zeichens) nach dem Modell der *intentio prima* (das Bezeichnen eines Gegenstands) gedacht wird. Damit wird die Selbstbezüglichkeit auf die akustische oder graphische Beschaffenheit des Wortes bezogen, d.h.: auf die Identität des Terminus als Gegenstand (die *suppositio materialis* der mittelalterlichen Logiker). Auf diese Weise ergibt sich genau genommen gar keine Selbstbezüglichkeit, da der Terminus einen Teil der Welt, aber keine Intentionalität bezeichnet. Eigentlich gemeint ist keine *intentio*, sondern ein Ding, ein *intentum*.

Erst nachdem man diese erste Stufe der Selbstbezüglichkeit (eigentlich der Pseudo-Selbstbezüglichkeit) hinter sich gelassen hat, gelangt man zum Kern des Problems. Alles wird aber dadurch komplizierter. Die Bedingung dafür, dass eine Intentionalität und kein Gegenstand bedeutet wird, ist die, dass der Terminus sich selbst bedeutet, aber *sich selbst nur insofern bedeutet, als er bedeutet.* Mithin ist es erforderlich, dass die *intentio* niemals die Position des Referenten einnimmt und dennoch auch nicht einfach einen Gegenstand bezeichnet. Im Hinblick auf das semiotische Modell *aliquid stat pro aliquo*, A steht für B, heißt dies, dass die Intention weder auf das erste noch auf das zweite *aliquid* gerichtet sein darf, sondern das *stehen für* visieren muss. Die Aporie der Terminologie Derridas besteht darin, dass hier das *stehen für* für ein *stehen für* steht, ohne dass sich jemals etwas gegenwärtig als ein bezeichneter Gegenstand konstituieren kann. Damit gerät der Begriff von Sinn überhaupt (von *stehen für*) in eine Krise, und darin liegt seine eigentümliche Stringenz.

Die Bedingung dafür, dass die Intention sich auf sich selbst und nicht auf einen Gegenstand bezieht, ist also, dass sie weder in der reinen Anwesenheit eines *intentum* aufgeht noch in seiner Abwesenheit jemals erlischt. Der Status der Terminologie Derridas resultiert nun konsequent aus dem Begriff der Spur, wie er schon in *Die Stimme und das Phänomen* und der *Grammatologie* entwickelt wurde. Das ursprüngliche Ziel des grammatologischen Projekts war zunächst eine »Destruktion des Begriffs von ›Zeichen‹« und eine »Befreiung der Semiologie«, bei denen »die Identität der Bedeutung mit sich selbst sich ständig entwindet und auflöst«. Die Irreduzibilität des Bedeutens beinhaltet hier die Unmöglichkeit jenes »Erlöschens des Signifikanten in der Stimme«, auf dem die abendländische Auffassung der Wahrheit basiert. Die Spur benennt ebendiese nicht auslöschbare Instanz des *representamen* in jeder Anwesenheit, diesen Überschuss des

Bedeutens in jedem Sinn. Es gibt, um die Termini der mittelalterlichen Logik wieder aufzugreifen, nicht eine *intentio prima* und eine *intentio secunda*, sondern jede Intention ist immer *secundo-prima* oder *primo-secunda*, in der Weise, dass die Intentionalität immer über das Gemeinte hinausschießt, das Bedeuten die Bedeutung vorwegnimmt und sie überlebt.

> Die Spur ist nicht nur das Verschwinden des Ursprungs, sondern besagt hier [...], daß der Ursprung nicht einmal verschwunden ist, daß die Spur immer nur im Rückgang auf einen Nicht-Ursprung sich konstituiert hat und damit zum Ursprung des Ursprungs gerät. Folglich muß man, um den Begriff der Spur dem klassischen Schema zu entreißen, welches ihn aus einer Präsenz oder einer ursprünglichen Nicht-Spur ableitete und ihn zu einem empirischen Datum abstempelte, von einer ursprünglichen Spur oder Ur-Spur sprechen. Und doch ist uns bewußt, daß dieser Begriff seinen eigenen Namen zerstört und daß es, selbst wenn alles mit der Spur beginnt, eine ursprüngliche Spur nicht geben kann.[5]

Der *Begriff »Spur« ist kein Begriff* (so wie »die *différance* kein Name ist«): Diese paradoxe These, die bereits im grammatologischen Projekt impliziert ist, definiert den Status der Terminologie Derridas. Um diesem Paradox zu entkommen (besser gesagt: um auf die richtige Weise in ihm zu verweilen), hat die Grammatologie zur Dekonstruktion werden müssen, indem sie darauf verzichtet hat, nach Maßgabe von Sinnentscheidungen zu verfahren. Ihrer ursprünglichen Intention nach jedoch stellt die Grammatologie weder eine Theorie der Polysemie noch eine Lehre der Transzendenz von Sinn dar: Sie bezweckt keine Dekonstruktion als unendliche Hermeneutik eines ebenso unerschöpflichen Bedeutens, sondern eine Radikalisierung des Problems der Selbstbezüglichkeit, die den Begriff des Sinns selbst, auf den sich die abendländische Logik gründet, in Frage stellt und verwandelt.

In dieser Perspektive erinnert das zentrale Paradox der Grammatologie (»der Begriff ›Spur‹ ist kein Begriff«) stark an den Satz, den Frege 1892 in der Schrift *Über Begriff und Gegenstand* aufgestellt hatte und der das erste Symptom einer Krise war, die bald darauf das Gebäude der formalen Logik erschüttern sollte: »der Begriff *Pferd* ist kein Begriff«. Dieses Frege'sche Paradox (wie ihn Philippe de Rouilhan in einem jüngeren Buch bezeichnet hat) beruht auf der Tatsache, dass, sobald wir einen Begriff *benennen* (statt ihn als Prädikat in einem Satz zu verwenden), dieser aufhört, als Begriff zu fungieren, und als Gegenstand auftritt. Wir glauben, dass »ein Begriff gemeint ist«*, wohingegen »ein Gegenstand genannt wird«*; wir meinen eine *intentio*, aber wir befinden uns vor einem *intentum*.

Das Frege'sche Paradox ist die Konsequenz eines allgemeineren Gesetzes, das folgendermaßen ausgedrückt werden kann: *ein Terminus kann nicht etwas bezeichnen und zugleich bezeichnen, dass er es bezeichnet*; um den Spruch des weißen Ritters in Lewis Carrolls *Through the Looking-Glass* zu zitieren: »der Name des Namen ist nicht der Name«. Bemerkenswerterweise liegt dieses »Theorem des weißen Ritters« sowohl der These von Wittgenstein, »was *sich* in der Sprache ausdrückt, können *wir* nicht durch sie ausdrücken« (*Tract.*, 4.121), als auch dem linguistischen Axiom von Milner, »der linguistische Term hat keinen Eigennamen«, zugrunde. Wesentlich ist jedenfalls, dass, wenn man eine *intentio* sagen, den Namen benennen will, man nicht mehr zwischen Wort und Ding, Begriff und Gegenstand, dem Terminus und seiner Bedeutung unterscheiden kann.

Wie Reach mit Bezug auf Carnaps Versuch, den Namen mit Hilfe der Anführungszeichen zu benennen, gezeigt hat und das Theorem von Gödel impliziert, sind alle Kunstgriffe zum Scheitern verurteilt, die von den Logikern ausgeklügelt werden, um den Konsequenzen dieser radikalen Anonymie des Namens zu entgehen. Es genügt aber nicht, aufgrund des Theorems von

Gödel das notwendige Verhältnis zwischen einer bestimmten Axiomatik und unentscheidbaren Sätzen zu unterstreichen: Entscheidend ist erst, wie man dieses Verhältnis auffasst. Das Unentscheidbare kann nämlich als eine bloß negative *Grenze* (die kantische *Schranke**) aufgefasst werden – dann wird es darum gehen, geeignete Maßnahmen zu ergreifen, um sich an ihr nicht zu stoßen (Russells Typentheorie oder Tarskis Metasprache) –, man kann aber das Unentscheidbare auch als eine *Schwelle* (die kantische *Grenze**) auffassen, die zu einem Außen führt und alle Elemente des Systems umverteilt und verändert.

Deshalb stellt der Begriff der »Spur« die spezifische Leistung von Derridas Denken dar. Er beschränkt sich nicht einfach darauf, die logischen Paradoxien zu reformulieren, sondern macht sie – wie schon Heidegger in *Unterwegs zur Sprache*, als er schrieb: dass »es kein Wort für das Wort gibt«, und eine neue Erfahrung der Sprache vorschlug, bei der die Sprache selbst zu Wort kommen solle – zum Ort eines Experiments, bei dem der Begriff des Sinns selbst sich verwandeln und den Platz an den der Spur abgeben muss. Warum nimmt aber der Versuch, den Namen zu benennen, die Gestalt »einer Schrift ohne Anwesenheit und ohne Abwesenheit, ohne Geschichte, ohne Ursache, ohne Gesetz, ohne *Ziel*, die jede Dialektik, jede Theologie, jede Teleologie, jede Ontologie absolut stört«, an? Worin besteht das Derrida'sche *experimentum linguae*, wenn es keine andere Form als die einer Schrift haben kann?

Skriptor

Das spätbyzantinische Lexikon, das unter dem Namen Suda bekannt ist, gibt zum Stichwort »Aristoteles« die rätselhafte Definition *Aristoteles tes physeos grammateus hēn ton calamon apobrechōn eis noun* (»Aristoteles war der Schreiber der Natur, der das Schreibrohr in das Denken eintauchte«). Mit abweichendem Wortlaut kommt diese Definition schon bei Cassiodorus (und dann wieder bei Beda und Isidor von Sevilla) vor, diesmal nicht um den »Schreiber der Natur«, sondern um Aristoteles als Logiker zu charakterisieren: »Aristoteles quando perihermeneias scriptabat, calamun in mente tingebat.« Das Werk, das die abendländische Auffassung der Bedeutungsfunktion von Sprache und die ihres Zusammenhangs mit dem Denken begründet hat, ist dieser Tradition zufolge »durchs Eintauchen der Feder in den Intellekt« geschrieben worden. Das Denken hat über das Verhältnis zwischen Sprache und Denken und zwischen Denken und Welt nur dadurch schreiben können, dass es ausschließlich auf sich selbst Bezug genommen, die Feder in die eigene Opazität getaucht hat.

Was ist der Ursprung dieser eigenartigen Metapher? Was mag im aristotelischen Text das Bild einer »Schrift des Denkens« begründet haben? Und was könnte eine solche Schrift sein?

Nahe aneinandergerückt werden Denken und Schreibakt an der berühmten Stelle von *De anima* (430 a 1), an der Aristoteles die Vernunft in Potenz mit einer unbeschriebenen Schreibtafel (*grammateion*) vergleicht: »Wie mit der Schreibtafel, auf der in Wirklichkeit nichts geschrieben ist, so verhält es sich auch mit dem *nous*.« Das berühmte Bild der *tabula rasa* (oder, wie Alexander von Aphrodisias vorgeschlagen hat, des *rasum tabulae*, d.h. jene dünne Wachsschicht, in die der Griffel die Buchstaben eingravierte) kommt in dem Abschnitt von *De anima* vor, wo Aristoteles von der Vernunft in Potenz bzw. von der passiven Vernunft (*nous pathētikos*) handelt. Die Natur der Vernunft ist es, reines Vermögen zu sein: »Er [der *nous*] besitzt keine andere Natur als diese, dass er dem Vermögen nach ist. Der sogenannte *nous* der Seele [...] ist in Wirklichkeit kein Seiender, bevor er nicht denkt.«) Der *nous* ist also ein Vermögen, das als solches Bestand hat, und die Metapher von der unbeschriebenen Schreibtafel drückt eben die Weise aus, in der ein reines Vermögen ist. Jedes Vermögen, etwas zu sein bzw. etwas zu bewirken, ist nach Aristoteles tatsächlich immer auch das Vermögen nicht-zu-sein und nicht-zu-wirken (*dynamis mē einai, dynamis mē energein*). Denn ohne diese wesentliche Eigenschaft würde das Vermögen schon immer in den Zustand der Verwirklichung übergehen und sich (gemäß der These der Megariker, die Aristoteles im Buch Theta der *Metaphysik* widerlegt) mit ihr vermengen. Dieses *Vermögen nicht-zu* bildet den echten Angelpunkt der aristotelischen Potenzlehre, die aus jedem Vermögen als solchem ein Unvermögen macht (*pasa dynamis adynamia*, *Metaph*. 1046 a 32). Wie der Baumeister ein solcher ist, weil er die Baukunst nicht-ausüben kann und der Zitherspieler ein solcher, weil er die Zither nicht-spielen kann, so existiert das Denken als ein Vermögen, nicht-zu-denken (der *intellectus possibilis* der mittelalterlichen Philosophie), wie eine Schreibtafel, auf der nichts geschrieben steht. Die reine Potenz des Denkens ist ein solches Vermögen, das nicht-zu-denken, nicht Wirklichkeit zu werden vermag. Jedoch ist dieses reine Vermögen (das *rasum tabulae*) wiederum selbst intelligibel; es kann seinerseits gedacht werden: »Sie [die Vernunft in Potenz] ist selbst denkbar wie die Denkgegenstände.« (*De an.*, 430 a 2)

Im Lichte dieser Auffassung von Potenz ist nun die Stelle in *De anima* zu lesen, an der Aristoteles die Darlegung des Buches Lambda der *Metaphysik* über das Denken, das sich selbst denkt, wiederaufnimmt: »Wenn [die Vernunft in Potenz] in Wirklichkeit jeder [der Denkgegenstände] geworden ist, wie man es von demjenigen sagt, der dies im Akt geworden ist – und dies geschieht, wenn er sich aus sich selbst betätigen vermag – so bleibt sie auch dann noch in der Potenz [...] und kann sich selbst denken.« (429 b 5–9)

Das Denken des Denkens ist zunächst ein Vermögen zu denken (*und nicht-zu-denken*), das sich auf sich selbst bezieht – *potentia potentiae*. Erst von daher wird die Lehre der *noēsis noēseōs* im Buch *Lambda* ganz verständlich: Reiner Akt, also Akt eines Aktes, kann nur der Akt einer reinen Potenz, d.h. der Potenz einer Potenz sein.

Das Apophthegma über den Schreiber der Natur, der das Schreibrohr ins Denken eintaucht, bekommt nun seinen eigentlichen Sinn als Bild für eine *Schrift der Potenz*. Aristoteles konnte seine logischen Werke (nämlich die, die von dem reinen Vermögen des Denkens und der Sprache handeln) schreiben, allein indem er das Schreibrohr in den *nous*, ein reines Vermögen, eintauchte. Das Vermögen, das sich ausschließlich zu sich selbst hinwendet, ist eine absolute Schrift, die von niemandem geschrieben wird: ein Vermögen, das durch das Vermögen nicht -geschrieben zu werden geschrieben wird; eine *tabula rasa*, die von ihrer eigenen Rezeptivität affiziert wird und somit *sich nicht nicht-schreiben* kann. Nach der genialen Intuition im Kommentar zu *De anima* von Albertus Magnus: »hoc simile est, sicut diceremus, quod litterae scribent se ipsas in tabula« (»die Buchstaben schreiben sich selbst auf die Tafel«).

Materie

Der Derrida'sche Begriff der Spur und seine Aporien müssen vor dem Hintergrund dieser Schrift der Potenz, die niemand schreibt, betrachtet werden. So erscheint er als der strengste Versuch, entgegen dem Primat der Wirklichkeit und der Form das aristotelische Paradox der Potenz – den Gestus des Schreibers, der die Feder ins Denken eintaucht und nur aus seinem Vermögen (nicht-zu-schreiben) heraus schreibt – erneut zu denken. Die Spur, diese Schrift »ohne Anwesenheit und Abwesenheit, ohne Geschichte, ohne Ursache, ohne Gesetz, ohne Ziel«, ist keine Form, kein Übergang von der Potenz zum Akt, sondern ein Vermögen, das sich selbst vermag und erleidet; die Spur ist die Schreibtafel, die nicht den Eindruck einer Form, sondern den Abdruck ihrer eigenen Passivität und Formlosigkeit empfängt.

Aber hier kompliziert sich alles noch einmal. Was kann das heißen: weder einen Gedanken noch ein Ding, sondern eine reine Potenz zu denken; weder Gegenstände noch Termini, die etwas bezeichnen, sondern die reine *dynamis* des Wortes zu benennen; weder Buchstaben noch Texte, sondern die reine Potenz der Schrift zu schreiben? Was heißt schließlich die Erfahrung eines Vermögens machen und eine Passivität erleiden, wenn die Wörter »Erfahrung« und »Erleiden« hierbei einen Sinn haben sollen? Bricht hier nicht aufs Neue die Aporie der Selbstbezüglichkeit hervor, die die Schrift der Potenz auflösen wollte?

Genau diese Fragen werden in einer Passage von Plotins Traktat über *Die beiden Materien* gestellt. Wie kann man, fragt Plotin, ein Formloses (*amorphon*) und eine Un-Bestimmtheit (*aoristia*) denken? Wie ist dasjenige zu erfassen, das weder Größe noch Gestalt hat? Allein durch eine Un-bestimmtheit wird eine Un-bestimmtheit zu denken sein:

> Was ist also diese Unbestimmtheit der Seele? Handelt es sich vielleicht um ein gänzliches Nichtwissen [*agnoia*] im Sinne einer Abwesenheit? Die Unbestimmtheit hat eine gewisse Positivität und wie für das Auge die Dunkelheit die Materie jeder sichtbaren Farbe ist, so wird die Seele, wenn sie von den sinnlichen Gegenständen das wegdenkt, was dem Licht gleicht, und den Rest nicht mehr bestimmen kann, einem Auge in der Dunkelheit ähnlich und identifiziert sich dann in gewisser Weise mit der Dunkelheit, die sie sieht. Aber sieht sie denn wirklich? Sie sieht, wie man eine Gestaltlosigkeit oder das Fehlen von Farbe und Licht oder das, was keine Größe hat, sehen kann; ansonsten würde sie erneut eine Form daraus machen. Ist diese Passion [*pathos*] der Seele dann, wie wenn sie nichts sieht? Nein, denn wenn sie nichts denkt, sagt sie nichts und erleidet auch nichts. Wenn sie die Materie denkt, erleidet sie vielmehr eine Passion wie ein Abdruck des Formlosen [*paschei pathos hoion typon tou amorphou*] (*Enn.*, 2, 4, 10).

Wie das Auge in der Finsternis nichts sieht, sondern gleichsam von seinem eigenen Unvermögen zu sehen affiziert wird, so ist die Wahrnehmung nicht das Erleiden von etwas, von einem Seienden ohne Form, sondern Wahrnehmung der eigenen Gestaltlosigkeit, eine Selbstaffektion des Vermögens. Zwischen dem Erleiden von etwas und dem Erleiden von nichts liegt das Erleiden der eigenen Passivität. Die Spur (*typos*, *ichnos*) ist von Anfang an der Name dieses Selbst-Erleidens, und das, was dabei erfahren wird, ist das Ereignis einer Materie. Die Aporien der Selbstbezüglichkeit werden hier also nicht aufgelöst; vielmehr verlagern sie sich, und (dem platonischen Wort zufolge) verwandeln sie sich in *Euporien*. Der Name kann aber benannt werden, und die Sprache kann zu Wort kommen, weil die Selbstbezüglichkeit auf die Ebene der Potenz verlagert wird. Weder das Wort als Gegenstand noch das Wort, sofern es ein Ding in *Wirklichkeit* bezeichnet, ist hier gemeint, sondern das reine Vermögen zu bedeuten (und nicht-zu-bedeuten) – die Schreibtafel, auf der nichts geschrieben ist. Hier liegt aber nicht mehr die Selbstbezüglichkeit eines Sinnes, das Sich-selbst-Bedeuten eines Zeichens vor, sondern die Materialisierung eines Vermögens, das Sich-materialisieren seiner eigenen Möglichkeit. Die Materie ist kein formloses *quid aliud*, von dem das Vermögen einen Abdruck erfährt: Die Materie kann als solche sein, weil sie die Selbstmaterialisierung eines Vermögens durch das Erleiden (den *typos*, die Spur) des eigenen Unvermögens ist. Das Vermögen zu denken, das sich als Vermögen nicht-zu-denken vermag und erleidet, macht sich zur Spur der eigenen Formlosigkeit, zu einer Spur, die niemand gelegt hat, zu reiner Materie. In diesem Sinne ist die Spur die Leiden-schaft des Denkens. Die Materie ist aber nicht das träge Substrat einer Form; im Gegenteil ist das, was gemeinhin Form genannt wird, das Resultat eines Materialisierungsprozesses.

Das Modell dieser Erfahrung der Materie hat Platon im *Timaios* geliefert. Die *chōra* – die Stätte oder besser das Stattfinden –, wie er die Materie nennt, ist angesiedelt zwischen dem Nicht-Wahrnehmbaren (der Idee, dem *anaisthēton*) und dem Wahrnehmbaren (dem Sinnlichen, was durch die *aisthēsis* wahrgenommen werden kann). Sie selbst ist aber weder wahrnehmbar noch nicht wahrnehmbar, sondern wahrnehmbar *met'anaisthēsias*: »*mit* Abwesenheit der Wahrnehmung«, wie diese paradoxe Formulierung zu übersetzen ist. Die *chōra* ist also die Wahrnehmung einer Nicht-Wahrnehmung, die Empfindung einer Empfindungslosigkeit, eines bloßen Statt-findens, bei dem außer der Stätte gar nichts statt-findet.

Deshalb entwickelt Aristoteles seine Theorie der Materie als Potenz im Anschluss an die *chōra* des *Timaios*: ähnlich dem Sehvermögen in der Dunkelheit kann auch das Empfindungsvermögen – wie es in *De anima* heißt – sein eigenes Nicht-empfinden, sein Vermögen empfinden. So kann das Denken in Potenz – die unbeschriebene Schreibtafel – sich selbst denken, nämlich sein eigenes Vermögen denken. Auf diesem Wege macht sich das Denken zur Spur der eigenen Formlosigkeit; es schreibt sein eigenes Ungeschrieben-sein, und zugleich gibt es sich statt, trennt es sich (*ho de nous chōristos,* 429 b 5).

Die Derrida'sche Spur – »weder sichtbar noch unsichtbar«, »be-merkter Ort eines Zeichens«, reines Statt-finden – ist also wirklich mit der Erfahrung einer intelligiblen Materie vergleichbar. Das *experimentum linguae*, um das es in der grammatologischen Terminologie geht, begründet keineswegs eine Interpretationspraxis, die – einem nur allzu verbreiteten Missverständnis zufolge – auf die unendliche Dekonstruktion von Texten abzielt; sie eröffnet keinen neuen Formalismus: Es kennzeichnet vielmehr das entscheidende Ereignis einer Materie und legt den Weg zu einer Ethik frei. Wer dieses Experiment bis auf den Grund durchführt und in diesem Sinne seine Materie findet (sich selbst erleidet und auf diesem Wege sich *passioniert*), kann sich in den Paradoxien der Selbstbezüglichkeit aufhalten, ohne in ihnen gefangen zu bleiben; er kann nicht nicht-schreiben.

Nur dank Achers Ausharren im Exil der Schechina kann Rabbi Akiba im Paradies der Sprache unversehrt ein und aus gehen.

Aus dem Italienischen und Französischen
von Giorgio Giacomazzi

Anmerkungen

1 *A.d.Ü.:* Dem Verfasser sei an dieser Stelle für die Durchsicht und Unterstützung der vorliegenden Übersetzung gedankt.

2 Jacques Derrida, »La différance«, in: Ders., *Randgänge der Philosophie*, Wien: Passagen ^{2}1999, S. 55–56.

3 Jacques Derrida, *Positionen*, Graz/Wien: Passagen ^{2}2009, S. 67 u. 71.

4 Derrida, *Randgänge*, a. a. O., S. 90 f.

5 Jacques Derrida, *Grammatologie*, Frankfurt am Main: Suhrkamp 1974, S. 107 f.

Die Tätigkeit des Menschen

Im ersten Buch der *Nikomachischen Ethik* (1097 b 22ff.) wirft Aristoteles das Problem einer Definition der »Tätigkeit des Menschen [*to ergon tou anthrōpou*]« auf. Diese Definition steht im Kontext seiner Bestimmung des höchsten Gutes, dem Gegenstand der *epistēmē politikē*, der politischen Wissenschaft, in den die Abhandlung über die Ethik gewissermaßen einführen möchte. Dieses höchste Gut ist das Glück, und so beginnt Aristoteles seine Untersuchung über die Tätigkeit des Menschen mit der Definition des Glücks:

> Wie für den Flötenspieler, den Bildhauer und jeden Handwerker [*technitē*] und im Allgemeinen für all jene, die eine Tätigkeit [*ergon*] und ein Handeln [*praxis*] haben, das Gute [*tagathon*] und das Rechte [*to eu*] in dieser Tätigkeit [zu liegen] scheinen, so müsste es auch für den Menschen als solchen sein, vorausgesetzt, dass es für ihn so etwas wie eine eigene Tätigkeit [*ti ergon*] gibt. Oder [muss man sagen], dass es für den Schreiner und den Schuster eine Tätigkeit und Handlung gibt, der Mensch aber keine hat, dass er also ohne Tätigkeit [*argos*] geboren ist?

Ergon heißt im Griechischen »Arbeit, Werk«. Im betreffenden Passus verkompliziert sich allerdings die Bedeutung dieses Terminus aufgrund seines engen Verhältnisses zu einem der grundlegenden Begriffe des aristotelischen Denkens: der *energeia* (wörtlich: »am Werk sein«). Der Terminus ist mit aller Wahrscheinlichkeit eine Schöpfung von Aristoteles selbst, der ihn in funktionalem Gegensatz zur *dynamis* (»Vermögen, Potenz«) verwendet. Das Adjektiv *energos* (»tätig, aktiv«), von dem Aristoteles ausgehend den Ausdruck entwickelt, findet sich bereits bei Herodot, und der entgegengesetzte Terminus, *argos* (von *aergos* »untätig, ohne *ergon*«; vgl. auch *argia* »Inaktivität«), ist schon bei Homer belegt. Dass das *ergon* des Menschen in diesem Kontext nicht einfach »Werk«, sondern das, was die *energeia*, die Aktivität, die Verwirklichung, die dem Menschen zu eigen ist, bedeutet, beweist der Umstand, dass Aristoteles wenige Zeilen später das Glück als *psychēs energeia … kat'aretēin*, »das Tätigsein der Seele gemäß der Tugend« (1098 a 16), definiert. Die Frage nach der Tätigkeit und dem Fehlen einer Tätigkeit des Menschen hat daher einen entscheidenden systematischen Stellenwert, da von ihr nicht nur die Möglichkeit abhängt, dem Menschen eine eigene Natur und ein eigenes Wesen zuzuweisen, sondern auch, wie wir gesehen haben, die Möglichkeit, sein Glück und seine Politik zu definieren.

Diese Frage hat nicht nur rhetorischen Charakter: Indem er dem Menschen im Allgemeinen vier verschiedene Arten von Handwerkern entgegensetzt (den Flötenspieler, den Hersteller von *agalmata*, den Schreiner und den Schuster), zieht Aristoteles bewusst solche Figuren heran, deren Werk (und entsprechende Tätigkeit) man mühelos identifizieren kann. Aber die Wahl von gleichsam »einfachen« Beispielen schließt nicht aus, dass die Liste auch nach oben hätte weitergeführt werden können (kurz davor hatte er den Arzt, den Baumeister und den Strategen erwähnt). Das Problem hat mithin eine umfassendere Bedeutung und betrifft die Möglichkeit als solche, die *energeia*, die Betätigung des Menschen als Menschen, unabhängig und jenseits der konkreten gesellschaftlichen Gestalten, die er annehmen kann, auszumachen. Wenn auch erst einmal nur in Form einer paradoxen Frage, wird die Idee einer *argia*, einer wesentlichen Untätigkeit des Menschen gegenüber seinen konkreten Beschäftigungen und Unternehmungen ohne weiteres in Anschlag gebracht. Das moderne (oder vielmehr postmoderne) Problem einer vollständigen Verwirklichung des menschlichen Werkes und daher eines möglichen *désœvrement* (*désœvré* ist die genaue Entsprechung zu *argos*) des Menschen am Ende der Geschichte, findet hier ihren logisch-metaphysischen Grund. Der *voyou désœvré* bei Queneau, der *shabbat* des Menschen bei Kojève und die »entwerkte Gemeinschaft« bei Nancy wären dann die entsprechende posthistorische Gestalt zum Fehlen eines wirklich menschlichen Werkes. Was aber allgemeiner mit dieser Frage auf dem Spiel steht, ist die Natur des Menschen selbst, der wie ein Lebewesen ohne Tätigkeit, d.h. ohne eine eigene spezifische Natur und Berufung [*vocazione*] erscheint. Wenn ihm ein eigenes *ergon* fehlte, hätte der Mensch auch keine *energeia*, keine Verwirklichung, die sein Wesen ausmachen würde: Er wäre mithin ein Wesen der reinen Potenz, das in keiner Identität und keiner Tätigkeit aufgehen würde.

Dass diese Annahme für Aristoteles nicht schlichtweg unzumutbar war, geht aus seiner Definition des *nous*, der menschlichen Vernunft, in *De anima* hervor, wo er behauptet, dass der Mensch »keine andere Natur als das Sein in Potenz« (429 a 21) hat. Daher verweilt das Denken, auch wenn es zum Akt übergeht, »in gewisser Weise in Potenz [...] und vermag sich daher selbst zu denken« (429 b 9). Das Vokabular der Untätigkeit, dem sowohl das *argos* als auch die *scholē* angehört, hat im Übrigen im Griechischen keinerlei negative Konnotation, während die Annahme einer wesentlichen Untätigkeit des Menschen in den Augen der christlichen Aristoteles-Kommentatoren nur skandalös erscheinen konnte. Daher bemüht sich Thomas von Aquin in seinem Kommentar des betreffenden Passus der *Nikomachischen Ethik* klarzustellen, dass es »unmöglich [ist], dass der Mensch von Natur aus müßig sei, als hätte er keine eigene Betätigung [*impossibile est, quod sit naturaliter otiosus, quasi non habens propriam operationem*]« (*Sent. Ethic.*, 1, 10, 4)

Im darauffolgenden Passus scheint Aristoteles jedoch von der Annahme einer fehlenden Tätigkeit des Menschen zurückzuweichen und sucht mit einer plötzlichen Wendung dessen *ergon* in der Sphäre des Lebens:

> Sollte man aber nicht eher, wie es für das Auge, die Hand, den Fuß und für jedes Glied eine Funktion zu geben scheint, auch für den Menschen neben [*para*] diesen eine eigene Tätigkeit annehmen? Und welche wäre sie dann? Der einfache Umstand des Lebens [*to zēn*] scheint auch den Pflanzen gemein zu sein, wir aber suchen nach etwas Eigenem. Wir müssen daher das Leben der Ernährung und das des Wachstums [*tēn threptikēn kai auxetikēn zōēn*] beiseite [*aphōristeon*] schieben. Es würde darauf eine Form des Lebens der Wahrnehmung [*aisthētikē tis*] folgen. Aber auch diese scheint dem Pferd, dem Rind und jedem Lebewesen gemein zu sein. Es bleibt [*leipetai*] die praktische Lebensform [*praktikē tis*] eines Lebewesens übrig, das den *logos* hat. [...] Da man diese aber in zweierlei Weisen verstehen kann, muss man an jene denken, die gemäß der Verwirklichung [*kat'energeian*] der Vernunft ist, denn dies ist der eigentlichere Sinn des Wortes. (*NE*, 1097 b 30–1098 a 6).

Die Analogie zwischen dem Verhältnis der einzelnen *erga* und der Tätigkeit des Menschen mit dem der einzelnen Glieder und dem Körper in seiner Ganzheit dient zur systematischen Vorbereitung der Passage über die Sphären des Lebens. Diese Passage ergibt sich nämlich alles andere als von selbst. Wenn die einzelnen menschlichen Betätigungen (die Zither spielen, Schuhe herstellen, Bilder einmeißeln) die Tätigkeit nicht erschöpfen können, die dem Menschen zu eigen ist, dann folgt daraus nicht schon ohne weiteres, dass diese in der Sphäre des Lebens zu suchen sei. Dass die Tätigkeit des Menschen (von deren Identifizierung der Zweck der »politischen Wissenschaft« abhängt) als eine bestimmte Lebensform zu definieren sei, zeigt die Tatsache, dass der Zusammenhang zwischen Politik und Leben von vornherein zur Weise gehört, wie die Griechen die *polis* denken.

In einem für ihn typischen Gestus beschreibt Aristoteles die Identifizierung des *ergon* des Menschen dadurch, dass eine Reihe von Zäsuren in das *continuum* des Lebens eingetragen wird. Dieses wird in ein Ernährungs-, Wahrnehmungs- und in ein praktisch-rationales Leben eingeteilt. Die Entfaltung des Lebensbegriffs anhand einer Funktionsreihe wurde bereits in *De anima* vorgenommen. Hier hatte Aristoteles unter den vielen Weisen, in denen der Ausdruck »Leben« ausgesagt wird, den allgemeinsten und von den anderen abtrennbaren isoliert:

> Wir sagen nun, [...] dass ein Lebewesen vom Unbelebten durch das Leben geschieden sei. Wenn Leben in vielfachem Sinne gebraucht wird, so sprechen wir einem Wesen Leben zu, wenn ihm auch nur eines der folgenden Dinge zukommt: Denken, Wahrnehmung, Bewegung und Stillstand am Ort, die Bewegung der Ernährung, des Hinschwindens und des Wachstums. Deshalb scheinen auch die Gewächse jedweder Art zu leben. Sie haben nämlich anscheinend ein derartiges Prinzip und Vermögen, dass sie durch dieses [...] wachsen und hinschwinden. [...] Dieses Prinzip kann von den anderen getrennt sein, unmöglich aber können bei den sterblichen Wesen die anderen von diesem getrennt bestehen. Das zeigt sich bei den Pflanzen, denn sie haben kein anderes Seelenvermögen. Das Leben kommt folglich dank dieses Prinzips zu. [...] Ernährungsvermögen nennen wir den Teil der Seele, an dem auch die Pflanzen teilhaben. (413 a 20 ff.)

Es ist wichtig anzumerken, dass Aristoteles an keiner Stelle das Leben definiert: Er beschränkt sich darauf, es durch die Isolierung der Ernährungsfunktion zu zerlegen, um es dann in einer Reihe unterschiedlicher und aufeinander bezogener Vermögen (Ernährung, Wahrnehmung, Denken) erneut anzuordnen. Das nährende Leben (das bereits von den Kommentatoren der Antike aufgrund des besonderen, obskuren und vom *logos* vollkommen getrennten Status, den die Pflanzen im Denken von Aristoteles stets haben, auch vegetativ genannt wird) ist dasjenige, auf dessen Ausschließung sich in *De Anima* wie auch in der *Nikomachischen Ethik* und in der *Politik* die Definition des Menschen, d.h. des Lebewesens, das den *logos* hat, gründet.

Die Bestimmung der Tätigkeit des Menschen vollzieht sich daher durch die Abtrennung des vegetativen und sinnlichen Lebens, die als einzig möglichen »Rest« das Leben gemäß dem *logos* übrig lässt. Und da dieses Leben gemäß dem *logos* auch durch seine reine Potenz aufgefasst werden kann, bemüht sich Aristoteles klarzustellen, dass die Tätigkeit des Menschen keine bloße Potenz oder Vermögen sein kann, sondern nur die *energeia* und die Ausübung dieses Vermögens.

> Wenn also die Tätigkeit des Menschen die Betätigung der Seele gemäß dem *logos* oder wenigstens nicht ohne den *logos* ist, und wenn wir sagen, dass die Tätigkeit eines beliebigen Individuums und die eines guten Individuums der Gattung nach dieselbe ist (wie für einen Kitharisten und einen guten Kitharisten und in allen anderen Fällen), sofern nämlich zur Tätigkeit die hervorragende Tüchtigkeit hinzukommt (die Leistung des Kitharisten ist das Spielen der Kithara, die des hervorragenden Kitharisten das gute Spielen); wenn das so ist, dann müssen wir annehmen, dass die Tätigkeit des Menschen ein gewisses Leben [*zōēn tina*] ist und dieses die Betätigung der Seele und der Handlungen gemäß dem *logos*, und dass die Tätigkeit des guten Menschen dieselbe Sache ist, nur auf gute und schöne Weise vollbracht, nämlich jede Tätigkeit nach der ihr eigenen Tugend; wenn das so ist, dann wird das Gute des Menschen die Tätigkeit der Seele gemäß der Tugend sein und wenn die Tugenden vielfache sind, nach der besten und vollkommensten. (1098 a 7–18).

An dieser Stelle kann Aristoteles mit der Definition der »Tätigkeit des Menschen« fortfahren. Diese ist, wie das obige Zitat impliziert, eine Lebensform, ein »gewisses Leben [*zōē tis*]«, eines, das sich dem *logos* gemäß verwirklicht. Das heißt, dass Aristoteles das höchste Gut – dessen Identifizierung die Abhandlung gewidmet ist und das den Zweck der Politik darstellt – durch die Beziehung zu einem bestimmten *ergon*, eine bestimmte Betätigung oder Tätigkeit charakterisiert. Diese Betätigung besteht, so haben wir gesehen, in der Aktualisierung des rationalen Lebensvermögens (und daher weder im Ernährungs- noch im Wahrnehmungsvermögen). Folglich werden Ethik und Politik für die Menschen durch die Teilhabe an dieser Unternehmung definiert, im Allgemeinen und gemäß der Tugend (die Kithara spielen und sie gut spielen, leben und gut leben gemäß dem *logos*). Es darf uns daher nicht verwundern, wenn die aristotelische Definition der *polis*, d.h. der vollkommenen politischen Gemeinschaft, in Übereinstimmung mit diesen Voraussetzungen als Differenz von Leben (*zēn*) und gut Leben (*eu zēn*) artikuliert wird: »Entstanden um des Lebens willen, aber bestehend um des guten Lebens willen« (*Pol.*, 1252 b 30).

Die aristotelische Bestimmung der Tätigkeit des Menschen impliziert daher zwei Thesen über die Politik: 1.) sofern sie sich in Bezug auf ein *ergon* definiert, ist sie Politik der Tätigkeit und nicht der Untätigkeit, des Aktes und nicht der Potenz; 2.) dass dieses *ergon* in letzter Instanz »ein gewisses Leben« ist, das zuallererst durch die Ausschließung des bloßen Umstands des Lebens, des nackten Lebens definiert ist.

Dies ist das Vermächtnis, welches das aristotelische Denken der abendländischen Politik hinterlassen hat. Es ist ein aporetisches Vermächtnis, weil es 1.) die Bestimmung der Politik an eine Tätigkeit knüpft, die im Vergleich zu den einzelnen menschlichen Tätigkeiten (Kithara spielen, Standbilder meißeln, Schuhe herstellen) nicht zuweisbar ist und weil 2.) dessen einzige Bestimmung in letzter Instanz Biopolitik ist, da sie auf eine Trennung und Artikulation der *zōē* beruht. Das Politische als die Tätigkeit des Menschen als Menschen ist dem Lebendigen entnommen, und zwar durch die Ausschließung eines Teils seiner als unpolitisch betrachteten vitalen Betätigungen.

Im Zeitalter der Moderne hat die abendländische Politik ihre Aufgabe demnach in der kollektiven Übernahme einer historischen Aufgabe (eines »Werks«) von Seiten eines Volkes und einer Nation gesehen. Diese politische Aufgabe entsprach einer metaphysischen, nämlich der Verwirklichung des Menschen als rationales Lebewesen. Die Problematik, die der Bestimmung dieser »politischen« Aufgabe gegenüber den konkreten Formen der Arbeit, der Handlung und in letzter Instanz des menschlichen Lebens innewohnt, hat sich fortlaufend verstärkt. Marx' Denken, das die Verwirklichung des Menschen als Gattungswesen* vor Augen hat, stellt in dieser Perspektive die Wiederaufnahme und Radikalisierung des aristotelischen Projekts dar. Daher rühren die zwei dieser Wiederaufnahme impliziten Aporien: 1.) das Subjekt der Tätigkeit des Menschen muss notwendig eine unzuweisbare Klasse sein, die sich selbst zerstört, indem sie eine bestimmte Betätigung repräsentiert (die Arbeiterklasse); 2.) die Tätigkeit des Menschen in der klassenlosen Gesellschaft lässt sich unmöglich oder jedenfalls äußerst schwer definieren (daher Marx' Zögern bezüglich des Schicksals der Arbeit in den klassenlosen Gesellschaften und der Anspruch auf Faulheit in Lafargue und Malevič).

Und als ab dem Ende des Ersten Weltkriegs das Paradigma der Tätigkeit in eine Krise gerät und offenkundig wird, dass den europäischen Nationalstaaten keine historischen Aufgaben mehr zukommen, wird die Reformulierung des biopolitischen Vermächtnisses der klassischen politischen Philosophie zum äußersten Ergebnis der abendländischen Politik. In der Unmöglichkeit, ein neues »Werk des Menschen« zu definieren, geht es nunmehr darum, das biologische Leben als letzten und entscheidenden historischen Auftrag zu übernehmen. Die »Tätigkeit« des Lebendigen gemäß dem *logos* ist Übernahme von und Sorge um jenes Ernährungs- und Wahrnehmungsleben, über deren Ausschluss die aristotelische Politik das *ergon tou anthrōpou* definiert hatte.

Zum aristotelischen Passus gibt es jedoch auch andere Lesarten, die in zwei unterschiedlichen, aber nicht ohne jegliche Verbindung zueinander stehenden Texten enthalten sind: Der erste ist Averroës' Kommentar zu Platons *Staat*, der nur in hebräischer Übersetzung erhalten ist, und der andere ist Dantes *Monarchie*. Beide gehen von der aristotelischen Bestimmung der menschlichen Vollkommenheit als Verwirklichung des rationalen Vermögens aus; beide nehmen die aristotelische Entgegensetzung zwischen dem Menschen einerseits und den Pflanzen und den Tieren andererseits wieder auf. Als das Spezifische des Menschen unterstreichen beide jedoch den Aspekt des Vermögens. Sowohl für Averroës als auch für Dante nehmen die Tiere nämlich in gewisser Weise teil an der rationalen Tätigkeit (»Vielen Tieren«, schreibt Averroës, »ist dieser Teil des Menschen gemein.«); was aber den menschlichen *logos* besonders auszeichnet, ist, dass er nicht immer schon der Wirklichkeit, sondern zunächst und zumeist nur der Möglichkeit nach existiert (»Da der rationale Teil«, schreibt Averroës, »in uns nicht schon von Anfang an in seiner letzten und verwirklichten Vollkommenheit existiert, ist dessen Existenz in uns nur eine potentielle.«) Lesen wir aber Dantes Text (*Mon.*, 1, 3), der sich wie ein unausgesprochener Kommentar der aristotelischen Bestimmung der Tätigkeit des Menschen in der *Nikomachischen Ethik* deuten lässt, dessen Wortschatz und Argumentation er wieder aufnimmt:

> Wir müssen nun den Zweck der menschlichen Gesellschaft in ihrer Ganzheit untersuchen. [...] Um diesen Punkt zu klären, müssen wir beachten, dass es einen Zweck gibt, im Hinblick darauf die Natur den Daumen erzeugt, einen anderen, für den sie die ganze Hand hervorbringt, noch einen weiteren, von beiden unterschieden, in Kraft dessen sie den Arm bildet; es gibt ferner einen, von all diesen wiederum unterschiedenen, für den sie den ganzen Menschen hervorbringt. Daher gibt es einen Zweck, auf den die Natur den einzelnen Menschen orientiert, einen anderen, zu dem sie die häusliche Gemeinschaft ausrichtet, noch einen weiteren, zu dem sie das Dorf ordnet und noch weitere sind jene der Stadt und des Königtums. Schließlich ist der vollkommene Zweck derjenige, im Hinblick auf den Gott – mit seiner Kunst, die die Natur ist – die Menschheit in ihrer Ganzheit schafft [*universaliter genus humanum*].

Dante nimmt hier die aristotelische Erläuterung des Verhältnisses zwischen einzelnen Gliedern und dem ganzen Menschen (*totus homo*) wieder auf, nur verschiebt er ihre Betonung von der Pluralität der menschlichen Betätigungen hin zur Vielfalt der Gemeinschaftsformen (wobei zur Familie, zum Dorf, zur Stadt, die bereits in der *Politik* von Aristoteles vorkommen, noch das Königtum und der noch ungenannte Zweck, der dem universellen Menschengeschlecht zukommt, hinzugefügt werden). An dieser Stelle reformuliert Dante dann auch das aristotelische Problem der Tätigkeit des Menschen:

> Daher muss man wissen, dass Gott und die Natur nichts Untätiges erschaffen [*nil otiosum facit*], vielmehr kommt jede Sache um irgendeiner Tätigkeit willen [*ad aliquam operationem*] zum Sein. Nicht ein geschaffenes Wesen ist nämlich der Endzweck der Absicht des Schöpfers, sondern die jeweils eigene Tätigkeit dieses Wesens; daher verhält es sich so, dass die Tätigkeit nicht um des Wesens willens, sondern das Wesen um der Tätigkeit willen existiert. Es gibt mithin eine eigene Tätigkeit der gesamten

> menschlichen Gattung [*humane universitatis*], zu deren Zweck sie in einer solchen Vielfältigkeit angeordnet ist [*in tanta multitudine ordinatur*], und diese Tätigkeit kann weder angemessen vom einzelnen Menschen noch von der einzelnen Familie, noch vom einzelnen Dorf, noch von einem bestimmten Königtum verwirklicht werden.

Operatio ist der lateinische Ausdruck, der dem *ergon* in der lateinischen Übersetzung der *Ethik* entspricht und den sowohl Thomas von Aquin als auch Dante vor Augen haben. So liest man im Kommentar von Thomas von Aquin: »Si igitur hominis est aliqua operatio propria, necesse est quod in eius operatione propria consistat finale bonum ipsius.«[1] Dante, wie auch Thomas von Aquin, nimmt (wie wir sehen werden, modifizierend) das aristotelische Motiv des Primats des Aktes über die Essenz (oder Potenz) wieder auf; aber die Bestimmung dieser »Tätigkeit« der menschlichen Gattung als solche impliziert für ihn unmittelbar die Einführung der Figur der *multitudo.* Wie bei Aristoteles keine der einzelnen konkreten Betätigungen des Menschen das *ergon* des Menschen als solches erschöpfen konnte, transzendiert die Aktualisierung der *operatio humane universitatis* bei Dante die Grenzen der einzelnen Individuen und Gemeinschaften.

> Worin diese Tätigkeit besteht, wird offenbar, wenn wir den letzten Grad der Potenz der ganzen Menschheit definieren. [...] Der letzte Grad der Potenz des Menschen ist nicht einfach nur das Sein, denn an diesem haben auch die anderen Elemente teil; es ist auch nicht das Zusammengesetztsein, denn dieses findet sich auch in den Mineralstoffen. Es ist auch nicht das Beseeltsein, das auch in den Pflanzen ist; auch nicht die Lernfähigkeit, denn diese haben auch die Tiere gemein; es ist vielmehr das Vermögen, durch die mögliche Vernunft zu lernen [*esse apprehensivum per intellectum possibile*], das allein dem Menschen zukommt und keinem anderen niederen oder höheren Geschöpf. Auch wenn es

> nämlich andere intelligente Wesen gibt, ist ihre Vernunft keine mögliche wie jene der Menschen, weil diese Wesen rein vernünftig und ihr Sein ausschließlich im Vernehmen dessen besteht, was sie sind; dies geschieht ohne Diskontinuität [*sine interpolatione*], sonst wären sie nicht ewig. Es ist daher klar, dass der letzte Grad des menschlichen Vermögens die vernünftige Potenz oder Tugend ist. Und da dieses Vermögen nicht gänzlich und auf einmal durch einen einzelnen Menschen oder eine besondere der obengenannten Gemeinschaften verwirklicht werden kann, ist es notwendig, dass es Vielfalt in der menschlichen Gattung gibt, durch welche dann das gesamte Vermögen verwirklicht wird. In derselben Weise ist es nötig, dass es eine Vielfalt der erzeugbaren Dinge gibt, damit die ganze Potenz der Materie unter den Akt [*sub actu*] fällt: ansonsten gäbe es eine losgelöste Potenz, was unmöglich ist.

Dante definiert hier die eigene Tätigkeit der menschlichen Gattung als solche. Er tut dies, indem er im Vergleich zu Aristoteles den Kontext, innerhalb dessen eine Definition der menschlichen Besonderheit gegeben wird, erweitert: nicht nur Pflanzen und Tiere, sondern auch unbeseelte Wesen (die Elemente und die Mineralstoffe) und überirdische Wesen (die Engel). Aus dieser Perspektive ist die rationale Betätigung unzureichend, um das Eigene des Menschen zu identifizieren, weil er sie mit den *bruta* und mit den Engeln teilt. Wenn wir das grundlegende Thema der averroëischen Interpretation von Aristoteles' *De anima* wiederaufnehmen, ist das, was nun die menschliche Rationalität im Besonderen definiert, ihr potentieller, das bedeutet ihr kontingenter und diskontinuierlicher Charakter. Während die Intelligenz der Engel stets und ohne Diskontinuität (*sine interpolatione*) verwirklicht wird und die der Tiere auf natürliche Weise jedem Individuum eingeschrieben ist, ist das menschliche Denken andauernd der Möglichkeit des eigenen Fehlens oder der Untätigkeit ausgesetzt: es ist, in der Terminologie der aristotelischen

Tradition, *nous dynatos, intellectus possibilis*. Sofern es daher wesentlich Potenz ist und sich nur ausgehend von einer »Interpolation« verwirklichen kann (die in der averroëischen Tradition der Einbildungskraft entspricht), verlangt die Tätigkeit des Menschen nach einer *multitudo* oder macht vielmehr aus der *multitudo* (und nicht aus einem Volk, einer Stadt oder einer besonderen Gemeinschaft) das wahre Subjekt der Politik.

Das Motiv der *multitudo* bei Dante nimmt die averroëische Theorie der Ewigkeit der menschlichen Gattung als Korrelat der Einzigkeit der möglichen Vernunft wieder auf. Weil nach Averroës die Vollkommenheit des menschlichen Denkvermögens wesentlich an die Spezies und nur akzidentell an die Individuen geknüpft ist, wird es immer mindestens ein Individuum geben – einen Philosophen –, der das Vermögen des Denkens verwirklicht. Gemäß der Formulierung einer im Jahre 1277 durch Etienne Tempier verurteilten These ist die mögliche Vernunft numerisch eine einzige, die, obgleich sie von diesem oder jenem individuellen Körper getrennt ist, niemals von allen Körpern getrennt sein kann.

Dante entfaltet und radikalisiert diese Theorie, indem er die *multitudo* zugleich zum Subjekt des Denkens und der Politik macht. Sie ist nicht einfach untätig, weil sie nicht wie der Einzelne wesentlich von der einen Vernunft getrennt ist; sie ist andererseits aber auch nicht einfach nur tätig, weil der Übergang zum Akt immer kontingenterweise von diesem oder jenem Einzelnen abhängt. *Die* multitudo *ist mithin die generische Existenzform der Potenz*, die sich auf diese Weise immer in einer wesentlichen Nähe zum Akt (*sub actu* und nicht *in actu*) hält. Der Ausdruck *sub actu* ist keine Erfindung Dantes, sondern wird auch in anderen Texten aus derselben Zeit verwendet (beispielsweise bei Dietrich von Freiberg, dessen Abhandlung *De intellectu et intellegibili* Dante gelesen haben muss), um die Seinsweise der ersten

Materie auszudrücken, die niemals gänzlich von irgendeiner Form getrennt werden kann und daher *sub actu* steht. Doch während Dietrich ausdrücklich die mögliche Vernunft, die vollkommen vom Akt getrennt ist, von der ersten Materie unterscheidet, stellt Dante eine Analogie zwischen der Seinsweise der Vernunft in Potenz und der der Materie auf. Obwohl das Denken in Potenz gegenüber dem Denken im Akt »Interpolationen« erleiden kann, ist es davon niemals gänzlich getrennt, und die *multitudo* ist diese Existenz der Potenz *sub actu*, in der Nähe des Akts.

Dante denkt eine Politik, die der Untätigkeit des Menschen entspricht, die sich mithin nicht einfach und absolut ausgehend von der Tätigkeit der menschlichen Rationalität bestimmt, sondern von einem Tätigsein, das in sich die Möglichkeit des eigenen Nichtseins, der eigenen Untätigkeit ausstellt und enthält. Aus dieser Untätigkeit leitet Dante die Notwendigkeit der *multitudo* als Subjekt der Politik ab, das jede besondere Gemeinschaft übersteigt, und die der Monarchie oder des Kaiserreichs als das diesem Überschuss entsprechende regulative Prinzip. Welche anderen Schlussfolgerungen das Denken aus dem Bewusstsein der eigenen wesentlichen Untätigkeit ziehen könnte und ob im Allgemeinen heutzutage eine Politik möglich ist, die auf der Höhe jenes Fehlens einer menschlichen Tätigkeit steht, ohne dabei einfach auf die Annahme einer biopolitischen Aufgabe zurückzufallen – dies muss einstweilen dahingestellt bleiben. Sicher ist jedoch, dass man die Arbeits- und Produktionsemphase beiseiteschieben und den Versuch unternehmen muss, die *multitudo* als Figur wenn nicht der Inaktivität so doch eines Tätigseins zu denken, das in jedem Akt seinen eigenen *shabbat* verwirklicht und in jeder Tätigkeit die eigene Untätigkeit und Potenz auszustellen vermag.

Anmerkungen

1 »Wenn es daher eine dem Menschen eigene Tätigkeit gibt, muss sein höchstes Gut in der ihm eigenen Tätigkeit bestehen.«

Die absolute Immanenz

Das Leben

Aufgrund einer bemerkenswerten Fügung steht der Begriff des Lebens im Zentrum sowohl des letzten Textes von Michel Foucault als auch des letzten Textes von Gilles Deleuze. Der Sinn dieser testamentarischen Fügung (in der Tat handelt es sich in beiden Fällen um eine Art Testament) erschöpft sich nicht in den geheimen Banden, die zwischen Freunden bestehen können. Er schließt die Formulierung eines Vermächtnisses ein, das sich unmissverständlich an die kommende Philosophie wendet. Wenn sie dieses Vermächtnis annehmen will, wird sie von jenem Begriff des Lebens ausgehen müssen, auf den die letzte Geste der Philosophen wies – zumindest ist das die Annahme, von der unsere Untersuchung ausgeht.

Der Text Foucaults, der in der Ausgabe der *Revue de Métaphysique et de Morale* vom Januar–März des Jahres 1985 veröffentlicht wurde (der Zeitschrift jedoch bereits im April 1984 vorlag; mithin handelt es sich bei diesem Text, auch wenn er in überarbeiteter Form auf einen älteren von 1978 zurückgreift, um den letzten, dem der Autor sein *imprimatur* geben konnte), trägt den Titel *Das Leben: die Erfahrung und die Wissenschaft*[1]. Dieser Text, den Foucault als eine große Würdigung seines Lehrers Georges Canguilhem verfasst hatte, zeichnet sich durch eine merkwürdige Umkehrung des Blickwinkels auf die Idee des Lebens aus. Es scheint, als ob Foucault, der sich in *Die Geburt der Klinik* zunächst vom neuen Vitalismus Bichats und seiner Definition des Lebens als »die Gesamtheit aller derjenigen Funktionen, die dem Tod Widerstand leisten« hatte inspirieren lassen, im Leben zuletzt doch das Milieu des Irrtums sieht. »Letztlich ist das Leben [...] das, was zum Irrtum fähig ist. [...] [D]as Leben [hat] mit dem Menschen zu einem Wesen geführt [...], das sich nie ganz an seinem Platz befindet, einem Lebewesen, das dazu verurteilt ist, zu ›irren‹ und das letztlich zum ›Irrtum‹ bestimmt ist.«[2] Man kann diese Verschiebung als ein weiteres Zeugnis jener Krise betrachten, die Foucault, Deleuze zufolge, nach *Der Wille zum Wissen* durchlaufen hat. Doch sicherlich ist hier mehr im Spiel als Pessimismus oder bloße Enttäuschung: so etwas wie eine neue Erfahrung, die dazu zwingt, die Beziehungen zwischen der Wahrheit und dem Subjekt neu zu fassen, und folglich den Kern von Foucaults Forschungsbereich betrifft. Sie verpflanzt das dem Feld des *cogito* und des Bewusstseins entrissene Subjekt in dasjenige des Lebens; eines Lebens jedoch, das, insofern es seinem Wesen nach ein Irren ist, über die Intentionalität und die Erlebnisse der Phänomenologie hinausgeht: »Muss nicht die gesamte Theorie des Subjekts reformuliert werden, wenn die Erkenntnis, statt sich auf die Wahrheit der Welt hin zu öffnen, eher in den ›Irrtümern‹ des Lebens wurzelt?«[3] Welcherart könnte wohl eine Erkenntnis sein, die nicht auf die Öffnung zur Welt und zur Wahrheit bezogen wäre, sondern einzig auf das Leben und sein Irren? Und wie ein Subjekt einzig vom Irrtum her denken? Selbst Badiou – der unzweifelhaft zu den interessantesten Philosophen der Generation zählt, die unmittelbar auf jene von Foucault und Deleuze folgt – denkt das Subjekt ausgehend von einer kontingenten Begegnung mit der Wahrheit und lässt das Lebendige als »Tier menschlicher Gattung« beiseite, da es dazu bestimmt ist, jener Begegnung als Träger zu dienen. Nun ist aber bei Foucault offensichtlich, dass es nicht um eine bloße epistemologische Anpassung geht, sondern im Gegenteil um eine erneute Verlagerung der Erkenntnistheorie, die diesmal auf ein völlig unberührtes Feld führt. Auf ebendieses Feld, dessen Entdeckung mit dem Beginn der Untersuchungen zur Biopolitik zusammenfällt, hätte Foucault jene »dritte Achse, die zugleich von der des Wissens und der der Macht unterschieden wäre«[4], finden können, deren er laut Deleuze zu jener Zeit so sehr bedurfte und die der Text über Canguilhem *in limine* als »eine andere Weise, dem Begriff des Lebens näherzukommen«,[5] definiert.

Philosophie der Interpunktion

Der Text von Deleuze, von dem von nun an ausschließlich die Rede sein wird, trägt den Titel *Die Immanenz: ein Leben…* und ist von der Zeitschrift *Philosophie* zwei Monate vor dem Tod seines Autors veröffentlicht worden. Anders als der Essay Foucaults handelt es sich um einen kurzen Text, der im kursorischen Duktus summarischer Aufzeichnungen gehalten ist. Schon der Titel hat, seiner zerstreuten und etwas schwebenden Erscheinung zum Trotz, eine außergewöhnliche Struktur, die schwerlich nicht sorgfältig bedacht worden ist. Tatsächlich sind die beiden Schlüsselbegriffe weder in einem Syntagma zusammengefasst noch durch die – für deleuzianische Titel so charakteristische – Partikel *und* verbunden: Beiden folgt ein Interpunktionszeichen (erst der Doppelpunkt, dann die Auslassungspunkte). Die Wahl dieser völlig unsyntaktischen (weder hypotaktischen noch parataktischen, sondern sozusagen ataktischen) Anordnung der Begriffe ist sicherlich nicht dem Zufall geschuldet.

Abgesehen von einigen kurzen Bemerkungen Adornos[6] fehlen uns nahezu alle Elemente einer Philosophie der Interpunktion. Immerhin hat man die Beobachtung gemacht, dass in philosophischen Texten nicht nur Substantive terminologische Dignität erlangen können, sondern dies auch für Adverbien gilt (so haben Puder und Löwith die besondere Funktion der Adverbien *gleichwohl** und *schon** bei Kant bzw. Heidegger hervorgehoben). Seltener hingegen wird bemerkt, dass Satzzeichen – beispielsweise der Bindestrich in Ausdrücken wie *In-der-Welt-Sein** – eine technische Funktion übernehmen können: In dieser Hinsicht ist der Bindestrich das dialektischste aller Satzzeichen, da es nur insofern verbindet, als es trennt, und umgekehrt. Dass die Interpunktion für seine Texte von größter Bedeutung ist, hat Deleuze selbst nahegelegt. So fügt er in *Dialoge*, nachdem er seine Theorie von der besonderen Bedeutung der Konjunktion *und* dargelegt hat, Folgendes hinzu: »In dieser Hinsicht ist zu bedauern, daß zahlreiche Schriftsteller die Interpunktion abschaffen, die doch im Französischen dem UND gleichwertig ist« (*Dial.*, 66). Ruft man sich ins Gedächtnis, dass diese Theorie der in Frage stehenden Partikel einen gleichermaßen destruktiven (*und* ersetzt *ist* und zergliedert die Ontologie) wie kreativen (*und* »läßt die Sprache dahinrasen« und führt in sie Gefüge oder Fügung so wie Gestotter ein) Charakter zuschreibt, so kann man daraus nur schließen, dass der Doppelpunkt zwischen *Immanenz* und *Leben*, wie auch die den Titel beschließenden Auslassungspunkte, einer ganz bestimmten Absicht dienen.

Zwei Punkte: Immanation

In den Abhandlungen über die Interpunktion wird die Funktion des Doppelpunkts in der Regel als die Überschneidung zweier Parameter definiert: eines Pausenwerts (stärker als der des Semikolons, schwächer als der des Punkts) und eines semantischen Werts, der die unauflösbare Beziehung zwischen zwei Bedeutungen bezeichnet, deren jede teilweise in sich geschlossen ist. In der Serie, die sich vom Gleichheitszeichen (Identität der Bedeutung) bis zum Bindestrich (Dialektik von Einheit und Trennung) erstreckt, nimmt der Doppelpunkt demnach eine Mittelstellung ein. Deleuze hätte schreiben können *Die Immanenz ist ein Leben* oder *Die Immanenz und ein Leben* (in dem Sinn, dass *und* an die Stelle von *ist* tritt, um ein Gefüge zu erzeugen); oder auch (getreu dem von Masmejan[7] hervorgehobenen Grundsatz, dem zufolge der Doppelpunkt nutzbringend durch das Komma ersetzt werden kann): *Die Immanenz, ein Leben.* Wenn Deleuze dennoch den Doppelpunkt benutzt hat, dann sicherlich deshalb, weil er es weder auf eine reine Identität noch auf einen bloßen logischen Zusammenhang abgesehen hatte. (Wenn er im weiteren Verlauf des Textes schreibt: »Man möchte sagen, die reine Immanenz sei EIN LEBEN und nichts anderes« (*Imm.*, 30), genügt es, sich des Doppelpunkts im Titel zu erinnern, um auszuschließen, dass hier Identität gemeint sein könnte.) Zwischen der Immanenz und einem Leben führt der Doppelpunkt etwas ein, was weniger ist als Identität, jedoch mehr als ein Gefüge, oder genauer, ein Gefüge von besonderem Typ, eine Art absolutes Gefüge, das auch die »Nicht-Beziehung« einschließt oder jene Beziehung, die sich von der Nicht-Beziehung ableitet und von der Deleuze in seinem Essay über Foucault im Zusammenhang mit der Beziehung zum Außen spricht. Nimmt man die Metapher Adornos wieder auf (der Doppelpunkt als grünes Licht im Sprachverkehr) – eine Metapher, die man auch in den Abhandlungen über die Interpunktion wiederfindet, wenn sie den Doppelpunkt unter die »öffnenden« Zeichen einordnen –, dann gibt es zwischen Immanenz und Leben eine Art Übergang, der weder Entfernung noch Gleichsetzung kennt, noch auch räumliche Veränderung. In diesem Sinn steht der Doppelpunkt für die Verrückung der Immanenz in sich selbst, die Öffnung auf ein Anderes, das jedoch vollkommen immanent bleibt. Es handelt sich also um jene Bewegung, die Deleuze, mit der neoplatonischen Emanation sein Spiel treibend, Immanation nennt.

Drei Punkte: Virtualität

In Bezug auf die Auslassungspunkte, die den Titel gleichermaßen beschließen wie offenlassen, kann man ganz ähnliche Überlegungen anstellen; mehr noch, selten wie in diesem Fall wird der terminologische Wert, der einem Interpunktionszeichen zukommen kann, so offenkundig. Des Vermögens der Auslassungspunkte, alle syntaktischen Verbindungen aufzuheben, wurde Deleuze bereits bei Céline gewahr: »*Guignols Band* [findet] das äußerste Ziel […], nämlich Ausrufungssätze und Auslassungen, die jede Syntax zugunsten eines reinen Tanzes von Wörtern beiseite stellen.« (*Krit.*, 152) Dass der Interpunktion ein asyntaktisches und, allgemeiner noch, asemantisches Element eignet, gilt zumal für ihre unverbrüchliche Beziehung zur Atmung, die seit den ersten Traktaten erwähnt wird und notwendigerweise eine Unterbrechung des Sinns bewirkt (»das Kolon«, so kann man in der Grammatik des Dionysios Thrax nachlesen, »zeigt an, wo man atmen soll«). Hier jedoch dienen die Auslassungspunkte weniger dazu, den Sinn zu suspendieren und die Worte außerhalb jeder syntaktischen Ordnung tanzen zu lassen, als vielmehr den Stellenwert des Wortes selbst zu verändern, von dem sie unzertrennlich werden. Wenn, wie Deleuze einmal gesagt hat, die Terminologie die Poesie der Philosophie ist, dann steht hier weder dem Begriff *Leben* noch dem Syntagma *ein Leben* die Funktion eines *terminus technicus* zu, sondern einzig dem Nicht-Syntagma *ein Leben* ... Die Unabgeschlossenheit, die seit alters her den Auslassungspunkten zugeschrieben wird, verweist nicht auf einen vollständigeren Sinn, der ausgelassen wurde oder fehlt (Claudel: »un point, c'est tout; trois points, ce n'est pas tout«[8]), sondern auf eine Unbestimmtheit besonderer Art, die die unbestimmte Bedeutung des Artikels *ein* bis zum Äußersten treibt. »Das Indefinite als solches kennzeichnet keine empirische Unbestimmtheit, sondern eine transzendentale Bestimmbarkeit. Der unbestimmte Artikel ist nicht die Unbestimmtheit der Person, ohne nicht zugleich die Bestimmung des Singulären zu sein« (*Imm.*, 32).

Der *terminus technicus ein Leben* ... bringt dreierlei zum Ausdruck: diese transzendentale Bestimmbarkeit der Immanenz als singuläres Leben, dessen vollkommen virtuelle Natur und den Umstand, dass es einzig durch diese Virtualität zu definieren ist (»Ein Leben enthält nur Virtuelles. Es besteht aus Virtualitäten, Ereignissen, Singularitäten. Was man Virtuelles nennt, ist nicht etwas, dem es an Realität gebricht ...« – *Imm.*, 32). Obgleich die Auslassungspunkte jegliche syntaktische Verbindung aufheben, halten sie dennoch die Beziehung des Begriffs zu seiner reinen Bestimmbarkeit aufrecht, und indem sie ihn auf dieses virtuelle Feld hinüberziehen, schließen sie gleichzeitig aus, dass der Artikel »ein« (wie noch im Neoplatonismus) das Sein, was auf ihn folgt, transzendieren kann.

Jenseits des *Cogito*

Betrachtet man den Titel *Die Immanenz: ein Leben...* als asyntagmatischen und dennoch unteilbaren Block, dann stellt er sich als eine Art Diagramm dar, das das letzte Denken von Deleuze in sich verdichtet. Schon auf den ersten Blick veranschaulicht es die wesentliche Eigenschaft der deleuzianischen Immanenz, den Umstand nämlich, dass sie »nicht auf ein Objekt verweist« und »nicht einem Subjekt zugehört«; mit andern Worten, dass sie nur sich selbst immanent ist und dennoch in Bewegung. In diesem Sinne wird sie zu Beginn des Textes als ein »transzendentales Feld« vor Augen geführt. Das Transzendentale steht hier dem Transzendenten gegenüber, insofern es kein Bewusstsein impliziert, sondern als dasjenige definiert ist, was »sich jeder Transzendenz des Subjekts wie des Objekts entzieht« (*Imm.* 29). Die Entstehung des Begriffs des transzendentalen Feldes geht auf *Logik des Sinns* zurück, wo auf einen Essay Sartres von 1937 Bezug genommen wird: *Die Transzendenz des Ego.* In diesem Text, den Deleuze für »entscheidend« hält, umriss Sartre »ein unpersönliches transzendentales Feld, das nicht die Form eines persönlichen synthetischen Bewußtseins oder einer subjektiven Identität hat« (*Log.*, 130). Wenn Deleuze diesen Begriff, den Sartre nicht vollständig von der Ebene des Bewusstseins hatte lösen können, vorantreibt, dann deshalb, weil er eine präindividuelle und vollkommen unpersönliche Zone jenseits (oder diesseits) jeglicher Idee des Bewusstseins erreichen will. Man wird weder den deleuzianischen Begriff des transzendentalen Feldes noch den mit diesem aufs Engste verbundenen Begriff der Singularität verstehen können, wenn man jenen nicht mehr rückgängig zu machenden Schritt nicht durchmisst, mit dem er aus der syneidetischen und dem Bewusstsein verhafteten Tradition der modernen Philosophie heraustritt. Deleuze zufolge ist es nicht nur unmöglich, das

Transzendentale in kantischer Weise zu verstehen, ihm also »die persönliche Form eines »Ich«« zu geben, sondern auch (und hier zielt die Polemik auf die Phänomenologie Husserls)

> ihm die Form eines Bewußtseins zu erhalten, selbst wenn man dieses unpersönliche Bewußtsein durch reine Intentionalitäten und Retentionen definiert, die noch Individuationszentren voraussetzen. Der Fehler aller Bestimmungen des Transzendentalen als Bewußtsein besteht darin, das Transzendentale nach dem Bilde und der Ähnlichkeit dessen zu begreifen, was es begründen soll«. (*Log.*, 138)

Von Descartes bis Husserl begründet das *cogito* die Möglichkeit, das Transzendentale als ein Bewusstseinsfeld zu behandeln. Doch während es bei Kant als ein reines Bewusstsein ohne jede Erfahrung auftritt, löst sich bei Deleuze ganz im Gegenteil das Transzendentale endgültig von jeder Idee des Bewusstseins, um als eine Erfahrung ohne Subjekt noch Bewusstsein aufzutreten, was Deleuze in einer bewusst paradoxen Formulierung transzendentalen Empirismus nennt. Indem Deleuze solcherart den Wert des Bewusstseins liquidiert, führt er die Bewegung jenes Philosophen fort, den er eigentlich gar nicht besonders schätzte, der ihm jedoch – zumindest was dies betrifft – unter den Vertretern der Phänomenologie des 20. Jahrhunderts am nächsten stand: Heidegger – der pataphysische Heidegger jenes genialen Aufsatzes über Jarry, mit dem Deleuze sich, dank einer ubuesken Karikatur sondergleichen, schließlich doch auszusöhnen wusste[9]. Insofern das Dasein* mit seinem In-der-Welt-Sein* wohl kaum als unauflösbares Verhältnis eines Subjekts – eines Bewusstseins – mit seiner Welt verstanden werden kann, und insofern seine *alētheia*, in deren Innerstem Finsternis und *lēthē* herrschen, das genaue Gegenteil eines intentionalen Objekts oder einer Welt reiner Ideen ist, trennt ein Abgrund diese Begriffe von der Husserl'schen Intentionalität, aus der sie hervorgehen. Ein Abgrund, der sie auf die von Nietzsche zu Deleuze führende Linie verschleppt und sie zu den ersten Figuren jenes neuen, unpersönlichen und nichtindividuellen transzendentalen Feldes nach dem Bewusstsein und nach dem Subjekt macht, das Deleuze »seinem« Jahrhundert vererbt hat.

Das Immanenzprinzip

Eine Genealogie der deleuzianischen Idee der Immanenz müsste ihren Ausgangspunkt im dritten und elften Kapitel der großen Monographie über Spinoza haben. Hier entspringt die Idee der Immanenz aus der spinozistischen Behauptung der Univozität des Seins, die gegen die scholastische These von der *analogia entis* gerichtet ist, der zufolge das Sein Gottes und das der endlichen Geschöpfe nicht auf dieselbe Weise ausgesagt werden können.

> Bei Spinoza ist, umgekehrt, das univoke Sein in seinem Begriff vollkommen bestimmt als das, was im einzigen und selben Sinn von der in sich seienden Substanz und von den in anderem seienden Modi ausgesagt wird. [...] Es ist daher die Idee der immanenten Ursache, welche bei Spinoza an die Univozität anknüpft und sie von der Indifferenz und Neutralität befreit, in der sie die Theorie der göttlichen Schöpfung befangen hielt. Und in der Immanenz wird die Univozität auch ihre eigentliche spinozistische Formulierung finden: Gott wird Ursache von allen Dingen genannt, *in eben dem Sinn (eo sensu)* in dem er Ursache von sich genannt wird. (*Spin.*, 61)

Das Immanenzprinzip ist hier also nichts anderes als die Verallgemeinerung der Ontologie der Univozität, die jegliche Transzendenz des Seins ausschließt. Der Gefahr der Untätigkeit und

Bewegungslosigkeit jedoch, die aufgrund der Verabsolutierung der Univozität auf dem Sein lastet, weil sie es voll und ganz sich selbst gleichen lässt, entgeht es mittels der spinozistischen Idee der immanenten Ursache, der zufolge das Agens sein Patiens in sich selbst hat. Die immanente Ursache bringt hervor, ohne aus sich herauszutreten, auf genau dieselbe Weise wie die emanative Ursache der Neoplatoniker; doch im Unterschied zu dieser verlassen sie die von ihr erzeugten Wirkungen nicht. Durch eine scharfsinnige etymologische Wendung, die den Ursprung des Wortes Immanenz von *manere* (bleiben, verharren) in *manare* (fließen, strömen) verlegt, gibt Deleuze ihr Beweglichkeit und Leben zurück: »Eine Ursache [ist] immanent, wenn die Wirkung selbst in der Ursache ›immaniert‹, statt daraus zu emanieren«. (*Spin.*, 154)

Der Strom der Immanenz führt den Doppelpunkt immer schon mit sich; doch dieses Hervorquellen tritt nicht aus sich heraus, sondern ergießt sich ununterbrochen und in schwindelerregender Geschwindigkeit in sich selbst. Deshalb kann Deleuze schreiben (in einer Formulierung, die schon zu dieser Zeit erkennen lässt, welche Wichtigkeit der Begriff der Immanenz später für sein Denken gewinnen wird): »Die Immanenz ist nämlich der philosophische Taumel« (*Spin.*, 160).

Was ist Philosophie? liefert gewissermaßen die Theorie dieses Taumels. Der Begriff der »Immanation« wird bis in seine letzten Konsequenzen verfolgt, mittels der Idee, dass die Immanenzebene – die ebenso wenig wie das transzendentale Feld, dessen vollendete Gestalt sie ist, ein Subjekt enthält – keiner Sache immanent ist, sondern nur sich selbst:

> Die Immanenz ist nur sich selbst immanent und erfaßt demnach alles, absorbiert das All-Eine und läßt nichts bestehen, dem sie immanent sein könnte. Wann immer die Immanenz als dasjenige interpretiert wird, was einer Sache immanent ist – kann man

> sicher sein, daß diese Sache, dieses Etwas das Transzendente von neuem einführt. (*Phil.*, 54)

Die Gefahr ist hier, dass die Immanenzebene, die das Sein und das Denken restlos in sich aufnimmt, nichtsdestotrotz »auf etwas wie einen ›Dativ‹ bezogen würde« (*Phil.*, 53). Im dritten Beispiel des zweiten Kapitels erscheint die gesamte Geschichte der Philosophie, von Platon bis Husserl, als die Geschichte dieser Gefahr. Die Verabsolutierung des Immanenzprinzips (»die Immanenz ist nur sich selbst immanent«) dient Deleuze also strategisch dazu, im Innern der Philosophiegeschichte die Linie der Immanenz nachzuziehen (die ihren Höhepunkt in Spinoza findet, der deshalb auch der Erste unter den Philosophen genannt wird) und insbesondre seine eigene Position gegenüber der phänomenologischen Tradition des 20. Jahrhunderts genauer zu bestimmen. Tatsächlich zeigt die Immanenz, die seit Husserl wieder einer transzendentalen Subjektivität immanent geworden ist, in ihrem Innern erneut die Signatur der Transzendenz:

> Dies geschieht bei Husserl und bei vielen seiner Nachfolger, die im Anderen oder im Leib die Maulwurfsarbeit des Transzendenten in der Immanenz selbst entdecken. [...] Zu diesem Augenblick der Moderne begnügt man sich nicht mehr damit, die Immanenz in einem Transzendenten zu denken, man möchte die Transzendenz im Innern des Immanenten denken, und man erwartet gerade von der Immanenz einen Riß. [...] Die jüdisch-christliche Rede ersetzt den griechischen Logos: Man begnügt sich nicht mehr mit der Zuschreibung der Immanenz, man läßt sie überall das Transzendente ausscheiden. (*Phil.*, 55 f.)

(Die Anspielung auf Merleau-Ponty und Levinas – zwei Philosophen, die Deleuze ansonsten für äußerst anregend hält – ist offensichtlich.)

Doch der Immanenz droht nicht nur Gefahr durch diese Täuschung der Transzendenz, die sie dazu zwingen möchte, aus sich herauszutreten und das Transzendente zu erbrechen; vielmehr könnte diese Täuschung eine im kantischen Sinne unvermeidliche Illusion sein, die die Immanenz selber im Innern hervorbringt und der jeder Philosoph erliegt, sobald er sich so eng wie möglich an die Immanenzebene zu klammern versucht. Jene Forderung, der sich das Denken nicht entziehen kann, ist zugleich auch seine schwerste Aufgabe, und der Philosoph läuft Gefahr, sich jederzeit in ihr zu verlieren. Insofern sie jene »Bewegung des Unendlichen« ist, jenseits derer es nichts gibt, besitzt die Immanenz weder Anhaltspunkte noch einen Horizont, die erlauben würden, sich zu orientieren: »die Bewegung hat alles erfaßt« (*Phil.*, 54) und der einzig mögliche Orient ist der Taumel, in dem sich Innen und Außen, Immanenz und Transzendenz unaufhörlich vermischen. Beweis dafür, dass Deleuze nunmehr auf etwas wie einen Grenz-Punkt gestoßen ist, ist der Übergang, in dem die Immanenzebene als das auftritt, was gleichermaßen gedacht werden muss und nicht gedacht werden kann:

> Vielleicht ist dies die höchste Geste der Philosophie: nicht so sehr DIE Immanenzebene denken, sondern zeigen, daß sie da ist, ungedacht in jeder Ebene. Sie auf jene Weise denken, als das Außen und Innen des Denkens, das nicht-äußere Außen oder nicht-innere Innen. (*Phil.*, 69)

Ein Leben

Der Hinweis, den das »Testament« von Deleuze enthält, gewinnt in dieser Perspektive besondere Dringlichkeit. Die höchste Geste des Philosophen besteht darin, die Immanenz auf das Diagramm *Die Immanenz: ein Leben…* zu bringen, also die Immanenz als

»ein Leben…« zu denken. Doch was hat es zu bedeuten, dass die Immanenz von nun an als Leben zu betrachten ist? Und in welchem Sinn drückt das Diagramm den Höhepunkt des deleuzianischen Denkens aus?

Deleuze beginnt mit einer Feststellung, die schon vorauszusehen war: dass die Immanenz »ein Leben…« sei, läuft keinesfalls darauf hinaus, die Immanenz dem Leben auf dieselbe Weise zuzuschreiben wie einem Subjekt. Ganz im Gegenteil bezeichnet »ein Leben…« genau das sich selbst immanente Sein der Immanenz, den philosophischen Taumel, mit dem wir mittlerweile vertraut sind:

> Man möchte sagen, die reine Immanenz sei EIN LEBEN und nichts anderes. Sie ist nicht Immanenz im Leben, vielmehr ist sie als Immanentes, das in nichts ist, selbst ein Leben. Ein Leben ist die Immanenz der Immanenz, die absolute Immanenz…. (*Imm.*, 30)

Darauf skizziert Deleuze so etwas wie einen kurzen genealogischen Abriss, durch einen Hinweis auf eine Stelle bei Fichte, dann auf Maine de Biran. Doch unmittelbar danach greift er, als ob er sich der Unzulänglichkeit der beigebrachten Hinweise bewusst würde und befürchtete, dass sein letzter Begriff dunkel bliebe, auf ein literarisches Beispiel zurück:

> Wie kein anderer hat Dickens erzählt, was ein Leben ist, indem er den unbestimmten Artikel als Indiz des Transzendentalen bedachte. Ein Schuft, ein übles, von allen verachtetes Subjekt wird sterbend herbeigebracht, und mit einem Mal bezeugen nun die, die ihn pflegen, eine Art Eifer, Achtung, Liebe gegenüber dem geringsten Lebenszeichen des Sterbenden. Jeder bemüht sich um dessen Rettung, bis schließlich inmitten seines Komas der Bösewicht selbst sich von einer gewissen Sanftheit durchdrungen fühlt. Je mehr er aber ins Leben zurückkehrt, desto kälter werden seine Retter, und er gewinnt all seine Unverschämtheit, seine

Bosheit zurück. Zwischen seinem Leben und seinem Tod gibt es einen Augenblick, der nurmehr der *eines* Lebens ist, das mit dem Tod ringt. Das Leben des Individuums ist einem unpersönlichen und dennoch singulären Leben gewichen, das ein reines Ereignis hervortreten läßt, ein Ereignis frei von den Zufällen des inneren und äußeren Lebens, d. h. von der Subjektivität und Objektivität dessen, was geschieht. Ein *Homo tantum*, an dem jedermann Anteil nimmt und der eine Art Glückseligkeit erlangt. (*Imm.*, 30f.)

Hier wird auf die Episode Bezug genommen, in der Riderhood nur mit Not dem Ertrinken entgeht. Tatsächlich braucht man die entsprechenden Seiten aus Dickens' *Unser gemeinsamer Freund* nur zu überfliegen, um dessen gewahr zu werden, was die Aufmerksamkeit von Deleuze so unwiderstehlich auf sich gezogen hat. Vor allem unterscheidet Dickens zwischen dem Individuum Riderhood und »dem Funken Leben in ihm«, der auf sonderbare Weise von dem Schurken, in dem er sich befindet, abtrennbar zu sein scheint:

Keiner von ihnen hegt die leiseste Zuneigung für den Mann. Allen ist er vielmehr ein Gegenstand des Misstrauens, der Abneigung gewesen und von ihnen gemieden worden; aber der Funke Leben in ihm ist jetzt seltsamerweise trennbar von ihm selbst, und sie haben ein großes Interesse daran, vielleicht deshalb, weil es eben Leben ist und weil sie selbst leben und einst sterben müssen.[10]

Der Ort dieses abtrennbaren Lebens ist weder in dieser noch in jener Welt, sondern zwischen beiden, in einer Art glücklichen Zwischenwelt, die es nur widerwillig zu verlassen scheint.

Siehe da, ein Lebenszeichen! Ein unzweifelhaftes Lebenszeichen! Der Funke mag nur glimmen und wieder erlöschen, oder er mag glimmen und größer werden, – aber sehet! Die vier rauhen Burschen sehen es und vergießen Thränen. Weder in dieser noch in jener Welt hätte Riderhood ihnen Thränen entlocken können, aber eine zwischen beiden kämpfende menschliche Seele vermag

> es. Er ringt nach dem Leben. Jetzt ist er beinahe hier, im nächsten Augenblicke ist er wieder weit weg. Jetzt ringt er noch heftiger, um zurückkehren zu können, – und dennoch, gleich uns allen, wenn wir aus dem Schlafe erwachen, weigert er sich instinktmäßig, zum Bewußtsein seines Daseins zu gelangen und möchte gern fortschlafen, wenn er könnte.[11]

Was diesen Lebensfunken so interessant macht, ist ebenjener unbestimmbare Schwebezustand, den Dickens bezeichnenderweise mit dem Begriff *abeyance* benennt, der dem jüdischen Sprachgebrauch entstammt und das Moment des Erlöschens, das In-der-Schwebe-Sein von Gesetzen oder Regeln anzeigt, die sich zwischen Geltung und Aufhebung befinden (»Der Lebensfunke erweckte viel Theilnahme, so lange er dem Erlöschen nahe war, aber jetzt, nachdem er in Mr. Riderhood wieder aufgelebt ist, scheint der Wunsch allgemein empfunden zu werden, daß er lieber in einem anderen menschlichen Wesen wieder erwacht sein möchte«).[12] Deshalb kann Deleuze von einem »unpersönlichen Leben« sprechen, das auf einer Ebene jenseits von Gut und Böse angesiedelt ist, »da es einzig durch das Subjekt, das es inmitten der Dinge verkörperte, gut oder böse wurde« (*Imm.*, 31). Und erst im Zeichen dieses unpersönlichen Lebens wird die Erwähnung Maine de Birans völlig verständlich. Sein gesamtes Werk hindurch, zumindest aber seit der *Mémoire sur la décomposition de la pensée*, versucht Maine de Biran unermüdlich, diesseits des Ich und des Willens und in engem Bezug auf die physiologischen Forschungen seiner Zeit, einer »gleichsam unpersönlichen Existenzweise«[13] habhaft zu werden, die er »Affizierbarkeit« nennt; diese definiert er als eine einfache organische Fähigkeit zur Affektion ohne Persönlichkeit, die, wie die Statue Condillacs, alle ihre Modifikationen wird und gleichwohl doch »eine in ihrer Art positive und vollständige Existenzweise«[14] darstellt.

Trotzdem scheint das Dickens entnommene Beispiel Deleuze

noch nicht zu befriedigen. In der Tat tritt das nackte Leben, welches dieses Beispiel uns vor Augen führt, nur dann ans Licht, wenn es mit dem Tod ringt (»man sollte ein Leben nicht auf den Augenblick begrenzen, in dem das individuelle Leben dem universalen Tod trotzt« – *Imm.*, 31). Doch auch das folgende Beispiel, das zeigen soll, wie das unpersönliche Leben mit dem des Individuums koexistiert, ohne sich mit ihm zu vermischen, nimmt auf einen speziellen Fall Bezug, der diesmal nicht in der Nähe zum Tod angesiedelt ist, sondern zur Geburt: »So ähneln einander etwa die Kinder im frühesten Alter und besitzen kaum Individualität; aber sie haben Singularitäten, ein Lächeln, eine Geste, eine Grimasse, Ereignisse, die keine subjektiven Merkmale sind. Die Kleinkinder werden von einem immanenten Leben durchdrungen, das reines Vermögen ist und sogar Glückseligkeit über die Leiden und Hinfälligkeiten hinweg« (*Imm.*, 31 f.). Man kann sich des Eindrucks nicht erwehren, dass der heikle Versuch, den Taumel der Immanenz durch »ein Leben« zu klären, uns im Gegenteil auf ein noch unwägbareres Gebiet geführt hat, wo das Kind und der Sterbende die rätselhafte Signatur des nackten biologischen Lebens zur Schau stellen.

Das innere Tier

Innerhalb der Geschichte der abendländischen Philosophie ist der Zeitpunkt, an dem die Identifizierung des nackten Lebens stattfand, genau zu verorten. Es ist jener Moment, in dem Aristoteles in seiner Schrift *De Anima* unter den verschiedenen Verwendungsweisen des Wortes »Leben« die allgemeinste und abtrennbarste isoliert.

> Wir sagen nun, [...] dass ein Lebewesen vom Unbelebten durch das Leben geschieden sei. Wenn Leben in vielfachem Sinne gebraucht wird, so sprechen wir einem Wesen Leben zu, wenn ihm auch nur eines der folgenden Dinge zukommt: Denken, Wahrnehmung, Bewegung und Stillstand am Ort, ferner Bewegung der Ernährung, des Hinschwindens und Wachstums. Deshalb scheinen auch Gewächse jedweder Art zu leben. Sie haben nämlich anscheinend ein derartiges Prinzip und Vermögen, dass sie durch dieses [...] wachsen und hinschwinden. [...] Dieses Vermögen kann von den anderen getrennt sein, unmöglich aber können bei sterblichen Wesen die anderen getrennt von diesem bestehen. Das zeigt sich bei den Pflanzen, denn sie haben kein anderes Seelenvermögen. Das Leben kommt folglich den lebenden Wesen dank dieses Prinzips zu. [...] Ernährungsvermögen [*threptikon*] nennen wir den Teil der Seele, an dem auch die Pflanzen teilhaben«. (413 a 20 ff.)

Aristoteles definiert in seiner Weise, was das Leben ist: Er beschränkt sich darauf, es zu zerlegen, indem er die Ernährungsfunktion isoliert, um es in einer Reihe unterschiedlicher und aufeinander bezogener Vermögen (Ernährung, Wahrnehmung, Denken) erneut anzuordnen. Offensichtlich ist hier jenes Prinzip der Begründung am Werk, das als das aristotelische Dispositiv *par excellence* betrachtet werden kann. Es besteht darin, jede Frage vom Typ »Was ist?« in eine Frage vom Typ »Weshalb (*dia ti*) kommt etwas einem andern zu?« umzuformen. In der *Metaphysik* (104 a 10–11) kann man lesen: »Man untersucht aber das Weshalb (*to dia ti*) immer so: warum kommt etwas einem andern zu?«. Sich fragen, wes-halb ein bestimmtes Wesen lebendig genannt wird, heißt, nach dem Grund zu suchen, warum das Leben diesem Wesen zukommt. Das setzt voraus, dass sich eine der verschiedenen Weisen das Leben auszusagen von den anderen trennt und auf den Grund herabsinkt, um das Prinzip werden zu können, aufgrund dessen das Leben einem bestimmten Wesen zugeschrieben werden kann. Dieser undifferenzierte Grund, dessen Voraussetzung erlaubt, von bestimmten Lebewesen zu sagen, dass sie leben, ist das nährende Leben (das seit den Kommentatoren der Antike auch vegetativ genannt wird, aufgrund des besonderen, dunklen und vom *logos* vollkommen getrennten Status, den die Pflanzen im Denken Aristoteles' stets haben.

In der Geschichte der abendländischen Wissenschaft stellt die Absonderung dieses nackten Lebens ein in jedem Sinn grundlegendes Ereignis dar. Als Bichat in seinen berühmten *Physiologischen Untersuchungen über Leben und Tod* zwischen einem »organischen Leben«, das nichts anderes ist als »die regelmäßige Abfolge der Aufnahme und der Ausscheidung«, und einem »animalen Leben«, das sich durch ein Verhältnis zur Außenwelt definiert, unterscheidet, ist es noch immer das nährende Leben des Aristoteles, das den finsteren Grund bildet, vor dem sich das Leben der höheren Tiere hell abzeichnet und das es ermöglicht, dem *im Innern existierenden Tier* ein *außen lebendes Tier* entgegenzusetzen. Und wenn, wie Foucault gezeigt hat, der Staat seit dem 18. Jahrhundert beginnt, unter seine wesentlichen Pflichten die Sorge um das Leben der Bevölkerung zu zählen, wenn auf diese Weise sich Politik in Biopolitik verwandelt, dann setzt er seine neue Aufgabe vor allem dadurch ins Werk, dass er schrittweise das Konzept des vegetativen oder organischen Lebens (das nunmehr mit dem biologischen Erbe einer Nation zusammenfällt) verallgemeinert und neu definiert. Noch in den gegenwärtigen Diskussionen um die Definition *ex lege* neuer Kriterien für den Tod ist es weiterhin die Identifizierung des nackten Lebens – das von jeder Hirntätigkeit und jedem Subjekt befreit ist –, die darüber entscheidet, ob ein bestimmter Körper für lebend gehalten werden darf oder dem Schicksal der Transplantation überlassen werden soll.

Doch wodurch unterscheidet sich dann dieses bloß vegetative

Leben vom »Funken des Lebens«, der in Riderhood glimmt, und dem »unpersönlichen Leben«, von dem Deleuze spricht?

Unzurechenbares Leben

Wenn Deleuze die Immanenz in den Umkreis des Lebens rückt, ist ihm durchaus bewusst, dass er sich in ein gefährliches Gebiet wagt. Das Leben des sterbenden Riderhood oder das der Kinder scheint in der Tat an den dunklen Bereich zu grenzen, den das nährende Leben des Aristoteles und das innere Tier Bichats besetzt halten. Wie Foucault, ist sich auch Deleuze völlig darüber im Klaren, dass ein Denken, das sich das Leben zum Gegenstand macht, diesen Gegenstand mit der Macht teilt und sich mit ihren Strategien auseinanderzusetzen hat. Die Weise, in der Foucault die Verwandlung der Macht in eine Biomacht diagnostiziert, lässt in dieser Hinsicht nicht den leisesten Zweifel: »Gegen diese Macht, die im 19. Jahrhundert noch neu war, haben sich die Widerstand leistenden Kräfte gerade auf das berufen, was durch diese Macht in Amt und Würden eingesetzt wird: auf das Leben und den Menschen als Lebewesen [...], das Leben [wird] als politisches Thema gewissermaßen beim Wort genommen und gegen das System gewendet [...], das seine Kontrolle übernommen hat.«[15] Und Deleuze: »Das Leben wird zum Widerstand gegen die Macht, wenn die Macht das Leben zu ihrem Objekt macht. Selbst da noch gehören die beiden Operationen zum selben Horizont« (*Fouc.*, 129). Unter dem Begriff des Widerstands hat man hier nicht so sehr eine politische Metapher zu verstehen, als vielmehr eine Art Echo auf die Definition Bichats, der zufolge das Leben »die Gesamtheit der dem Tod Widerstand leistenden Funktionen« ist. Gleichwohl stellt sich die berechtigte Frage, ob dieser Begriff tatsächlich geeignet ist, der Zwiespältigkeit jener biopolitischen Auseinandersetzung auf den Grund zu gehen, um die es hier geht: eine Auseinandersetzung, in der über die Freiheit und das Glück der Menschen auf ebendem Gebiet – dem des nackten Lebens – entschieden wird, das ihre Unterwerfung unter die Macht bezeichnet.

Wenn bei Foucault wie auch bei Deleuze eine klare Definition des Begriffs des »Lebens« zu fehlen scheint, ist es umso dringlicher, die Konstruktion zu begreifen, die das »Testament« des Letzteren davon gibt. Entscheidend ist, dass sich seine Funktion als das exakte Gegenteil von derjenigen erweist, die das nährende Leben im aristotelischen Dispositiv innehat. Wirkte dieses als ein Prinzip, mittels dessen man das Leben einem Subjekt zuschreiben konnte (»das Leben kommt den lebenden Wesen dank diesem Prinzip zu«), ist es unmöglich, *ein Leben…*, als Figur der absoluten Immanenz, irgendeinem Subjekt zuzuschreiben, da es die Matrix einer unendlichen Desubjektivierung ist. *Bei Deleuze kommt dem Immanenzprinzip also die Aufgabe zu, das antithetische Prinzip zur aristotelischen These der Begründung zu sein.* Mehr noch: Während die spezifische Aufgabe der Isolierung des nackten Lebens darin bestand, eine Unterteilung des Lebendigen vorzunehmen, die es ermöglichen sollte, eine Vielzahl von Funktionen zu unterscheiden und eine Serie von Oppositionen zu bilden (vegetatives Leben / relationales Leben; inneres Tier / äußeres Tier; Pflanze / Mensch; und in letzter Konsequenz *zōē / bios*, das heißt nacktes Leben einerseits, politisch ausgezeichnetes andrerseits), ist *ein Leben …* durch die radikale Unmöglichkeit gekennzeichnet, Hierarchien und Trennungen zu errichten. Die Immanenzebene funktioniert also als ein Prinzip virtueller Unbestimmtheit, aufgrund dessen sich Vegetabiles und Animalisches, Innen und Außen, ja selbst Organisches und Anorganisches gegenseitig aufheben und ineinander übergehen.

> Ein Leben ist überall, in allen Augenblicken, die von diesem oder jenem lebenden Subjekt durchlaufen und von diesen oder jenen Objekten gemessen werden: ein immanentes Leben, das die Ereignisse oder Singularitäten mit sich reißt, welche sich in den Subjekten und Objekten nur aktualisieren. Dieses indefinite Leben hat selbst keine Augenblicke, so nahe sie auch beieinanderliegen mögen, sondern nur Zwischen-Zeiten, Zwischen-Momente. Es bricht nicht herein und folgt nicht nach, sondern bietet die Unermeßlichkeit der leeren Zeit, in der man das Ereignis noch als künftiges und schon als geschehenes sieht, und zwar im Absoluten eines unmittelbaren Bewußtseins. (*Imm.*, 31)

Gegen Ende von *Was ist Philosophie?* wird in einer Passage, die einer der Gipfelpunkte der letzten Philosophie von Deleuze ist, das Leben, insofern es absolute Unmittelbarkeit ist, als »reine erkenntnislose Kontemplation« bestimmt. Im Folgenden unterscheidet Deleuze zwei Weisen, den Vitalismus zu verstehen, zum einen als eine seinslose Handlung, zum anderen als ein Vermögen ohne Handlung:

> Der Vitalismus konnte schon immer in zweierlei Weise gedeutet werden: im Sinne einer Idee, die wirkt, aber nicht ist, die folglich nur vom Gesichtspunkt einer äußerlichen zerebralen Erkenntnis aus wirkt (von Kant bis Claude Bernard); oder im Sinne einer Kraft, die ist, aber nicht wirkt, die folglich ein reines inneres Empfinden ist (von Leibniz bis Ruyer). Wenn die zweite Interpretation uns zwingend erscheint, so deshalb, weil die bewahrende Kontraktion der Aktion oder selbst der Bewegung gegenüber immer verschoben ist und sich als reine erkenntnislose Kontemplation darstellt. (*Phil.*, 265)[16]

Zwei Beispiele gibt Deleuze für diese »erkenntnislose Kontemplation«, diese Kraft, die bewahrt, aber nicht handelt: die Empfindung (»die Empfindung ist reine Kontemplation«) und die Gewohnheit (»selbst wenn man eine Ratte ist, ›kontrahiert‹ man eine Gewohnheit durch Kontemplation« (*Phil.*, 265). Wichtig ist, dass diese erkenntnislose Kontemplation, die in gewisser Hinsicht an die griechische Auffassung erinnert, der zufolge die Theorie weniger ein Erkennen als vielmehr ein Berühren oder Begreifen *(thigein)* ist, hier dagegen der Definition des Lebens dient. Als absolute Immanenz ist *ein Leben…* reine Kontemplation jenseits jeden Subjekts und jeden Objekts der Erkenntnis, reines Vermögen, das bewahrt, ohne zu handeln. Doch ist man einmal bis zu diesem neuen Konzept des kontemplativen Lebens – oder vielmehr der lebendigen Kontemplation – vorgestoßen, kommt man nicht umhin, jene andere Eigenschaft zu befragen, durch die das Leben im letzten Text von Deleuze charakterisiert wird. Inwiefern kann Deleuze behaupten, dass *ein Leben…* »vollkommenes Vermögen, vollkommene Glückseligkeit« (*Imm.*, 30) ist? Um diese Frage zu beantworten, wird man sich jedoch noch einmal eingehender in den »Taumel« der Immanenz vertiefen müssen.

Pasearse

In den Werken Spinozas, die uns erhalten geblieben sind, gibt es nur eine einzige Stelle, an der er sich seiner Muttersprache der sephardischen Juden, des Ladino, bedient. Es handelt sich um eine Passage des *Compendium grammatices linguae hebraeae*[17], in der der Philosoph die Bedeutung des aktiven reflexiven Verbs erklärt. Er schreibt, dass es der Ausdruck einer immanenten Ursache sei, das heißt einer Handlung, in der Agens und Patiens ein und dieselbe Person sind. Um die Bedeutung dieser Verbform (die im Hebräischen durch die Hinzufügung eines Präfixes nicht an die einfache, sondern die intensive Form, die selbst schon eine transitive Bedeutung besitzt, gebildet wird) zu erhellen, ist das erste lateinische Äquivalent (*se visitare*), das Spinoza liefert, völlig ungeeignet; daher versucht er unmittelbar darauf es durch die eigenartige Konstruktion *se visitantem constituere* zu verdeutlichen. Dann folgen zwei weitere Beispiele, deren lateinische Entsprechungen (*se sistere, se ambulationi dare*) ihm derart unzulänglich erscheinen, dass er sich gezwungen sieht, auf seine Muttersprache zurückzugreifen. Spazieren gehen heißt auf Ladino – das heißt in jenem altertümlichen Spanisch, das die Sephardim sprachen, als sie aus Spanien vertrieben wurden – *pasearse* (*sich* promenieren; im modernen Spanisch würde man eher *pasear* oder *dar un paseo* sagen). Der ladinische Ausdruck eignet sich besonders gut als Äquivalent einer immanenten Ursache, d.h. einer Handlung, die sich auf den Handelnden selbst bezieht. Er bringt nämlich eine Handlung zum Ausdruck, in der Agens und Patiens in eine Zone absoluter Ununterscheidbarkeit eintreten: der Spaziergang als sich-spazieren-führen.

Im zwölften Kapitel stellt sich Spinoza dasselbe Problem in Bezug auf jene Form, die dem infinitiven Nomen entspricht (im Hebräischen wird der Infinitiv wie ein Nomen dekliniert):

> Da es häufig vorkommt, daß das Agens und das Patiens ein und dieselbe Person sind, mußten die Juden eine neue und siebte Art des Infinitivs bilden, um mit ihm jene Handlungen auszudrükken, die sich gleichzeitig auf Agens und Patiens beziehen, das heißt, der zugleich die aktive wie die passive Form hätte [...]. Deshalb war es notwendig, eine weitere Kategorie von Infinitiven zu erfinden, die eine auf den Handelnden bezogene Handlung als eine immanente Ursache ausdrücken würde [...], die, wie wir schon sagten, soviel bedeutet wie *sich selbst besuchen*,

> oder *besuchend sich erschaffen*, oder schließlich *besuchend sich zeigen* (*constituere se visitantem vel denique praebere se visitantem*).[18]

Die immanente Ursache bringt also eine semantische Konstellation ins Spiel, die der Grammatiker-Philosoph mittels verschiedener Beispiele (sich besuchend erschaffen, sich besuchend zeigen, *pasearse*) mühsam zu erfassen versucht und deren Bedeutung für das Verständnis des Problems der Immanenz nicht unterschätzt werden darf. *Pasearse* bezeichnet eine Handlung, bei der es nicht nur unmöglich ist, zwischen Agens und Patiens zu unterscheiden (wer führt wen spazieren?) – folglich verlieren auch die grammatischen Kategorien Aktiv und Passiv, Subjekt und Objekt, Transitivität und Intransitivität ihre Bedeutung –, darüber hinaus treten auch die Begriffe Mittel und Zweck, Potenz und Akt, Fähigkeit und Ausübung in eine Zone absoluter Unbestimmtheit ein. Deshalb bedient sich Spinoza Wendungen wie »sich besuchend erschaffen, sich besuchend zeigen«, in denen die Potenz mit dem Akt und die Untätigkeit mit der Tat zusammenfällt; der Taumel der Immanenz geht aus der unendlichen Bewegung der Selbsterschaffung und der Selbstdarstellung des Seins hervor: das Sein als *pasearse*.

Es ist kein Zufall, dass die Stoiker sich genau desselben Bildes vom Spaziergang bedienen, um zu zeigen, dass die Modi und die Ereignisse der Substanz immanent sind (Kleanthes und Chrysipp fragen sich: Wer geht spazieren, ist es der Körper, der vom vorherrschenden Teil der Seele bewegt wird, oder der vorherrschende Teil der Seele selbst?)[19]. Oder wie es Epiktet später auf eine einzigartige Formulierung bringt: an den Lebensumständen »übt sich« (*gymnasai*, aus dem etymologisch das Adjektiv *gymnos*, nackt, herauszuhören ist) das Sein.

Glückseligkeit

Die Anmerkungen von Gilles Deleuze zu Foucault, die von François Ewald unter dem Titel *Lust und Begehren* veröffentlicht wurden, enthalten eine in dieser Hinsicht wichtige Definition. Das Leben, schreibt Deleuze, ist keineswegs Natur: vielmehr ist es »der variable Immanenzplan des Begehrens« (*Lust*, 34. In Anbetracht dessen, was wir über die deleuzianische Immanenz wissen, bedeutet dies, dass das Wort »Leben« nichts anderes bezeichnet als »die Immanenz des Begehrens seiner selbst«. Dass dieses Begehren weder den Mangel noch die Andersheit einschließt, versteht sich bei Deleuze von selbst. Doch wie lässt sich ein Begehren denken, das sich selbst immanent bleibt (oder, was dasselbe bedeutet, wie lässt sich die absolute Immanenz als Begehren denken)? Mit den Worten des spinozistischen *Compendium* gesprochen: Lässt sich eine Bewegung des Begehrens, das nicht aus sich heraustritt, denken – das heißt, lässt es sich als immanente Ursache, wie *pasearse*, denken, als sein Begehren begehrendes Sich-Erschaffen?

Die spinozistische Theorie des *conatus* als das Begehren, in seinem Sein zu verharren, auf deren Wichtigkeit Deleuze immer wieder besteht, enthält eine mögliche Antwort auf diese Frage. Was auch immer die mehr oder weniger antiken Quellen der spinozistischen Aussage sein mögen (Wolfson hat, von den Stoikern bis Dante, an die zehn ausfindig gemacht), fest steht jedenfalls, dass sie in ihrer paradoxen Formulierung auf vollkommene Weise die Idee einer immanenten Bewegung, eines Strebens, das hartnäckig in sich selbst verbleibt, zum Ausdruck bringt. Jedes Sein beharrt nicht nur in seinem Sein (*vis inertiae*), sondern *begehrt*, in sich zu verharren (*vis immanentiae*). Die Bewegung des *conatus* fällt also mit derjenigen der immanenten Ursache zusammen, in der Agens und Patiens unbestimmbar werden. Und weil der *conatus* mit dem Wesen des Dings eins wird, bedeutet das Begehren, in seinem Sein zu verharren, nichts anderes, als sein eigenes Begehren zu begehren, sich begehrend zu erschaffen. *Im* conatus *fallen folglich Begehren und Sein restlos zusammen.*

In den *Metaphysischen Gedanken* definiert Spinoza den *conatus* als Leben (»deshalb verstehe ich unter Leben die Kraft, durch welche die Dinge in ihrem Sein verharren«[20]). Wenn Deleuze schreibt, dass das Leben der variable Immanenzplan des Begehrens sei, gibt er von ihm also eine vollkommen spinozistische Definition. Doch inwiefern unterscheidet sich das solchermaßen durch *conatus* und Begehren definierte Leben von dem Ernährungsvermögen, von dem Aristoteles spricht und, im Weiteren, vom vegetativen Leben der medizinischen Tradition? Schon Aristoteles bedient sich, als er die Funktionen der ernährenden Seele (*threptikē psychē*) in *De Anima* bestimmt, eines Ausdrucks, der sehr an die spinozistische Bestimmung des *conatus sese conservandi* erinnert. »Diese (die *trophē*)«, schreibt er, »erhält nämlich das Dasein (*sōzei tōn ousian*) [...]. So ist das bezeichnete Prinzip der Seele ein Vermögen, ihren Träger als solchen zu erhalten (*dynamis estai hoia sōzein to dechomenon autēn hē toiouton*)« (416 b 12ff.). Die Eigenschaft, die dem nährenden Leben am ehesten zukommt, ist folglich nicht einfach das Wachstum, sondern vor allen Dingen die Selbsterhaltung. Während also die medizinisch-philosophische Tradition die unterschiedlichen Vermögen der Seele penibel zu unterscheiden sucht und das menschliche Leben an den hochgesteckten Forderungen des dianoetischen Lebens ausrichtet, bildet Deleuze, ganz wie sein spinozistisches Vorbild, dessen Paradigma, indem er vom nährenden Leben ausgeht, das im aristotelischen Schema das niedrigste ist. So entschieden Deleuze auch jene Funktion des ernährenden Lebens ablehnt, die bei Aristoteles darin besteht, den Grund für die Zuschreibung von Subjektivität darzustellen, das Feld des

Lebens möchte er dennoch nicht verlassen, und so setzt er es mit der Immanenzebene gleich[21].

Doch was bedeutet in diesem Sinn, »sich zu ernähren«? In einem wichtigen Essay hat Benveniste versucht, die unterschiedlichen – nicht immer leicht miteinander zu vereinbarenden – Bedeutungen des griechischen Verbs *trephein* (ernähren, aufziehen, gerinnen lassen) auf einen Nenner zu bringen.

> In Wahrheit trifft die Übersetzung von *trephō* durch ›ernähren‹, in der Verwendung, die tatsächlich die am weitesten verbreitete ist, nicht auf alle Beispiele zu und ist selbst nur eine Bedeutung, innerhalb eines zugleich weiteren und engeren Bedeutungsspektrums. Um die Gesamtheit der semantischen Verbindungen von *trephō* zu berücksichtigen, muß man es definieren: ›(durch geeignete Sorgfalt) die Entwicklung des im Wachstum Begriffenen begünstigen‹. [...] Hier nun schiebt sich eine besondere und ›technische‹ Entwicklung ein, die genau die Bedeutung ›gerinnen lassen‹ ist. Der griechische Ausdruck ist *trephein gala*, der nun wörtlich als ›das natürliche Wachstum der Milch begünstigen; sie den Zustand erreichen lassen, dem sie zustrebt‹ interpretiert werden muß«.[22]

Ein Seiendes den Zustand erreichen lassen, dem es zustrebt, sich sein lassen: Wenn dies wirklich die ursprüngliche Bedeutung von *trephē* ist, dann fällt das Vermögen, das das Leben wesentlich ausmacht (sich zu ernähren), mit jenem Begehren zusammen, das darauf gerichtet ist, das eigene Sein zu erhalten, und bei Spinoza und Deleuze das Vermögen des Lebens als absolute Immanenz bestimmt.

Dann wird verständlich, warum Deleuze schreiben konnte, dass das Leben »vollkommenes Vermögen, vollkommene Glückseligkeit« sei. Das Leben »besteht aus Virtualitäten«, es ist reines Vermögen, das auf sehr spinozistische Weise mit dem Sein zusammenfällt, und das Vermögen, insofern ihm »nichts fehlt«, insofern es ein das Begehren begehrende Sich-selbst-Erschaffen ist, ist unmittelbar glückselig. Sich ernähren, sich sein lassen, bedeutet jedenfalls glückselig zu sein, sich selbst zu genießen.

Bei Spinoza ist die Idee der Glückseligkeit daran gebunden, sich selbst als immanente Ursache zu erfahren. Diese Erfahrung nennt er *acquiescentia in se ipso* [Selbstzufriedenheit] und definiert sie genau als *laetitia, concomitante idea sui tamquam causa* [Lust, verbunden mit der Idee seiner selbst als Ursache][23]. Wolfson hat darauf aufmerksam gemacht, dass Spinozas Verwendung des Ausdrucks *acquiescentia*, wenn er auf *mens* oder *animus* bezogen ist, auf die Verwendung verweisen könnte, den Uriel da Costa von der Verbindung von *alma* und *espirito* mit dem Adjektiv *descansada* [geruhsam] macht[24]. Entscheidender ist jedoch, dass der Ausdruck *acquiescentia in se ipso* eine Wortschöpfung von Spinoza ist, die kein lateinisches Wörterbuch verzeichnet. Spinoza wird ein Begriff vorgeschwebt haben, der eine Entsprechung jenes hebräischen reflexiven Verbs gewesen wäre, das eine immanente Ursache ausdrückt, was ihm jedoch insofern zum Problem werden musste, als sowohl das Verb *quiesco* als auch sein Kompositum *acquiesco* im Lateinischen intransitiv sind und folglich eine Bildung vom Typ *quiescere* (oder *acquiescere*) *se* nicht zulassen. (Im Gegensatz dazu hatte das Ladino mit *pasearse* eine Form hervorbringen können, in der Agens und Patiens ein und dasselbe waren, und hätte ihm möglicherweise auch in diesem Fall mit einem reflexiven *descansarse* dienen können.) Deshalb bildet er das Deverbativum *acquiescentia* in der Zusammensetzung mit dem Reflexivpronomen *se*, dem die Präposition *in* vorausgeht. Das Syntagma *acquiescentia in se ipso*, das die höchste Glückseligkeit benennt, die ein Mensch erlangen kann, ist ein Hebraismus (oder Ladinismus), der gebildet wurde, um den Kulminationspunkt der Bewegung der immanenten Ursache auszudrücken[25].

Und Deleuze benutzt den Begriff »Glückseligkeit« in ebendiesem Sinn, als die wesentlichste Eigenschaft, die *einem Leben...* zukommt: die *beatitudo* ist die Bewegung der absoluten Immanenz.

Ausblicke

Nunmehr wird klar, weshalb wir zu Beginn dieses Textes behaupten konnten, dass der Begriff des »Lebens« als allerletzte Hinterlassenschaft sowohl des Denkens von Deleuze wie auch von Foucault, den Gegenstand der kommenden Philosophie bilden sollte. Vor allem müsste versucht werden, die letzten – allem Anschein nach so dunklen – Überlegungen von Foucault zur Biomacht und zu den Prozessen der Subjektivierung einerseits und, andrerseits, die – anscheinend so heiteren – von Deleuze zu »einem Leben...« als absoluter Immanenz und Glückseligkeit zusammenzulesen. Zusammenlesen heißt hier weder vereinfachen noch verflachen; ganz im Gegenteil beinhaltet eine solche Verkopplung, dass ein jeder der Texte für den anderen zum Korrektiv und Prüfstein wird, denn erst durch diese Verwicklung wird es ihnen gelingen, das, wonach sie trachteten, auch zu erreichen: Ersterer »eine andere Weise, dem Begriff des Lebens näherzukommen«, Letzterer ein Leben, das mehr ist als seine Konfrontation mit dem Tod, und eine Immanenz, die nicht von neuem beginnt, Transzendenz hervorzubringen. Man wird also versuchen müssen, in ebendem Prinzip, das die Zuschreibung von Subjektivität erlaubt, die Matrix der Desubjektivierung zu sehen und im Paradigma möglicher Glückseligkeit selber das Element zu erkennen, das die Unterwerfung unter die Biomacht besiegelt.

Wenn das den ganzen Reichtum aber auch die ganze Zwiespältigkeit des testamentarischen Diagramms *Die Immanenz: ein Leben*… ausmacht, beinhaltet seine Annahme als philosophische Aufgabe die Rekonstruktion eines genealogischen Schaubilds, das in der modernen Philosophie – die in einem neuen Wortsinn in weiten Teilen eine Lebensphilosophie ist – deutlich zwischen einer Linie der Immanenz und einer der Transzendenz unterscheidet und annäherungsweise durch folgendes Schema dargestellt werden kann:

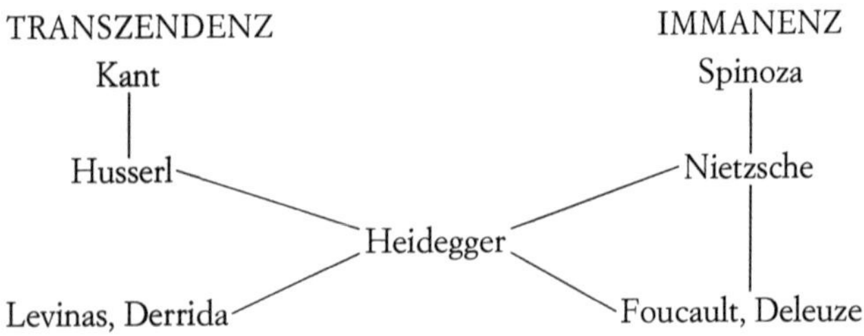

Darüber hinaus wird man dem Wort »Leben« eine genealogische Untersuchung widmen müssen, von der man schon jetzt eines ihrer Ergebnisse voraussagen kann: dass es sich nicht um einen medizinisch-wissenschaftlichen Begriff handelt, sondern um ein philosophisch-politisch-theologisches Konzept und man deshalb zahlreiche Kategorien unserer philosophischen Tradition wird überdenken müssen. In dieser neuen Dimension ist es nicht nur sinnlos, zwischen organischem und animalem Leben zu unterscheiden, sondern auch zwischen biologischem und kontemplativen Leben, zwischen nacktem Leben und dem Leben des Geistes. Dem Leben als erkenntnisloser Kontemplation wird dann unweigerlich ein von jedem kognitiven und intentionalen Charakter befreites Denken entsprechen. Es gilt, die *theōria* und das kontemplative Leben, die die philosophische Tradition über Jahrhunderte als ihr höchstes Ziel angesehen hat, auf eine neue Immanenzebene zu versetzen, auf der wohl weder die politische Philosophie noch die Epistemologie ihre heutige Gestalt und ihren Unterschied zur Ontologie werden bewahren können. Zur Zeit liegt das glückselige Leben auf demselben Terrain, auf dem sich der biopolitische Körper des Abendlandes bewegt.

Aus dem Italienischen von Andreas Hiepko

Anmerkungen

1 Michel Foucault, *Schriften IV*, Frankfurt am Main: Suhrkamp, 2005, S. 943–959.
2 Ebd., S. 957.
3 Ebd., S. 958.
4 Die Werke von Deleuze werden nach den folgenden Siglen unter Angabe der Seitenzahl zitiert: *Dial.* (= Gilles Deleuze u. Claire Parnet; *Krit.* (= Gilles Deleuze, *Kritik und Klinik*, Frankfurt am Main: Suhrkamp 2000); *Imm.* (= »Die Immanenz: ein Leben …«, in: *Gilles Deleuze – Fluchtlinien der Philosophie*, hg. v. F. Balke u. J. Vogl, München: Fink 1996); *Log.* (= *Logik des Sinns*, Frankfuret am Main: Suhrkamp 1993); *Spin.* (= *Spinoza und das Problem des Ausdrucks in der Philosophie*, München: Fink 1993); *Phil.* (= Gilles Deleuze u. Félix Guattari, *Was ist Philosophie?*, Frankfurt am Main: Suhrkamp 1996); *Fouc.* (Gilles, *Foucault*, Frankfurt am Main: Suhrkamp 1992); *Lust* (*Lust und Begehren*, Berlin: Merve 1996).
5 Foucault, *Schriften IV*, S. 959.
6 Theodor W. Adorno, »Satzzeichen«, in: *Noten zur Literatur I*, Frankfurt am Main: Suhrkamp 1958, S. 163–174. Zuerst in: *Akzente* 6 (1956).

7 J. H. Masmejan, *Traité de la ponctuation*, Paris: Bastlen 1781.

8 »Ein Punkt, das war's / Punktum; drei Punkte, das ist noch lange nicht alles / erst der Anfang.«

9 Eine Geschichte der Beziehungen zwischen Deleuze und Heidegger – möglicherweise durch Blanchot, Vermittler eines starken unbewussten Heideggerianismus im zeitgenössischen französischen Denken – steht noch aus. Indessen ist offensichtlich, dass der Heidegger von Deleuze ein völlig anderer ist als derjenige von Levinas oder Derrida.

10 Charles Dickens, *Unser gemeinsamer Freund*, Stuttgart 1866, Bd. 2, S. 28.

11 Ebd., S. 30.

12 Ebd., S. 32f.

13 Maine de Biran, »Mémoire sur la décomposition de la pensée«, in: *Œuvres III*, Paris [Denkschrift über die Zerstörung des Denkens], 1988, S. 389.

14 Ebd., S. 370.

15 Michel Foucault, *Der Wille zum Wissen. Sexualität und Wahrheit I*, Frankfurt am Main 1983, S. 172–173.

16 Wortlaut der Übersetzung leicht verändert – A. d. Ü.

17 Baruch de Spinoza, *Opera*, hg. v. Carl Gebhardt, Heidelberg: Winter 1925, Bd. I, S. 361.

18 Ebd., S. 342.

19 Vgl. Victor Goldschmidt, *Le système stoïcien et l'idée de temps*, Paris: Vrien 1953, S. 22–23. Deleuze erwähnt diese Passage in *Logik des Sinns*, S. 184.

20 Baruch de Spinoza, *Descartes' Prinzipien der Philosophie auf geometrische Weise begründet mit dem »Anhang, enthaltend metaphysische Gedanken«*, in: ders., *Sämtliche Werke in sieben Bänden*, hg. v. Carl Gebhardt, Bd. 4, Hamburg: Meiner 1987, S. 139.

21 Wenn Aristoteles den *nous* als die Fähigkeit, sich selbst zu denken, bestimmt, sollte man sich in Erinnerung rufen, dass ein selbstbezügliches Paradigma bereits, wie wir sehen konnten, in Bezug auf das nährende Leben und sein Vermögen zur Selbsterhaltung formuliert worden war: Das Vermögen des Denkens,

sich selbst zu denken, findet gewissermaßen seinen Archetypus im Vermögen des nährenden Lebens, sich selbst zu erhalten.

22 Émile Benveniste, *Probleme der allgemeinen Sprachwissenschaft*, München: List 1974, S. 323–324. [Der Wortlaut der Übersetzung ist leicht verändert. – A. d. Ü.]

23 Spinoza, *Ethica Ordine Geometrico Demonstrata, IV, LII.*

24 Harry Austryn Wolfson, *The Philosophy of Spinoza*, Cambridge / Mass.: Harvard Univ. Press 1948, II, S. 325.

25 Das Wort *acquiescentia* findet sich weder im *Thesaurus linguae latinae* (1531) von Estienne noch im modernen *Thesaurus*, der Anfang dieses Jahrhunderts beim Verlag B. G. Teubner in Leipzig herausgegeben wurde. Was die Verbindung von *acquiescere* mit *in* und Ablativ angeht (in der Bedeutung von *acquiescere in re aliqua, aut in aliquo homine, cum quadam animi voluptate, quieteque consistere et oblectari in re aliqua, in qua prius in dubio aut solicitudine anima fuisset*, wie Estienne präzisiert), so ist sie durchaus verbreitet, wird jedoch niemals mit dem Reflexivpronomen gebraucht.

Anmerkungen zur Übersetzung und Zitierweise

Agambens Verwendung bekommen einige alltagssprachliche italienische Ausdrücke eine besondere Färbung, die sie gleichsam zu philosophischen termini technici erhebt. Dies geschieht zumeist durch eine wörtliche oder besser gesagt etymologische Verwendung der Ausdrücke, die die Bedeutung des Wortstamms besonders hervorhebt. Dieses mit Heideggers Sprachgebrauch zumindest verwandte Verfahren wird auch und gerade bei solchen Ausdrücken eingesetzt, die u. a. auch bei Heidegger Verwendung finden:

– »destinare«: Das italienische Wort ist mit »destino« (Schicksal) verwandt und bedeutet in seiner alltäglichen Verwendung »bestimmen«, »vorsehen«. Das Wort wurde meistens mit »bestimmen« wiedergegeben unter Angabe des italienischen Originals. Dort, wo das Wort implizit oder explizit auf Heidegger verweist, wurde die Übersetzung »schicken« gewählt. Das Substantiv »destino« wurde ebenfalls zumeist als »Bestimmung« wiedergegeben. Dort, wo das Wort auf Heidegger verweist, wurde »Schickung« gewählt; dort, wo es dagegen auf Benjamin verweist oder die eher negative Konnotation einer gleichsam nötigenden Wiederholung trägt, wurde »Schicksal« eingesetzt.

– »abbandonare«: Das italienische Original bedeutet so viel wie »verlassen«. Da es allerdings im Italienischen auch in der propositionalen Konstruktion »abbandonare a ac./qn.« verwendet werden kann, wurde es an den entsprechenden Stellen als »überlassen« übersetzt. Beim Substantiv »abbandono« handelt es sich darüber hinaus auch um die Übersetzung der Heidegger'schen »Gelassenheit« – wo dies von der Satzkonstruktion her möglich war und ein Heidegger-Bezug vorhanden ist, wurde dies entsprechend übersetzt.

– »vocazione«: Das Wort heißt in seiner alltagssprachlichen Verwendung so viel wie »Berufung«. Da der Ausdruck etymologisch einen Bezug zu Stimme unterhält, wurde es zuweilen auch als Bestimmung (vgl. insbes. den Essay »Bestimmung und Stimme«) wiedergegeben. Da Agamben das Wort auch in losem Anklang an Heideggers »Ruf« verwendet, wurden zur Übersetzung auch »Anrufung« oder »Ruf« verwendet.

Der ital. Begriff der »potenza«, der im Italienischen sowohl zur Übersetzung für die Aristotelische *dynamis* als auch für Nietzsches *Macht* dient, lässt sich mit seinem reichhaltigen Spektrum an Konnotationen (Potenz, Vermögen, Macht) im Deutschen schwer einheitlich wiedergeben. In der vorliegenden Übersetzung wurde bevorzugt der Ausdruck »Vermögen« verwendet. Dies entspricht den neueren Aristoteles-Übersetzungen (wie auch der, die Heidegger vorschlägt), wobei im aristotelischen Kontext dort, wo die »potenza« unmittelbar dem »atto« [Akt] gegenübergestellt wird und es von der Satzkonstruktion her geboten ist, zuweilen auch »Potenz« (und »Akt«) oder »Möglichkeit« (und »Wirklichkeit«) verwendet wird. Die Verwendung von »Vermögen« für »potenza« liegt des Weiteren auch deswegen nahe, weil dieser Begriff für Kant und den Deutschen Idealismus, auf die sich Agambens Überlegungen ebenfalls immer wieder beziehen, von zentraler Bedeutung ist. Dort, wo sich die Rede von »potenza« dagegen ausdrücklich oder implizit auf Nietzsche bezieht, wird »Macht« verwendet.

Dem italienischen Original folgend, wurden die meisten Primärtexte bibliographisch nicht ausgewiesen. Die Übersetzung folgt Agambens eigener Übertragung der Passagen. Die Stellen, an denen diese von den gängigen deutschen Übersetzungen stark abweicht, sind hervorgehoben.

Begriffe und Zitate, die im Original deutsch sind, sind mit einem Stern* versehen.

Die Übersetzerin dankt Nassima Sahraoni für die vielen wertvollen Hinweise und Brigitte Kappl für die Durchsicht der griechischen Transkriptionen und lateinischen Übersetzungen.

Francesca Raimondi

Einige der Essays sind bereits auf Deutsch erschienen; die Übersetzungen sind durchgesehen und der vorliegenden Ausgabe angeglichen worden. Der Verlag dankt den Rechteinhabern für die Abdruckgenehmigung. Im Einzelnen handelt es sich um:

1) »Ursprung und Vergessen«, aus dem Französischen von Maria Zinfert, in: Victor Segalen, *Tote Stimmen: Maori-Musik*, hg. v. Maria Zinfert, Berlin: Merve 2006, S. 58–79.

2) »Walter Benjamin und das Dämonische«, aus dem Italienischen von Giorgio Giacomazzi, in: *Walter Benjamin, 1892–1940, zum 100. Geburtstag*, hg. v. Uwe Steiner, Bern, Berlin u. a.: Peter Lang 1992, S. 189–215.

3) »Über negative Potentalität«, aus dem Italienischen von Emmanuel Alloa, in: *Nicht(s) sagen. Strategien der Sprachabwendung im 20. Jahrhundert*, hg. v. Emmanuel Alloa und Alice Lagaay, Bielefeld: transcript 2008, S. 285–298.

4) »Die Passion der Faktizität«, aus dem Französischen von Andreas Hiepko, in: *Nymphae*, hg. v. Andreas Hiepko, Berlin: Merve 2005, S. 49–89.

5) »Das unvordenkliche Bild«, aus dem Italienischen von Alexander García Düttmann, in: *Bildlichkeit*, hg. v. Volker Bohn, Frankfurt am Main: Suhrkamp 1990, S. 543–553.

6) »Pardes«, aus dem Italienischen und Französischen von Giorgio Giacomazzi, in: *Ethik der Gabe. Denken nach Jacques Derrida*, hg. v. Michael Wetzel und Jean-Michel Rabaté, Berlin: Akademie 1993, S. 3–17.

7) »Die absolute Immanenz«, aus dem Italienischen von Andreas Hiepko, in: Giorgio Agamben, *Bartleby oder die Kontingenz gefolgt von Die absolute Immanenz*, Berlin: Merve 1998, S. 77–127.

Da in einem Fall trotz sorgfältiger Recherche der Inhaber der Rechte nicht erreichbar war, verpflichtet sich der Verlag, geltend gemachte rechtmäßige Ansprüche nach den üblichen Honorarsätzen zu vergüten.